Zwischen dem Großmutterberg und dem Offenen Meer, das die Welt umgibt, lebt Alaia mit ihrer Familie. Als ihr Bruder eines Tages nicht von der Jagd zurückkehrt, stürzt das die Familie in große Bedrängnis. Voller Verzweiflung und kurz vor dem Verhungern, folgt Alaias Mutter ihren Visionen und macht sich auf die Suche nach ihrem Sohn. Kurz darauf taucht ein Fremder bei ihrem Lagerplatz auf und erzählt ihnen von einer großen Welle, die seinen gesamten Clan getötet hat. Kann man ihm glauben? Was würde die Natur zu einem solchen Schlag gegen die Menschen treiben?
Die Schicksalsschläge und der erfolgreiche Kampf der Familie ums Überleben werden zum Gründungsmythos des Alkclans, der noch Generationen später die Mitglieder zusammenschweißt.
»Die Nacht der Jägerinnen« ist ein außergewöhnlicher und fesselnder Roman, der in der Steinzeit spielt und zugleich als Parabel auf den Zustand unseres Planeten 8000 Jahre später gelesen werden kann.

Margaret Elphinstone ist die Autorin zahlreicher Romane und Kurzgeschichten. Auf Deutsch erschienen zuletzt »Inselnotizen« (2005) und »Stromaufwärts« (2006). Sie lebt in Glasgow.

Margaret Elphinstone

DIE NACHT
DER JÄGERINNEN

Roman

Aus dem Englischen
von Susanne Aeckerle
und Marion Balkenhol

Deutsche Erstausgabe
April 2011
DuMont Buchverlag, Köln
Alle Rechte vorbehalten
© 2009 Margaret Elphinstone
Die englische Originalausgabe erschien 2009 unter dem Titel
»The Gathering Night« bei Canongate Books, Edinburgh
© 2011 für die deutsche Ausgabe: DuMont Buchverlag, Köln
Umschlag: Zero, München
Umschlagabbildung: Corbis/Gianni Dagli Orti – FinePic®, München
Gesetzt aus der Caslon
Satz: Angelika Kudella, Köln
Druck und Verarbeitung: CPI – Clausen & Bosse, Leck
Gedruckt auf säurefreiem und chlorfrei gebleichtem Papier
Printed in Germany
ISBN 978-3-8321-6146-0

www.dumont-buchverlag.de

Für Caroline

INHALT

DER CLAN

Bakars Familie

Nekané	Bakars Mutter
Alaia	Bakars Schwester
Haizea	Bakars Schwester
Amets	Alaias Mann
Esti und Alazne	Töchter von Alaia und Amets
Hilargi und Sorné	Bakars Tanten
Sendoa und Ortzi	Bakars Vettern
Itsaso	Bakars Kusine

Weitere Angehörige des Alkclans

Aitor, Hodei, Zigor	Mittler
Edur, Zeru	Jäger
Arantxa	Mutter von Osané, Oroitz, Koldo und Itzal

Angehörige des Luchsclans

Kemen	Jäger
Basajaun	Kemens Bruder
Ekaitz	Kemens Vetter

ERSTE NACHT:
LAGERPLATZ AN DER FLUSSMÜNDUNG

Haizea sagte:

Bakars Verschwinden war mein erster Verlust. Damit beginnt auch diese Geschichte. Wäre mein Bruder Bakar nicht verschwunden, säßen wir alle jetzt nicht hier. Und ihr beiden Jungen ... hört mir zu, alle beide! Wäre Bakar nicht verloren gegangen, wärt ihr nie Brüder geworden. Ihr hättet euch vielleicht nie kennengelernt. Und unser Leben – das des gesamten Alkclans – wäre anders verlaufen. Aber daran mag ich gar nicht denken. Niemand kann die Fäden einer Geschichte entwirren, sobald sie einmal verflochten sind. Das können nicht einmal die Geister.

Ich war noch ein Kind. Aber ich erinnere mich sehr gut an den schrecklichen Winter, den meine Familie allein auf dem Lagerplatz an der Flussmündung verbrachte.

Wir waren nur zu sechst, als Bakar im Mond der Gelben Blätter fortging. Nachdem meine Schwester Alaia ihre Tochter Esti zur Welt gebracht hatte, waren wir dann wieder sechs. Nach Estis Geburt blieben wir auf dem Lagerplatz an der Flussmündung, obwohl wir dort den ganzen Winter über gejagt hatten. Von Tag zu Tag mussten wir immer weitere Wege zurücklegen, um genug abgestorbenes Holz für unser Feuer zu finden. Alaia und ich schafften es stets, unsere Körbe zu füllen, aber wir bekamen nicht genug Fleisch. Nachdem mein Bruder verschwunden war, konnte nur noch Amets auf die Jagd gehen. Er hat uns nie enttäuscht, doch ihr wisst alle, dass mehrere Männer nötig sind, um eine Familie über den Winter zu bringen. Sobald die Haselnüsse, Eicheln und Liliensamen aufgebraucht waren, mussten wir öfter nach Wurzeln graben. Schilfwurzeln bekamen wir aus den Mooren.

Alaia und ich zogen Lilienwurzeln aus dem eiskalten Schlamm des Bergsees. Am schlimmsten ist es, wenn man das Eis aufbrechen muss, bevor man hineinwatet.

Meine Mutter ging immer wieder fort. Anscheinend wollte sie nicht mehr bei uns sein. Sie sagte uns nie, wo sie gewesen war.

Im Mond der Stürmischen Winde wollten wir anderen weiterziehen. Der Winter hielt uns nicht länger zurück; der Wind vom Himmel der Hochstehenden Sonne roch schon nach Frühling. Doch wir hatten Angst, dass meine Mutter nicht mit uns kommen würde. Wir wussten noch immer nicht, was mit Bakar geschehen war. Das war der schlimmste Winter, den ich je erlebt habe. Am Ende blieben wir bis kurz vor dem Mond des Alks an der Flussmündung. Die Zeit kam uns so lang vor. Ich dachte daran, wegzulaufen. Ich wusste, wie ich den Lagerplatz meiner Verwandten finden konnte. Bisher war ich dort nur mit dem Boot hingelangt, doch ich dachte, wenn ich den Ufern der Langen Meerenge folgte, könnte ich mich unmöglich verlaufen. Ich hätte nur zwei oder drei Tage gebraucht … Wäre Esti nicht zur Welt gekommen, dann wäre ich tatsächlich fortgelaufen, glaube ich. Aber in dem Winter hat Esti uns etwas geschenkt, worüber wir trotz allem glücklich sein konnten.

Ich glaube, ich war meiner Mutter böse, dass sie nicht da war – ich weiß es nicht. Jedenfalls hatte ich nie damit gerechnet, dass sie Mittlerin werden würde.

Mittler flößten mir Angst ein, sie waren unnahbare Männer, die zu den Tieren über die Jagd sprachen. Was konnte das mit meiner Mutter zu tun haben? Ich begriff nicht, was da geschah. Das ging uns allen so. Mag sein, dass Alaia und Amets es vielleicht vermutet haben, doch ich habe sie nie darüber reden hören. Mein Vater – ich glaube, mein Vater … Mein Vater war der weiseste Mann, den ich je gekannt habe. Er verstand alles. Aber er wusste auch zu schweigen. Er hat nie mit mir darüber gesprochen.

Alaia sagte:

Und so wurde meine Mutter Mittlerin.

Inzwischen ist mir klar, dass es anfing, als Bakar verschwand. Zunächst aber begriff ich nicht, was geschah. Erst als Esti geboren wurde, begann sich Nekané wirklich zu verändern. Als meine Tochter auf die Welt kam, verlor ich meine Mutter – genau das bedeutete es für mich, als Nekané zur Mittlerin wurde.

Esti wurde im Mond des Tauwetters geboren. Wir hatten kaum Fleisch. Haizea hat euch erzählt, dass wir jeden Tag Lilienwurzeln hackten und danach mahlten, um sie in der Glut zu backen. Wir holten Muscheln und Krabben und Napfschnecken, wateten bei Ebbe ins kalte Meer, um sie unter Wasser von den Felsen zu zupfen. Zwei Abende bevor Esti zur Welt kam, waren die Fallen voll mit Hummern. Wir haben sie in der Glut aus Eichenholz gebraten, bis die blauen Schalen rot wurden. Das war für den Mond des Tauwetters ein ganz ordentliches Festmahl, und vielleicht hat es Esti die Kraft verliehen, die sie brauchte, um auf die Welt zu kommen. Sie ließ sich die ganze Nacht Zeit. Amets und mein Vater – ihr wisst, dass sein Name jetzt nicht mehr in der Welt ist – jagten gerade flussaufwärts. Wir waren allein in der Winterhütte – nur ich, meine Mutter und Haizea, und der Klang des Flusses. Am Lagerplatz an der Flussmündung singt der Fluss viele Lieder, mal laut und zornig, dann wieder flüstert er ganz leise. In der Nacht, als Esti geboren wurde, sang der Fluss aus vollem Hals. Er erzählte vom Schnee, der in den Bergen schmolz, vom Wasser unter der Erde, das die Wurzeln wachrüttelte, von Wildwasser, das leere Flussbetten füllte, von Ufern, die unter Wasser standen, und von gefluteten Marschen. Im Mond des Tauwetters besingt der Fluss seine eigene Kraft, und Mensch und Tier erwartet der Tod, wenn sie es mit ihm aufnehmen.

Als Esti zur Welt kam, erkannte sie niemand. Ich wusste, wen meine Mutter zu erblicken wünschte, obwohl sie nichts darüber gesagt hatte. Meine Mutter verbarg ihre Enttäuschung nicht, als sie sah, dass mein Kind ein Mädchen war. Haizea durchtrennte die Nabelschnur mit ihrem Messer. Es ist gut, wenn die Jüngste das tut. Damit wird eine Verbindung geschaffen, und es ist richtig, dass jemand Jüngeres als die Mutter an ein Kind gebunden ist. Knapp zehn Jahre lagen zwischen Haizea und Esti, und seht, was dabei herausgekommen ist: Sie haben sich von niemandem trennen lassen. Haizea hat nie geglaubt, dass Esti jemand sein sollte, der sie nicht ist.

Meine Kleine lag quer auf meinem Bauch, wimmerte und sog die ersten Atemzüge in ihren neuen Körper. Ich wollte die Hand nach ihr ausstrecken, aber ich wusste, was zuerst geschehen musste. Haizea und ich warteten, und die Kleine zuckte und atmete an meiner Haut. Schließlich nahm meine Mutter sie in beide Hände und drehte sie zu sich. Ich beobachtete das Gesicht meiner Mutter im Feuerschein. Sie schaute in die Augen meines Kindes. Ein Kiefernscheit flackerte in der Feuerstelle. Draußen fiel leise der Regen. Ich konnte sehen, dass Nekané meine Tochter nicht erkannte. »Das Kind sagt: ›Ich bin nicht er. Ich bin nicht er‹«, war alles, was sie sagte. Und so brachte meine Esti Kummer mit sich, denn sie war nicht der, den meine Mutter sich erhofft hatte.

Zwei Tage lang hatte meine Tochter keinen Namen. Ihr Mütter, ihr werdet wissen, was diese beiden Tage für mich bedeuteten. Wenn sie am dritten Tag nicht erkannt worden wäre, hätten wir sie verstoßen müssen. Amets und mein Vater waren noch nicht zurückgekehrt. Der Wind heulte, Schneeregen wehte vom Meer herüber. Zwischen den Regenschauern kam die Sonne heraus, doch sie war fahl und wässerig. Ich konnte nicht hinausgehen, weil ich mein Kind in einem Tragegurt bei mir hatte. Ich wagte nicht, sie ins Freie zu bringen, solange sie keinen Namen hatte. Meine Mutter hatte ihr nicht wieder in die Augen geschaut.

Und dann, kurz vor Sonnenuntergang, kamen die Männer zurück. Ich hörte Stimmen draußen: die meiner Mutter, Amets', die meines Vaters, wieder Amets'. Dann kam Amets in die Winterhütte. Er reichte Haizea seinen nassen Mantel und schaute zu mir herüber.

Ich hatte gerade ein Fuchsfell in den Rücken meiner Jacke genäht, als Tragebeutel für die Kleine, in dem sie an meiner Haut liegen würde. Ich hatte das Fell weggelegt, um das Kind zu stillen, und als Amets hereinkam, hielt ich es nackt an meiner Schulter. Ich fürchtete, Amets könnte vielleicht wütend darüber sein, dass ich Vorbereitungen für meine Kleine traf, obwohl sie keinen Namen hatte. Amets begegnete meinem Blick.

Er nahm seine Tochter aus meinen Armen. Still lag sie in seinen Händen. Er schaute ihr in die Augen. Sie fühlte sich sicher. Amets sagte zu seiner kleinen Tochter: »Zuerst habe ich dich nicht erkannt, Großmutter. Vor langer Zeit habe ich dich zuletzt gesehen, fern unter dem Sonnenlosen Himmel. Du bist Esti. Du bist wiedergekommen, um unser Leben zu bereichern.«

Weil Amets seine Tochter erkannte, durfte sie leben. Die Tage wurden länger, und sie wuchs mit ihnen. Sie würde immer ein Neuling im Alkclan bleiben, da sie einen Namen trug, der neu für uns war. Aber sie war uns willkommen, so wie Amets uns willkommen war, als er zur Zusammenkunft kam und nach einer Frau suchte. Und jetzt ist Esti ein Name, der auch zu unserer Familie gehört.

Meine Mutter wurde unterdessen jedoch zur Mittlerin, und ich verlor sie.

Es war schrecklich. Doch ich glaube, wenn sie keine Mittlerin geworden wäre, würdet ihr vom Alkclan hier nicht um dieses Feuer sitzen und uns zuhören. Deshalb ist die Geschichte, die wir euch erzählen, so wichtig. Hört zu, und ihr werdet erfahren, wie schwer die Geister den Alkclan prüften. Ihr werdet sehen, wie kurz wir davorstanden, für immer auseinanderzubrechen.

Aber es war hart, als meine Mutter zur Mittlerin wurde. Normalerweise wollen Frauen, die es noch erleben, Großmutter zu werden, bei einem Neugeborenen zur Hand gehen. Itsaso, du beklagst dich immer, dass deine Mutter dir zu viel helfen will! Meiner Ansicht nach hast du Glück. Selbst eine Frau, die ihre Tochter nicht leiden kann, wird in den meisten Fällen ihr Enkelkind lieben. Meine Mutter zog sich immer mehr zurück. Auch wenn sie körperlich anwesend war, entfernte sie sich oft sehr weit von uns. Und manchmal musste sie sogar leibhaftig fortgehen, sodass wir sie nicht mehr so häufig sahen.

Haizea sagte:

Ich glaube, Amets sollte als Nächster sprechen.

Ihr alle kennt Amets natürlich. Doch vielleicht wissen einige von euch Jüngeren nicht, wie Amets in unsere Familie kam. Amets stammt vom Robbenclan unter dem Sonnenlosen Himmel. Er lernte meine Schwester Alaia bei der Zusammenkunft kennen. Amets hätte in jeder Familie des Alkclans, deren Tochter nach einem Mann suchte, einen Platz finden können. Und viele Männer des Alkclans begehrten meine Schwester, doch Amets, der Fremde, hat sie schließlich bekommen.

Alaias Haar ist dick und lockig wie meines, nur hat meines, wie ihr seht, die Farbe von welkem Gras, während ihres glitzert wie die Tangwälder, die bei Ebbe golden in der Sonne leuchten. Ich war dünn wie ein Stock, Alaia jedoch hatte überall Kurven – doch obwohl sie weich und anschmiegsam zu sein schien, kann ich euch sagen, dass sie nur schwer zufriedenzustellen war. Wenn man ihr Gesicht gern anschaut, dann muss es bei meinem auch so sein, denn Frauen behaupten immer, wir sähen uns sehr ähnlich. Männer haben sich stets zum Narren gemacht, schon wenn sie Alaia gesehen haben. Sie erwiderte die Blicke mit diesen blauen Augen, erbarmungslos wie der klare Himmel am Mittag in der Trockenzeit. Es sei denn, sie lächelte – nur habe ich sie nie einen Mann anlächeln sehen. Ich war allerdings noch zu jung, um auf die Hohe Lichtung zu gehen. Dort hat sie Amets gefunden. Sie brachte ihn direkt zu unserer Feuerstelle auf dem Lagerplatz der Zusammenkunft. Sie hat niemanden gefragt; sie hat ihn einfach mitgebracht. Und seitdem gehört er zu dieser Familie.

Amets sagte:

Drei Monde, bevor meine Tochter Esti zur Welt kam, brach ich mit Bakar, dem Bruder meiner Frau, zum letzten Mal zur Jagd auf. Wir hatten die Zusammenkunft zu Beginn des Mondes der Gelben Blätter verlassen. Die Sonne wurde alt, war aber noch nicht müde. Es war mild, als wir den Lagerplatz an der Flussmündung erreichten. Er ist umgeben von Bergen, die ihn vor allen Winden schützen. Für diejenigen unter euch, die ihn noch nie gesehen haben: Unser Fluss ergießt sich durch viele kleine Schluchten in ein weites Tal, in dem er sich durch die Moore schlängelt, stetig auf den Sonnenlosen Himmel zu, bis er die Salzwiesen und das Meer erreicht. Der Lagerplatz an der Flussmündung liegt auf trockenem Boden am Fuße eines zerklüfteten kleinen Berges. Jedes Jahr roden wir die Schösslinge oben auf dem Aussichtshügel, damit wir über die Moore und die Niederungen bis aufs Offene Meer und die kleinen Inseln vor der Sandinsel schauen können.

Als wir dort eintrafen, gab es noch viele Beeren, Haselnüsse und Holzäpfel. Es hatte viel geregnet, und an unserem ersten Tag waren die Körbe der Frauen prall gefüllt mit allen möglichen Pilzen. Sah ganz so aus, als würden wir dort gut leben können. Unsere Familie war sehr klein – zu klein –, aber ich freute mich darauf, mit Bakar zusammen im Winter zu jagen. Wir brauchten Fleisch als Vorrat und Felle für unsere Winterkleidung. Wir beide hatten vor, in den Bergen zu jagen, so der Winter es zulassen würde, zwischen dem Mond des Schwans und dem Mond der Stürmischen Winde. Die besten Jagdgründe für Winterfelle, die ich kenne, liegen nicht weit von der Flussmündung entfernt, und man kann in der Nähe des Lagerplatzes Fallen für kleine Vögel und andere Tiere auslegen. Das war auch gut so, denn ich musste in der Nähe bleiben, nachdem Bakar verschwunden war, und trotzdem genügend Felle beschaffen, um die ganze Familie damit zu versorgen. Der Vater meiner Frau sagte, wir sollten diesen Lagerplatz nie aus den Händen geben, weil man dort so gut jagen kann. Er hatte recht, und ich habe mich an seinen Rat gehalten.

Bakar und ich gingen ein Jahr und zwei Monde lang gemeinsam auf die Jagd. Haizea hat euch gerade erzählt, dass ich seine Schwester Alaia zur Frau nahm, als ich zum ersten Mal zur Zusammenkunft des Alkclans kam, und danach bin ich mit ihrer Familie gegangen. Ich stamme aus dem Robbenclan unter dem Sonnenlosen Himmel, aber dort konnte ich kein Mädchen finden – ich hatte viele Kusinen, aber sie waren alle zu nah mit mir verwandt. Obwohl Bakar und ich uns zunächst als Fremde begegnet waren, kannten wir uns inzwischen gut. Wir vertrauten einander.

Zwei Tage nach unserer Ankunft an der Flussmündung brachen Bakar und ich kurz vor der Morgendämmerung auf. Wir nahmen Speere und Messer mit, ein Rindenseil für eine Falle und einen Korb mit zerkleinerten Pilzen. Wir ließen die Moore hinter uns und wandten uns dem Himmel der Morgensonne zu. Wir durchquerten Eichenwälder und folgten dem Lauf eines Baches, der in unseren Fluss strömte. Wir hatten meinen Hund bei uns, den ich mit in Alaias Familie gebracht hatte – er war ein großartiger Jäger. Er hatte sich rasch zum Anführer entwickelt, doch jetzt wurde er alt und war nicht mehr so schnell. Wir hatten Bakars guten Hund dabei, außerdem zwei Hündinnen, auf die man sich verlassen konnte, und einen jungen Hund in Ausbildung. Zuerst gingen wir zu dem sumpfigen Teich, in dem die Wildschweine sich suhlen, um nachzusehen, ob welche da waren. Manchmal, wenn wir auf dem Lagerplatz an der Flussmündung eintreffen, sind die Wölfe in unserem Jagdgebiet, und die Wildschweine haben sich landeinwärts verzogen. Aber die Wölfe weichen immer zurück, wenn wir mit unseren Hunden kommen.

Über dem Lagerplatz an der Flussmündung befindet sich eine Mulde, die aussieht wie zwei aneinandergelegte hohle Hände. Dort lichten sich die Bäume allmählich. In dieser Mulde liegt ein flacher, kleiner Teich. Am Tag zuvor hatten ein paar Wildschweine aus dem Teich getrunken. Wir folgten dem Pfad, den sie hinterlassen hatten.

Drei Bachen waren am vorherigen Nachmittag über diesen Pfad den Berg hinaufgezogen, mit zwei halb ausgewachsenen Frischlingen. Die Spuren des Keilers waren frischer; er war am Abend hinunter zum Teich gekommen und kurz darauf den Weg wieder zurückgegangen. Unter einer Birke fanden wir eine gute Stelle für eine Falle. Wir hängten die Schlinge über den Pfad und befestigten das Seil mit einem Gewicht am Ast. Ich verteilte die Pilze, die ich als Köder mitgenommen hatte. Dann gingen wir sehr leise weiter bergauf über den Pfad der Wildschweine, der alte Hund voran. Der Weg führte uns über lockeres Felsgestein, angeschwollene Bäche und helles Moos.

Wir kamen an eine Lichtung. Eine alte Birke war umgefallen, und dort, wo Licht einfiel, sprossen junge Bäume. Auf dem abgestorbenen Baum wuchsen braune Pilze, und er war mit Dorngestrüpp und Bartflechten überwuchert. Fliegen tanzten im Sonnenlicht, das durch die Zweige drang. Wir gingen um das Dickicht herum und folgten dem Wildschweinpfad.

Der Leithund bellte.

Die anderen Hunde legten den Kopf schräg – so! Im Dickicht war es still.

Wenn der erste Hund in die Stille hineinbellt, will er damit das schlafende Tier wecken – dann beginnt die Jagd. Innerhalb eines Herzschlags erwachen wir alle zur Jagd: Hunde, Männer und das noch verborgene Tier.

Jener Hund war der tapferste, den ich je hatte. Er wusste, was in dem Dickicht war – er witterte es. Hätte ich gewusst, was er wusste – ich hätte gezögert; das hier war keine der großen Jagden im Mond der Hirschjagd. Hier waren nur Bakar und ich und eine Handvoll Hunde. Doch mein tapferer Hund zögerte nie. Sobald ich meine Hand hob – so etwa –, lief er durch das Dickicht, um die Wildschweine herauszuscheuchen. Bakars Hund und die beiden Hündinnen folgten. Den jungen Hund hielt ich bei mir. Ich traute ihm nicht. Das Dickicht direkt voraus, nahmen wir ihn zwischen uns und krochen nebeneinander hinein – so –, die Speere bereit. Bakar pfiff. Die Hunde bellten. Sie drängten ins Dickicht. Ein Wildschwein schoss durch das Dorngestrüpp. Die Hunde bellten, blieben aber auf Abstand. Das Dickicht bewegte sich und raschelte. Ich hielt meinen Speer bereit. Wir gingen in die Hocke und warteten. Das Dorngestrüpp teilte sich.

Es war der Keiler. Keine Bache. Ein voll ausgewachsener Keiler – so groß!

Der Keiler stürzte heraus. Das Herz schlug mir bis zum Hals. Und mein tapferer Hund kam hinter ihm her – so! – und schnappte nach dem Keiler, als der auf mich zustürmte. Plötzlich drehte sich dieser gerissene Keiler um. Mein Hund war zu langsam. Schon hatte der Keiler ihn an der Kehle und schleuderte ihn hoch in die Luft. Ich rannte auf sie zu. Mein Hund jaulte auf, als der Hauer ihn traf. Er schlug auf dem Boden auf und blieb reglos liegen. Der Keiler griff mich an, den Kopf gesenkt. Ich sprang ihm aus dem Weg, und bevor er sich umdrehen konnte, stieß ich mit meinem Speer zu.

Es war ein guter Stoß. Ich traf ihn unter der Schulter. Mein Speer drang tief ein.

Bakar lief zu dem zuckenden Keiler. Er rammte seinen Speer unterhalb der anderen Schulter hinein. Drei tapfere Hunde begannen zu beißen und an dem Borstenfell zu zerren. Der junge Hund rannte bellend um uns herum. Wir hielten fest. Und hielten. Der Keiler wand sich und kämpfte. Das Blut aus seiner Wunde rann an meinem Speer hinab auf die Erde. Der Speer rutschte in meinen Händen und hüpfte auf und ab, als wäre er lebendig. Der Boden unter unseren Füßen war glitschig von Blut und Schlamm. Wir gaben nicht auf. Wir hielten fest, und langsam, ganz langsam starb der große Keiler. Er zuckte und lag schließlich still, und Bakar und ich ließen gemeinsam unsere Speere los, damit sie nicht unter dem Gewicht des toten Tieres zerbrachen.

Wir zogen unsere Speere aus dem Fleisch des Keilers. Die Hunde leckten das Blut rings um unsere Füße auf. Bakars mit Widerhaken versehene Speerspitze war zerbrochen, von den angespannten Muskeln des Keilers in drei Teile gespalten. Bakar zuckte mit den Schultern und sagte: »Also gibt es morgen Arbeit; als ob ich das brauchte.«

Ich ging zu meinem alten Hund und drehte ihn um. Sein Körper war schlaff, und in seinem Bauch klaffte eine große Wunde, wo der Keiler ihn aufgespießt hatte. Die Seele war aus seinen Augen gewichen. Die anderen Hunde sahen mit hängenden Ruten zu.

Bakar und ich steckten unsere Hände in die Wunden des Keilers, die wir ihm geschlagen hatten, und schmierten uns gegenseitig mit dem warmen Blut ein. Wir ließen das But in unsere hohlen Hände fließen und tranken. Der Geist des Keilers war mit uns, und unsere Herzen gehörten ihm.

Ich nahm ein glühendes Stück Holzkohle aus meinem Beutel, entfernte das feuchte Moos darum und blies Funken auf abgeschabte Birkenrinde. Während ich das Feuer anfachte, schlitzte Bakar den Keiler entlang der Bauchlinie auf und zog die Eingeweide zur Seite. Er schnitt die Leber und das Herz heraus. Wir zerteilten sie in Streifen, hielten sie in die Flamme, um das Blut zu versiegeln, und verschlangen alles gierig. Den Hunden warfen wir die Lunge zu. Die Jagd hatte uns hungrig gemacht, doch sobald wir zu essen begannen, sickerte die Lebenswärme des Keilers in unsere Adern und machte uns stark.

Bakar wusste, dass ich um meinen Hund trauerte. Er half mir, aus Schösslingen ein Podest zu errichten und den Hund hoch über dem Boden zu betten, damit die Geister ihn finden würden. Wir behandelten ihn wie einen Mann, denn ich wusste, dass die Seele dieses tapferen Hundes sich wünschen würde, unter Menschen zu sein, so wie zu seinen Lebzeiten.

Bakar fällte einen jungen Baum, an den wir den Keiler banden. Wir hatten nur einen halben Morgen gebraucht, um den Berg hinauf zum Wildschweindickicht zu gelangen, doch es dauerte von Mittag bis zum Sonnenuntergang, bis wir den toten Keiler zu unserem Lagerplatz getragen hatten. Obwohl es bergab ging, mussten wir oft eine Pause einlegen. Wir tauschten die Plätze und verlagerten das Gewicht von einer Schulter auf die andere. Der Keiler war so groß, dass zwei Männer ihn allein kaum töten, geschweige denn tragen konnten, aber an dem Tag schafften Bakar und ich beides.

Als wir zurückkamen, hatten die Frauen bereits – obwohl mir nicht in den Kopf will, woher ihr Frauen solche Sachen immer wisst – die Grube ausgehoben und Steine im Feuer erhitzt. Die Hunde rannten voraus und verkündeten bellend unseren Erfolg. Die Frauen kamen uns entgegen. Sofort bemerkten sie, dass mein Hund fehlte. Alaia schrie auf und wollte wissen, was ihm zugestoßen sei. Wir beachteten sie nicht. Um ehrlich zu sein, zweifle ich, ob wir unsere Last auch nur noch einen Schritt hätten weitertragen können, aber wir wollten vor den Frauen keine Schwäche zeigen. Also marschierten wir wortlos direkt zum Feuer und ließen den toten Keiler daneben zu Boden fallen.

Alaia warf mir einen Blick zu und verlor kein Wort mehr über meinen Hund, bis heute nicht. Alaia ist eine gute Frau.

Bakar betrachtete die Kochgrube und die heißen Steine, die in der Glut warteten, und machte ein finsteres Gesicht. »Ihr habt also gedacht, dass jemand Fleisch mitbringen würde, nicht wahr? Tja, wie ihr seht, habt ihr euch leider geirrt. Alles, was wir haben, ist dieses kümmerliche Stück Wildschwein für euch. Das wird euch nicht viel nützen.«

»Ja«, Alaia grinste, »das ist sehr schade. Aber ich glaube, wenn du den Boden der Kochgrube auskratzt, findest du vielleicht noch ein paar alte Napfschnecken. Nach so einem enttäuschenden Tag musst du Hunger haben.«

»Nicht so viel wie dein Mann hier. Ich musste ja nur beim Tragen helfen. Das war leicht, denn wie du siehst, hatten wir nur dieses armselige, halb verhungerte Wildschwein. Aber du solltest wissen, dass dein Mann es zuerst mit seinem Speer traf. Nicht, dass ich neidisch wäre, denn es ist kaum genug Fleisch da, um eine Napfschnecke zu würzen, wenn ich es recht betrachte. Wirst du den ersten Schnitt machen, Amets, oder schämst du dich dieses kleinen Tagewerks zu sehr, um dein Messer anzusetzen?«

Ich lächelte. »Ich werde meine Scham überwinden«, sagte ich. »Aber gib zu, dass es auch deine Schande ist, Bakar. Denn ich glaube, der kleine Nadelstich auf der anderen Seite ist dein Werk. Wenn wir es überhaupt Werk nennen können. Diese Frauen hätten es besser gemacht, doch sie sagen es nicht, weil sie zu freundlich sind. Stimmt das?« Das war an Alaia gerichtet, aber ich sah, wie Haizea neben ihr kicherte. Ich mochte sie, jedoch konnte ich die kleine Schwester meiner Frau natürlich nicht direkt ansprechen. »Ihr würdet uns nicht beschämen und darauf hinweisen, was für ein erbärmliches Abendessen wir euch mitgebracht haben, oder?«

Haizea kicherte. »Mir macht es nichts aus, es zu essen«, sagte sie zu Bakar. »Nur würde für euch nichts übrig bleiben, wenn ich so viel esse, wie ich will!«

So ging es munter weiter. Unterdessen drehten Bakar und ich den Keiler auf den Rücken. Bakar schnitt die Schnauze ab, während ich die Rippen teilte. Alaia gab Hirn und Nieren in die Asche, damit sie schnell brieten, denn alle hatten Hunger. Ich warf den Hunden einen Hinterlauf zu. Alaia legte die heißen Steine in die Grube und die herausgetrennten Rippen und Schultern darauf. Den Rest des Keilers hängten Bakar und ich in einen Baum. Alaia bedeckte die Grube mit Grassoden, damit das Fleisch langsam garte. Schon bald begann es gut zu riechen! Ein Gutes hat es, dass wir an der Flussmündung unter uns sind: Wir mussten von unserem Fleisch nichts abgeben. An dem Abend ließen wir es uns im Feuerschein schmecken, während die Sterne zum Himmel der Abendsonne zogen. Der Mond war so hell, dass man dabei essen konnte, und was braucht man in einer Nacht der Fülle mehr?

Das war die letzte Jagd und das letzte Festmahl, die ich gemeinsam mit Bakar, dem Bruder meiner Frau, erlebte. Der Keiler, der sich uns an jenem Tag schenkte, war groß. Seht ihr diese Hauer, die ich hier an meinem Hals trage – sie stammen von ihm. Wenn ich meine Finger spreize – so –, dann reicht der lange Hauer von meinem ersten bis zu meinem vierten Finger. Seht ihr diese Kerbe – bis dahin ging sein

Borstenfell. Schaut nur, wie abgewetzt die Hauer sind, scharf wie eine Pfeilspitze! Macht schon, ihr könnt sie nehmen, wenn ihr wollt – los, reicht sie herum. Ich trage diese Hauer nicht, weil ich damit mein Geschick zur Geltung bringen will. Ich habe an dem Tag sehr wenig getan. Ich trage sie in Erinnerung an meinen guten Hund – den tapfersten, den ich je hatte. Seht nur, wie die Hunde mir zuhören! Sie erinnern sich. Sie wissen.

Nekané sagte:

Mein Sohn Bakar brach am Ende des Mondes der Gelben Blätter allein auf. Er wollte den jungen Hund abrichten und ließ deshalb die anderen Hunde zurück. Er hatte seinen Bogen und neun Pfeile dabei. Keinen Speer. Sein Speer war an dem Tag zerbrochen, als Bakar und Amets den Keiler am Hohen Teich erlegten. Obwohl Bakar begonnen hatte, den Speer auszubessern, fehlten noch die Widerhaken an der Spitze. Die letzte Jagd war es wert gewesen, einen Speer zu zerbrechen! Wir waren an jenem Abend sehr glücklich, als Bakar und Amets zurück zum Lagerplatz kamen und einen toten Keiler mitbrachten. Wir hatten die Kochgrube vorbereitet, und sie sengten sofort die Borsten ab, zerlegten das Fleisch bei Feuerschein und gaben es uns, damit wir es verarbeiteten.

Danach regnete es drei Tage lang. Wir zerteilten den Rest des Fleisches und hängten die Stücke zum Trocknen unter das Schutzdach. Bakar und Amets reinigten den Schädel des Keilers und klemmten ihn in eine Astgabelung des Haselnussbaums an der Flussmündung. Wir alle unterbrachen unsere Tätigkeiten, während sie zu dem Keiler sprachen, ihm sagten, wir hätten sein Fleisch gegessen und wären jetzt glücklich, seine Kinder zu sein. Dann kümmerten sich Alaia und Haizea wieder um das Feuer aus morschen Birkenscheiten, das unter dem trocknenden Fleisch rauchte. Bakar ging zum Brustberg, um Kiefernzweige zu schneiden. Vom Lagerplatz an der Flussmündung aus müssen wir weit gehen, um Kiefernholz zu finden. Bakar war durchnässt, als er zurückkam; ich hängte seine Beinlinge und den Mantel zum Trocknen unter das Dach.

Zum Schutz vor dem Regen stützte Bakar die Zeltklappe ab und hockte sich nur mit seinem Lendenschurz bekleidet darunter, während seine Kleider trockneten. Regen tropfte von der Zeltklappe und rann ihm über den Rücken. Die Zeichen von Alk und Wolf und Bär, die in seine Schultern geritzt waren, glänzten, als wären sie lebendig und streiften durch die geheimen Jagdgründe der Träume eines Mannes. Bakar schnürte das Bündel Kiefernzweige auf, wählte den geradesten aus und schälte die Rinde ab. Aus seinem Beutel holte er ein Stück Feuerstein, um eine neue Klinge zu schlagen. Fast immer erhielt mein Sohn schon mit dem ersten Hieb genau die Klinge, die er haben wollte – nichts wurde verschwendet. Er entfernte die Klinge, die er zum Schneiden des Keilers benutzt hatte, aus dem Messergriff und leimte vorsichtig eine neue hinein. Dann schabte er seine Kiefernzweige in biegsame Stäbe und schnitzte die Enden zu einer Rundung. Als die Vogelpfeile fertig waren, balancierte er sie nacheinander auf seinem Finger und prüfte das Gewicht. Jeden Pfeil versah er mit Krähenfedern. Er schaute auf, als Haizea zurückkam, triefend vor Nässe, einen großen Aal im Korb.

»Ist das mein Abendessen? Sieht aus, als hätte er gekämpft!«

»Stimmt. Ich musste ihm den Kopf einschlagen, um ihn aus der Falle zu bekommen. Machst du neue Pfeile? Was fängst du mit den alten an?«

Bakar neckte seine kleine Schwester gern. Aber er war auf seine Art auch nett zu ihr. »Warum fragst du mich das? Willst du etwa welche? Schon gut« – Bakar schüttelte drei alte Pfeile aus seinem Köcher –, »hier! Du kannst versuchen, sie zu reparieren, wenn du willst.«

»Für diese Pfeile ist mein Bogen nicht groß genug.«

»Dein *Bogen*? Wie wär's mit einer Schleuder?«

»Kleine Kinder benutzen Schleudern und Kieselsteine! Ich will einen richtigen Bogen!«

»Die besten Jäger prüfen ihre Fähigkeiten an Schleudern. Lass die Geister nur nicht hören, wie überheblich du bist, Haizea!« Doch Bakar hatte immer ein weiches Herz. Als Haizea sich mit – zu Recht – bestürzter Miene entfernte, rief er sie zurück. »Hier, nimm die Pfeile, Dummchen. Du kannst sie kürzen, damit sie zu deinem Bogen passen.«

Als seine Pfeile fertig waren und er seinen Bogen neu bespannt hatte, machte Bakar sich wieder daran, seinen zerbrochenen Speer zu reparieren. Während er die Widerhaken schnitzte und sie mit Bimsstein glättete, nahm ich den Rest der Kiefernzweige, um das Feuer heiß zu machen, und bedeckte den Aal mit Asche. Nachdem er gebraten war, zog ich ihn aus dem Feuer und zerteilte ihn in saftige Stücke aus köstlich weißem Fleisch.

»Iss, solange es heiß ist! Du kannst das danach zu Ende binden, Bakar. Es läuft dir nicht weg.«

Bakar lehnte seinen halb reparierten Speer an die Hohle Eiche. Sobald die Sonne herauskam, zog Bakar mit seinem Bogen, seinen sechs neuen Vogelpfeilen und drei Pfeilen mit Spitzen aus Feuerstein los. Er wollte dem jungen Hund beibringen, Vögel zu apportieren. Sein Messer steckte er in seinen Gürtel. Er trug seine Jacke aus Hirschleder und Beinlinge – keinen Mantel, denn die Sonne brannte heiß herab. Er füllte seinen Beutel mit gerösteten Haselnüssen. Mehr hatte er nicht bei sich.

Er kehrte nie zurück.

Auch der Hund kam nicht wieder. Der Mond der Gelben Blätter ging vorbei, und der Mond des Schwans. Die Tage wurden kürzer. Tag für Tag suchte ich nach meinem Sohn. Ich ging alle Ufer im Gebiet der Flussmündung ab und wanderte durch die Moore. Ich folgte den Wildpfaden durch die Eichenwälder und kletterte zwischen Birken und Wacholder in die Höhe. Oft bestieg ich unseren Aussichtshügel. Mein Blick schweifte suchend über die Salzwiesen und das offene Wasser der Bucht. Ich suchte die Kämme der schützenden Berge ab, die unsere Flussmündung umgaben. Ich stieg über die Berge, bis ich den schneebedeckten Kegel des Mutterberges in der Ferne unter dem Himmel der Hochstehenden Sonne erblickte.

Tag für Tag brachte ich, die immer so gut für ihre Familie gesorgt hatte, nichts nach Hause. Alaia und Haizea sammelten bis zum Mond des Schwans Wurzeln, Haselnüsse, Eicheln und Pilze. Sie legten die Vogelfallen aus, klaubten Schalentiere aus dem Sand, spießten Plattfische auf und gruben im Röhricht nach Wurzeln. Sie kochten das Essen, rösteten die Nüsse und setzten den Männern eine Mahlzeit vor, wenn sie nach Hause kamen. Mein Mann und Amets jagten Kleinwild, und als die Tage kürzer wurden, verfolgten sie manchmal Rotwild, das zum Äsen hinunter in die Moore kam. Niemand brauchte mich. Noch nie hatte ich mehr genommen als gegeben.

Tag für Tag suchte ich nach meinem Sohn. Ich schlief allein unter den Sternen, und morgens war mein Mantel steif gefroren. Ich hielt mich nicht damit auf, Nahrung zu suchen, verspürte auch keinen Hunger. Ich entfernte mich weit vom Lagerplatz an der Flussmündung. Ich ging an den Ufern entlang, die dem Himmel der Abendsonne zugewandt sind. Ich lieh mir ein Boot und setzte zur Höhleninsel über; die Familie meiner Schwester Hilargi hatte meinen Sohn nicht gesehen. Ich folgte dem Ufer des Sees am Mutterberg und fragte auf jedem Lagerplatz nach, zu dem ich kam. Niemand hatte etwas von meinem Sohn gehört. Ich überquerte die Insel des Mutterbergs und kam ans Ufer, das dem Himmel der Morgensonne zugewandt ist, und ich ging an der Küste der Langen Meerenge entlang. Niemand unter unseren Verwandten in den Winterlagern hatte meinen Sohn gesehen. Die Gezeiten hatten den Sand reingewaschen, und ich fand keine Spur von Bakar. Ich wandte mich landeinwärts und kam zum Langen See. Unter den Eichen fand ich Spuren von Rotwild und Wildschwein, Bär und Biber, Fuchs, Luchs, Marder, Katze und Wolf. Aber keine menschlichen Spuren. Keinen einzigen Hinweis auf Bakar.

Der Mond des Schwans kam und ging. Der Dunkle Mond war mittlerweile angebrochen. Schnee setzte ein. Die Tage waren zu kurz, um auf Wanderschaft zu gehen. Ich war gezwungen, wieder zum Lagerplatz an der Flussmündung zurückzukehren.

Noch bevor ich unsere Lichtung erreichte, hörte ich den Klang von Stein auf Stein, und als ich dort ankam, traf ich auf Amets, der einen Keil benutzte, um Birkenholz von dem Baum abzuspalten, den Biber gefällt hatten, und Alaia mit ihrem dicken Bauch, die Brennholz unter dem Schutzdach stapelte. Ein frisches Hirschfell, ein Robbenfell und zwei Biberpelze waren zum Trocknen auf Rahmen gespannt. Mein Mann und Haizea saßen zusammen auf einem Holzklotz neben dem Zelteingang und hielten die Köpfe über eine Arbeit gebeugt.

Alle unterbrachen ihre Tätigkeit, als sie mich sahen. Mein Mann lächelte mich freundlich an; Amets und Alaia waren zurückhaltend. Nur meine jüngere Tochter sprang auf und umarmte mich. Niemand fragte mich nach meiner Wanderung. Haizea hatte ihre Gedanken noch nie auf mehr als eine Sache richten können. Sie zog mich zu der Stelle, an der mein Mann saß. »Mutter, schau! Sieh nur meinen neuen Bogen! Ich habe ihn gemacht! Eigentlich hat Vater mir dabei geholfen. Wir sind gestern flussaufwärts gegangen, um Wacholder zu suchen, und wir haben ihn geschnitzt und mit Ocker eingerieben – schau! Und heute haben wir ihn gespannt. Jetzt machen wir Pfeile – wir sind gerade dabei, die Pfeilspitzen zu leimen. Ich habe den Leim selbst gemacht – schau!«

In der Winterhütte war es warm und trocken. Während meiner Abwesenheit hatten sie, als es draußen einmal trocken war, die Wände bis auf die Rinde abgeschält und frische Grassoden darübergeschichtet. Amets und Alaia hatten neue Birkenrinde um die Rauchöffnung gelegt und die Innenwände mit Häuten überzogen. Haizea hatte die alten Kiefernzweige ausgeräumt und frische über den Boden gestreut. Sie war mit Alaia in die Berge gegangen und hatte Wacholder geholt, den sie unter die Birkenzweige an unseren Schlafplätzen mischte. Die Schlafplätze zu beiden Seiten der Feuerstelle waren mit Winterfellen bedeckt. Brennholz war fast bis unter das Dach gestapelt, und noch mehr befand sich draußen unter dem Schutzdach zwischen den Eichen. Fleisch von Rotwild und Biber hing in Bündeln vom Dach, und ein Streifen Seelachs baumelte im Rauch über dem Feuer. Körbe voller Schilfwurzeln, Lilienwurzeln, gerösteten Haselnüssen und orangeroten Erdpilzen waren an den Wänden festgezurrt. Überall sah ich Alaias Werk. Ich wollte sie loben, doch irgendwie kamen die Worte falsch heraus. Sie schien wütend darüber zu sein, dass ich ihre Arbeit überhaupt erwähnte.

In dieser Jahreszeit sollte es sich eine alte Frau an der Feuerstelle bequem machen. Ich hatte die Aussicht auf Alaias Kind, das ich in den Armen halten würde, noch ehe der Winter vorüber war. Doch das alles war mir gleichgültig. Nach meinen langen Wanderungen war ich durchgefroren und kam fast um vor Hunger. Man sollte meinen, dass ich für Nahrung und Unterkunft und die Wärme des Feuers dankbar gewesen wäre.

Doch es war alles wie Asche in meinem Mund, weil wir Bakar verloren hatten und ich keine Spur von ihm hatte finden können.

Junge Männer müssen sterben.

Wenn wir uns bei der Zusammenkunft treffen, hören wir stets von jungen Männern, die gestorben sind. Sie sterben auf dem Meer, wenn sie weit draußen auf Fischfang sind; sie sterben, wenn sie Bären oder Keiler oder einen Hirsch in der Brunft jagen; sie sterben, wenn sie sich gegenseitig töten. Wenn sie das tun, dann geht es entweder um eine Frau oder darum, dass sie bei der Zusammenkunft in Streit geraten. Doch als Bakar verschwand, war die Zusammenkunft längst vorbei, und wir alle waren in unseren Winterlagern. Wenn wir an der Flussmündung unter uns waren, gab es keine Frauen, die man hätte verführen können, und keine Gruppen junger Männer, die sich gegenseitig zu Dummheiten anstachelten. Vom Lagerplatz an der Flussmündung wäre Bakar nicht in die Jagdgründe einer anderen Familie eingedrungen. Warum auch? Dort, wo wir waren, gab es reichlich Tiere, und hätte er sich weiter entfernt, nun, dann hätte er das Fleisch den ganzen Weg zurücktragen müssen, und was hätte das für einen Sinn gehabt? Und wenn andere in unsere Winterjagdgründe gekommen wären, dann hätte ich auf meinen Wanderungen bestimmt Anzeichen dafür gefunden.

Junge Männer müssen sterben.

Aber doch nicht mein Sohn! Jede Mutter denkt das: »Nicht mein Sohn!« Manche Mütter haben mehrere Söhne. Meine Schwester Sorné hat fünf Söhne und nie einen verloren. Ich hatte nur einen, und der war fort.

Würden junge Männer nicht sterben, gäbe es zu viele. Würden manche nicht sterben, wären Clans infolge des aufbrausenden Temperaments der Jugend in Gefahr. Junge Männer müssen sterben, so wie junge Tiere sterben müssen, wenn wir sie jagen. Wäre der Tod nicht allgegenwärtig, würden wir alle verschwinden und wären nicht in der Lage, zurückzukehren. Ich habe immer gewusst, dass junge Männer sterben müssen. Aber doch nicht mein Sohn!

Im Dunklen Mond, nachdem Bakar verschwunden war, wurde die Welt um mich herum eigenartig. Ich begann Dinge zu sehen, die verborgen gewesen waren – kleine Bewegungen aus den Augenwinkeln, geisterhafte Schatten. Zuweilen streckte ich meine Hand ins Dunkle, voller Verlangen – wonach, wusste ich nicht –, doch was es auch war, es entzog sich meiner Berührung. Bei jedem Atemzug vernahm ich ein Echo. Je mehr ich mich anstrengte, es zu hören, desto schneller verklang es. Das Plappern und Poltern meiner Familie ging mir auf die Nerven. Ich konnte nicht zuhören, ich konnte nicht zusehen, ich konnte den Ruf nicht beantworten, den ich in meinen Träumen so deutlich vernahm. Ich musste mich von anderen Menschen entfernen. Etwas Neues geschah mit mir. Aber ich dachte nie … ich war nur eine alte Frau … die Frau meines Mannes … die Mutter meiner Kinder … was war ich schon? Nie … noch nicht … damals nicht … nie dachte ich »Mittlerin«.

Alaia sagte:

Als Bakar nicht zurückkehrte, verließ uns meine Mutter immer wieder und blieb oft mehrere Nächte lang fort. Nie brachte sie Nahrung oder Brennholz mit. Sie sah verhärmt aus und wollte kaum mit uns sprechen. Wir alle trauerten um Bakar. Aber meine Mutter machte es uns schwer. Ich fühlte mich schuldig, weil ich aß und schlief. Sie gab mir das Gefühl, dass ich keine Nahrung sammeln, keine Häute schaben oder die Winterhütte vorbereiten, ja nicht einmal mit meinem Vater, meinem Mann oder meiner Schwester sprechen sollte, weil Bakar nicht da war. Sie gab mir das Gefühl, ich sollte nicht am Leben sein.

Es fühlte sich an, als hätte ich keine Mutter mehr. Ich hatte Angst vor dem Sterben. Ich freute mich, natürlich freute ich mich darüber, dass ich Amets' Kind unter dem Herzen trug. In unserem ersten gemeinsamen Jahr wurde ich nicht schwanger. Ich war froh, als es schließlich so weit war, doch als der Winter sich hinzog und mein Bauch dicker wurde, begann ich vom Sterben zu träumen. Wäre *ich* gestorben, nicht Bakar, dann wäre ich wie ein Stein im Wasser versunken, fast ohne die Oberfläche zu kräuseln, das wusste ich. Jede junge Mutter träumt vom Tod, und manchmal bewahrheitet sich der Traum. Ich wollte, dass meine Mutter sich um mich kümmerte. Ich habe Frauen gekannt, deren Mütter sie nie allein ließen, während sie schwanger waren, ihnen immer Ratschläge und etwas Besonderes zu essen gaben. Wisst ihr noch, als Itsaso ihre Familie verließ und nach der Zusammenkunft mit dem Clan ihres Mannes ging, weil sie den Wirbel nicht mehr ertragen konnte, den ihre Mutter um sie machte? Haizea und ich hatten dieses Problem nie. Aber als ich Esti erwartete und meine Mutter um Bakar trauerte, machte es mich wütend, dass ich oder mein Kind ihr anscheinend völlig gleichgültig waren. Ich dachte sogar, es würde ihr leidtun, mich vernachlässigt zu haben, wenn ich bei der Geburt sterben sollte.

Aber ich starb nicht, und nachdem Esti auf der Welt war, fing alles andere an. Sobald ich Esti hatte, empfand ich kein Selbstmitleid mehr. Wenn ich jetzt an meine Gefühle in jenem Winter denke, schäme ich mich.

Eines Tages im Dunklen Mond hatten wir den ganzen Morgen in der Hütte gesessen, nah an der Feuerstelle, während Regenschauer gegen unsere Soden fegten. Wir reichten einen Brocken getrocknetes Keilerfleisch herum, schnitten mit unseren Messern Stücke ab und zerkauten sie langsam. Manchmal, wenn das Fleisch zu ihm kam, schnitt Amets einen besonders dicken Happen ab und warf ihn mir zu. Schwanger zu sein hat auch ein paar gute Seiten! Wir hatten reichlich zu essen, daher brauchten wir nicht hinauszugehen, bevor das Wetter aufklarte. Etwa um die Mittagszeit stand meine Mutter plötzlich auf, nahm ihren Mantel aus Fuchsfell und zog ihn sich fest um die Schultern. Dann hob sie die Häute, die vor dem Eingang hingen, und trat hinaus.

»Wohin geht sie denn *jetzt*?«

Ich zuckte mit den Schultern. Ich konnte Amets' Fragen auch nicht besser beantworten als er. »Vater«, sagte ich, »es wird bald dunkel. Solltest du sie nicht aufhalten?«

»Sie *aufhalten*?« Er war empört. »Alaia, du sprichst von deiner Mutter! Hast du keinen Respekt?«

»Aber *du* könntest es!«

»Ich? Warum sollte ich mich einmischen? Zu welchem Zweck?«

»Das Wetter … Wenn sie draußen bleibt, könnte sie sterben!«

»Stimmt«, sagte mein Vater. Er starrte ins Feuer und zwirbelte geistesabwesend eine Schnur auf seinem Oberschenkel. Ein Holzscheit fiel zur Seite, kleine Flammen begannen zu knistern. Mein Vater seufzte. Er hatte den Namen seines Sohnes nicht erwähnt, seitdem Bakar fort war. Vielleicht war er von Anfang an sicher gewesen, dass der Name meines Bruders diese Welt bereits verlassen hatte. Dennoch war mein Vater in unserem Clan nicht bekannt dafür, verborgene Dinge zu erkennen. Er hatte gern alles klar und einfach. Aber ich kannte ihn, und im Stillen glaubte ich, dass er mehr wahrnahm als meine Mutter. Mein Vater hatte sich nie auf die Suche nach seinem Sohn begeben. Er hatte nie auf Bakars Abwesenheit hingewiesen. Bakar war ein erwachsener Mann. Bald hätte er sich eine Frau genommen und unsere Familie ohnehin verlassen. Ihm stand es frei zu gehen, wohin er wollte, und selbst wenn sein Pfad ihn denn dorthin führte, stand es ihm frei zu sterben, ohne um Erlaubnis zu bitten.

Mich beunruhigte, dass mein Vater meine Mutter einfach gehen ließ. Doch als mein Vater verstummte und in das Feuer starrte, konnte ich nichts mehr sagen. Ich fing Haizeas Blick auf und sah Furcht in ihren Augen. Sie war noch ein Kind. Ich legte den Arm um sie. »Mach dir keine Sorgen. Ich gehe nicht fort, und Amets auch nicht. Und du weißt, dass unser Vater uns nie verlassen wird.«

Haizea flüsterte: »Eines Tages wird ihm vielleicht nichts anderes übrig bleiben.«

Das stimmte, unser Vater wurde alt. Er war älter als unsere Mutter. Ich wusste, woran Haizea dachte. In dem Augenblick, als ich den Arm um meine kleine Schwester legte, spürte ich, wie sich das Kind in mir bewegte. Es mahnte mich, dass auch ich nichts versprechen könne, denn ich wäre womöglich nicht imstande, es einzuhalten. Die Gefahr ist immer da, und für mich rückte sie zusehends näher.

Plötzlich sprang ich auf. Ich schrie meinen Vater an: »Meine Mutter hat nicht das Recht dazu! Nur weil Bakar verschwunden ist« – ich war so wütend, ich *wollte* ihn beim Namen nennen, als wäre er noch am Leben –, »sie hat nicht das Recht, uns mit ihrem Elend zu belasten! Uns *allen* tut es leid! Er fehlt uns *allen*! Du *musst* ihr doch böse sein, Vater! Du solltest es! O ja, du solltest! Sie lässt es so aussehen, als machte es dir nichts aus. Als hättest *du* nicht *deinen* Sohn verloren. O nein, du sollst deinen Sohn nicht verloren haben, und ich habe meinen Bruder nicht verloren, und Haizea nicht ihren! Niemand von uns anderen soll überhaupt irgendetwas empfinden! Sie lässt es so aussehen, als wäre es uns gleichgültig, nur weil wir weiterleben. Sie sollte sich um *uns* kümmern! Nehmen wir einmal an, ich sterbe – denn es könnte passieren, ganz leicht –, wo wird meine Mutter sein, wenn ich sie brauche? Und wenn Haizea sie braucht? Sie will sich nicht um uns kümmern! Und um dich auch nicht! Wenn sie zurückkäme und du wärst tot, und ich wäre tot, ihr würde es nichts ausmachen! Sie …«

Mein Vater ließ seine Schnur fallen. Er erhob sich und schlug mir fest ins Gesicht.

Ich fiel zurück in die aufgestapelten Felle, meine Hand an der Wange.

Amets sah meinen Vater an, dann mich. Er stand auf und griff nach seinem Mantel. »Ich gehe nach den Fallen sehen«, murmelte er und wandte sich zum Eingang.

»Ich will mitkommen!«

Wir erstarrten alle. Amets sah meinen Vater an. Bestimmt würde er sich da einmischen! Haizea wurde klar, was sie getan hatte, noch bevor die Worte über ihre Lippen gekommen waren. Entsetzt schlug sie die Hände vor den Mund. Dann warf sie sich auf den Schlafplatz und schluchzte, als würde ihr das Herz brechen. Die beiden Männer rührten sich nicht. Ich war es, die sich neben sie kniete und sie in den Arm nahm. »Liebes, ist schon gut. Niemand wird dich bestrafen. Wäre Mutter hier gewesen, dann wäre es nie passiert. Wir werden es vergessen, lass gut sein.« Ich schaute meinen Vater an und sprach mit fester Stimme, obwohl ich innerlich zitterte. »Vater, Haizea wollte Amets nicht ansprechen. Amets ist *mein* Mann, und ich denke mir nichts dabei. Meine Schwester ist aufgebracht, weil Bakar verschwunden ist, und jetzt ist auch noch ihre Mutter gegangen. Deshalb hat sie sich vergessen. Sie ist noch klein. Sei also so lieb und vergiss es, ja? Bitte!«

Sehr deutlich vernahm ich die Stimme meiner Mutter in meiner, wenn sie meinen Vater anwies, was er zu tun hatte. In meinem Herzen war ich verzweifelt, doch ich stellte mich meinem Vater und hielt seinem Blick stand. Ich wusste, wie meine Mutter sich ihm gegenüber behauptete, und tat es ihr gleich. *Sie* zitterte nie vor einem Mann. Als mein Bruder und ich klein waren, kauerten wir uns immer unter die Felle an unserem Schlafplatz, während der Streit über uns tobte. Und jetzt stand ich hier und sprach in der Stimme meiner Mutter mit meinem Vater, als hätte ich ihre Kraft in *mir*!

Auch er muss es gehört haben, denn plötzlich warf er den Kopf in den Nacken und schüttete sich aus vor Lachen. »Was für Frauen haben wir bloß um uns, Amets! Wo haben sie gelernt, uns so herumzukommandieren? Wie sind sie nur so aufsässig geworden? Ich hoffe, du wirst deine Familie besser beherrschen, als ich es konnte, junger Mann! Sieh nur, wie sich meine Frauen benehmen, wie sie uns sagen, was wir tun sollen, und außer der Reihe das Wort ergreifen! Ich gehe mit dir zu den Fallen, Amets, und wir wollen hoffen, dass die Frauen ihre Zungen im Zaum halten und ausnahmsweise mal ein bisschen arbeiten, während wir fort sind. Oder vielleicht sind sie sich inzwischen auch zu schade und wollen uns kein Essen mehr vorsetzen!«

Amets grinste und hielt die Häute zurück, damit mein Vater hinausgehen konnte. Bevor Amets ihm folgte, warf er mir einen Blick zu und zwinkerte. Ich wusste, das Zwinkern galt auch Haizea, und alles, was sie und ich gesagt hatten, wäre vergeben und vergessen, wenn die Männer zurückkehrten. Obwohl mein Vater die Angelegenheit nie wieder ansprechen würde, hoffte ich, dass alles, was ich ihm über meine Mutter gesagt hatte, nicht gänzlich in Vergessenheit geraten würde.

Amets sagte:

Während die Dunkelheit des Winters allmählich ein weiteres Jahr zur Welt brachte, überlegte ich, was ich jetzt tun sollte, nachdem Bakar fort war. »Im nächsten Winter«, dachte ich, »falls Nekané zurückkommt, baue ich für meine Familie eine getrennte Winterhütte auf dem Lagerplatz an der Flussmündung. Selbst wenn wir dann zwei

Feuerstellen unterhalten müssen. Alaia und ich, so hoffe ich doch, werden ein eigenes Kind haben.« Ich streckte meine Arme zu den Geistern empor, obwohl ich nicht laut gesprochen hatte. »Wenn ich Alaia und ein Kind habe, dann werde ich bestimmt eine andere Winterhütte für uns hier bauen. Und wenn … wenn das nicht geschieht, und das ist das Schlimmste für mich« – ich konnte es kaum ertragen, daran zu denken –, »angenommen, Alaia stirbt und ich muss Haizea zur Frau nehmen …« Den Gedanken führte ich nicht zu Ende. Bakar fehlte mir bereits sehr. Der Vater meiner Frau war ein guter Mann, doch er wurde alt. Bakar war mein Freund gewesen. Nun war er jedoch schon zu lange fort – drei Monde inzwischen –, als dass ich noch Hoffnung hätte hegen können. Alaia war meine Frau. Ich wollte das Kind Haizea nicht – sollte ich sie zur Frau nehmen müssen, konnte ich nichts mit ihr anfangen, bis sie erwachsen war, aber ich würde sie trotzdem ernähren und kleiden müssen –, und ich wollte auf keinen Fall der einzige junge Mann auf dem Lagerplatz sein.

Ich kann nicht sagen, dass ich mir über die Mutter meiner Frau viele Gedanken gemacht hatte. Die Tage ohne sie waren ruhig gewesen. Während der langen Dunkelheit gibt es für einen Mann wenig zu tun, und wenn sein Schlaf gestört wird – nun, dann ist es vielleicht ein Zeichen dafür, dass zu viele Frauen unter einem Dach sind.

Eines Abends saßen wir draußen am Feuer. Der Tag war klar gewesen und hatte nach Schnee gerochen, Raureif glitzerte auf dem Gras. Die kahlen Eichen hoben sich schwarz vor dem Himmel ab. Am Morgen hatte ich ein junges Wildschwein in meiner Falle gefunden. Während wir es uns schmecken ließen, brach die Dunkelheit herein. Ich nagte das Fleisch vom Knochen und hing Gedanken nach, wie ich sie noch nie gehabt hatte. Jetzt gehörte ich zu einem Winterlager mit einem alten Mann, meiner Frau und einem kleinen Mädchen. »Wenn es im nächsten Winter so ist«, beschloss ich, »werde ich nicht zurückkehren. Auch wenn ich Alaia und ein gesundes Kind habe, will ich nicht zurückkommen, wenn ich der einzige Mann bin, der auf die Jagd geht. Alaia arbeitet besser als zwei der meisten anderen Frauen zusammengenommen« – ja, das dachte ich damals von meiner Frau, und das hat sich bis heute nicht geändert. Ich sah, wie gut Alaia sich um alles kümmerte, noch bevor ich sie zur Frau nahm. Das ist eines von vielen Dingen … Aber nicht das Einzige. Darauf kann ich euch mein Wort geben! Doch das waren meine Gedanken: »Der Vater meiner Frau bringt noch Fleisch nach Hause. Er stellt Fallen auf, und er erlegt Kleinwild. Er fährt noch in seinem Coracle, einem kleinen, mit Tierhaut bespannten Rundboot, auf Fischfang. Aber er kann nicht weit landeinwärts gehen, um Rotwild oder Keiler zu jagen, und schon gar nicht Bären oder Wölfe. Im nächsten Winter wird er noch weniger tun können. Nein«, beschloss ich, »ohne Bakar ist dieser Lagerplatz sinnlos. Vor der nächsten Zusammenkunft werde ich mit dem Vater meiner Frau sprechen. Entweder bringen wir andere aus Alaias Familie mit – sie hat zahlreiche Vettern –, oder er muss einen Mann für Haizea suchen – einen, der bereit ist zu warten, bis Haizea zur Frau geworden ist, als Gegenleistung dafür, dass er einen Platz in dieser Familie bekommt.

Wenn der Vater meiner Frau Nein sagt … Er kann nicht Nein sagen!« Mir schwante, dass ich jetzt der Einzige war, der bestimmen würde, wie es weitergehen sollte. Wenn ich mich weigerte, wieder zurückzukommen, würde diese Familie den Lagerplatz an der Flussmündung aufgeben und ihn anderen überlassen müssen. Jetzt, da Bakar fehlte, war ich der einzige Mann, der auf die Jagd ging. Ohne mich konnten sie hier nicht leben – eigentlich auch nirgendwo anders.

Nachdem ich einmal angefangen hatte zu denken, kamen mir eine Menge neuer Ideen. »Im Gegensatz zu manchen Männern«, dachte ich, »spreche ich nicht viel darüber, was ich kann. Ich brauche nicht die ganze Zusammenkunft, die mir sagt, dass ich jagen, Fische fangen, tanzen, mit einer Frau schlafen, singen oder etwas anderes gut kann. Ich habe nie gegen andere Männer gekämpft, solange es sich vermeiden ließ. Selbst als Junge habe ich mich nicht oft gestritten oder geprügelt. Seit ich Alaia zur Frau genommen habe und in dieser

Familie lebe, habe ich zugesehen, wenn sie sich stritten, aber ich selbst habe nie viel gesagt. Doch jetzt, nachdem Bakar fort ist, bin ich tatsächlich der Einzige, der hier die Verantwortung hat. Natürlich werde ich den Vater meiner Frau vor seinen Töchtern nicht beschämen. Ich werde ihm den nötigen Respekt entgegenbringen, aber« – das war noch ein neuer Gedanke – »er muss trotzdem wissen, wie die Dinge stehen.«

Ich schaute zu dem Vater meiner Frau, der gerade den Schenkelknochen des Wildschweins aufbrach, um das Mark auszusaugen. Seine Augen fixierten den Knochen, und er schien ganz versunken in seine Tätigkeit. Ich starrte ihn an, ohne es zu merken. Als er plötzlich aufsah und meinem Blick begegnete, wich ich seinem sofort aus. Aber ich hatte bemerkt, wie er mich angeschaut hatte. Er mochte zwar alt sein, doch sein Blick war so durchdringend wie immer. Ich spürte, wie mir das heiße Blut die Wangen rötete, und hoffte, man würde es im Feuerschein nicht sehen. Denn in seinen Augen erkannte ich, dass er nicht nur genau wusste, was in mir vorging, sondern dieselben Gedanken schon lange vor mir gehabt hatte.

Nekané sagte:

Den ganzen Winter über suchte ich an jeder mir bekannten Stelle, bis an die Randgebiete unserer Jagdgründe. Ich folgte der Langen Meerenge bis hinter den Lagerplatz an der Überfahrt. Als ich zum Winterlager meiner Schwester Sorné kam, waren die Männer gerade in den Bergen auf Jagd. Doch Sorné trifft jeden; sie sagte mir, niemand weit und breit habe in dem Winter meinen Sohn gesehen. Inzwischen war mir klar, dass ich Bakar nicht lebend finden würde, doch ich musste wissen, was mit ihm geschehen war. Wenn ich es nur *wüsste*, wäre es leichter, so dachte ich zumindest.

Die anderen hatten ihn anscheinend aufgegeben. Zuerst trauerten sie fast so sehr wie ich, doch so, wie sich das Wasser glättet, wenn ein Fisch in die Sonne gesprungen und wieder in die Tiefe abgetaucht ist, verschwanden auch die Erinnerungen an Bakar aus dem Gedächtnis seiner Familie. Nur ich, seine Mutter, hörte nicht auf, an ihn zu denken.

Im Dunklen Mond werden die Nächte gefährlich und machtvoll und verschlucken die Tage beinahe. Einen halben Mond lang waren die Tage so ausgehungert, so abgemagert, dass man den Eindruck hatte, sie würden sich nie wieder erholen. Tag für Tag kam der Wind vom Sonnenlosen Himmel. Mit dem Wind kamen Schneestürme und Hagel und löschten die schwache Sonne aus. Sieben Nächte lang sahen wir keine Sterne. In der achten Nacht erstarb der Wind. Der Schnee lag endlich still; es war so viel gefallen, dass er fast bis an den oberen Rand unseres Eingangs reichte. Wir hatten dicke Holzscheite quer davor aufgestapelt, um den Schnee draußen zu halten. Die Wolken starben mit dem Wind, und als Amets den Schnee wegschaufelte, damit wir hinausgehen konnten, war alles still. Wir hörten einen großen Ast unter dem Gewicht des Schnees knacken. Am Himmel funkelten die Sterne.

Mühsam stapfte ich über den gefrorenen Schnee. Wieder einmal stieg ich auf den Aussichtshügel. Ich erkannte die Form der Berge in der Dunkelheit, wo keine Sterne waren.

Ich schaute hinauf zum Milchfluss, der aus der Brust unserer Ersten Mutter quoll – der weiße Fluss, der den Himmel überspannt und die entferntesten Sterne trübt. Er sah aus wie ein sandiger Strand, über den ein Mann leicht gehen könnte. Obwohl die Luft kalt war, blieb ich stehen, schaute unverwandt hinauf und sah, dass es so viele Sterne gab wie Sandkörner am Ufer. Es war, als hätte jemand die Haut eines enormen Tiers vor einem riesigen Eingang weggezogen. In einer Hütte kann man nicht weiter als eine Armlänge sehen. Eine Hütte engt uns ein wie Kinder im Mutterleib. Doch wenn die Tierhaut am Eingang angehoben wird, kann man über die Welt hinweg bis dorthin schauen, wo das Meer auf den Himmel trifft. Und manchmal in den Wintermonden ist es genauso, wenn man in den Himmel schaut:

Alles ist deutlich und klar und hell, und am Himmel sind mehr Sterne, als man sie je in einer Sommernacht sieht.

Ich schaute in die Sterne, und ich sah den Umriss meines Sohnes Bakar. Ich sah ihn oberhalb des Milchflusses stehen, seinen Bogen über der Schulter, das Messer am Gürtel. Um seinen Kopf flackerten rote Geisterlichter. Sein Mantel aus Wolfsfell schwebte über den Himmel, grün wie das Meer. Und ich wusste, dass ich ihn an Orten suchen musste, die ganz anders waren, als ich sie in meinen Träumen gesehen hatte.

Danach ging ich in jeder wolkenlosen Nacht auf den Aussichtshügel und beobachtete die Sterne. Die Sonne ermüdete langsam, und die Nächte wurden stärker. Ein neuer Stern nach dem anderen kam über den Morgenbergen hervor, bereit, seine Winterreise anzutreten. In jeder Nacht stiegen sie noch höher, bevor sie am Himmel der Abendsonne in das Tiefe Meer fielen. Allmählich schüttelte der Jäger den Horizont ab. Bald folgte ihm der schüchterne Fuchs, dicht am Boden kriechend, bereit, wieder in seine Höhle zu laufen, bevor der Tag anbrach und ihn auslöschte. Die Sonne wurde schwächer, die Dunkelheit erstarkte. Ich war froh. Wie die Wintersterne, so gehörte auch meine Reise zur Nacht, und je mutiger die Dunkelheit wurde, desto willkommener war sie mir.

Eines Tages wird ein Dunkler Mond kommen, in dem die Nächte die Tage für immer schlucken werden, und wenn das eintritt, wird unsere Welt zu Ende gehen. Alle, die jemals geboren wurden, müssen sich gefragt haben, ob der letzte Dunkle Mond noch in ihrem Leben kommen würde, aber das ist nie geschehen, und jetzt bin ich weit genug herumgekommen, um zu wissen, dass noch viel mehr vor uns liegt und viele Leben zu leben sind, bevor die Sonne stirbt.

Aber in jenem Winter war mein Blick ins Dunkle gerichtet. Die Tage waren Verschwendung. Ich lag auf dem Schlafplatz und drehte das Gesicht zur Wand. Als meine Familie im schmelzenden Schnee zusammen tanzte, um das Licht willkommen zu heißen, hob ich nicht einmal den Kopf. Sie hielten mich für krank, und das war ich vielleicht auch, denn was heißt krank? Ich weiß nicht, ob ich aß oder trank oder schlief. Ich weiß nur, dass die Tage schleppend vergingen, und dass jeder einzelne viel zu lang war.

Nachts, wenn die Dunkelheit kam, legte sich mein Mann an seinen gewohnten Platz neben mir. Ich beachtete ihn nicht, und wenn sein Atem mir sagte, dass er schlief, schlüpfte ich unter dem dicken Bärenfell hervor und entfernte mich leise von meiner Familie. Alle lagen an ihren Plätzen um die Feuerstelle und schliefen fest. Ich schob die Häute beiseite, die vor dem Eingang hingen, und trat hinaus in die frostkalte Nacht. Habe ich einen Pelz um mich gewickelt? Habe ich meine Stiefel aus Robbenfell angezogen oder meine Mütze aufgesetzt? Das weiß ich nicht mehr. Vielleicht stand ich ohne jeglichen Schutz unter den eisigen Sternen. Vielleicht auch nicht. Doch die kleinen Dinge, die wir jeden Tag tun, um uns zu schützen – wie wir dafür sorgen, dass wir im Winter im Warmen und Trockenen sind, uns im Sommer kühl ist; so wie wir essen, wenn wir Hunger haben, und trinken, wenn wir durstig sind, und schlafen, wenn wir müde sind; die Art, wie wir Freude aneinander haben und uns gegenseitig Trost spenden –, das alles schien keine Rolle mehr zu spielen.

Im Mond des Tauwetters wurde Esti geboren, und ihr Vater erkannte sie. Ich hätte sehr glücklich sein sollen zu erleben, dass meine Tochter Mutter wurde und ich noch so stark war wie eh und je und wandern konnte, so weit ich wollte. Ich wusste, dass ein Großteil meines Lebens noch vor mir lag. Seitdem ich Bakars Umrisse in den Sternen gesehen hatte, wusste ich, dass der nächste Weg neu und fremd sein würde. Ähnlich wie die Sonne nahm auch ich an Kraft zu. Ich begann wieder bei Tageslicht hinauszugehen und mit den anderen zu essen und zu trinken. Ich sah ihnen die Hoffnung an, dass die seltsame Krankheit, die mich im Dunklen Mond niedergestreckt hatte, vorüber war. Ich wusste, ich war nicht krank gewesen. Ich kam nur für eine Atempause in die Welt zurück. Ich musste Kraft sammeln für das, was vor mir lag.

Alaia sagte:

Langsam kehrte die Sonne zurück. Die Tage wurden länger und milder. Die meisten Möwen waren auf das Meer hinausgezogen, aber wir wurden jeden Tag früher von den Amseln im Dickicht geweckt, die uns erzählten, dass der Frühling kam. Blütenkätzchen hingen an den Haselsträuchern, Birkenzweige nahmen die purpurne Färbung an, die grüne Blätter verheißt. Der Saft füllte Birkenrinde und Kiefernrinde mit der köstlichen Würze des Frühlings. Die Blüten des Schöllkrauts wirkten wie Sterne an unserem Weg, und die Bäume über uns waren erfüllt von Gesang. Die Eichen standen schwarz und kahl vor dem blauen Himmel, doch selbst ihre Knospen begannen anzuschwellen, wenn man nur genau hinschaute.

Der Fuchs verschwand unter dem Himmel der Hochstehenden Sonne, doch obwohl die Sterne uns sagten, dass der Frühling angebrochen war, brachte die Dunkelheit noch immer Frost mit sich, und wir saßen viele Abende drinnen an der Feuerstelle. Eines Abends, als meine Mutter allem Anschein nach schlief, sagte mein Vater zu Amets: »In diesem Jahr werden wir nicht zum Lagerplatz bei den Feuersteinen gehen.«

Ich erstarrte. Nicht zu den Feuersteinen? Nicht unsere Vettern und Kusinen treffen, Feuersteine sammeln und zwischen den Schären in der Bucht Seelachs fischen, große Feuer mit frischem Brennholz errichten und in der Abenddämmerung ein Festmahl aus Meeresfisch und Robbenfleisch verzehren? Schon während des Mondes der Napfschnecke hatte ich die ganze Zeit daran gedacht und ausharren wollen, bis die Überschwemmung durch das Schmelzwasser zurückgegangen war. Dann konnten wir das Boot zu Wasser lassen und entlang des Sonnenlosen Ufers zu den Feuersteinen paddeln – auf den Himmel der Morgensonne zu und um die Landspitze der Verborgenen Zuflucht herum.

Ich war gerade dabei gewesen, im Feuerschein ein Otterfell zu schaben. Als mein Vater sprach, drückte ich mir den weichen roten

Pelz an die Wange, als könnte er mir Trost spenden. Esti schlief; ich spürte ihre warme Haut an meinem Rücken. Nachdem mein Vater gesprochen hatte, war es still und wir hörten, wie draußen der Regen auf den nassen Boden platschte, der unsere bereits durchnässten Wände aufweichte. Tageslicht fiel durch die Rauchöffnung herein und vermischte sich mit dem Schein des Feuers. Die Flammen fraßen sich in einen langen Eichenast, dessen unverbranntes Ende weit über die runde Feuerstelle hinausragte. Die um das Holz züngelnden Flammen klangen wie Wasser, das auf den Boden tröpfelt. Haizea ließ ihren Schaber fallen, und der Knochen knackte leise, als er auf einen der Steine an der Feuerstelle fiel. Unsere Herzen schlugen heftig, während wir darauf warteten, das Amets das Wort ergriff.

»Was ist mit Brennholz?«, fragte Amets schließlich.

»Es ist Frühling«, sagte mein Vater. »Das Meer wird uns durchlassen. Wir beide können mit dem großen Boot am Ufer entlangfahren und es mit Holz aus weiter entfernten Gegenden füllen.«

Amets schob den Eichenast tiefer ins Feuer. Kurz darauf sagte er: »Wir haben nur noch drei Feuersteinkerne übrig. Ich bezweifle, dass mehr als eine Handvoll guter Klingen darin stecken.«

»Feuerstein läuft uns nicht fort«, sagte mein Vater. »Wir können ihn später holen. Am Fluss der Bootsruten gibt es einen alten Lagerplatz mit Feuerstein. Von dort können wir uns das holen, was wir vorerst brauchen.«

Amets schwieg. Dann sagte er: »Am Lagerplatz bei den Feuersteinen könnte ich uns mehr Fleisch beschaffen. Ich müsste nicht allein jagen.«

»Wir sind wenige«, sagte mein Vater. Er hielt die linke Hand hoch, spreizte alle fünf Finger und nahm noch seinen rechten Zeigefinger dazu. »Mehr nicht. Die braunen Forellen steigen schon. Die können wir fangen. Wir können mehr Aalreusen auslegen. Und wenn wir hier bleiben, könnten Alaia und Haizea außerdem nach Wurzeln im Moor graben. Jetzt, da die Tage länger werden, hält sie nichts davon ab, Meerwurzeln vom Ufer zu holen und mehr Schalentiere.«

Amets sah zu Boden. Das Herz hämmerte mir in der Brust, aber ich konnte nicht sprechen. Den ganzen Mond der Stürmischen Winde lang Aale und Schalentiere und Algen essen, obwohl wir nur knapp einen Tag hätten paddeln müssen, um zu unserer Familie zu stoßen, die es sich gemeinsam gut schmecken ließ, weil sie genügend Fleisch für alle hätte! Ich wollte nicht, dass Esti den Mond der Stürmischen Winde als eine Jahreszeit unglücklicher Herzen und unzureichender Nahrung kennenlernte. Ich wollte nicht in unserem eigenen Dreck weiterleben – es ist ungesund, zu lange an einem Platz zu bleiben. Viel mehr aber war mir daran gelegen, meine Tanten, Vettern und Kusinen wiederzusehen. Ich wollte, dass etwas wegen meiner Mutter unternommen wurde. Da lag sie, noch während wir an der Feuerstelle saßen, mit dem Gesicht zur Wand und tat so – in meiner Wut war ich mir sicher, dass sie nur so tat –, als schliefe sie.

»Nach Aalen und Flussforellen zu fischen wird mehr Arbeit sein«, sagte Amets. »Ich könnte das Boot nehmen und Fische aus dem Meer holen – ich könnte reichlich für uns alle holen – aber du weißt, wie weit ich fahren müsste, um die Fanggründe zu erreichen. Der Mond der Stürmischen Winde wird morgen anbrechen: Es wäre einfacher, wenn wir am offenen Wasser lagern würden.«

»Amets«, sagte mein Vater, »ich denke an Nekané, wenn ich das sage.«

Ich hob den Kopf. »Vater, ich weiß, du willst meiner Mutter helfen. Aber es könnte besser für sie sein – für uns alle –, wenn wir fortgingen und diesen traurigen Winter hinter uns ließen. Meine Tanten, Vettern und Kusinen erwarten uns. Als wir von der Zusammenkunft aufbrachen, haben wir vereinbart, uns im Mond der Stürmischen Winde alle auf dem Lagerplatz bei den Feuersteinen wiederzutreffen. Meine Tanten könnten ihr besser helfen als wir.«

»Ich hätte wissen müssen, dass diese Frauen den Mund nicht halten können«, sagte mein Vater zu Amets. »Ich weiß nicht, was ich falsch gemacht habe, aber meine Töchter haben anscheinend keinerlei Respekt gelernt.«

»Ich kann an deiner Tochter keinen Fehler entdecken«, sagte Amets lächelnd. »Ich würde gern hören, was sie zu sagen hat.«

»Das würdest du? Tatsächlich? Das fordert den Ärger geradezu heraus. Aber wenn Alaia anmaßend wird, bist du derjenige, der damit leben muss.« Mein Vater drehte sich zu mir. »Du meinst also, dass ich einen Fehler mache, kleine Tochter?«

Ich schaute ihm in die Augen. »Du sprichst mit der Mutter deiner Enkelin, denk daran. Vielleicht habe ich etwas gelernt, obwohl ich noch nicht so lange lebe wie du.

Ich glaube, die Krankheit meiner Mutter wird geheilt, wenn wir sie von diesem Ort, an dem mein Bruder verschwand, fortbringen. Der Lagerplatz bei den Feuersteinen würde sie an all das Gute in unserem Leben erinnern. Auch für uns wäre es besser. Wir waren lange genug von den anderen getrennt. Wir haben gelitten, und wir sind erschöpft. Wir brauchen Nahrung und Wärme und Gesellschaft. Wenn wir hier bleiben, wird es wie ein schlechter Traum sein.« Kühn fügte ich hinzu: »So würde es mein Bruder auch sagen, das weiß ich.«

»Alaia«, sagte mein Vater und wandte sich direkt an mich, recht freundlich. »Was du sagst, stimmt. Dafür, dass du eine Frau bist, lernst du, weise zu sein. Aber hier geht es um mehr, als du begreifst.« Er seufzte. »Ja«, fuhr er fort, als spräche er zu sich selbst, »es wird wie ein schlechter Traum sein, denn genau das ist es. Alaia, Haizea, Amets …« Er schaute uns der Reihe nach an, während wir ihn im Feuerschein betrachteten. Regen peitschte gegen die Hütte, Tropfen spritzten durch die Rauchöffnung und zischten im Feuer. »Ich kenne Nekané länger als ihr alle. Sie hat alles getan, was eine Frau tun sollte. Sie hat mir fünf Kinder geschenkt. Drei haben überlebt, und sie hat ihnen beigebracht, für sich selbst zu sorgen. Zwei kleine starben hier auf diesem Lagerplatz. Wir haben sie in Birkenrinde gehüllt und ihre Körper an einen hohen Baum gehängt, als der Schnee den Boden bedeckte. Die Geister haben sie heimgeführt. Nekané hat gut für uns alle gesorgt. Aber jetzt ist da noch etwas … Sie begibt sich an Orte, die ich nicht sehen kann. Die Möglichkeit war immer da, wie ein Samen in trockenem Boden. Und nun, da unser Sohn fort ist … Alaia, du sagst mir, dass du jetzt Mutter bist und nicht mehr meine kleine Tochter. Deine Mutter lebt, aber du brauchst sie nicht mehr. Wir müssen ihr zugestehen, das zu werden, was sie will.«

Haizea seufzte leise. »Aber *ich* bin nicht erwachsen. Warum können wir Mutter nicht mit zum Lagerplatz bei den Feuersteinen nehmen, damit sie dort mit unserer Familie wieder gesund wird und wir dann alle wieder glücklich sein können?«

»Du hast Alaia«, ermahnte mein Vater sie. »Du hast Glück gehabt, so lange zwei Mütter zu haben. Das sollte genügen.« Er wandte sich an mich. »Du hast recht, Alaia. Wenn wir Nekané mit zum Lagerplatz bei den Feuersteinen nähmen, könnten wir sie zweifellos wieder zurück in die freundliche Welt vertrauter Dinge bringen, in der du und ich immer heimisch sein werden. Aber wenn wir das täten, wäre etwas in ihr unbefriedigt. Und unser Clan – was würde aus uns, wenn es keine Träume gäbe? Wenn es keine Mittler gäbe?«

»Mittler«. Das Wort war gefallen. Erschrocken legte ich meine Hände an die Wangen. Amets schaute unter zusammengezogenen Augenbrauen hoch, seine Hände – er hatte im Schein des Feuers eine Schnur geflochten – verharrten plötzlich. Haizea schaute von einem erhellten Gesicht zum anderen und versuchte zu begreifen. Selbst Amets' Hund regte sich und knurrte im Schlaf. Das war es, was über uns hing, vor dem wir uns alle gefürchtet hatten. »Mittler«. Nicht in unserer Familie, nein! Wir hatten meinen Bruder verloren – warum mussten wir jetzt auch noch das erleiden?

»Wenn es so ist«, sagte mein Vater, »dann müssen wir es unserer ganzen Sippe zuliebe hinnehmen. Deshalb müssen wir vorerst hierbleiben und sie gewähren lassen.«

Also behielt mein Vater das letzte Wort, und danach ließen wir die Tage verstreichen, an denen wir sonst das Boot zu Wasser gelassen hätten und flussabwärts gefahren wären. Bald ging meine Mutter wieder fort. Wir warteten darauf, dass sie zurückkehrte.

Noch nie hatte ich den Frühling an der Flussmündung erlebt. Die ersten schrumpeligen Haselnussblätter begannen sich zu entfalten. Das Purpur der Birken verwandelte sich in Hellgrün, und aus den Weiden sprossen Kätzchen. Nur die Eichen streckten ihre kahlen Zweige gen Himmel, und der Efeu, der an ihren Stämmen haftete, wirkte im Licht der neuen Sonne staubig. Wenn wir nach Wurzeln gruben, war das braune Wasser im Moor fast warm an unseren Beinen. Wir kauten frische Knoblauchblätter, während wir durch die Wälder streiften, und wenn wir mit unseren Grabstöcken das Gestrüpp beiseiteschoben, fanden wir Veilchen, die sich wie kleine Himmelssplitter unter den Birken versteckten. Wir sammelten Sauerampfer und Gänsefingerkraut, während sich entlang des Flusses Kröten in der ersten Wärme sonnten und Eintagsfliegen über stillen Wasserlachen tanzten. Unser Winterfeuer schien in der Sonne zu verblassen, und wenn ich ins Zelt ging, war alles dunkel und grün, als wäre ich in tiefes Wasser getaucht.

Die Wärme auf meinem Rücken war wie die Berührung durch einen Geist; den ganzen Tag fiel das gute Licht über mich wie ein Schauer aus Vogelgesang. Der Winter war vorbei: Wir alle lebten. Esti war zur Welt gekommen, sie hatte einen Namen, sie lebte. Trotz dieser schönen Dinge war ich unglücklich. Auch wenn eine kleine Familie alles glimpflich überstanden hat, ist es gut, die anderen nach den langen kalten Monden wiederzusehen, in denen die Familie in den Winterlagern in kleine Teile zersplittert ist. Es ist, als würde man wieder zu einem Ganzen zusammengesetzt. Das war der härteste Winter, den ich je erlebt hatte. Ich spürte den Verlust meines Bruders. Ich wollte, dass meine kleine Tochter ihre Verwandten so bald wie möglich kennenlernte. Das war um so wichtiger, weil sie Esti war und vom Clan ihres Vaters kam. Man konnte nicht früh genug die sorgfältigen Fäden flechten, die sie an den Alkclan binden würden. Aber mein Vater hatte es beschlossen, und daher blieben wir auf dem Lagerplatz an der Flussmündung.

Haizea und ich fingen die braunen Forellen, die vom Grund der Tümpel aufstiegen. Zunächst legten wir uns flussaufwärts ans Ufer und fingen sie mit den Händen. Als die Sonne stärker wurde, hüteten wir uns davor, an den Tümpeln weiter oben zu fischen, denn die gehörten im Mond der Stürmischen Winde den Bären, nicht uns. Amets erlegte einen jungen Bären, der am Hohen Bergsee auf Fischfang ging. Amets hängte den Schädel in den Baum neben den Keilerschädel, und damit hatten wir sowohl den Bären als auch den Keiler, die über uns wachten.

Haizea und ich schabten das Bärenfell sauber und spannten es auf einen Rahmen. Wir rieben es mit Bärenhirn und Asche ein und stellten es auf die dem Wind abgewandte Seite eines qualmenden Feuers. Wir rieben es weiterhin jeden Tag ein, bis die Innenhaut weich und weiß wie eine Schwanenfeder war. Ein schöner, hellbrauner Pelz – dieser Wintermantel dürfte mir mein Leben lang erhalten bleiben. Sobald die Bären unterwegs waren, ausgehungert nach ihrem langen Schlaf, gingen Haizea und ich flussabwärts und angelten Forellen mit Schnüren, Wacholderhaken und Ködern. Manchmal am frühen Morgen schlichen wir uns jedoch auch den Fluss hinauf und nahmen uns die von den Bären weggeworfenen kopflosen Fischkörper. Wir schnitten Ruten von Haselsträuchern und Weiden ab und stellten weitere Aalreusen her. Jeden Tag gingen wir bei Ebbe am Ufer entlang, trugen abwechselnd Esti auf dem Rücken und gruben nach Meerwurzeln. Sobald der Saft zu steigen begann, sammelten wir Streifen von Birkenrinde für Zelte und Körbe. Wir schabten das Innere aus der Rinde und zerstampften es mit den Meerwurzeln. Wir litten keinen Hunger – etwas Besseres kann ich nicht sagen.

Endlich kehrte meine Mutter zurück. Sie kam in der Dämmerung zum Lagerplatz. Haizea und ich hatten so viele Forellen gefangen, dass sie einen kleinen Korb füllten. Wir wälzten sie in einer Paste aus Meerwurzeln und brieten sie draußen an der Feuerstelle auf Zweigen. Kaum waren sie gar, aßen wir sie; wir verbrannten uns die Finger und leckten dann den Saft ab. Esti lag an meinem Herzen, die Augen halb geöffnet, beobachtete den flackernden Schein des Feuers und nuckelte verschlafen, während ich die Fische wendete. Sie wuchs, wurde rund und fest, war munter wie eine Bachstelze. Haizea wich mir nicht von der Seite und wachte über Esti.

Haizea sagte:

Ich war die Erste, die Mutter erblickte, als sie zurückkam. Ich schaute gerade vom Feuer auf, und da stand sie am Rande der Lichtung. Sie war bleich wie eine Tote. Ich schrie auf. Alle drehten sich um. Alaia sprang auf, Esti an ihr Herz gedrückt.

Mein Vater blieb sitzen. Mit seiner üblichen Stimme sagte er: »Willkommen zu Hause, Frau. Wir haben nicht viel zu essen – die Mädchen hier sind ohne dich nur sehr schlecht zurechtgekommen –, aber wir können dir einen kleinen Fisch anbieten, wenn du hungrig bist.«

Meine Mutter lächelte und trat vor. Das Feuer tauchte sie in warmes Licht, und sie sah nicht mehr so bleich aus. Seitdem mein Bruder verschwunden war, hatte ich meine Mutter nicht mehr lächeln sehen. Sie sagte: »In meinen Augen sieht der Fisch prächtig aus, ein sehr guter Fang für die hungrigen Monde. Du solltest dankbar für deine klugen Töchter sein. Und auch der Frau danken, die es ihnen beigebracht hat!«

Seitdem mein Bruder fort war, hatte meine Mutter nicht mehr mit lachender Stimme gesprochen. Ich hatte das Gefühl, als wäre meine richtige Mutter die ganze Zeit tot gewesen und jetzt plötzlich wieder zum Leben erwacht. Ich sprang auf, stürzte mich in ihre Arme und drückte sie an mich. Ich hatte sie so sehr vermisst. Ich war noch ein Kind, denkt daran. Meine Mutter nahm mich in den Arm, und ich lachte und weinte gleichzeitig. Sie sprach wieder wie früher mit mir: »Ja, ja, meine Kleine. Ich bin nach Hause gekommen. Ist schon gut. Alles ist anders, und es wird gut werden.«

Ich wusste nicht, was sie mit »anders« meinte. Und ich weiß nicht, ob sie damals eine Ahnung von den Schwierigkeiten hatte, die vor uns lagen, oder wie sie damit umgehen würde. Aber das eine kann ich sagen: Obwohl Nekané so weit herumgekommen ist und so viel für unseren Clan getan hat, obwohl sie Mittlerin wurde und nie wieder so bei uns sein konnte wie zuvor, hat sie ihre Kinder nie mehr zurückgewiesen oder im Stich gelassen. Nachdem sie zurückgekommen war, konnte sie nicht mehr die Mutter sein, die ich vorher hatte. Doch das war in Ordnung: Auch ich wurde älter, und ich hatte Alaia und später Osané. Daher kann niemand behaupten, mir hätte jemals eine Mutter gefehlt, außer in dem schlimmen Winter, nachdem Bakar verschwunden war. Ich mag mich gar nicht gern daran erinnern. Ich glaube, wir sollten das alles jetzt ruhen lassen und damit fortfahren, was zwei Monde später im Mond des Nestbaus geschah, als wir auf dem Lagerplatz am Weißen Strand waren.

Nekané sagte:

Bevor wir das tun, werde ich euch erzählen, wie ich die Frau hinter mir ließ, die ich vorher war, und wie ich in eine Welt hineingeboren wurde, die mir neu war. Ich kann nicht alles sagen, weil es euch zerstören würde, wenn ihr es hörtet. Aber die Geschichte, die ich euch jetzt erzähle, wird euch nicht wehtun, also besteht kein Grund dazu, so ängstlich zu schauen.

Ich war weit ins Land vorgedrungen, vorbei am Langen Meeresarm und am Pfad der Überquerung, über Jägerpfade in die Berge rings um unseren Mutterberg hinein. Auf dem Lagerplatz an der Flussmündung wurde das Jahr bereits stark und grün, aber es war noch zu jung und hatte die Berge noch nicht erreicht. Ich ging zurück ins alte Jahr, direkt in den hohen Schnee. Ich stieg hinauf, ließ die Eichen hinter mir, durchquerte Birkenwald und Weidengestrüpp, kam vorbei an Wacholder und Myrten, bis in die baumlosen Höhen, die Menschen erst dann betreten sollen, wenn das Jahr ihnen den Weg freigegeben hat. Dort oben gab es keine Nahrung. Es war sehr kalt. Mir machte das nichts aus. Ich dachte nur an Bakar. Er war im alten Jahr fortgegangen, also konnte ich ihm nur folgen, wenn ich zum alten Jahr zurückkehrte.

Als ich den blanken Fels erreichte, war der Mutterberg in Dunst gehüllt, und ich kam nicht weiter. Ich ging in die Hocke und beugte mich mit den Armen zwischen den Knien vor, um meinen schmerzenden Rücken auszuruhen. Ich blieb dort im Schutz eines kleinen Felsvorsprungs, während die Wolke über meinem Kopf wirbelte, manchmal tauchte sie herab und hüllte mich ein. Es war zu nass und kalt, um viel zu schlafen. Ich hatte nichts zu essen. Hätte ich kein Ziel gehabt, wäre ich gestorben, aber meine Bestimmung brannte unter meinen Rippen und bewahrte mich vor dem Erfrieren.

Tage und Nächte wartete ich, und dann zog eine Morgendämmerung auf, in der alles klar wurde. Die kalte Sonne traf auf die Felsen und ließ sie erstrahlen. Ich schaute auf den kleinen Vorsprung über mir und sah einen Platz, zu dem ich hinaufklettern konnte. Zwischen den Felsen wuchsen Flechten und Moose, doch noch war die Blüte des neuen Jahres nicht an ihnen zu sehen. Darüber war ich froh, denn mein Ziel lag in der Vergangenheit. Ich gelangte auf den Gipfel des Berges. Die Luft war still und kalt. Die Welt, die zu meinen Füßen schimmerte, war so groß, wie ich sie noch nie gesehen hatte. Ich schaute weit über die Lande unseres Clans und die Lande der Verwandtschaft unseres Clans hinaus. Ich sah die Bergketten unserer eigenen Lande, die uns bekannt sind, und Bergketten in blauer Ferne, für die wir keine Namen haben.

Ich sah die Sonne über den Himmel ziehen und hinter einem unbekannten Horizont untergehen. Ich sah die Sterne durch das kreisende Jahr ziehen. Und wieder sah ich die Sonne den Himmel überqueren. Ich beobachtete, wie sie durch die hohen Pfade des Sommers und die kleinen Pfade des Winters zog. Ich sah, wie die Monde zu- und abnahmen. Ich sah, wie die Jahre geboren wurden, wie sie starben und dann wiederkehrten, wie alles, was lebt, durch alle Geburten und Tode, vom Anbeginn dem Muster der kreisenden Jahre folgt.

Während ich zusah, starb ich. Kein lebendes Geschöpf kann all die Jahre sehen und überleben. Ich starb. Mein Körper lag auf dem Berg. Raben kamen und pickten mir die Augen aus. Sie rissen meinen Bauch auf, zerrten meine Eingeweide heraus und fraßen sie. Luchse vertrieben die Raben und taten sich an meinem Magen und meinem Herzen gütlich. Wölfe kamen und verschlangen meine Glieder, spalteten meine Knochen, um das Mark zu fressen. Zuletzt kamen Bären, die meinen Schädel umkippten und das Hirn darin aufleckten.

Als die Sonne ins weit entfernte Meer sank, kam ein Delphin aus dem Wasser und schwamm durch den Himmel. Übermütig sprang er durch die Wellen rings um den Berg, auf dem mein Körper einst gelegen hatte. Ich hörte ihn rufen. Ich setzte mich auf. Mein Delphin schwamm so schnell, dass ich nicht in seine Augen schauen konnte, aber ich konnte sehen, dass er mich beobachtete. Sein Blick war freundlich. Ich hörte ihn lachen. In meinem alten Leben hatte ich gedacht, die Tiere des Meeres sprächen, ohne Geräusche von sich zu geben, die Menschen hören können, heute aber vernehme ich oft ihr Lachen.

Als mein Delphin wieder in die Tiefe tauchte, durchbohrte mich die Trauer und riss die Wunde unter meinen Rippen auf, die ich erlitt, als ich meinen Sohn verlor. Ich sah meinem Delphin nach, und aus dem Wellengekräusel an der Stelle, wo er eingetaucht war, erhob sich ein Schwan in die Luft und schlug mit den Schwingen, um sich vom Wasser zu lösen. Diesen Schwan hatte ich schon einmal gesehen. In der Welt, die ich verlassen hatte, war dieser Schwan vom stillen Wasser beim Lagerplatz an der Flussmündung aufgestiegen. Ich hatte nicht gewusst, dass er damals Bakars Seele aus der Welt trug. Jetzt begriff ich. Der Schwan sagte mir, er werde mich begleiten, solange Bakar nicht in der Welt war. Mein Schwan sagte mir, er werde mich nicht verlassen – obwohl ich viele Tage und Nächte erleben sollte, ohne ihn zu sehen –, bis der Mond käme, in dem er uns Bakar zurückbringen werde.

So kam es, dass Delphin und Schwan zu meinen Helfern wurden. Ich weiß, einige unter euch haben sie gesehen, genau wie ich. Nicht jeder kann sie sehen. Aber ihr alle kennt sie, denn durch mich sind sie Helfer für uns alle. Hätten wir Bakar nicht verloren, hätten sie ihren Weg zu uns nicht gefunden. Ich kann nicht sagen – das kann keiner von uns –, wie die Dinge besser oder schlechter hätten sein können. Ich kann nur sagen: Es ist, wie es ist. Und mehr kann ich euch über meinen Pfad zur Weisheit nicht erzählen.

ZWEITE NACHT:
LAGERPLATZ AM WEISSEN STRAND

Haizea sagte:

Gesten Abend haben wir euch erzählt, wie Bakar verloren ging und
meine Mutter zur Mittlerin wurde. Ich sehe schon, es wird eine Weile
dauern, diese Geschichte zu erzählen. Ich weiß nicht, wie viele Abende ihr hier sitzen und uns zuhören müsst. Die Geschichte ist wie ein
Fluss: Sie fließt, wie sie will, und niemand kann sie beschleunigen. Die
Mittler wollen, dass wir euch alles schildern, was geschehen ist, nachdem mein Bruder verschwand. Sie sagen, es sei die einzige Möglichkeit für unseren Alkclan, eine Entscheidung über die Luchsnamen zu
treffen. Also hört zu, ihr alle!

Im Mond des Alks kam ein kalter Wind vom Sonnenlosen Himmel und blies die Wolke fort, die sich über uns gelegt hatte. Tag für
Tag schien die Sonne. Geister erwachten in den Wäldern und Mooren.
Der Stechginster wurde flammend gelb, als hätte die Sonne Feuer-
funken regnen lassen, die wie Schnee herabfielen. Die Luft roch so
schwer wie Honig nach den Stechginsterblüten. Vom Ufer sahen wir
die ersten Alke über die glitzernden Wellen fliegen. Fröhlich streckten wir die Arme empor, um die Alke zu begrüßen. Die Sandinsel
schien so nah zu sein, als könnte man einen Stein hinüberwerfen, obwohl sie eine Tagesreise weit entfernt lag.

Mein Vater sah zu, wie die Alke zum Himmel der Abendsonne
flogen. Er schaute ihnen lange nach. Er sagte, wir sollten jetzt den
Lagerplatz an der Flussmündung verlassen und zur Insel des Weißen
Strandes aufbrechen.

Ich war so aufgeregt! Die Geister, die über meiner Geburt gewacht
hatten, warteten seit zehn Wintern auf dem Lagerplatz am Weißen

Strand auf mich. Manche Menschen kehren jedes Jahr an den Ort ihrer Geburt zurück; ich glaube nicht, dass diese Menschen sich vorstellen können, wie der Tag für mich war, als ich zum ersten Mal zum Lagerplatz am Weißen Strand zurückkehrte.

Das Meer lässt uns nur in bestimmten Jahren zur Insel des Weißen Strandes durch. Manchmal fahren wir im Mond des Alks zur Sandinsel, dann wieder ziehen wir zu einem anderen Lagerplatz auf der Insel des Mutterbergs. Doch in manchen Jahren weht eine kleine, kalte Brise vom Sonnenlosen Himmel und verweilt unter der jungen Sonne. Der Wind vom Meer macht ihr Platz und nimmt die Wolken mit. Himmel und Meer leuchten blau, als stünden die Sterne in Flammen und wollten sich vom Tageslicht nicht löschen lassen. Inseln rücken näher heran. Von weit her dringen kleine Geräusche über das Wasser, klar wie Kieselsteine in einer Quelle. Das Meer flacht zu einem leuchtenden Pfad ab, der uns ins offene Wasser lockt, weiter, als man sich in gewöhnlichen Jahren mit einem Boot hinauswagen würde. Das sind die Jahre, in denen unsere Verwandten wissen, dass sich im Mond des Alks alle auf dem Lagerplatz am Weißen Strand treffen.

Tag für Tag stieg mein Vater auf den Aussichtshügel. Stets blieb er lange dort stehen. Er spürte den Wind an seiner Wange. Er beobachtete die Vögel, die über den Salzwiesen kreisten. Er schaute in den Sonnenlosen Himmel, durch die Meerenge bis dorthin, wo unser Fluss das Offene Meer trifft.

Mein Vater sagte uns, das Meer sei bald bereit, uns durchzulassen. Wir ließen den Wind leise zum Meer sprechen, bis die Dünung sich legte. An dem Tag, als wir aufbrachen, hatte der Himmel die Farbe der Glockenblumen unter den Birken, mit Wolkenfetzen hoch oben wie Rauchschwaden. Wir deckten die Feuerstelle auf dem Lagerplatz an der Flussmündung mit Grassoden ab. Wir ließen trockenes Feuerholz in der Winterhütte zurück. Wir streckten die Arme zu den Geistern empor, die auf dem Lagerplatz an der Flussmündung über uns gewacht hatten. Wir erklärten Bär und Keiler, dass wir für eine Weile fortgehen würden. Wir gaben unsere Lichtung den Tieren zurück und sagten ihnen, im Mond der Gelben Blätter würden wir gern wieder an die Flussmündung zurückkehren, sofern wir noch am Leben sein sollten.

Wir ließen unser großes Boot zu Wasser und beluden es mit Häuten und Birkenrinde, Fellen, Körben voll Wurzeln, gebündelten Knochen und Geweihen, mit Fleisch und Wasser für unsere Reise. Das Leben auf dem Lagerplatz am Weißen Strand ist für gewöhnlich leicht, aber wir nehmen reichlich Arbeit mit, die wir draußen an den langen Tagen erledigen, wenn die Sonne uns so viel Licht und Wärme spendet, wie es ihr möglich ist. Wir paddelten flussabwärts durch Röhricht und Gräser, die übermannshoch sind. Unser Boot glitt an der Birke vorbei, die über den Fluss hinausragt – der Baum mit dem moosigen Stamm, auf dem wir liegen und unsere Angelruten baumeln lassen. Wir kamen an unseren Fischfallen vorbei. Der Fluss wurde breiter und nahm die Farbe von Schlamm an. Die Ufer waren hinter Schilf und Rohrkolben verborgen. Moorhühner paddelten außer Reichweite, als wir an ihnen vorbeifuhren.

Wir kamen ins offene Wasser. Auf den Salzwiesen grasten Gänse. Das Meer strömte in die Flussmündung und drückte den Fluss zurück, der versuchte, in die See zu entkommen. Braunes Flusswasser verlor sich in der Flut wie Rauch im Nebel. In der Meerenge wäre die Flut für uns zu stark. Zwischen Unmengen treibender Algen paddelten wir aus der Strömung auf das der Morgensonne zugewandte Ufer zu. Der Tag hatte seinen Höhepunkt fast erreicht. Wir legten unsere Paddel über den Bootsrand und warteten darauf, dass mein Vater das Wort sagte.

Endlich stieg die Sonne so hoch, wie das junge Jahr es zuließ. Mein Vater schaute starr in den Himmel. Er sog den Wind ein. Er beobachtete das Wasser, das höher ans Ufer schwappte. Es benetzte die Steine vier Fäuste unterhalb der Linie aus toten Blättern und Seetang, die den Höchststand der Frühlingsflut kennzeichnete. Drei Fäuste … fast zwei Fäuste …

»Jetzt!«

Umgehend sprang Amets ins seichte Wasser und schob uns vom Ufer weg. Er kletterte über das Heck, sobald die Strömung uns erfasste. Die Flut kam noch immer durch die Meerenge herein, aber sie wurde schwächer. Wir paddelten, so schnell wir konnten. Wir erreichten die Meerenge. Das Meerwasser floss flink und weit zwischen die niedrigen Klippen. Die Felsen zu beiden Seiten erhoben sich senkrecht, als wäre das Land mit einem Messer durchschnitten worden. Die Strömung wurde schwächer. Der Fluss wurde stärker. Jetzt half uns der Fluss, gegen die Flut anzukommen. Die Meerenge öffnete sich zwischen kleinen Felseninseln. Durch unsere Bootshaut spürten wir den Pulsschlag des Offenen Meeres.

Wellen schwappten an unseren Bug. Das Boot rührte sich beim vertrauten Salzgeschmack. Sein Winterschlaf war vorbei; wir fühlten, wie es unter uns erwachte.

Die Männer saßen auf den Fellbündeln und paddelten, Speere und Harpunen lagen längsseits. Alle rochen nach Robbentran, weil Alaia viel davon in unsere Seemäntel gerieben hatte. Sie hatte mich angewiesen, ihr dabei zu helfen. Ich hatte eingewandt, dass wir doch nicht jedes Jahr *alle* Mäntel einreiben müssten. Aber sie hatte wie immer recht: Wir waren schon von Gischt durchnässt, als wir den Lagerplatz am Weißen Strand noch längst nicht erreicht hatten. Die Hunde kauerten unsicher auf allen Sachen. Alaia war unsere Feuerwächterin, nachdem meine Mutter jetzt Mittlerin war. Die Feuerwächterin muss eine Frau sein, die in dieser Welt bleibt und nicht plötzlich fortgeht oder das Feuer ganz vergisst. Alaia trug es in einem Lederbeutel, der mit feuchtem Moos ausgeschlagen war, damit die Eichenholzkohle nicht durch die Tierhaut brannte. Wir wussten, dass unser Feuer bei Alaia sicher war, ganz gleich, was das Wetter uns brachte.

Das Meer kräuselte sich und funkelte unter der Sonne. Seehunde schliefen auf den Schären jenseits der Flussmündung, ihre nassen Körper glänzten. Ein oder zwei hoben den Kopf und sahen uns vorbeifahren, doch sie regten sich nicht. Sie wussten, dass sich uns an dem

Tag keine Robbe schenken wollte. Der Wind vom Sonnenlosen Himmel berührte meine rechte Wange mit seinem kalten Finger. Wir trafen ihn frontal und paddelten, so schnell wir konnten, in die nachlassende Flut.

Ich hockte am Bug zwischen den Knien meines Vaters. Ich paddelte auf der einen Seite, er auf der anderen. Ich hatte mir ein neues Paddel geschnitzt, weil mein altes zu klein war, und mein Vater ließ mich in dem Glauben, mein kräftiges Paddeln brächte uns voran. Als wir aus der Flussmündung heraus waren und uns dem Himmel der Abendsonne zuwandten, setzte Amets den Mast. Kurz darauf füllte der Wind unser Segel. Mein Vater sagte, ich müsse nun nicht mehr paddeln, obwohl er seinen eigenen Takt nicht einen Herzschlag lang unterbrach. Ich tauchte meine Finger in das glänzende Wasser und beobachtete, wie die Grimmige Felsspitze näher kam.

Weiße Möwen kreisten über uns. Jede Menge Alke strichen in ihrem neuen Frühlingsgefieder über die Wellen. Ich spürte, dass die Haut des alten Auerochsen unter meinen Fußsohlen zum Leben erwachte, als er das Meer fühlte. Er sah, wie die Alke das Meer unter sich hinweggleiten ließen, und er machte es ihnen nach. Er hatte nicht vergessen, dass er ein Tier war. Durch seine Haut spürte ich die Bewegungen des Meeres an meiner. Unter den Zehen nahm ich die Kraft der Haselruten wahr, während ihnen einfiel, dass sie sich mit dem Meer zu biegen hatten. Kleine Wellen schlugen leise gegen die Seitenwand. Unser Boot war ein Alk. Wir – Auerochse, Haselnuss, Weide, Hund und Menschen – waren ein Boot-Tier. Wir waren Alke.

Unter dem Himmel der Hochstehenden Sonne veränderte das Land an der Flussmündung allmählich seine Farbe von Graugrün zu Blau. Die Klippen auf der Insel des Mutterbergs erschienen mir wie gebleckte Zähne. Schäumende Gischt wogte über die Riffe vor der Grimmigen Felsspitze. Wir hielten uns in sicherer Entfernung. Jetzt kamen wir in anderes Gewässer. Die Gezeitenströmungen trafen aufeinander und warfen unser Boot hin und her. In den Tälern zwischen den Wellen vermochten wir nicht über den Kamm zu schauen. Amets' junger Hund begann zu jaulen. Doch die Strömung ließ nach. Mein Vater war zu klug für sie gewesen, und ihre Kraft war fast verschwunden. Bei Stillwasser umrundeten wir die Grimmige Felsspitze und gelangten in die mächtige Grunddünung des Offenen Meeres. Jetzt, nachdem wir ein gutes Stück unter dem Himmel der Hochstehenden Sonne vorangekommen waren, sahen wir den weichen blauen Schatten der Insel des Weißen Strandes.

Die Ebbe trieb uns voran. Die Wellen wurden flacher. Als ich unter dem Segel einen Blick zurück warf, sah ich die schneebedeckten Berge der Lande, die unter dem Sonnenlosen Himmel liegen. Hinter diesen Bergen hat Amets' Familie ihre Sommerlager. Das ist Estis Land, obwohl unsere Esti in ihrem jetzigen Leben noch nicht dort gewesen ist. Vor uns verwandelte sich die Insel des Weißen Strandes von einem Buckel in blauer Ferne zu festem Land mit grünem Gras und dichten Waldstücken. Zwischen uns und der Insel lagen kleine Schären, die von glänzendem Seetang und trocknendem Schilf umgeben waren.

»Hol das Segel ein!«

Amets kam der Anweisung meines Vaters sofort nach. Unser Boot schaukelte auf den Wellen. Seegras hob und senkte sich neben uns, so nah, dass ich versuchte, hinauszugreifen und es zu berühren.

»Lass das, Haizea! Amets, hör zu! Wir kommen jetzt in den Kanal. Nein, du kannst ihn noch nicht sehen. Wenn wir hindurchfahren, mache ich dich auf die Seezeichen aufmerksam. B … mein Sohn … er kannte die Zeichen so gut wie ich. Jetzt ist es an dir. Ich will damit nicht sagen, dass diese Frauen vielleicht nichts darüber wüssten. Frauen hören immer zu, auch wenn es sie nichts angeht! Aber wenn du dich darauf verlässt, dass deine Frau dir die Seezeichen nennt, könntest du ebenso gut jetzt deine Eier abschneiden und fertig. Also hör zu und merke sie dir!«

Wir mussten alle paddeln, als mein Vater uns durch die mit Seetang bedeckten Felsen steuerte, die über die Insel des Weißen Strandes wachen. Meine Arme waren so müde! Aber meine Ohren waren fleißiger als meine Arme. Diese Insel war *mein* Geburtsort, lange bevor Amets zum Alkclan kam. Ebenso aufmerksam wie Amets lauschte ich jedem Wort meines Vaters. Manche unter euch haben allen Grund, froh darüber zu sein – doch das ist eine andere Geschichte.

Die Farbe des Meeres verwandelte sich von Grau zu Grün, während unser Boot mit den Wellen über sandige Untiefen und schwankende Wälder aus braunem Seegras hinwegglitt. Seesterne zogen sich hastig vor dem Schatten des Bootes zurück. Die Strahlen der Abendsonne fielen schräg auf die Insel. Felsen und Hügel warfen ihre langen Schatten bis zu uns, als streckte die Insel ihre Arme nach der zurückkehrenden Tochter aus. Ich stellte mich aufrecht in den Bug und suchte neugierig die Ufer meines Geburtsortes ab. Als wir in die Bucht einfuhren, verschluckte uns der Schatten der Insel. Der kalte Finger einer Brise vom Meer her berührte meine Schulter. Dann sah ich ein kleines Boot in der Senke oben am Strand. Wem gehörte es? Aufgeregt hielt ich den Atem an. Doch jetzt kam der Sand so nah, dass ich die Wellenformen darin und kleine, gewundene Auswürfe von Würmern erkennen konnte. Eine Welle erfasste uns. Wir ritten auf ihrem Buckel und landeten auf festem Sand.

Sobald wir aufsetzten, sprang ich auf den Strand und packte die überhängende Haut am Bug, um das Boot hinaufzuziehen, aber ich konnte es kaum erwarten, sie Alaia in die Hand zu drücken, die nach mir in den Sand sprang. Dabei hüpfte Esti auf ihrem Rücken. Ich konnte den Lagerplatz sehen. Ausgelassen krabbelte ich über den weichen Dünensand.

»Haizea, komm zurück! Hier gibt es zu tun!«

»Ich beeile mich!«

Auf dem Lagerplatz am Weißen Strand kam ich zurück in diese Welt, und dort bin ich bisher am glücklichsten gewesen. Mir gefallen die langen Tage und die Nächte, die gerade so dunkel werden, dass sie die Sterne auf ihren Bahnen zeigen. Mir gefallen die hellen Monde des noch jungen Jahres. Das Geräusch des Offenen Meeres war in meinen Ohren, als ich den ersten Atemzug tat, und immer wenn ich an den Lagerplatz am Weißen Strand zurückkehre, begrüße ich ihn als meinen Freund. Mir gefallen die wechselnden Launen des Meeres und die stürmischen Tage, an denen es keinen Weg zurück zu dem Ort gibt, von dem wir kamen. Wenn man die Boote nicht zu Wasser lassen kann, ist die Insel des Weißen Strandes die ganze Welt, und als ich zum ersten Mal dorthin zurückkehrte, dachte ich, sie habe genau die richtige Größe: nicht groß und unübersichtlich, sondern in sich geschlossen und vollkommen. Doch das, was den Lagerplatz am Weißen Strand so besonders macht – der eigentliche Grund, warum es mir dort so gut gefällt –, ist, dass wir selbst in den allerbesten Jahren nur vom Mond des Alks bis zum Mond der Samen dort sind. Wir kommen, nachdem die Alke eingetroffen sind, und wir gehen fort, bevor sie die Insel verlassen; sonst gäbe es nichts zu essen an Tagen, an denen das Meer so wütend ist, dass es uns weder auf Fischfang noch auf Robbenjagd gehen lässt.

Nach dem langen, einsamen Winter war ich aufgeregt bei der Vorstellung, unsere Familie wiederzusehen. Und jemand war bereits da! Ich rannte an unseren Muschelhaufen vorbei – die ältesten waren fast vollständig überwuchert – zum weichen Gras auf dem Lagerplatz, das beinahe unberührt war. Ein kleines Feuer schwelte in der Feuerstelle. Jemand hatte nasses Seegras über das ausgebleichte Treibholz gelegt, um das Feuer am Leben zu halten.

Und jemand hatte ein Zelt aufgestellt – ein kleines Jagdzelt mit einem Wolfspelz über dem Eingang. Einen Wolfspelz als Zeltklappe zu benutzen! Das war Angeberei! Ich wusste, wer es war. Es sähe ihm ähnlich, früh zu kommen, vielleicht mit einem seiner jüngeren Brüder. Der Wolfspelz war zurückgeschlagen, um die Morgensonne hereinzulassen. Doch die Sonne schaute inzwischen in die andere Richtung.

»Haizea ist da!«, rief ich. »Und mein Vater« – ich rief seinen Namen – »und Amets! Und Nekané, und Alaia! Und Esti! Wir haben eine neue Kusine für euch. Wir haben ESTI!«

Niemand antwortete. Ich spähte in das düstere Zelt. Als ich in den kleinen Raum schaute, spürte ich noch immer das Schaukeln des Bootes in meinem Kopf. Ein großes Bärenfell war auf dem Schlafplatz ausgebreitet. Ich kannte das Fell! Ich wusste noch sehr gut, wie sechs Männer den Bären auf den Lagerplatz der Zusammenkunft getragen hatten, und ich konnte mich auch noch an das große Festmahl erinnern, den Gesang der Mittler an den Bären – der mich wirklich in Furcht versetzt hatte –, und an den Tanz, der sich daran anschloss. Im Zelt waren keine Körbe: Das bedeutete, man war unterwegs auf Nahrungssuche.

Ich lief wieder zum Strand zurück. Unsere Sachen waren bereits im Sand aufgestapelt. »Vater! Mutter! Alaia! Vetter Sendoa ist hier! Mit noch jemandem, aber ich kann nicht sagen, mit wem! Es ist SENDOA!«

»Haizea, komm sofort hier runter! Meinst du denn, dass es nichts zu tun gibt?«

Ich ging hinunter, um beim Tragen der voll beladenen Körbe zu helfen.

»Vielleicht meint deine Tochter, sie sei schon eine der Weisen«, sagte Amets lachend. »Sie denkt wohl, sie muss nichts tragen, im Gegensatz zu uns!«

»Sie taugt nichts«, pflichtete mein Vater ihm bei. »Du wirst deine besser erziehen müssen. Versetz ihr ruhig manchmal eine ordentliche Tracht Prügel. Man kann mit diesen Frauen nicht früh genug anfangen!«

Meine Mutter und Alaia lachten, aber ich nicht. Ich war in dem Alter, in dem ich allmählich einen gewissen Respekt einforderte, den meine Familie mir nicht erweisen wollte. Bei dem ganzen Gerede über Prügel kam ich mir vor wie ein Kind. Jedenfalls war es dumm. Mein Vater hatte mich noch nie geschlagen, und er würde es auch nie tun. Ich hatte bei der Zusammenkunft genug Geschichten gehört und wusste, dass es in einigen Familien anders zuging. Mich beunruhigte, dass ich alt genug war, um aufmerksam zuzuhören, wenn Män-

ner und Frauen sich unterhielten, und zu erkennen, dass auch ich
schon bald eine Frau sein würde, also würde mich das alles ebenfalls
etwas angehen. Aber ich war noch so jung, dass ich mich ärgerte,
wenn man sich über mich lustig machte.

Amets sagte:

Ich freute mich, Sendoa auf dem Lagerplatz am Weißen Strand anzu-
treffen. Sendoa ist einer der besten Jäger im Alkclan. Wir zogen das
Boot den Strand hinauf und trugen die Sachen zum Lagerplatz. Alaia
ließ ihre Körbe fallen, ging direkt zu Sendoas Zelt und verschwand darin. Ich fragte mich, was sie wohl vorhatte. Als sie wieder herauskam,
schwieg sie, aber sie hatte einen harten Zug um den Mund.

»Ach so«, sagte der Vater meiner Frau und stellte sich hinter mich.
»Sie hat gehofft, eine Art Zeichen zu finden … Junge Männer, die zusammen jagen … Sendoa hat sein Winterlager an der Langen Meerenge … Er könnte dort entlanggekommen sein … Aber nein, sie hat
nichts gefunden.« Er wandte sich ab. »Nun denn …«

Wir stellten uns um die Feuerstelle, während Alaia unser Feuer dem
bereits vorhandenen hinzufügte. Unsere Geister sahen das Feuer, kamen herbei und gesellten sich zu den anderen, die bereits auf dem Lagerplatz waren. Wir streckten die Arme zu ihnen empor und bedankten uns, dass sie uns sicher über das Meer gebracht hatten. Dann
wurde Haizea geschickt, um Schalentiere zu sammeln, die wir zu den
mitgebrachten Binsenwurzeln essen wollten. Alaia und ich fanden unsere alten Zeltstangen in der trockenen Senke über den Dünen, während Nekané die Grassoden von der inneren Feuerstelle hob. Die Stangen waren in gutem Zustand. Ich zurrte eine Ranke um eine schwache
Stelle, nur um sicherzugehen. Dann half ich Alaia, den Rahmen aufzustellen, und band die Stangen an der Rauchöffnung zusammen. Das
erzähle ich euch, weil ihr Jungen wissen sollt, dass ich mich nicht schäme, Frauen gelegentlich bei ihren Arbeiten zu helfen. Ich hoffe, ihr

alle hört mir zu: Ihr müsst nicht immer untätig bleiben, nur um einer Frau zu zeigen, wie klug ihr seid! Im Übrigen ist Alaia kleiner als ich, daher fällt es mir leichter, dort oben heranzukommen. Ich rollte die Birkenrinde um die Rauchöffnung und band sie fest. Dann erst überließ ich es Nekané und Alaia, den restlichen Rahmen festzuschnüren. Der Vater meiner Frau und ich trugen die schweren Rollen Tierhaut vom Strand herauf und ließen sie neben dem Zeltrahmen fallen.

Wir schlenderten zurück zum Strand. Die Flut hatte ihren Höhepunkt erreicht, und die Wellen schlugen ans Heck unseres Bootes. »Das reicht«, sagte der Vater meiner Frau. »Wenn Sendoa kommt, wird er uns helfen, es noch weiter hinaufzuziehen für den Fall, dass das Wetter umschlägt. So wie es jetzt liegt, ist es in Ordnung.«

Ich hatte das Gefühl, etwas sagen zu müssen, und sprach ihn mit seinem Namen an.

»Ja, Amets?«

»Alaia – als sie gerade einen Blick in Sendoas Zelt warf, hast du gesagt … Soll das heißen, dass sie noch immer auf ein Zeichen von ihrem Bruder hofft? Sie spricht nicht darüber. Aber Nekané – vorher, im Winter, hat sie immer Ausschau gehalten. Und jetzt …«

»Und jetzt nicht? Das willst du von mir wissen, nicht wahr? Du fragst, warum Nekané aufgehört hat, nach unserem Sohn zu suchen.«

»Weil – verzeih, wenn ich dich verärgert habe – weil …«

»Weil sie weiß, dass sie nichts finden wird.«

»Tut mir leid, ich … ich …«

»Du hast mich nicht verärgert, Amets. Ich wusste es schon lange. Ich gehöre nicht zu den Weisen. Ich musste mich nie um Wissen bemühen, so wie Nekané. Was jemand durchzumachen hat, um Mittler zu werden – nein, ich musste mir darum nie Gedanken machen. Aber ich wusste Bescheid über meinen Sohn … Amets, ich habe viel gesehen. Schau: Ein junger Mann verlässt seine Familie. Mag sein, dass er weit fort und allein ist, und die Gefahren sind sehr groß. Du weißt das: Du warst allein unterwegs, als du zu uns kamst und eine Frau suchtest. Außerdem sind junge Männer tollkühn.«

»Dein Sohn war *nicht* tollkühn.«

»Nein. Das stimmt. Aber er war auch kein Feigling, und die Gefahren sind sehr groß, wie wir beide wissen.«

»Hast du eine Ahnung, was mit ihm geschehen ist?«

»Nur einfache Vermutungen, Amets. Ein Unfall, ein Sturz, ein Kampf ... wer weiß? Vielleicht wirst du eines Tages einen Sohn haben. Aber du weißt schon: Die Gefahren sind sehr groß.«

In dem Augenblick bellten die Hunde zur Begrüßung. Wir hörten einen Ruf über den Strand. Wir drehten uns um und sahen zwei Männer, der eine rannte auf uns zu, seine Hunde sprangen an seiner Seite, der andere ließ sich ein wenig zurückfallen.

»Sendoa!« Der Vater meiner Frau umarmte ihn und klopfte ihm auf den Rücken. Dann wandte sich Sendoa zu mir, und wir begrüßten uns begeistert. In dem Moment schwor ich den Geistern, nie wieder einen Winter ohne die Gesellschaft eines gleichaltrigen Mannes vergehen zu lassen. Und das habe ich bisher auch eingehalten.

»Und wer ist das?« Der Vater meiner Frau runzelte die Stirn. Ich schaute auf und sah, dass der Mann, der etwas abseits stand, kein Verwandter war, von dem ich wusste, sondern ein vollkommen Fremder.

Na ja, ihr wisst alle, von wem ich spreche. Aber damals wusste niemand unter uns, dass dieser Fremde Teil unserer Geschichte war. Als ich ihn zum ersten Mal erblickte, flüsterte mir kein Geist ins Ohr: »Denk an Bakar!« Oder wenn es so war, dann habe ich es nicht gehört.

»Alles ist gut.« Sendoa nahm den jungen Mann am Arm und zog ihn nach vorn. »Alles ist gut« – er sprach den Vater meiner Frau mit Namen an –, »das hier ist Kemen vom Luchsclan, der unter der Morgensonne lebt. Obwohl er nicht von unserem Clan ist, bin ich mit ihm verwandt, und deshalb seid ihr es auch, weil der Vater seines Großvaters aus dem Alkclan stammte. Er hieß Basajaun, und er nahm sich vor langer Zeit eine Frau aus den Landen unter der Morgensonne. Kemen und einige aus seiner Familie waren hierher unterwegs, um uns, den Alkclan, zu suchen, denn sie wussten, dass wir weitläufig mit ihnen verwandt sind.«

»Basajaun?« Der Vater meiner Frau schaute nicht mehr ganz so finster. »Ja, der Name ist unter uns gewesen, wenn auch nicht in meiner Familie.«

»Kemen kam mit seinem Bruder Basajaun zur Abendsonne«, sagte Sendoa. »Wie du siehst, lebt ein Name aus unserem Clan noch immer unter ihnen.«

»Und wo ist sein Bruder Basajaun jetzt?«

»Wir haben uns getrennt«, sagte Kemen. Seine Stimme verblüffte mich: Seine Sprache war eine andere, und seine Wörter klangen eigenartig. »Vier von uns kamen an diese Küste. Wir begegneten einem anderen Clan, dem Reiherclan, dort« – er zeigte zum Himmel der Hochstehenden Sonne, und der Vater meiner Frau nickte –, »und einer meiner Vettern nahm dort eine Frau. Daher beschlossen die anderen, auch zu bleiben. Aber ich bin auf der Suche nach dem Alkclan allein weitergezogen, weil ich mich erst dann mit einer Frau niederlassen wollte, wenn ich meine eigenen Verwandten gefunden hatte. Denn ich habe keine. Schließlich traf ich Sendoas Familie in ihrem Winterlager. Ich erzählte ihnen, wer ich sei, und sie nahmen mich auf. Dann beschlossen Sendoa und ich, früh zum Lagerplatz am Weißen Strand aufzubrechen, weil wir bereits viele Alke gesehen hatten, und wir wollten früh an den Klippen sein.«

Der Vater meiner Frau schwieg und musterte Kemen von Kopf bis Fuß. Höflich wich Kemen dem Blick des alten Mannes aus. Auch ich beobachtete Kemen. Was ich sah, gefiel mir. Er hatte dichtes, dunkles Haar und blaue Augen, wie Alaia; mir fiel nicht schwer zu glauben, dass er mit ihr verwandt war. Er war nicht so groß wie ich, aber er wirkte robust. An diesem warmen Tag trug er nur seinen Lendenschurz und eine ärmellose Jacke aus Hirschleder, und ich konnte sehen, wie kräftig seine Muskeln waren. Wenn seine Fähigkeiten seiner Kraft entsprachen, wäre er genau der Mann, mit dem man gern auf die Jagd gehen würde. Mir gefiel die Art, wie er dem prüfenden Blick des Vaters meiner Frau standhielt, so hoch aufgerichtet, wie es ihm möglich war, mit der Zuversicht dessen, der nichts zu verbergen hat.

»Warum sagst du, dass du keine Verwandten hast?«, fragte der Vater meiner Frau barsch. »Wie kann das sein? Hast du denn keine Verwandten in den Landen unter dem Himmel der Morgensonne hinter dir gelassen?«

Ein Schatten huschte über Kemens Gesicht. »Ich habe damit gerechnet, dass du danach fragst«, sagte er. »Ich habe eine furchtbare Geschichte zu erzählen. Dieser Winter – so einen Winter hat es seit Anbeginn noch nicht gegeben. Nein, ich habe keine Verwandten, bis auf die drei, die ich beim Reiherclan zurückließ.«

Der Vater meiner Frau schaute Sendoa an, ebenso verblüfft wie ich. Sendoa nickte. »Es stimmt«, sagte er. »Kemen, erzähl es ihnen.«

»Nein!« Der Vater meiner Frau hob die Hand. »Wenn ein Mann keine Verwandten hat … Allein das zu hören ist wirklich furchtbar, noch ohne deine Geschichte zu kennen. Aber wir müssen … Bevor wir wieder zum Lagerplatz zurückkehren, sag mir nur das eine: Du behauptest nicht, keine Verwandten zu haben, weil du ausgestoßen wurdest, oder?«

»Vor allen Geistern, die in euren Landen leben« – Kemen streckte beide Arme zum Himmel empor –, »sage ich dir, dass ich nichts Unrechtes getan habe. Meine Verwandten haben mich geliebt, so wie ich sie geliebt habe, und mit dem Schrecklichen, das passiert ist, hatte ich nichts zu tun. Schau, ich will dir zeigen, dass ich die Wahrheit sage.«

Kemen löste die Schnüre an seiner Jacke und zog sie aus. Schwungvoll drehte er sich um und zeigte seinen entblößten Rücken. Fünf blaue Linien schlängelten sich umeinander und ließen etwas erkennen, das schnell und geschmeidig ist – ein Tier, eingefangen in einem kurzen Moment fließender Bewegung –, ein Tier, das kriechen, klettern, sich verbergen, sich anschleichen, springen kann … etwas Scheues und Grimmiges – ein Tier, das wir noch nie auf dem Rücken eines Mannes gesehen hatten, das wir jedoch alle sofort erkannten: ein Luchs!

»Die Zeichen sprechen die Wahrheit«, sagte der Vater meiner Frau, »obwohl die Worte hätten genügen sollen.«

»Ich lüge nicht«, sagte Kemen. »Aber ich möchte euch erzählen, wie …«

»Das sollst du auch. Doch du wirst es auch der Weisen unter uns berichten. Komm!«

Der Vater meiner Frau machte auf der Ferse kehrt und ging mit langen Schritten zurück zum Lagerplatz. Ich warf Kemen einen Blick zu und schenkte ihm ein kleines Lächeln, das er auslegen konnte, wie er wollte. Sendoa klopfte mir auf den Rücken und hakte sich bei mir unter. Er machte einen glücklichen Eindruck, doch ich fragte mich unwillkürlich, ob Kemen die Wahrheit sagte. Angenommen, er *war* ausgestoßen worden? Hatte er einen Verwandten umgebracht, einer Schwester oder einer Kusine Gewalt angetan? Wie konnte ein Mann sagen, »ich habe keine Verwandten«, wenn sein Clan ihn nicht ausgestoßen hatte? Ich schwieg jedoch. Sendoa und ich gingen nebeneinander her, Kemen folgte uns, und so kamen wir hinter dem Vater meiner Frau wieder zum Lagerplatz zurück.

Kemen sagte:

Hier ist die Geschichte, die ich ihnen erzählte, als wir an dem Abend um die Feuerstelle saßen. Ich gab die Ereignisse wieder, so gut ich konnte, aber es war schwierig: Ihre Sprache war anders als meine. Ich bemühte mich so zu sprechen, dass sie es verstanden. Doch manchmal begriffen sie meine Wörter nicht, und wir mussten nach anderen suchen, als ich fortfuhr. Jetzt kann ich euch das alles natürlich ganz leicht erzählen. Auch konnte ich damals nicht wissen, dass ich Teil einer Geschichte war, die viele Monde vor meiner Ankunft begann. Ich hatte nie von Bakar gehört – ich wusste nichts vom Verlust des Alkclans.

Also fing ich an: Das Jahr war acht Monde alt, und meine Familie war auf unserem Lagerplatz des Fischfangs, der an einer Flussmündung liegt ... lag. Die Lande, aus denen ich komme, sind flach, hauptsächlich von Eichen, Birken und Haselsträuchern bewachsen, die dort höher werden als hier. An all unseren Küsten haben wir Sanddünen – *hatten* wir Sanddünen – und lange Strände. Solche Vogelklippen wie ihr haben wir nicht. Deshalb wollte ich, als Sendoa mir den Lagerplatz am Weißen Strand beschrieb, sofort mit ihm kommen, um mein Geschick an dieser neuen Art der Jagd zu erproben. Jedenfalls sind unsere Lagerplätze größer als eure. Die Familien des Luchsclans lebten recht nah beieinander, alle entlang der Küste und an den Flüssen. Wir haben *große* Flüsse in meinem Land. Wir fischen das ganze Jahr über, und trotzdem schenken sich die Fische uns immer wieder. Es gibt so viel Fisch, dass viele sich nicht einmal die Mühe machen, landeinwärts auf Jagd zu gehen. Wir jungen Männer gehen natürlich, aber oft bleiben einige aus dem Clan das ganze Jahr über auf dem Lagerplatz des Fischfangs.

Mein Bruder Basajaun und ich waren in dem Alter, in dem wir häufig mit befreundeten Vettern oben im Jagdlager waren. Weit entfernt von unseren Familien konnten wir uns rasch durch das Land bewegen und gehen, wohin wir wollten. Basajaun ist älter als ich und sehr waghalsig. Meine Mutter sagte stets, ich sei der Vorsichtige. Basajaun würde uns in Schwierigkeiten bringen, und ich würde dann einen Ausweg finden. Jedenfalls waren das ihre Worte.

Basajaun und ich waren gerade von der Jagd zurückgekehrt. Wir hatten zwischen den hohen Birken einen Auerochsen erlegt und unseren Anteil am Fleisch mitgebracht – so viel wir tragen konnten. Das verschaffte uns eine freudige Begrüßung! Seit zwei Tagen befanden wir uns wieder auf dem Lagerplatz des Fischfangs.

Wir waren am Ufer, Basajaun und ich, ein Stück vom Lagerplatz entfernt, und flickten unser Boot. Die Haut war nicht mehr gut. Sie war leck. Wir zogen sie ab und ersetzten einige Sehnen, mit denen die Haselruten zusammengehalten wurden. Dann wollten wir den Rahmen mit neuer Haut beziehen. Wir hatten drüben auf dem Lagerplatz schon die Löcher gebohrt und gerade angefangen, das Rohleder über den Rand zu ziehen und festzunähen. Unsere Hunde lagen zu unseren Füßen. Sie waren enttäuscht, weil wir nirgendwohin gingen. Wir hatten keine Eile. Das Jahr hatte seinen Höhepunkt überschritten, doch die Sonne war noch so kräftig, dass sie die Kälte des Morgens verbrannte. Kein Wind wehte. Die Luft war so klar, dass wir vom Lagerplatz her Kinderstimmen, das Gelächter der Frauen und das rhythmische Schlagen von Stein auf Stein hörten. Alles war wie sonst, so, wie es sein sollte.

Aber die Hunde wurden unruhig. Sie jaulten und liefen uns zwischen die Füße. Sie trotteten ein paar Schritte zum Lagerplatz zurück und jaulten wieder. »Hört damit auf!« Basajaun holte zu einem Tritt aus. Die Hunde duckten sich. Danach waren sie ruhig. Als ich wieder von meiner Arbeit aufschaute, waren sie fort. Falls sie sich gelangweilt hatten, waren sie wahrscheinlich zurück zum Lagerplatz gezogen. Ich dachte mir nichts dabei.

Wir vernahmen ein fernes Geräusch.

Basajaun hörte auf zu nähen und schaute hoch. Meine Hand mit der Nadel hielt inne.

Das Geräusch war wie ferner Donner, nur hörte es nicht auf. Und es war nicht über unseren Köpfen. Es kam aus der Richtung des Sonnenlosen Himmels. Ich legte meine Nadel ab und starrte hinaus aufs Meer.

Basajaun packte meinen Arm – »Sieh nur!«

Die Sandflächen wurden größer. Das sah ich zuerst. Nein, das war falsch. Das Meer schrumpfte. Die Flut lief gerade auf – aber das Wasser ging zurück. Wir sahen das, aber wir konnten es auch nicht sehen, denn es war unmöglich. Immer weiter hinaus, hinter den niedrigsten Stand bei Ebbe. Sand, den wir nie zuvor gesehen hatten, bleich und glänzend. Wellenformen darin wie Sterne, und die verängstigten Krebse huschten darüber. Fische zappelten und versuchten verzweifelt, in dieser Welt, die plötzlich kein Wasser hatte, zu schwimmen.

»Kemen! Das Meer! Sieh!«

Da sah ich es, in der Ferne unter dem Sonnenlosen Himmel. Eine graue Felswand mit weißen Spitzen. Eine Felswand aus Wasser. Ein Geräusch wie ein umstürzender Berg. Mir wurde kalt ums Herz.

Und der Lagerplatz hinter uns – meine Mutter, meine Schwestern, die Kinder …

Die graue Felswand toste wie ein Wasserfall. Das Geräusch erfüllte die ganze Welt. Sie raste auf uns zu.

Wir erstarrten.

Die graue Felswand krachte herunter. Das Ende unserer Welt.

»Kemen, lauf!«

Mein Körper kam wieder zu mir zurück. Wir rannten am Strand entlang zurück. Die graue Felswand hinter uns brüllte.

Basajaun lief schneller als ich. Das konnte er immer. Einmal drehte ich mich um. Ich sah die Felswand aus Wasser. All der Donner, den ich je vernommen hatte, war darin eingerollt. Sie flog auf mich zu, schneller als ein Adler. Ich rannte.

Die Bäume bogen sich im Wind.

Basajaun schaute zurück. Ich roch das Wasser. Es toste über uns. Es schnappte nach meinem Kopf. Basajaun lief zu mir zurück und packte mich an den Schultern. »Zu spät. Halt dich fest!«

Das Meer stürzte auf uns nieder. Sein Tosen verschluckte uns. Es verschlang uns wie kleine Fische. Sein Bauch bestand bloß aus Lärm und Wirbelwind. Wir traten und kämpften. Keine Luft. Ich ertrank. Ich starb.

Jedenfalls war es eine Art Tod. Denn mit diesem hereinbrechenden Meer wurde mein altes Leben weggeschwemmt, und insofern bin ich, da ich noch immer auf der Erde weile – ich, Kemen, in diesem Körper –, von den Toten zurückgekehrt, daher muss ich ganz neu geboren sein, aus dieser Welle, die Basajaun und mich verschluckte.

Denn nachdem ich gestorben war – in diesem hoch aufragenden Wasserstrudel –, spie das Meer uns aus.

Wir wurden in tosendem Wasser hin und her geworfen und klammerten uns noch immer aneinander. Da war Luft. Ich atmete Luft ein.

Ich konnte nichts sehen. Nur Wasser. Sonst nichts. Basajaun und ich hielten einander fest. Wir versuchten zu schwimmen. Er war stärker als ich. Ich war immer der bessere Schwimmer gewesen, aber er war stärker. Er hielt mich über Wasser.

Etwas traf mich im Rücken.

Basajaun schrie: »Festhalten! Festhalten!«

Bevor ich wusste, was ich tat, hielt ich mich daran fest. Meine Hände packten nasses Holz. Es war ein Eichenast, an einem Ende abgebrochen. Wir klammerten uns daran. Er lag tief im Wasser, schwamm aber auf den Wellen.

Uns war kalt. Wäre das Jahr ein bisschen älter gewesen, wären wir gestorben. Das Meer hatte gerade noch so viel Wärme in sich, dass ein kräftiger Mann eine Weile überleben konnte. Basajaun und ich waren kräftig. Wir waren zusammen. Das verlieh uns die doppelte Kraft eines Einzelnen. Eine Nacht und zwei Tage lebten wir in dem Meer. Wir hingen an unserer Eiche. Land sahen wir nicht. Wir hatten kein Trinkwasser. Wir litten unter heftigem Durst. Es tat weh zu schreien, um die Wellen zu übertönen. Das Meer wurde ruhiger, doch wir konnten noch immer nichts sehen. Wir waren zu weit unten, um über die Wellen schauen zu können – unser Land ist nicht so hoch wie eures. Da war nichts außer dem Meer – und Himmel.

Der Himmel meinte es gut mit uns. Wäre der Himmel grausam gewesen, wären wir gestorben. Das Meer hatte sich aus seinem Bett erhoben und versucht, uns zu töten. Hätte der Himmel dasselbe getan und uns schlechtes Wetter geschickt, wären wir umgekommen, denn was ist ein Mann schon gegen die geballte Kraft von Meer und Himmel? Aber der Himmel meinte es gut mit uns, obwohl das Meer grausam war.

Das Meer verzieh uns. Endlich, als es uns auf einen Wellenkamm hob, sahen wir Land: eine blaue Linie unter dem Himmel der Abendsonne. Nach dieser Linie hielten wir danach Ausschau, sobald wir wieder nach oben auf eine Welle trieben. Sie sah so fern aus, dass wir nur wenig Hoffnung hatten, sie zu erreichen. Doch Basajaun und ich sind stark, und wir sind Brüder. Gemeinsam hielten wir unsere Eiche fest, traten, so fest wir konnten, und schwammen auf diesen fernen Land-streifen zu.

Ganz langsam nahm das Land Formen an. Seine Farbe verwandelte sich von Blau zu Grün. Schließlich konnten wir eine Linie aus gelbem Sand sehen. Aber wir waren so erschöpft! Manchmal ruhte sich einer von uns aus, aber nie wir beide zusammen, aus Angst, wieder zurückgespült zu werden. Unsere Beine schmerzten vom Treten. Und jetzt, da wir schwer arbeiteten, wuchs unser Durst. Meine Zunge fühlte sich so groß an, dass ich glaubte, ich würde daran ersticken. Der Gedanke an Trinkwasser, nicht an das Leben selbst, hielt mich davon ab, unterzugehen. Wenn wir Land erreichten, würde Wasser da sein. Am Ende konnte ich an nichts anderes denken.

Schließlich kamen wir in die Brandung. Eine Welle packte uns. Sie wirbelte uns nach vorn. Sie war unser Freund. Sie ließ uns fallen und zog sich rasch zurück, als wollte das Meer nichts mehr mit uns zu schaffen haben. Wir krochen auf trockenen Sand und fielen wie Baumstämme auf den Bauch.

Wenn ich daran denke, spüre ich noch immer, wie die Wärme des trockenen Sandes in meinen Körper strömt. Ich war vom Meerwasser derart durchweicht, dass es mir im Liegen aus den Augen trat. Ich streckte die Arme aus und ließ den Sand durch meine Finger rinnen. Er war körnig und warm und beinahe trocken. Die Geister des Meeres waren fertig mit uns.

Wir mussten Trinkwasser finden. Wir wussten nicht, wo wir waren. Als wir aufstanden, waren wir nach der langen Zeit im Meer unsicher auf den Beinen. Wir sahen sofort, dass unsere Schwierigkeiten nicht beendet waren. Es gab keine Dünen. Der Sand, auf dem wir uns befanden, war kein Strand. Er war übersät mit entwurzelten Eichen, Birken, Erlen und Kiefern. Überall lagen abgerissene Äste verstreut. Wir mussten darüberklettern. Unsere durchnässten Lederhäute konnten wir nicht ausziehen und weich kneten – die Äste hätten unsere nackten Körper zerfetzt. Das Hirschleder wurde steif beim Trocknen.

Es scheuerte an unserer Haut, die vom Meerwasser aufgeweicht war. Nicht lange, und wir hatten offene Wunden. Das war nichts. Rings um uns hatte das Meer die Wälder entwurzelt und die Bäume hingeworfen, als wären sie Brennholz. Hier mussten Tiere gelebt haben, aber ihre Pfade waren vollends verschwunden, und deshalb gab es keinen Weg hindurch. Wir fanden ein totes Wildschwein, aufgespießt auf einen Kiefernast. Von Menschen keine Spur.

Keine Vögel weit und breit. Könnt ihr euch das vorstellen? In allen Landen, von denen ich je gehört habe, gab es nie einen Wald ohne Waldvögel, so wie es nie eine Küste ohne Seevögel gegeben hat. Hier ist es jetzt still, weil die Nacht hereingebrochen ist: Eure Seevögel schlafen alle, doch woher wisst ihr, dass Morgen ist, noch ehe ihr die Augen aufschlagt? Ihr wisst nicht, woher – ihr habt nie darüber nachgedacht –, aber ich, der die Stille vernommen hat, ich sage euch, dass euer Leben bisher vom Gesang eurer Vögel im Wald, am Meer oder in den Bergen begleitet war – wo immer ihr euch aufgehalten habt.

Noch nie in meinem Leben hatte ich Luft eingeatmet, in der kein Gesang war, bis ich an diesen verfluchten Ort kam. Sobald die Stille sich auf mich gelegt hatte, konnte ich sie nicht mehr loswerden. Mit jedem Atemzug spürte ich die Angst in meiner Lunge. Und ich hatte allen Grund, mich zu fürchten, wie ihr erfahren werdet.

Wir fanden frisches Wasser, das über den Sand strömte: ein Bach, der seine Bahn verloren hatte, so wie wir die unsere. Er war nicht tiefer als der Fingernagel meines kleinen Fingers. Wir mussten uns hinlegen, um zu trinken, und dann den Sand ausspucken. Es machte uns nichts aus. Wir legten uns auf den Sand und saugten das Wasser auf – es war so flach, dass man nicht richtig trinken konnte –, bis unser Durst gestillt war. Dann schliefen wir.

Am Morgen sprachen Basajaun und ich darüber, was wir tun sollten. Der ganze Wald war auseinandergerissen. Der Boden war bedeckt mit feinem weißem Sand: Wir konnten an Land keine Nahrung sammeln. Die gesamte Küstenlinie war weggespült worden: Dort gab es nichts zu essen. Mein Messer hatte in meinem Gürtel gesteckt, während ich mit der Nadel gearbeitet hatte – das schien jetzt lange her zu sein. Basajaun hatte sein Messer neben das Boot gelegt, daher hatten wir nun zu zweit nur mein Messer. Es reichte, um dem Wildschwein, das wir gefunden hatten, den Bauch aufzuschlitzen und das Fleisch zu zerteilen, nachdem wir das Tier gehäutet hatten. Ich benutzte das Messer möglichst wenig, weil wir die Klinge nicht schärfen konnten und nicht wussten, wo neue Feuersteine zu finden wären, falls die Klinge abbrechen sollte. Während ich das Fleisch zerteilte, fand Basajaun einen Eichenstock und einen langen Kiefernspan und machte Feuer. Das Einzige, was uns nicht fehlte, war Brennholz. Wir brieten das gesamte Fleisch und wickelten es in die Blätter, die wir fanden. Nun, da wir Därme und Sehnen hatten, mangelte es uns auch nicht an Schnüren. Wir waren bereit, zu unserer langen Wanderung aufzubrechen.

Zunächst gingen wir an der zerstörten Küste entlang. Unterhalb der neuen Gezeitenlinie hatten die Wellen den Sand so sauber gewaschen, dass wir gut vorankamen. Die Sonne ging bereits unter, als wir einen kleinen Fluss erreichten. Glatte Felsbrocken lagen auf dem Sand verstreut. Bei näherem Hinsehen erkannten wir, dass es keine Felsbrocken waren, sondern Tote. Ihr Lagerplatz war weggeschwemmt worden. Wir erkannten die Stelle nicht mehr, aber als wir einige von ihnen umdrehten, wussten wir, wer es war. Sie waren keine nahen Verwandten, doch sie gehörten zu unserem Clan. In meinem Hals bildete sich ein dicker Kloß, der drohte, mich zu ersticken. Ich überlegte, was wir wohl vorfinden würden, wenn wir unsere eigene Familie erreichten.

Wir konnten nichts für die Ertrunkenen tun. Ein paar Überreste ihres Lagerplatzes waren auf den Strand geschwemmt worden oder lagen zwischen den Bäumen – Zelthäute, Körbe, Holzgriffe. Basajaun sagte, wir könnten diese Sachen gebrauchen, denn unser Bedarf war groß. Ich hatte Angst. Wir hatten diesen Toten nichts getan, aber wenn wir uns nahmen, was sie uns nicht geschenkt hatten, könnten sie wütend werden. Zögernd folgte ich Basajaun, während er den Unrat durchwühlte. Ich sah, wie er die Leiche eines alten Mannes umdrehte. Ich kannte den Mann, obwohl ich ihn jetzt nicht beim Namen nennen kann – all die Namen verließen die Welt, als das Meer sie nahm. Ich bedeckte mein Gesicht mit beiden Händen, als Basajaun den Beutel des alten Mannes durchsuchte. Er zog einen Feuersteinkern hervor. Wir brauchten dringend Feuerstein – wir hatten kein Werkzeug.

Basajaun sagte, die Geister forderten uns auf, von den Toten zu nehmen, um unser Leben zu retten. Als ich mich zurückhielt, sagte er, wir könnten zu den Geistern sprechen, bevor wir weitergingen. Wir streckten die Arme empor und erklärten, was wir taten. Wir baten die Geister, sich der Seele des alten Mannes anzunehmen und denen seiner Verwandten, welche die anderen Sachen angefertigt hatten, die wir benutzen würden. Wie mir die Geister zeigten, hatte die Seele des alten Mannes gewollt, dass wir diesen Weg nahmen, daher versprach ich, ein Podest für die Toten zu bauen, sobald unsere Messer fertig wären. Ich sah, wie sich der alte Mann gewünscht hatte, dass wir seinen Feuerstein fänden, damit wir Klingen herstellen konnten, um die Ruten zu schneiden. Wir mussten tun, worum er bat, bevor wir für uns sorgten. Daher bauten wir ein Podest und legten die Toten darauf. Wir hatten nicht genug Schnüre, um sie zusammenzubinden, aber das hatte ich den Geistern erklärt.

Die Geister zeigten uns ihren Dank, denn sie führten uns zu einem Boot. Es steckte hoch oben in dichtem Gebüsch, die Bootshaut war gerissen. Es gelang uns, das Boot freizubekommen, ohne es noch weiter zu beschädigen. Wir legten es ans Ufer und machten uns daran, die zerbrochenen Ruten zu ersetzen. Basajaun sagte: »Genau das haben wir getan, bevor das Meer kam. Die Geister wollen, dass wir unser Leben da fortführen, wo wir aufgehört haben.«

Ich sagte: »Aber nichts kann wieder so sein, wie es einmal war.«

»Nein«, sagte Basajaun, »doch *wir* sind noch dieselben.«

»Wie können wir dieselben sein, ohne Land oder Verwandte?«

»Ein Mann ist er selbst«, sagte Basajaun.

Das erschien mir so falsch, dass ich meine Hände zu den Geistern hob und sie schweigend bat, meinem Bruder zu vergeben. Ich wusste, es war Mut und keine Überheblichkeit, die ihn so sprechen ließ, und ich wollte, dass die Geister es verstanden.

Wir fanden Haut und fertig geschnittenes Holz, aus dem wir Paddel herstellen konnten. Dann verbrachten wir noch eine Nacht an diesem grässlichen Ort und fuhren am Morgen aufs Meer hinaus.

Wir paddelten weit genug hinaus, um in der Ferne die Berge zu sehen, die uns sagten, wo wir waren. Wir dachten uns, das zurückweichende Meer hätte uns zum Sonnenlosen Himmel getragen, daher schlugen wir den anderen Weg ein, auf den Himmel der Hochstehenden Sonne zu. Wir hatten recht: Nach einiger Zeit sahen wir Berge, die wir wiedererkannten.

Ich will euch nicht über unsere Fahrt berichten. Ich möchte euch nicht erzählen, was wir fanden, als wir zu weiteren Stellen kamen, an denen Lagerplätze gewesen waren. Ihr sollt nicht sehen, was ich immer noch vor meinem inneren Auge sehe: wie die Toten mit offenen Augen an der abgebrochenen Küste lagen und niemanden hatten, der sie für die Geister vorbereitete. Ihr sollt nicht den Gestank des Todes bei den zerstörten Lagerplätzen riechen. Warum solltet ihr von den wenigen verlorenen Seelen hören – manchmal einzelne Kinder oder alte Männer mit leerem Blick, oder Frauen, die um ihre Söhne und Töchter weinten –, die umherzogen und verzweifelt nach ihren Familien suchten? Wir konnten niemandem helfen – wir konnten unmöglich Podeste für alle Toten bauen, die wir fanden –, warum soll man sich also jetzt daran erinnern?

Zweimal sahen wir andere Boote in der Ferne. Als wir das erste erblickten, wollte ich sofort dorthin paddeln, doch Basajaun sagte Nein. »Wir wissen nicht, wer sie sind.«

»Aber das ist unser Clan! Es könnten Verwandte sein!«

»Vielleicht aber auch nicht. Wir trauen niemandem, bis wir zu unseren eigenen Jagdgründen kommen. Alles ist jetzt anders.«

Ich wollte etwas entgegnen, doch er ließ mich nicht zu Wort kommen. Wir paddelten noch weiter aufs Meer hinaus, und die Wellen schlugen an unser Boot. Als wir das zweite Boot sahen, verhielten wir uns genauso. Mir war das Herz schwer: Diese Menschen waren vielleicht mit uns verwandt. Ich wollte nicht in einer Welt leben, in der ich anderen aus dem Luchsclan nicht trauen konnte. Ich wollte, dass Basajaun sich irrte. Vielleicht war es so.

Aber mein Clan, meine eigene Familie – Basajaun und ich kamen dorthin, wo unser Lagerplatz des Fischfangs gewesen war.

Das Ufer war verschwunden.

Ihr versteht mich nicht. Auch wir konnten es nicht begreifen. Wir paddelten auf und ab. Wir wussten, es war der richtige Ort, aber das Land war nicht mehr da. Wir fanden den Fluss. Er mündete an einer Stelle ins Meer, die immer weit flussaufwärts gelegen hatte. Wir paddelten wieder zurück aufs Meer, und jetzt, da wir wussten, wo der Fluss war, fanden wir heraus, wo der Lagerplatz gewesen war. Das Meer hatte ihn fortgerissen. Meine ganze Familie war verschwunden. Wir paddelten landeinwärts – dorthin, wo einmal Land gewesen war –, und bahnten uns einen Weg an treibenden Bäumen und toten Tieren vorbei. Wir gingen an Land und suchten in Schlamm und Sand und zwischen umgestürzten Stämmen. Wir waren an diesem neuen Ufer nicht einmal sicher, wo sich einst unsere Lagerplätze befunden hatten.

Wir fanden eine Leiche. Wir hielten sie für den Sohn unserer Schwester. Jedenfalls war es ein Kind in seinem Alter. Wir banden einen Stein an den verwesenden Körper – Farbe hatten wir keine, um seinen Körper zu verzieren – und paddelten hinaus an die Stelle, die einst unser Lagerplatz des Fischfangs gewesen war – oder wo er unserer Meinung nach gelegen hatte –, und ließen ihn dort über Bord fallen. Wir dachten, wenn es die richtige Stelle war, dann würde seine Seele den Ort erkennen, und Land oder Wasser wäre dem Toten einerlei.

Als das erledigt war, begaben wir uns flussaufwärts zu unserem Jagdlager. Dort hatten wir etwas Feuerstein zurückgelassen, und inzwischen brauchten wir dringend Werkzeuge. Im Jagdlager trafen wir zwei unserer entfernten Vettern, die auch aus den toten Landen flohen. Ihr könnt euch vorstellen, wie froh wir waren, einander gefunden zu haben.

Ich drückte Ekaitz an mein Herz – sein Großvater und meiner waren Brüder, und er hatte nur zwei Jahre vor mir am Ritus der Einführung teilgenommen –, wir waren oft zusammen auf Jagd gewesen. Wir weinten vor Freude, uns lebend wiederzusehen. Ekaitz' jüngster Bruder war auch da. Das Meer nimmt, was es will, und spuckt aus, was es will, und wir Menschen können kein Muster darin erkennen.

Jetzt, da wir Verwandte gefunden hatten, begann Basajaun sogleich Pläne zu schmieden. Ekaitz war nie einer gewesen, der widersprach. Auch als wir alle noch Jungen waren, hatte er nur Basajaun angeschaut und gelächelt. Aber Ekaitz hat seine eigene Art, seinen Willen durchzusetzen. Er ist – er war – einer unserer besten Jäger. Nun, da wir Ekaitz gefunden hatten, sah ich allmählich über meine Erschütterung und meine Verzweiflung hinaus. Als wir an dem Abend um unser Feuer saßen, sprachen wir darüber, was wir tun sollten.

Ekaitz und sein Bruder hatten zwei Hunde dabei. Das hieß, wir konnten richtig jagen. Doch uns vorzustellen, welche Form unser Leben annehmen sollte, fiel uns schwer. Alles, was wir kannten oder liebten, hatten wir verloren. All unsere nahen Verwandten waren an der zerstörten Küste, die wir verlassen hatten, zur Welt gekommen; sie hatten dort gelebt und waren dort gestorben. Wir wollten hier nicht mehr suchen – wir wollten woanders hingehen. Aber wohin?

Dann begann Basajaun, vom Vater unseres Großvaters zu sprechen: Auch er sei Basajaun gewesen, er sei vom Himmel der Abendsonne zum Luchsclan gekommen, als er vor langer Zeit den Alkclan verließ. Er brachte den Namen meines Bruders als Erster zum Luchsclan.

»Ich bin Basajaun«, sagte er. »In meinem Namen und in meinem Blut lebt der Alkclan. Ich sage, wir sollten dahin zurückkehren, woher ich komme. Ihr drei seid meine Verwandten. Wir alle haben Alkblut in uns. Das Meer hat uns gesagt, dass wir gehen sollen. Alkgeister warten auf uns! Wir sollten zurückkehren.«

Basajaun erklärte, das Meer in den Landen des Alkclans unter dem Himmel der Abendsonne sei nicht wütend geworden und an seinem Platz geblieben. Am Ende überredete er uns.

Wir blieben ein paar Tage im Jagdlager, arbeiteten in einer Höhle, weil es regnete, stellten viele Klingen her, damit wir auch Ersatz hatten, und fingen Kleinwild in Fallen, um bei der Arbeit essen zu können. Jeder machte sich ein Messer, einen kurzen Jagdspeer, einen Bogen, einen Köcher voll Pfeile und eine Rolle Schnur. Wir reparierten unsere Kleidung und steckten Feuersteinkerne, glühende Holzkohle und Fleisch für unterwegs in unsere Beutel. Nachdem alles fertig war, füllten wir am Morgen unsere Wasserschläuche und machten uns auf den Weg zum Himmel der Abendsonne.

Wir folgten dem Wildpfaden über die Berge – es waren Jagdgründe des Luchsclans, daher kamen wir mühelos voran –, bis wir das Tal des Großen Lachsflusses erreichten. Der Regen hörte auf. Nebel wand sich um die Berge und kräuselte sich wie Rauch über dem Fluss. Die Schlucht roch nach zu viel Wasser. Wir sahen den Rauch eines Lagerplatzes und näherten uns vorsichtig. Einerseits hätte der Lachsclan uns etwas zu essen geben müssen, weil wir verwandt waren: Immer haben junge Männer, die Geschenke brachten, die Berge zwischen den Landen des Luchsclans und des Lachsclans überquert und nach Frauen und Jagdgründen gesucht. Andererseits hatte es auch Streitigkeiten gegeben, und manchmal waren junge Frauen entführt worden. Mein jüngerer Vetter und ich waren noch nie in dieser Gegend gewesen. Niemand vom Lachsclan konnte uns erkennen, daher gingen wir beide voran.

Zum Glück hörten wir Frauen singen, bevor wir auf Männer trafen. Eine Handvoll von ihnen besang die Fuchsschwanzwurzeln, die sie mit ihren Stöcken ausgruben. Ich sagte ihnen, wer wir seien, und sprach möglichst deutlich, denn der Lachsclan hat nicht immer dieselben Wörter wie wir. Die beiden alten Frauen schwatzten miteinander. Wir zitterten, als wir die Namen hörten, die sie nannten, denn wir wussten – und sie nicht –, dass diese Luchsnamen bereits aus der Welt gegangen waren. Doch da sie unsere Verwandten beim Namen nennen konnten, führten uns die Frauen an ihre Feuerstellen. Der Lagerplatz war voller Menschen – darunter viele Frauen und vaterlose Kinder –, die von Lagerplätzen an der Küste flussaufwärts geflohen waren. Die Große Welle war in aller Munde. Die alten Frauen erzählten uns in langsamen Worten, wie das Meer in die Mündung des Großen Lachsflusses geströmt sei, über Salzmarschen, durch den Wald bis hin an den Fuß der hohen Berge. Viele Männer wurden vermisst. Der Lachsclan war froh über das Fleisch, das wir mitbrachten, doch wir hatten keine weiteren Geschenke, und sie hatten ihre eigenen Schwierigkeiten. Sie wollten uns nicht.

An dem Abend gab es eine Auseinandersetzung. Wir konnten den Worten nicht folgen, doch die Bedeutung war klar: Unsere beiden alten Frauen meinten von den Geistern gehört zu haben, der Lachsclan müsse uns auf unserem Weg helfen, weil wir verwandt seien. Die Männer waren dazu nicht bereit. Am Ende hetzte uns einer ihrer jungen Männer durch die Schluchten des Lachsclans, so schnell er konnte. Am ersten Tag hielten wir die Hände in der Nähe unserer Messer, doch am zweiten Tag wurde er etwas freundlicher. Er brachte uns ans Ende der Bucht des Großen Lachsflusses, wo er uns ein Boot und einen Korb mit Fleisch übergab. »Folgt der Bucht ins Herz der Berge«, sagte er uns, und seine Hände arbeiteten schwer, um seine Worte deutlich zu machen. »Ihr könnt das Boot auf dem Kiesstrand lassen, wo der Fluss in die Bucht fließt. Wir werden es im Frühling finden. Dann geht ihr flussaufwärts bis zur Wasserscheide. Vom Pass aus werdet ihr den Großmutterberg des Alkclans sehen. Auf der anderen Seite dieses Berges liegt das Offene Meer, das die Welt umgibt. Dort geht der Alkclan auf die Jagd. Um an ihr Meer zu gelangen, müsst ihr die Jagdgründe des Reiherclans durchqueren. Haltet euch an den Großmutterberg, er wird euch den Weg weisen.«

Wir hatten Angst vor dem Reiherclan – *dort* hatten wir keine Verwandten –, doch der Mann des Lachsclans war so sehr darauf bedacht, uns loszuwerden, dass er uns am Ende seinen eigenen und den Namen seines Vaters gab, die uns weiterhelfen sollten, um damit tauschen zu können. »Sagt ihnen, ihr seid mit uns verwandt«, sagte er. Hätte der Lachsclan durch die Große Welle nicht so viel verloren, dann hätte der Mann uns nie seinen Namen gegeben, um ihn an einen fremden Clan weiterzureichen! Obwohl die Große Welle so viel genommen hatte, gab sie jetzt widerwillig etwas zurück.

Die Bucht des Großen Lachsflusses ist wie ein Nebenmeer. Wir paddelten mit gesenkten Köpfen durch strömenden Regen und hielten uns an die schwache graue Küstenlinie zu unserer Linken. Vier Tage lang waren wir ans Ufer gefesselt, während ein Sturm vom Himmel der Abendsonne über uns tobte. Sobald der Wind abflaute, zogen wir mühsam weiter. Gischt durchnässte uns, Regen versuchte uns die Sicht zu nehmen. Als wir ans Ende der Bucht kamen, machten wir ein Feuer, das so lang war wie unser Schutzdach, damit wir warm und nackt darunter sitzen und unsere Kleidung trocknen konnten. Der Regen prasselte darauf wie eine Herde Hirsche, die durch eine Wasserrinne rast. »Er verheißt uns große Jagden!«, sagte Ekaitz. Da mussten wir lachen. Die großen Jagden im Mond der Gelben Blätter erschienen uns sehr fern. Wir fingen genügend Aale im Fluss, um uns die Bäuche zu füllen, und vergaßen, dass wir kein Fleisch hatten.

Als der Wind nachließ, kämpften wir uns weiter voran. Wir kletterten zwischen Felsbrocken flussaufwärts, wobei wir die Hänge mieden, an denen die Raben warten. Wir bewegten uns schnell und aßen wenig. Nur eine Mondlose Nacht lag noch zwischen uns und dem Mond der Gelben Blätter. In den Bergen herrschte bereits Winter. Nebel lag über der Wasserscheide, daher sahen wir keinen Großmutterberg.

Doch kein Geist hatte die Macht, uns jetzt umkehren zu lassen! In dem Eisregen, der in unseren Gesichtern stach, rochen wir Salz. Obwohl er versuchte, uns zur Rückkehr zu zwingen, sprach der Wind vom Offenen Meer zu uns, und Freude kam in uns auf. Wir folgten dem Flusslauf in die Niederungen. Wir hatten nichts mehr zu essen. Aber wir waren stark! Wir wussten zu fasten. Endlich hörte der Regen auf, und der Wind erstarb. Unter uns sahen wir Bäume. Basajaun erlegte einen Hirsch, der aus dem Farnkraut sprang. Gleich an dieser Stelle schlugen wir unser Lager auf und aßen im Feuerschein. Das reichhaltige, heiße Fleisch zu essen tat gut. Die Geister waren schließlich doch freundlich zu uns. Das brachte mich auf den Gedanken, dass wir uns vielleicht dem Alkclan näherten.

Am nächsten Tag sahen wir endlich den Großmutterberg. Er füllte den Himmel der Abendsonne vor uns, aber wir mussten noch die Bergschluchten des Reiherclans durchqueren. Wir hatten Glück: Die Geister führten uns an die Feuerstellen guter Menschen. Wir breiteten unsere Arme weit aus zum Zeichen, dass wir als Freunde kamen, und sprachen die Namen aus, die uns der Lachsclan gegeben hatte. Als wir die Wildstücke vom Rücken schwangen und sie vor dem Familienoberhaupt des Reiherclans auf den Boden legten, senkten sie ihre Waffen und begannen zu lächeln. Als wir »Alk« sagten, zeichnete einer von ihnen mit einem Stock etwas in den Schlamm des Seeufers. Er zeigte uns den Großmutterberg, dann markierte er, wo der Alkclan auf der anderen Seite des Großmutterbergs lebte, über das Meer unter dem Sonnenlosen Himmel.

Der Reiherclan nahm uns mit zu einem Lagerplatz am Ende eines langgestreckten Sees, direkt unterhalb des Großmutterbergs auf der Seite der Hochstehenden Sonne. Wir blieben zwei Tage, denn wir mussten unsere Kleidung und unsere Werkzeuge ausbessern, bevor wir weiterzogen. Am zweiten Abend führten sie einen Tanz auf, um uns zu zeigen, warum sie uns willkommen hießen. Wir hatten keine gemeinsamen Wörter, aber der Tanz war leicht zu verstehen.

Im Mond der Samen hatte auf den Inseln unter dem Himmel der Hochstehenden Sonne ein großer Kampf mit dem Otterclan stattgefunden. Fast zwei Handvoll Männer des Reiherclans waren gestorben, als der Otterclan ihre Boote versenkt hatte. Jetzt hatte diese Familie Frauen ohne Männer und Kinder ohne Väter.

Die Trommeln hörten auf zu schlagen, und der Gesang wurde leise und langsam. Eine der Frauen stand allein im Schein des Feuers. Wir lagen hinter der Feuerstelle, auf unsere Ellbogen gestützt, und beobachteten die Frau beim Tanz. Sie trug nur ihren Frauenrock und die Farben des Tanzes, die auf ihre Haut gemalt waren. Der Feuerschein spielte auf ihrem Gesicht und ihren Brüsten und verwandelte ihre Haut in Sonnengold. Ihre Augen waren wie dunkle Teiche mit tiefem Wasser in verborgenen Senken der Berge. Ekaitz brauchte keine weitere Überredung: Er sprang auf und sagte, er werde sie zur Frau nehmen. Er werde sie noch in derselben Nacht nehmen! Am nächsten Morgen verkündete er, nicht mehr weiterziehen zu wollen. Er wolle bleiben und für den Rest seines Lebens mit dem Reiherclan auf Jagd gehen.

Mir machte es nichts aus, aber als Basajaun mir sagte, auch er habe ein Auge auf eine Frau geworfen und wolle eine Weile bleiben, um zu sehen, was daraus werde, wurde ich wütend. Basajauns Idee war es gewesen, gemeinsam hierherzukommen! Er war unsere Verbindung zum Alkclan. Ich hatte mein Herz daran gehängt, meine Verwandten zu finden. Dieser Reiherclan hatte uns gut behandelt, aber wir waren nicht vom selben Blut.

»Wir können nicht hier bleiben«, schrie ich ihn an. »Wir haben bereits den Mond der Gelben Blätter! Wir können von Glück sagen, wenn wir es noch über das Meer schaffen. Wenn wir länger warten, stecken wir den ganzen Winter hier fest!«

»Warum denn nicht?« Basajaun lachte mich an. »Willst du denn keine Frau, die dir das Bett wärmt, Kemen? Du siehst doch, wie leicht sie sich hier schenken! Die Alk-Frauen sind am Ende vielleicht wählerischer.«

Noch nie war ich so wütend auf ihn gewesen. Als ich sagte, dann würde ich eben allein gehen, packte auch ihn der Zorn. Ich brüllte ihn nieder – das hatte ich noch nie getan. Ich glaubte, derjenige zu sein, der zu Recht wütend war.

Doch die Geister des Luchsclans wollten nicht, dass wir uns stritten. Ich kam wieder zur Ruhe und redete leise auf ihn ein. »Basajaun«, sagte ich. »Wir haben nur noch uns. Jetzt führt mein Weg in die eine Richtung, deiner in eine andere. Ich hoffe, dass wir uns in unserem jetzigen Leben noch einmal begegnen werden. Sollte das geschehen, dann weißt du, welche Freude es mir, deinem Bruder, bereiten wird. Aber wenn wir uns in diesem Leben nicht mehr wiedersehen, was werden die Geister zu zwei Seelen sagen, die so viel verloren und dann das Wenige fortwarfen, das sie unten im Korb noch übrig hatten?«

Basajaun lächelte. Am Ende streckte er seine Arme zu den Geistern empor und bat sie, mir auf meinem Weg zu helfen. Er bat die Geister, dafür zu sorgen, dass wir uns wiedersehen, bevor wir starben. Dann drückte er mich an sein Herz, und ich erwiderte die Umarmung.

Ich ging von ihm fort, ohne mich umzudrehen. Ich ließ den Großmutterberg hinter mir und folgte den Ufern einer langgestreckten Bucht. Ich sah starke Gezeiten hereinströmen und wieder hinaus, und ich wusste, dass das Meer nicht weit entfernt war. Ich stieg auf einen kleinen Hügel, um zu sehen, wo ich war. Ich blickte zum Sonnenlosen Himmel und sah in der Ferne die Berge einer großen Insel. Ihr wisst, welche Insel das war. Ich schaute auf das Meer, das dazwischenlag, und sah die hohen Wellen der Gezeiten, die sich gegenseitig überlagerten und einander bekämpften. Das Herz schlug mir bis zum Hals. Das war das Meer, das ich überqueren musste. Der Mond der Gelben Blätter war bereits angebrochen. Ich hatte nicht mehr viel Zeit.

Ich fand noch eine Familie des Reiherclans. Sie hatten schon von mir gehört, nahmen mich an ihrer Feuerstelle auf und gaben mir zu essen. Mit Händen und Füßen versuchte ich ihnen zu erklären, was ich vorhatte. Sie sahen mir zu und schüttelten den Kopf. Doch ihre Geister waren mit mir, und ihre Freundlichkeit versiegte nicht: Sie zeigten mir, wo sie das beste Haselnussholz geschlagen hatten, und ließen mich so viele Ruten nehmen, wie ich brauchte, um mir ein kleines Boot zu bauen. Sie gaben mir das Rohleder einer gut gewachsenen Hirschkuh.

Ich baute mir einen Unterstand oberhalb der Flutlinie, von dem ich in den Sonnenlosen Himmel schauen konnte. Ich sammelte Meerwurzeln und Schalentiere zum Essen. Zwei Nächte schlief ich an meinem Bootslagerplatz. Nachts hatte ich seltsame Träume, manchmal von meinem früheren Leben, das für immer verloren war, und manchmal von Dingen, die ich noch nicht erkannte. Tagsüber arbeitete ich an meinem Boot. Ich hatte mir einen ruhigen Platz ausgesucht, an dem ein Bach aus dem Wald kam und sich in glitzernden Windungen über dem Sand ausbreitete. Die Ruten bogen sich bereitwillig so, wie ich es wollte. Während ich sie zu einem Rahmen band, summte ich vor mich hin. Ich besang die Korbweiden, die ich schnitt und flocht. Ich besang das Leder, als ich es spannte und mit Streifen aus Rohleder über den Rand nähte. Während ich mein Paddel schnitzte, sang ich, wie wir uns einen Weg durch die Wellen zum Sonnenlosen Himmel bahnen und nach dem Alkclan Ausschau halten würden – den einzigen Verwandten, die mir in der weiten Welt geblieben waren.

Das Wetter zwang mich, noch eine weitere Handvoll Tage zu warten, denn Wind und Gezeitenstrom mussten günstig sein, damit sie mich bei Tageslicht in die Jagdgründe des Alkclans bringen würden. Ich suchte nicht nach Nahrung, aus Angst, die Gelegenheit zu verpassen. Ich schlug Napfschnecken von den Felsen und aß sie mit Strandkohl und Gänsefingerkraut. Doch dann flaute der Wind ab, und das Meer beruhigte sich. Eine wohlwollende Brise kam vom Himmel der Hochstehenden Sonne. Sie lichtete den Nebel, und ich konnte über das Meer die Mutterberginsel des Alkclans sehen. Die Menschen des Reiherclans deuteten auf die Landspitze, die ich ansteuern musste. Sie machten mir klar, dass ich beim ersten Tageslicht aufbrechen müsse, um die Gezeiten zu nutzen, wenn ich sie am nötigsten brauchte. Sie schenkten mir einen Korb mit Schalentieren. Dann schob ich mein Boot ins Wasser, sprang hinein und paddelte aufs Meer hinaus.

Der Reiherclan hatte mich vor den schrecklichen Strömungen in der Meerenge gewarnt. Ich paddelte, so fest ich konnte, gegen die Ebbe an. Das Herz schlug mir bis zum Hals, als ich auf die Dünung traf. Sie rollte in gewaltigen Wasserbergen auf meine Breitseite zu, und ich wurde an die furchtbare Welle erinnert, die das ganze Land des Luchsclans hinweggespült hatte. Jede Woge hob mein Boot an und zog dann unter mir durch. Mit jeder Welle hatte ich das Gefühl, ich würde nun endgültig sinken, doch schon bald war mir klar, dass ich nur weiterpaddeln und mich von der Dünung tragen lassen musste. Ich geriet in derart grimmige Wasser, dass ich dachte, ich würde kentern und ertrinken, doch die Geister waren mit mir, und meine Arme waren stark. Ich hatte die Hälfte der Strecke hinter mir, als ich spürte, wie die Flut mich zum Sonnenlosen Himmel zog. Ich tat das, was der Reiherclan mir gezeigt hatte, und steuerte um die Länge eines Paddels nach links von der Landspitze, zu der ich wollte. Die Brandung schlug an schroffe Klippen. Keine Stelle, an der ich hätte an Land gehen können. Je näher ich kam, desto stärker spülte mich das Meer zum Sonnenlosen Himmel. Ich war so schnell, dass ich mein Boot gerade noch steuern konnte. Ich sage euch, ich fragte mich allmählich, ob ich wirklich zu eurem Alkclan gehören wollte, wenn ihr tagtäglich damit zu tun hättet!

Schneller, als ein Mann laufen kann, schoss mein Boot um die Landspitze herum in die Lange Meerenge, die mich zu den Lagerplätzen des Alkclans führen würde, wie der Reiherclan gesagt hatte. Über die Wasser hinter der Breiten Meerenge hatte mir der Reiherclan nichts sagen können. »Der Alkclan gehört zum Meer«, so hatte ich sie verstanden. »Sie paddeln über offenes Wasser, wohin sich kein anderer Clan wagt. Sie kennen die Strömungen zwischen den Inseln. Sobald du die Breite Meerenge überquert hast, musst du möglichst bald einen ihrer Lagerplätze finden. Man sollte sich keinen Tag länger als nötig allein auf die Meere des Alkclans wagen.«

Ihr lächelt alle – ich weiß, was ihr denkt. Aber ich stamme aus dem Luchsclan, und ich hatte solche Gewässer wie eure vorher noch nie gesehen, geschweige denn mit dem Boot überquert. Doch ich habe meinen Weg zwischen der kleinen Felseninsel und der Landspitze gefunden, genau wie der Reiherclan gesagt hatte. Danach hatte ich keine Worte mehr, die mich führten. Ich war froh, als ich feststellte, dass die Gezeiten und ich übereinstimmten: Wir wollten beide nah am Ufer der Abendsonne bleiben, geschützt vor dem Wind. Die Küste der Mutterberginsel des Alkclans sah jetzt freundlicher aus. Winterliche Wälder zogen sich hinab bis an felsige Untiefen. In dem Moment, als die Gezeiten wechselten, sah ich einen Streifen Sand, an dem man mit einem Boot landen konnte. Vorsichtig paddelte ich in die Bucht. Der Wind folgte mir nicht an diesen geschützten Platz, und alles war ruhig. Ein Reiher erhob sich vom Rand des Meeres und flog über die Lange Meerenge davon. Ich sah ihm nach – es war ein freundlicher Geist vom Reiherclan, der mich verließ. Als der Reiher außer Sichtweite war, schaute ich wieder zum Ufer, doch die Sonne war hinter dem Berg verschwunden, und die Hänge lagen im Schatten. Meine Augen waren geblendet vom Blick in den strahlenden Himmel. Schützend legte ich die Hand darüber.

Als die Sicht klarer wurde, sah ich eine leichte Rauchfahne über den Bäumen, die sich vor der Brise zum Sonnenlosen Himmel neigte. Ich war aufgeregt. Der Rauch sagte mir, dass hier ein Lagerplatz des Alkclans war. Jetzt also musste ich die Gelegenheit ergreifen und entweder Verwandte oder Feinde finden – entweder bei ihnen leben oder sterben.

Als ich aus meinem Boot stieg, erkannte ich, wie durchgefroren und steif ich war, außerdem hatte ich Hunger. Ich trug mein Boot den Strand hinauf und fand zwei andere, die umgedreht oberhalb der Strandkiesel lagen. Mein Boot legte ich daneben. Ein Pfad führte zwischen den Bäumen hindurch. Wachsam schaute ich mich um. Als wir den Lagerplatz des Reiherclans am Großmutterberg erreicht hatten, waren wir zu viert gewesen. Jetzt war ich allein. Ohne Wörter wäre ich vielleicht nicht imstande, mein Anliegen zu erklären. Aber mir war kalt, ich hatte Hunger und konnte mir kein Feuer machen, ohne dass diese Fremden es bemerkten. Im Übrigen war das der Clan, für den ich von so weit her gekommen war. Ich nahm all meinen Mut zusammen und folgte dem gewundenen Pfad. Den Rest kennt ihr –

denn ich hatte das Winterlager von Sendoas Familie gefunden, und sie sagten mir, sie seien vom Alkclan.

So verlor ich meine Verwandten und meinen Platz in der Welt und so fand ich ihn wieder. Wenn ihr heute nicht meine Verwandten seid, dann habe ich keine. Und wenn doch – wenn ihr sagt, dass ihr mit mir verwandt seid –, dann bin ich heimgekehrt.

Alaia sagte:

Kemen hat uns seine Geschichte nicht vollständig erzählt – jedenfalls nicht an diesem ersten Abend, als wir auf dem Lagerplatz am Weißen Strand um die Feuerstelle saßen. Obwohl er einen ganzen Winter lang gelernt hatte, richtig zu sprechen, klang er in unseren Ohren noch so fremd, dass es schwerfiel, ihm zuzuhören. Ich glaube, er hat uns so viel erzählt, wie er konnte, und seither hat er manchmal über sein früheres Leben gesprochen. Sich genau daran zu erinnern, was jemand an einem bestimmten Tag gesagt hat, ist nicht leicht. Seitdem haben wir vieles gehört, und oft ist es nur das Bild davon, was wir vor unserem inneren Auge haben, wenn wir zuhören und uns erinnern. Aber ganz bestimmt hat er uns erzählt, woher er kam und was geschehen war. Als wir im Jahr zuvor auf dem Lagerplatz des Lachsfangs gewesen waren, passierten gerade diese schrecklichen Dinge in den Jagdgründen des Luchsclans, und wir wussten nichts davon.

Seine Geschichte beunruhigte mich zutiefst. Damals wusste ich nicht, wie stark die Auswirkungen auf uns sein würden. Sorgen bereitete mir vor allem der kleine Junge, dessen Leiche Kemen und Basajaun ins Meer geworfen hatten. Was würde jetzt mit der Seele dieses Kindes geschehen? Kemen glaubte anscheinend, die Geister des Luchsclans würden verstehen, was er und sein Bruder getan hatten. Vielleicht schenkte das Meer dem Luchsclan nicht in derselben Weise Nahrung wie uns.

Später, nach der Zusammenkunft, erzählte ich Kemen von meinen Ängsten. Zunächst wusste er nicht, wovon ich sprach. Ich musste ihm erklären, dass wir, wenn Angehörige des Alkclans auf dem Meer verloren gehen, die Meergeister bitten, die ertrunkenen Seelen wieder an Land zu bringen. Kemen wusste nicht, dass man ein ganzes Viertel des nächsten Mondes lang nichts aus dem Meer essen sollte, sonst würden die Meergeister die Verschwundenen nicht zurückkehren lassen. Ich sagte ihm, er sollte die Meergeister bitten, dafür zu sorgen, dass er niemals ein Meerestier essen würde, das sich einst von einem Mitglied aus seiner verlorenen Familie genährt habe. Kemen sagte, das alles sei ihm neu. Aber er hat ein Viertel des nächsten Mondes keine Nahrung aus dem Meer zu sich genommen – ich sagte ihm, ich sei sicher, dass die Geister verstehen würden, warum es bei ihm so lange gedauert hatte –, und danach ging es ihm besser, glaube ich. Auch ich hörte auf, von dem kleinen Jungen des Luchsclans zu träumen, was eine Erleichterung für mich war.

Aber ich hatte noch etwas, das mir zu schaffen machte. Kemen kam im Mond der Gelben Blätter zu Sendoas Lagerplatz, kurz bevor wir Bakar verloren. Seine Schwierigkeiten hörten auf, als unsere gerade anfingen. Darüber dachte ich nach, während er sprach, und mir kam der schreckliche Gedanke, dass er von seiner Wanderung vielleicht böse Geister mitgebracht hatte; und als diese Geister zum Alkclan kamen, hatten sie Kemen verlassen und sich stattdessen an uns gelabt. Ich schaute zu meiner Mutter, um zu sehen, was sie dachte. Wenn mir so etwas durch den Kopf ging, dann war es bei ihr doch bestimmt nicht anders. Und im Gegensatz zu mir würde sie wahrscheinlich wissen, was zu tun war.

Nekané sagte:

Am nächsten Tag saß ich am Berghang gegenüber der hohen Felssäule, die im Meer unter der Abendsonne liegt, dem offenen Meer ausgesetzt, das vom Rand der Welt kommt. Die eine Seite der Felssäule wird von der Insel geschützt und ist der Morgensonne zugewandt. Dort nisten die Lummen und Dreizehenmöwen.

Amets und Sendoa zeigten Kemen, wo er klettern musste. Ich beobachtete die drei, wie sie Eier sammelten. Amets und Sendoa bewegten sich rasch über die Klippe, ihre bloßen Zehen tasteten nach Spalten zwischen den schmalen Felssimsen, auf denen die Nester waren. Sie sammelten die Eier der Alke, streckten eine Hand danach aus, während sie sich mit der anderen festklammerten, und stiegen dabei immer höher, ohne länger zu verharren als ein Mann zwischen einem Tanzschritt und dem nächsten. Manchmal krochen sie so verstohlen über einen Sims, dass sie einen Brutvogel überraschten. Sie hatten keine Schlingen dabei – sie waren heute nur wegen der Eier gekommen –, doch Amets streckte ruckartig den Arm aus und packte eine Lumme. Er lehnte sich an die Klippenwand, während er dem Vogel den Hals umdrehte und ihn dann an seinen Gürtel steckte, von dem die Lumme schlaff herabbaumelte. Ich freute mich: Es ist gut, wenn man ein Festmahl aus Eiern mit einem gebratenen Vogel abrunden kann. Kurz darauf sah ich, wie Sendoa einen Tordalk auf die gleiche Weise fing.

Die ganze Zeit schlugen die Wellen hungrig an das Ufer unter meinem Neffen und dem Mann meiner Tochter. Weiße Gischt schäumte um die Zähne des Felsens und zog sich mit hohlen Sauggeräuschen wieder zurück. Hoch oben an der Klippenwand waren Amets und Sendoa außer Sichtweite. Sie machten sich nie die Mühe, einen Blick nach unten zu werfen.

Kemen trug, genau wie die anderen, einen Korb auf dem Rücken, aber der war noch leer. Er bewegte sich sehr langsam an der Klippenwand empor und tastete nach Halt für die Füße. Er trat auf ein Nest. Ich sah einen Spritzer Eigelb, als das Ei auf dem Felsen zerbarst. Lummen erhoben sich und schrien aufgeschreckt. Kemen drückte sich mit ausgestreckten Armen an die Felswand, einen Fuß in dem zerstörten Nest, die Wange am Fels, und klammerte sich mit beiden Händen fest. Langsam drehte er den Kopf und schaute nach unten. Danach bewegte er sich so lange nicht, dass ich mich schon fragte, was denn da los war. Schließlich stellte er sehr behutsam seinen rechten Fuß neben den linken, der in den Überresten des Lummennests stand. Eine Hand fuhr an der Felsspalte über ihm entlang. Er machte noch einen Schritt. Wenigstens versuchte er jetzt anscheinend, die Nester zu umgehen. Vorsichtig streckte er die linke Hand aus. Eine Lumme flog auf und stieß warnende Schreie aus. Kemens Hand sank zurück. Dann streckte er sie wieder aus und brachte sich ins Gleichgewicht. Er tastete mit den Fingern an der Kante entlang. Seine Hand schloss sich um das Ei. Unwillkürlich hielt ich die Luft an, als er die Hand mit dem Ei langsam wieder hinabnahm. Das Ei fiel in den Korb. Dann vergingen zehn Herzschläge. Kemens linker Fuß bewegte sich wieder und suchte den nächsten Spalt im Fels.

Inzwischen steckten mehrere Vögel in Amets' und Sendoas Gürteln, und ihre Körbe waren fast voll. Alle Simse, die Kemen erreichen konnte, schienen leer zu sein. Die Lummen wussten, dass er ein Fremder auf den Vogelklippen war, und weigerten sich daher, sich zu schenken.

Jetzt war mir klar, dass Kemens Geschichte zumindest teilweise stimmte. Er würde sich nicht verstellen: Nur sehr wenige junge Männer täuschten jemals vor, etwas *nicht* zu beherrschen. Er würde alles tun, um mit den anderen mitzuhalten, auch wenn er sie nicht übertreffen konnte.

Ich dachte über Kemen nach. Er war zu Beginn des Mondes der Gelben Blätter zu Sendoas Familie gekommen. Mein Sohn war am Ende des Mondes der Gelben Blätter verschwunden. Kemen war Bakar nie begegnet. Er war die ganze Zeit weit von uns entfernt bei Sendoa im Winterlager gewesen. Darauf gaben uns Sendoa und auch Kemen ihr Wort. Wir konnten Sendoa vertrauen. Sollte Kemen von seiner Wanderung böse Geister mitgebracht haben – und seine Geschichte zeigte auf jeden Fall, dass er von einem Ort kam, an dem ein Geist sehr wütend gewesen sein musste –, dann konnte er sie nicht direkt zu Bakar getragen haben, denn er war nie in dessen Nähe gekommen. Falls Kemen jedoch Geister mitgebracht hatte, die mächtig genug waren, um durch die Luft von einem Mann zum anderen zu fliegen … das war gut möglich. Er hatte uns von Geistern erzählt, die so mächtig waren, dass sie das Meer aus seinem Bett treiben und das Land wegspülen konnten. Geister, die dazu fähig waren, wären bestimmt stark genug, einen jungen Mann zu verlassen, wenn sie mit ihm gegangen waren, und so weit zu fliegen, wie sie wollten, um sich neue Beute zu suchen.

Das alles hatte Kemen vielleicht über uns gebracht, ohne es zu wollen. Ich fand keine Arglist an ihm – obwohl ich mich auch täuschen konnte –, woher sollte ich die Gedanken im Herzen eines Fremden kennen? Aber nun, da ich Mittlerin war, hatte ich Möglichkeiten, es herauszufinden. Mehr noch, jetzt war es meine Pflicht gegenüber meinem Clan, in Erfahrung zu bringen, was ich nur konnte, ob mir danach zumute war oder nicht. Ich hatte mich noch nicht bewährt, aber ich wurde mir allmählich meiner neuen Verantwortung bewusst. Kemen war meine erste Prüfung.

Ich entfernte mich von den Klippen, ging auf den Himmel der Hochstehenden Sonne zu und ließ den Lagerplatz hinter mir. Niemand hatte seit dem Mond der Samen den Weg durch die Haselsträucher benutzt. Ich schob sie mit meinem Grabstock beiseite. Ich überquerte den schmalen Teil der Insel und stieg auf den kleinen Berg, der beinahe eine Insel für sich ist. Ich kletterte bis über die Baumgrenze.

Ich setzte mich und betrachtete die schimmernden Wellen. Ich schaute so lange auf das Offene Meer hinaus, bis Nah und Fern keine Bedeutung mehr hatten. Die Muster des unsteten Lichts waren nicht mehr außer Reichweite. Sie pressten sich an meine Augen und zwängten sich in mich hinein, schwappten durch meinen Kopf, und so war auch ich das Meer, im Meer, mein glatter, gestreifter Körper sprang fröhlich durch die Wellen, während das Licht zerfiel und rings um mich herabregnete. Ich hatte keine Angst. Ich lachte. Der Delphin lachte, als er mit mir durch die Wellen sprang. Er war bei mir, und er sagte nein, nein, *nein*, du musst dir keine Sorgen machen, nein, das Leben ist gut, und Kemen ist ein guter Mann, und der böse Geist, den er mitgebracht hat, ist weit fort, er wird kommen, er wird kommen, eines Tages, eines Jahres, o ja, er wird kommen, und du musst dafür bereit sein, aber jetzt noch nicht, noch nicht. Noch nicht. Noch nicht.

Als ich wieder zu mir kam, saß ich wie zuvor auf dem Berg. Wolken waren über mir, und das Licht war aus dem Meer verschwunden. Vom Himmel der Abendsonne kam Regen auf mich zu. Zitternd stand ich auf, zog meinen Mantel aus Fuchsfell fester um meine Schultern und legte die Arme um mich, um warm zu werden. Obwohl mir äußerlich kalt war, loderte ich innerlich vor Freude und Erleichterung, dass Kemen ein guter Mann war. Ihn als unseren Vetter anzuerkennen war ungefährlich. Welcher böse Geist ihm auch gefolgt sein mochte, er war noch weit entfernt, und Kemen hatte in seiner Person nichts mitgebracht, das uns schaden konnte.

Amets sagte:

Nein, legt kein Holz mehr aufs Feuer. Es wird spät – seht nur, wie hoch der Mond über dem Meeresarm der Zusammenkunft steht. Alazne schläft fest, und die Jungen können kaum noch die Augen offen halten. Ich habe nicht mehr viel zu sagen. Ich sehe, dass auch Alaia sprechen möchte, doch danach werden wir die Geschichte für heute Abend beenden.

Nachdem wir Sendoa und Kemen auf dem Lagerplatz am Weißen Strand getroffen hatten, war ich wieder glücklich. Wir begannen sogleich, Seevögel zu jagen. Kemen kannte diese Art der Jagd noch nicht, aber er lernte schnell. Ich erklärte ihm, dass wir es den Frauen überlassen, Lunde zu holen, denn die müssen sie dazu nur aus ihren Höhlen ziehen. Und eine Frau kann auf offenem Gelände die Eier von

Seeschwalben, Möwen und Enten sammeln. Das ist leicht für sie. Aber es ist die Aufgabe eines Mannes, auf den Klippen Vögel zu fangen und Eier zu sammeln. Ich ging mit ihm an der Küste entlang und zeigte ihm unsere besten Jagdgründe.

»Siehst du? Die Lummen und Tordalke nisten auf den Felssimsen überall an den Klippen. Wir müssen nur dort hinabklettern, und dann schenken sie sich uns, so viele wir wollen. Auch Dreizehenmöwen, du wirst jede Menge Eier von Möwen und Alken finden. Die Eier sind alle gleich, eins ist so gut wie das andere. Dann weiter unten – direkt über den Krähenscharben dort, siehst du, etwa eine Manneslänge über der Flutlinie –, siehst du, dort, wo sich die Wellen über der Flachen Felseninsel brechen –, da nisten die großen Alke. Du hast noch nie einen gesehen? Wir werden dir bald welche zeigen! Mit einem großen Ei eines Alks kommt ein Mann auf seiner Wanderung einen ganzen Tag lang aus, auch wenn er nichts anderes findet. Das sind große Vögel – ein großer Alk bringt eine ganze Familie zum Schweigen, die sich darüber beschwert, dass sie schon fast verhungert ist. Oh, wir finden hier gute Beute, das kann ich dir sagen, solange die Alke auf der Insel des Weißen Strandes sind.«

Kemen stand neben mir hoch oben auf den Klippen und schaute hinab auf die Stellen, die ich ihm zeigte. Er sagte nur: »Solche Klippen haben wir im Land des Luchsclans nicht. Wir jagen überhaupt keine Alke.«

Ich konnte mir nicht vorstellen, wie es wäre, keine Jagdzeit für Alke zu haben.

Als wir wieder zum Lagerplatz zurückkamen, zeigte ich Kemen, wie man aus Rindenschnur eine Schlinge macht, um Alke zu fangen. Kemen legte die Schnur zu einer Schlaufe, wie ich es ihm gezeigt hatte, und nahm sein Messer, um das Ende abzuschneiden.

»Was sind das für Klingen?«, fragte ich so gelassen wie möglich. Mein Kopf sagte mir, dass die Steine des Luchsclans vielleicht anders waren; mein Herz fürchtete, die Geister hätten die Farbe des Blutes zu einem bösen Zweck auf Kemens Messerklingen gezeichnet.

»Nur Feuerstein.« Kemen zögerte. Dann hielt er mir sein Messer hin, als wären wir aus einer Sippe.

Ich zögerte einen Moment lang. Dann nahm ich sein Messer und ließ den Griff zwischen Zeigefinger und Daumen wippen. Ich sprach wie sonst auch, als wäre nichts Besonderes zwischen uns geschehen. »Feuerstein in dieser Farbe habe ich noch nie gesehen.«

»Nicht? Eurer ist ausschließlich so?« Kemen deutete auf mein Messer.

Ich reichte es ihm. »Das ist Feuerstein des Alkclans. Dort« – ich zeigte zum Sonnenlosen Himmel – »woher ich komme, in den Jagdgründen des Robbenclans, haben wir andere Steine.« Ich sah zu, wie Kemen die Klinge meines Messers mit dem Daumen prüfte. Ich gab ihm einen kleinen Steinkern aus meinem Beutel. »Aus dem kann man keine Klingen mehr herstellen. Ich weiß nicht, warum ich ihn aufhebe. Als ich hierherkam, habe ich ihn benutzt. Solche Steine findet man in den Landen des Alkclans nicht.«

Kemen nahm den Kern des dunkelgrauen Steins. Er wendete ihn in der Hand und strich über die glatte Oberfläche. »Das ist guter, harter Stein.«

»Nur weißer Stein ist härter. Davon bekommen wir in den Landen des Alkclans jede Menge. Am Strand und in den Felsen. Auf der Insel des Mutterbergs sind Feuersteine rar – die meisten, die wir benutzen, holen wir an den Ufern des Meeresarms, an dem der Lagerplatz der Zusammenkunft liegt –, aber hier wirst du immer weißen Stein finden, wenn du welchen willst.«

»Mit weißem Stein habe ich noch nie gearbeitet.«

»Er ist härter als Feuerstein oder Blutstein. Kennst du Blutstein? Nicht? Den bekommen wir bei der Zusammenkunft – sie bringen ihn von der Blutsteininsel mit. Ich habe etwas davon auf dem Lagerplatz – ich werde ihn dir zeigen –; gut, hast du Sendoas Messer gesehen? Dunkelgrüner Stein, schwer zu bearbeiten, aber er gibt gute Klingen.«

Einen halben Morgen lang saßen wir da und sprachen über Steine. Ich will euch den Rest nicht erzählen, weil meine Frau zuhört – es war nur Männergerede, wie sie es nennt. Ihr alle wisst, wie Alaia uns Männer maßregelt! Sie kann Steine so gut wie jeder andere bearbeiten, aber sie spricht eigentlich nur gern über Menschen.

Kemen gab mir den nutzlosen kleinen Schlammsteinkern, den ich aus den Landen des Robbenclans mitgebracht hatte, und sagte: »Ich glaube, du weißt sehr gut, warum du ihn behältst.«

Nach diesem Gespräch gab ich die Kenntnisse des Alkclans unbesorgt an Kemen weiter. Mit Booten kannte er sich bereits aus, aber er war die starken Gezeiten nicht gewohnt, die an den Inseln zerren. Zuerst glaubte er, wenn nicht viel Wind wehte oder Seegang herrschte, müsste man sich keine Sorgen machen. Wir mussten ihn eines Besseren belehren, damit er nicht sorglos hinausfuhr und ertrank. Sendoa und ich sprachen unter vier Augen über unsere Fischgründe.

»Bist du sicher, dass wir sie ihm unbeschadet zeigen können?«, fragte ich. »Denk daran, seine Verwandten halten sich beim Reiherclan auf.«

»Der Reiherclan wird nicht hierherkommen. Die kennen unsere Gewässer nicht. Im Übrigen vertraue ich Kemen.«

»Warum?«

»Weil ich den Winter über Zeit hatte, ihn kennenzulernen. Und weil Nekané gesagt hat, er sei ein guter Mann.«

»Nekané ist Mittlerin«, stimmte ich ihm zu. »Und ich sage dir, Sendoa, ich hoffe nur, dass niemand sonst in meiner Familie jemals Mittler wird. Das halte ich nicht aus!«

Sendoa kicherte. »Noch dazu eine Frau! Ihr Mann kann ihr jetzt keine Grenzen mehr aufzeigen!«

Ich lachte mit ihm. »Aber um ehrlich zu sein, Vetter, sie verwendet es nicht gegen ihn. Nicht seit ihrer Rückkehr, nachdem – was immer sie da auch tun – nachdem es geschah. Davor – oh, sie war schrecklich. Aber jetzt verrichtet sie wieder ihre Arbeit und macht nicht viel Aufhebens davon. Doch als der Bruder meiner Frau verschwand, war es furchtbar, das kann ich dir sagen!« Ich versetzte ihm einen leichten Schlag auf den Arm. »Noch nie war ich so froh, jemanden zu sehen, wie dich hier! Eines ist sicher: Ich werde nicht noch einen Winter lang der einzige Mann sein, der auf die Jagd geht. Denn« – ich erwähnte den Vater meiner Frau – »er weiß viel, aber er schafft es eigentlich nicht mehr. Er ist zu alt.«

Als ich das sagte, warf Sendoa mir einen Blick zu. Ich ahnte, was er dachte. »Nekané würde als Mittlerin ohnehin nicht bei der Jagd helfen«, war alles, was er sagte, »denn immerhin ist sie nur eine Frau – sie wurde nie dem Ritus unterzogen. Ich habe noch nie eine Frau als Mittlerin erlebt, obwohl ich gehört habe, dass so etwas manchmal vorkommt. Aber eine Mittlerin hat nicht die richtigen Helfer für die Jagd. Jedenfalls würde sie nicht wissen, worum sie die Geister bitten sollte.«

Doch Nekané war vielleicht anderweitig von Nutzen, dachte ich. Das sagte ich Sendoa nicht, aber im Hinblick auf Kemen hatte sie es bereits gezeigt. »Außerdem«, fügte ich hinzu, »ist sie über das Gebär-alter hinaus. Das stellt sie einem Mann in vieler Hinsicht gleich.«

»Ich kann mich damit abfinden, dass Nekané zu den Weisen ge-hört«, stimmte Sendoa mir zu. »Dafür sind alte Frauen schließlich gut. Zu allem anderen taugen sie nicht.« Ich stimmte etwas nervös in sein Gelächter ein, weil wir uns über die Weisen lustig machten. »Wir haben also eine Mittlerin in unserer Familie. Ich werde mich daran gewöhnen, vermute ich.«

»Sie konnte uns sagen, dass es recht ist, Kemen hier bei uns zu ha-ben.«

»Womit wir wieder bei Kemen wären, und ob wir ihm sagen, wo man fischen geht. Hör zu, Amets: Auch wenn die anderen kommen, sind wir nur« – Sendoa streckte seine Finger aus, einen nach dem an-deren, um die Männer in unserer Familie abzuzählen – »acht Männer, die auf die Jagd gehen. Alte Männer« – wieder benutzte er seine Fin-ger – »drei Frauen« – er hielt nacheinander zehn Finger hoch, dazu weitere drei – »und dann haben wir noch die Kinder und Hunde, die auch alle zu füttern sind. Ich glaube, es spricht alles dafür, Kemen un-sere Fischgründe zu zeigen.« Er schaute mich kurz an. »Er ist mit uns verwandt, wenn auch weit entfernt, zugegeben.«

Ich nickte langsam.

»Außerdem«, fügte Sendoa hinzu, »wenn er bleibt, könnte er eine unserer Frauen nehmen. Das würde alles richten.«

Grinsend schlug ich einen Namen vor. Wir fingen an zu lachen. Ich will nicht wiederholen, was wir danach gesagt haben, weil alle Mädchen, die wir erwähnten, jetzt ihren eigenen Mann haben, und wir wissen, was mit Kemen geschehen ist. Aber am Ende mussten wir so lachen, dass wir kein Wort mehr herausbekamen. Seither haben wir Kemen als einen der Unseren angesehen. Als die anderen eintrafen, stellten sie fest, dass die Sache bereits beigelegt war, und sie waren schnell damit einverstanden, wie es nun war. Niemand hat die Sache mehr in Frage gestellt.

Alaia sagte:

Als die anderen Frauen kamen – alle trafen ein, bevor der Mond des Alks halb voll war –, sprachen wir natürlich endlos über den Verlust von Bakar und über Kemens Ankunft, während wir in der Sonne saßen, Vögel rupften und Meerwurzeln schabten. Es lag auf der Hand, dass die Geister den einen genommen und den anderen zurückgegeben hatten, doch wir konnten nicht sagen, warum. Aber so ist es nun einmal: Die Geister handeln auf ihre eigene Weise, und wir können nicht erwarten zu verstehen, warum sie uns verletzen müssen.

Mit den anderen reden zu können, die nicht meine Mutter und schon gar keine Mittlerin waren, tat so gut. Meine Tanten und Kusinen begrüßten mein Kind. Sie reichten Esti herum, sobald sie nicht auf meinem Arm war. Sie wurden nie müde, sie zu liebkosen und ihr etwas vorzusingen. Ich hatte das Gefühl, als wäre meine Esti endlich in Sicherheit: Ob ich nun lebte oder starb, von nun an würden ihr die Stimmen und Gerüche der Verwandten immer vertraut sein.

Wenn wir um die Feuerstelle saßen, Löwenzahn, Klee und Vogelmieren zupften, Meerwurzeln, Eier oder Fisch in der Glut garten oder

Schalentiere knackten, spielten wir Namenraten mit dem neuen Kind. Haizea hielt Esti dann hoch, damit sie jemanden aus ihrer Sippe anschaute, und wir sangen alle zusammen: »Wer ist das, Esti? Wer ist es? Wer ist es? Wer ist es?«

Und dann riefen wir im Chor: »Das ist Estis Kusine Itsaso! Itsaso! ITSASO!« Oder »Sorné« oder »Hilargi« oder wer es gerade war. Meiner Kleinen gefiel das Spiel, so wie jedem Kind. Sie lächelte und gluckste, und bevor wir den Lagerplatz am Weißen Strand verließen, kannte sie die Gesichter von allen, und ganz bestimmt begriff sie bereits, dass jeder Name und jedes Gesicht sich zu dieser besonderen Seele verbanden.

Als wir den anderen erzählten, was mit Bakar geschehen war, mussten wir all unsere Trauer erneut mit ihnen durchleiden. Ihr Mitgefühl half mir. Die Narbe war noch da und würde immer bleiben, doch der Schmerz über Bakars Verlust begann zu heilen. Ich konnte mit meinen Kusinen so sprechen, wie es mir mit meiner Mutter nicht möglich war, besonders jetzt, da sie sich so verändert hatte.

Nachdem Amets nun wieder seine Vettern um sich hatte, war er nicht mehr still und finster. Wenn er mit den anderen lachte, wurde mir klar, wie wenig Fröhlichkeit es den ganzen Winter über gegeben hatte. Wenn wir abends gemeinsam sangen, dachte ich daran, wie traurig wir uns alle schlafen gelegt hatten, sobald es dunkel geworden war. Und ich musste an Esti denken: Ich war schwanger gewesen und hatte sie geboren, und jetzt hing sie die ganze Nacht an mir wie eine kleine Napfschnecke. Vielleicht hatte ich meinen Mann vernachlässigt. Das haben mir meine Tanten zumindest gesagt; sie meinten, meine Mutter hätte mich warnen sollen, dass die Geburt des ersten Kindes in dieser Hinsicht gefährlich ist.

»Amets liebt seine Tochter«, entgegnete ich ihnen ungehalten. »Ich habe euch gesagt, dass er derjenige war, der sie erkannte. Esti war die Mutter seiner Mutter!«

»Das mag ja sein.« Meine Tante Hilargi knotete ein Stück Zwirn und biss das lose Ende ab. »Aber denk daran, was er im letzten Winter zu ertragen hatte. Zuerst verschwindet dein Bruder − sein einziger Freund −, und dann wird meine Schwester Nekané noch unmöglicher als zuvor!«

»Und dein Vater ist ihm auch kein verlässlicher Gefährte mehr«, warf meine Tante Sorné ein. »Noch nie habe ich einen Mann gesehen, der in einem Winter so alt geworden ist. Er sieht schon halb tot aus.«

»Wenn ihr jetzt Jungen großzuziehen hättet, wäre es leichter«, bemerkte Hilargi, langte über mich hinweg und nahm sich das nächste Bündel Zwirngras. »Aber es sieht so aus, als brächte Nekanés Blut vor allem Mädchen hervor. Mag sein, dass die Geister dir eines Tages einen Jungen schenken werden, oder vielleicht schenken sie Haizea einen Sohn. Das würde die Sache vereinfachen. Ich will damit nicht sagen, dass es schlechter ist, Mädchen zu haben, Alaia. Eigentlich ist man damit glücklicher. Man zieht einen Jungen groß, gibt den besten Teil seines Lebens dafür her, ihn zu nähren − und wie viel sie essen! Ich sage dir, man kleidet ihn ein, hält ihn im Winter warm, lehrt ihn alles, was er wissen muss − und dann? Er kann es nicht erwarten, dich zu verlassen und sich eine Frau zu nehmen, und du siehst ihn in einem Jahr vielleicht auf zwei Lagerplätzen, wenn du Glück hast. Niemand weiß das besser als ich! Aber eine Familie braucht das richtige Gleichgewicht, wenn alles gut gehen soll.«

»*Eines Tages* liegt in zu weiter Ferne!« Sorné hielt drei, dann vier Finger hoch. »So viele Jahre, mindestens. Unsere kleine Esti muss erst groß werden. Würdest du ihr die Muttermilch entziehen wollen, Schwester? Damit würdest du sie bestimmt umbringen! Und Haizea ist noch so dürr wie ein Stock. Sinnlos, jetzt schon daran zu denken, einen Jungen zu bekommen, Hilargi. Alaia, du wirst deinen Vater überreden müssen, den Lagerplatz an der Flussmündung aufzugeben. Sag ihm, du kannst mit uns zum Lagerplatz an den Großen Kiefern kommen, und Amets kann mit Sendoa und meinen Söhnen auf die Jagd gehen.«

Ich ließ meine Arbeit in den Schoß fallen und starrte sie an. »Vater wäre damit nicht einverstanden! Er und meine Mutter sind immer zum Lagerplatz an der Flussmündung gegangen.«

»Aber damals waren gut eine Handvoll Männer da. Die Dinge ändern sich, Alaia. Er muss das einsehen. Du musst ihn dazu bringen.«

»Was? *Ich* soll meinem *Vater* sagen …«

»Na ja, Nekané wird es nicht tun«, meinte Hilargi.

Sorné stimmte ihr zu. »Nekané hat nicht mehr Verstand als eine gestrandete Qualle. Halt die Hände hoch, Alaia, damit ich den Zwirn hier winden kann.«

»Hatte sie noch nie. Alaia, hör auf uns. Wenn du nichts unternimmst, wirst du deinen Mann verlieren.«

Allein bei dem Gedanken zuckte ich zusammen. Meinen Mann verlieren! Amets verlieren! Das ist das Schlimmste, was einer Frau passieren kann. Wenn Amets uns verließe, dachte ich, hätten wir niemanden, der für uns auf die Jagd geht, und Esti hätte keinen Vater, der sich um sie kümmert. Kinder ohne Vater sterben für gewöhnlich. Außerdem wollte ich Amets für mich haben.

»Mach nicht so ein Gesicht, Kind. Deine alten Tanten sagen das nur, weil sie sich um dich sorgen.«

»Und es muss nicht so schwierig sein«, fügte Sorné hinzu. »Wenn du dich umsiehst, wirst du stets feststellen, dass die Geister vorgesorgt haben, solange du Augen hast zu sehen. Sie tun es nicht immer auf die Weise, die du erwartest.«

»Warum, Tante, was siehst du?«

»Ich sehe *Kemen*«, flüsterte meine Tante und nickte vielsagend. »Was die Geister mit einer Hand nehmen, geben sie mit der anderen. Aber nur denen, die selbst ein bisschen nachdenken.«

Ich grübelte lange darüber, was meine Tanten mir gesagt hatten. Ein paar Tage später sprach ich mit meiner kleinen Schwester. Wir sammelten Seeschwalbeneier, und als wir beide jeweils einen Korb mit hellblauen Eiern gefüllt hatten, schlenderten wir am Ufer oberhalb des Strandes entlang. Wir waren erleichtert, von den Seeschwalben fortzukommen, die herabstießen, kreischten und von oben ihren

Kot auf uns fallen ließen. Ich hatte Esti bei meiner Tante gelassen; es tat gut, leichten Schrittes zu gehen und sich daran zu erinnern, wie es ohne Bürde war. Das Meer kräuselte sich leicht, es war grün über dem Sand und dunkelblau weiter draußen, wo sich die Gezeiten trafen. Haizea wollte Quecken pflücken, daher setzte ich mich oben auf den Strand. Während ich auf Haizea wartete, schob ich geistesabwesend meine Finger in den warmen Sand und folgte den Wurzeln der Quecken. An der Oberfläche schien jeder einzelne Grashalm für sich allein zu stehen, doch unter dem Sand waren sie alle durch lange, gelbe Wurzelstränge miteinander verbunden. Genauso ist es mit der Sippe, dachte ich.

Als Haizea gesammelt hatte, was sie brauchte, kam sie zu mir und setzte sich neben mich. Ich sah ihr zu, wie sie die Grashalme flocht. Kurz darauf fragte ich möglichst beiläufig: »Wie findest du Kemen?«

Haizea dachte offensichtlich nur an die Schnur, die sie flocht, denn sie sagte bloß: »Er kennt jedenfalls keine Flechtmuster.«

Ich versuchte es noch einmal. »Was würdest du davon halten, wenn Kemen in unserer Familie bliebe?«

»Statt Sendoa?« Haizea klang nicht im Geringsten interessiert. Sie bog ihre Schnur zu einem Kreis und knotete die Enden zusammen. »Eigentlich nichts. Alaia, kannst du mir zeigen, wie man das Muster Fisch im Korb flicht?«

Ich sah ein, dass es zwecklos war, daher sagte ich nur: »Das wusste ich mal. Gib her.«

Auf dem Lagerplatz an der Flussmündung waren wir so einsam und sprachlos gewesen, dass ich Haizea schon als Verbündete betrachtet hatte, doch jetzt gehörte sie wieder zu den Kindern, und wir standen uns nicht mehr so nahe. Sie war oft mit ihrem Vetter Ortzi zusammen. Er hatte einen Winter mehr erlebt als sie; wären Jungen in seinem Alter da gewesen, hätte er nichts mit Haizea zu tun haben wollen, doch alle anderen Jungen auf dem Lagerplatz am Weißen Strand waren viel jünger. Kinder müssen erwachsen werden, und ich ging davon aus – im Gegensatz zu Haizea –, dass sie ihren Vetter für immer verlieren würde, sobald wir zur Zusammenkunft kämen. Ich ermutigte sie, sich stattdessen Itsaso anzuschließen. Itsaso ging es ähnlich: Auf dem Lagerplatz am Weißen Strand gab es keine Mädchen in ihrem Alter. Haizea mochte Itsaso, doch Itsaso wollte nicht spielen. Sie wollte einfach nur in der Nähe der Frauen sein. Nach der Zeit auf dem Lagerplatz an der Flussmündung wollte Haizea wieder ein kleines Mädchen sein. Daher erlebte sie mit Ortzi eigene Abenteuer, und wenn Haizea etwas mitbekam, was wir Frauen sagten, wenn wir zusammenkamen oder an der Feuerstelle arbeiteten, zeigte sie kein Interesse. Sie beteiligte sich nur, wenn wir sangen.

Nachdem meine Tanten mit mir gesprochen hatten, begegnete ich Kemen mit großer Freundlichkeit, bot ihm etwas von allem an, was ich gesammelt hatte, und lud ihn ein, sich auf unsere Seite der Feuerstelle zu setzen, wenn der Rauch in die andere Richtung wehte. Das fiel mir nicht schwer, weil ich ihn mochte. Ich bestärkte Amets darin, mit ihm fischen zu gehen und Seevögel zu jagen.

Gegen Ende des Hellen Mondes fingen alle an, darüber zu reden, wo sie in diesem Jahr ihren Lagerplatz des Lachsfangs aufschlagen würden. Meine Tanten und ihre Kinder gingen immer zum See des Lachsgeistes. Sie hatten ihre Fischfallen an der Mündung des Sees, und die Männer gingen den Sommer über in den Bergen um den Mutterberg herum auf die Jagd. Dort gäbe es auch genug Nahrung für unsere Familie. Ich wollte, dass mein Vater einsah, wie klug es wäre, eine Weile bei den Schwestern meiner Mutter zu bleiben. Ich fürchtete aber, er würde nicht auf mich hören, weil unser Lagerplatz des Lachsfangs, der nur eine halbe Tagesreise mit dem Boot von der Insel des Weißen Strandes entfernt lag, der Geburtsort meines Vaters war, und ich rechnete damit, dass er darauf bestehen würde, wie üblich dorthin zu gehen. Ich brauchte ein paar Tage, um ihm einen anderen Gedanken einzugeben, ohne dass er es bemerkte.

Eines Abends, als meine Mutter unterwegs war, um Möweneier zu sammeln, sprach ich mit meinem Vater. Er sagte mir, er habe darüber nachgedacht, wie lange es her sei, seit wir den Tieren unseren Lager-

platz des Lachsfangs im Mond der Samen und im Mond des Lachsfangs überlassen hätten, und dass wir vielleicht zur Abwechslung einmal woanders hingehen sollten. Er fragte mich, ob es mir etwas aus-
mache, wenn wir nur dieses eine Mal gemeinsam mit meinen Tanten,
Vettern und Kusinen zum See des Lachsgeistes gingen. Ich schaute
ihn überrascht an und tat so, als würde ich es mir eine Weile überle-
gen. Dann willigte ich ein und versicherte meinem Vater, wie glücklich ich sei, dass er so gut für uns alle mitdenke.

Darin wurde ich von meinen Tanten Sorné und Hilargi unterstützt.
Falls die Männer auch nur ahnten, was wir im Schilde führten, ließen
sie es sich nicht anmerken. Also fiel es ihnen entweder nicht auf – was
wahrscheinlich war –, oder sie dachten – zu Recht –, dass das Leben
am leichtesten wäre, wenn sie uns gewähren ließen.

DRITTE NACHT:
LAGERPLATZ DER ZUSAMMENKUNFT

Haizea sagte:

Soll ich heute Abend mit der Geschichte beginnen? Seid still, ihr Jungen! Das hier ist *eure* Geschichte, die wir erzählen. Hört uns zu, und ihr werdet bald merken, wie sehr das alles euch betrifft.

Auf dem Lagerplatz der Zusammenkunft erlaubte mir meine Kusine Itsaso, mich ihren Freundinnen anzuschließen. Sonst hatte ich immer mit ihrem jüngeren Bruder Ortzi gespielt, aber als wir zur Zusammenkunft kamen, hörte Ortzi auf, mit mir zu sprechen.

Oh, aber … bevor wir dazu kommen, muss ich euch erzählen, wie Itsaso auf dem Lagerplatz des Lachsfangs zur Frau wurde. Wir bereiteten ihr dort ein Festmahl. Die Männer hatten wir in ihr Jagdlager auf dem Mutterberg geschickt; sie brannten darauf, von uns wegzukommen. Männer haben immer Angst vor den Geistern, die über ein Mädchen wachen, das zur Frau wird. Doch andererseits – vielleicht ist es einigen unter euch schon aufgefallen – bersten Männer nicht ständig vor Mut, wie sie uns weismachen wollen! Ortzi wollte mit den Männern gehen. Sie sagten, er sei noch zu jung. Als sie ihn nicht mitnehmen wollten, ging er allein auf Fischfang. Sobald das Essen fertig war, kam er jedoch zurück und aß genauso viel wie die anderen Kinder.

Nachdem wir die Männer los waren, verbrachten wir den ganzen Tag mit Vorbereitungen. Meine Tanten nahmen Bündel von Schilf und Gräsern herab – zufällig hatten sie genau die richtigen an ihrem Zeltrahmen hängen –, setzten sich an die Feuerstelle und flochten sie zu weichen Strängen. Sie brauchten den ganzen Tag, um das Geflecht zu weben, bis daraus ein Frauenrock für Itsaso wurde. Unterdessen machten wir anderen ein Feuer und brieten Lachs, Forellen und ein paar Enten, die wir in den Fallen am Strand gefangen hatten. Wir füllten die Vögel mit Hederichblättern und Erdkastanien und fügten Schafgarbe, Braunelle und Wasserminze hinzu, denn das hilft bei Blutungen. Ich ging mit meinen Kusinen, und wir holten Mädesüß und Himbeeren, Holunderbeeren, Hagebutten und Weißdornbeeren … so viele Beeren, wie wir an dem Tag sammelten, habt ihr noch nie gesehen!

Als wir zum Lagerplatz zurückkamen, hatte meine Tante Sorné einen Frauenstein und Quarz auf einem Stück Birkenrinde ausgelegt. Ich sollte den Frauenstein nass machen und an dem Quarz reiben, um ihn rot zu färben. Wir malten uns gegenseitig Muster auf unsere Gesichter, unsere Arme und Schultern, und einige von uns sogar auf Füße und Beine – es war Sommer, daher gab es viel nackte Haut, die man bemalen konnte. Itsaso flocht mein Haar in sechzehn Zöpfe.

Bevor das Festmahl begann, stellten meine Tanten Itsaso zwischen sich und wanden die Bänder ihres neuen Rocks um ihre Taille. Die geflochtenen Schurze fielen ihr vorn und hinten fast bis auf die Knie. Jetzt konnten alle sehen, dass sie eine Frau war. Mir kam in den Sinn, dass noch vor Ablauf vieler Monde die Frauen meiner Familie einen Frauenrock für mich flechten würden. Ich wollte nicht daran denken. Ich stand neben Ortzi und war froh, dass wir ähnlich aussahen, beide hatten wir Kinderschurze aus Hirschleder um unsere Mitte geschlungen. Das genügte im Sommer für jeden als Kleidung. Ich wünschte mir von ganzem Herzen, dass es für mich nie anders würde.

Nach dem Festmahl tanzten wir die ganze Nacht und sangen all die Lieder über Männer, die sie nie zu hören bekommen. Die anderen Kinder legten sich schlafen, aber ich nicht. Mich überraschte, dass alte Frauen – sogar meine Tanten und selbst meine *Mutter* – solche Lieder anstimmten. Ich war noch ein Kind, ich war ahnungslos! Aber ich sorgte dafür, dass ich wach blieb, und sah auch die anderen Dinge – die Geister wissen, was ich meine.

Aber gut, am Tag nach unserem Eintreffen bei der Zusammenkunft ging ich mit den älteren Mädchen Haselnüsse sammeln. Rings um den Lagerplatz gibt es so viele von Tier und Mensch ausgetretene Pfade, dass ich mich stets in der Nähe der anderen Mädchen hielt. Die Schande, mich zu verlaufen, würde mich sonst ewig verfolgen! Wir hielten uns unter Eichen, Espen und Birken, und in ihrem Schatten wuchsen ziemlich viele Haselsträucher. Um die scherten wir uns nicht: Wir waren unterwegs zum Haselnusshain. In dem Hain wachsen ausschließlich Haselnussbäume, weil der Alkclan bei jeder Zusammenkunft die anderen Schösslinge abhackt, die sich dort anzusiedeln versuchen, damit die Haselnussbäume mehr Licht bekommen. Das gefällt den Haselgeistern, denn wenn die anderen Bäume ihnen nicht im Weg stehen, können sie der Sonne zustreben, und jetzt wachsen dort viele Haselnussbäume gemeinsam.

Die anderen schickten mich als Erste hinauf, um zu prüfen, ob die Nüsse reif waren. Ich war flink im Klettern, und ich war leichter als die anderen. Das war gut: Ich musste zeigen, dass ich *irgendetwas* am besten konnte und nicht nur Itsasos kleines Püppchen war. Haselnussbäume werden nie sehr hoch, auch wenn sie allein wachsen dürfen und die Sonne auf ihren Blättern spüren, aber wir befanden uns weit oben auf dem Berg, daher konnte ich von meinem Baum aus auf die Wipfel in der Schlucht hinabschauen. Sie sahen aus wie das Meer: Eichen und Kiefern, Espen und Haselsträucher, Ebereschen und Birken bildeten ein Muster aus Grüntönen, wie Ebbe und Flut verschiedenfarbiger Gezeiten. Ein Wanderfalke auf der Jagd stieß über dem Wald herab und schwang sich wieder in die Höhe. Während ich seinem kreischenden Schrei lauschte, ergriffen die kleinen Vögel um mich herum aufgeregt zwitschernd die Flucht.

»Haizea, was machst du? Bist du da oben eingeschlafen?«

»Gibt es Nüsse?«

Ich spähte ins dunkelgrüne Laub. »Ja! Die Haselnüsse sind bereit für uns! Los!«

Ich saß in einer Astgabel und sah zu, wie die anderen die Häute entrollten, die wir mitgebracht hatten, und unter den Bäumen ausbreiteten. Sie kletterten hinauf, zwei oder drei von ihnen auf jeden

Baum. Itsaso kam zu mir. Wir schüttelten die Äste. Nüsse prasselten unten auf die Häute. Noch viel mehr Nüsse blieben an den Zweigen hängen. Wir schwenkten unsere Körbe herum, sodass sie vor uns hingen, und fingen an zu pflücken. Während wir nach den Stellen suchten, an denen die Nüsse sich versteckten, kletterten wir nach und nach auf die höchsten Äste, die unser Gewicht gerade noch tragen konnten.

Itsaso sagte: »Sieh mal, Haizea, zwei Haselnüsse in einer Schale, das bedeutet eine Vereinigung von Mann und Frau. Weißt du, warum?«

»Weil sie zusammen unter einem Fell liegen?«

»Nein, Dummchen!« Itsaso wedelte mit dem Zweig unter meiner Nase. »Zwei *Nüsse*!«

Wir kicherten. Eine Brise fuhr durch die Blätter und schaukelte uns beim Pflücken.

Als unsere Körbe voll waren, kletterten wir vom Baum herunter und sammelten die herabgefallenen Nüsse von den Häuten auf. Wir stapelten alles um einen Baumstamm herum auf und banden belaubte Zweige über die Körbe für den Fall, dass Eichhörnchen die Nüsse stibitzen wollten. Dann kletterten wir hinauf, um auszuruhen, bevor wir zurückgingen. Ich saß auf dem höchsten Ast. Itsaso lehnte sich auf einem Ast unter mir zurück – die Arme weit ausgebreitet – und ließ uns alle sehen, dass sie sich nicht festhalten musste. Ein paar andere waren da, einige enge Kusinen, die ich ganz gut kannte, und auch entferntere Kusinen. Vor denen, die ich kaum kannte, hatte ich Hemmungen.

Wir waren eine Weile still, pflückten träge die eine oder andere Nuss, die zufällig in unserer Reichweite war, und steckten sie in unsere Beutel. Die Steine zum Knacken hatten wir unten am Baum liegen lassen. Eine von uns schlug vor, sie zu holen, doch niemand wollte sich die Mühe machen. Die Blätter über unseren Köpfen regten sich und ließen das Licht wie fließendes Wasser über unsere bloßen Arme und Beine rinnen. Eichhörnchen huschten durch das Laub, und ihr Fell glänzte wie die Haselnüsse. Tauben gurrten, die anderen Vögel ruhten sich in der Hitze aus – bis auf einen Specht, der immerfort an einem Birkenstamm hämmerte. Eine rote Libelle setzte sich auf mein Knie, rieb die langen Vorderbeine aneinander, um sie zu säubern, und flog dann wieder davon. Ich fuhr mit den Fußsohlen über die raue Haselrinde, das fühlte sich gut an. Hoch oben auf meinem Ast konnte ich die Geister atmen hören, während sie dösten.

Meine entfernte Kusine Zorioné brach das Schweigen. »Stimmt es, Haizea, dass deine Mutter Mittlerin ist?«

»Ja«, antwortete ich zögerlich.

»Na so was!«, sagte Osané. »Ich habe noch nie von einer Frau gehört, die das wird!«

Ich reagierte nicht. Osané war seit drei Wintern eine Frau, und sie erschien mir ziemlich alt. Ich kannte sie nur von der Zusammenkunft, und ich hatte zuvor kaum mit ihr gesprochen. Alle sagten, sie sei hübsch. Ich bewunderte sie, weil sie auf den Händen laufen, sich überschlagen, nach hinten beugen und die eigenen Fußgelenke umfassen konnte. Mehrere Reihen blauer Linien waren auf ihre Hände und Füße tätowiert – das hatten viele Frauen, aber Osanés waren die besten –, und sie konnte fast so gut wie ich auf Bäume klettern.

»Das kommt vor.« Zorioné knackte eine frische Nuss zwischen den Zähnen, wovor meine Mutter mich gewarnt hatte, da ich mir dabei einen Zahn abbrechen könnte. »Aber mein Onkel Zigor ist darüber sehr wütend. Ist Nekané das klar?«

»Das weiß ich nicht.«

»Natürlich ist es ihr klar!«, sagte Itsaso. »Sie ist schließlich Mittlerin. Sie weiß alles!«

Zorioné spuckte kleine Stücke der Nussschale aus und sagte undeutlich: »Sie weiß nicht so viel wie mein Onkel. Er ist schon sein Leben lang Mittler.«

»Man kann nicht ein Leben lang Mittler sein«, belehrte Itsaso sie. »Zigor muss früher einmal Kind gewesen sein.«

»Na ja, jedenfalls seit seiner Einführung.«

»Nein, das ist unmöglich. Denn ein Junge müsste …«

»Es geht doch darum«, schaltete Osané sich ein, »dass er überhaupt eingeführt *wurde*. Das heißt, er ist ein Mann. Nekané kann nicht zu den Tieren über die Jagd sprechen!«

»Na und?«

»Also, dazu sind die Mittler doch da, oder?«, entgegnete Zorioné. »Um zu den Tieren über die Jagd zu sprechen. Deshalb sind wir doch alle hier!«

»Nein, das stimmt nicht! Wir sind aus vielen Gründen zur Zusammenkunft gekommen.« Itsaso hielt eine Hand mit gespreizten Fingern hoch. »Zum Beispiel, weil wir alle Verwandten sehen und hören wollen, was inzwischen geschehen ist, und weil Männer sich Frauen nehmen und … und … so wie wir jetzt hier. Wir sind gekommen, um bei unserem Clan zu sein.«

»Aber *dazu* ist die Zusammenkunft nicht gedacht. Das Einzige, dem sie wirklich dient, ist die Jagd. Mein Onkel …«

»Mein Onkel«, höhnte Itsaso. »Mein Onkel sagt … mein Onkel ist … *Dein Onkel* scheißt Sonnenschein, vermute ich.«

»Itsaso!«, schrien alle zusammen auf.

»Er wird dich *hören*!«

»Bist du verrückt?«

»Itsaso, Zigor ist unser Mittler!«

»Zigor könnte dich totschlagen, wenn er wollte!«

»Wenn ich das meinem Onkel erzähle …«

»Wenn du sie an deinen Onkel verpetzt, Zorioné, werden wir *dich* umbringen!« Ich war erschrocken, Osané so grimmig zu hören. »Hast du verstanden?«

»Vergiss, dass sie es überhaupt gesagt hat. Itsaso, mach das Zeichen!«

Itsaso blickte aufsässig, machte das Zeichen aber trotzdem. Die anderen atmeten erleichtert auf. »Aber«, sagte Itsaso, »ich sage dir ein für alle Mal, meine Tante Nekané ist Mittlerin, und auch wenn sie nicht zu den Tieren über die Jagd sprechen kann, so doch über alles andere, wenn sie will. Außerdem hat sie es schon!«

Ich freute mich, dass Itsaso so zu meiner Mutter hielt, war aber auch überrascht. Itsaso und Nekané mochten einander nicht so gern. Sie waren sich zu ähnlich. Später begriff ich, dass Menschen aus einer Familie bei der Zusammenkunft immer füreinander einstehen, auch wenn sie nicht gut miteinander zurechtkommen. Deshalb muss schon etwas wirklich Schlimmes passieren, bevor eine Familie ihre kleinen Streitigkeiten in Gegenwart aller anderen vor den Mittler trägt. Ich fand immer, es sei dumm, wenn man es so weit kommen lässt. Dann machen sich nur alle über dich lustig, und sie erzählen Geschichten und lachen bis in alle Ewigkeit darüber. Und der Mittler stellt entsetzliche Fragen und stößt lauthals Beleidigungen gegen euch alle aus. Am Ende ist ohnehin jeder selbst dafür verantwortlich. Niemand kommt mit dem Gefühl davon, im Recht gewesen zu sein. Ich nehme an, wenn ich jemals Ärger mit meiner eigenen Familie hätte, würde ich stattdessen lieber zu meinen Kusinen gehen und kein großes Aufhebens davon machen. Das hat Itsaso schließlich auch getan, und sie und ihre Mutter kommen jetzt ganz gut miteinander aus, wenn sie sich treffen.

»Wie hat sie zu den Tieren gesprochen?«, wollte Zorioné wissen. »Was hat sie getan? Haizea, was hat deine Mutter getan?«

Ich wollte mit ihnen nicht über meine Mutter sprechen, und noch weniger über meinen Bruder. Ich hatte genug Fragen über Bakar beantwortet, als wir zur Zusammenkunft kamen. Aber jetzt musste ich es nicht: Itsaso erzählte ihnen – obwohl sie nicht dabei gewesen war –, was an der Flussmündung geschehen war: dass Nekané ihre Helfer gefunden hatte, die ihr am Weißen Strand sagten, Kemen sei ein guter Mann. »Und seither ist er bei uns«, schloss Itsaso. »Und es stimmt. Er ist in Ordnung.«

»Wie kannst du dir da sicher sein? Auf jeden Fall muss er vor die Zusammenkunft treten.«

»Mein Onkel Zigor wird herausfinden, ob er böse Geister mitbringt.«

»Dein Onkel …«

»Meine Mutter sagt«, unterbrach Osané, »dass ein böser Geist da *ist*, weil Kemen kam, kurz nachdem dein Bruder verschwand, und das bedeutet …«

»Das stimmt nicht!«, rief Itsaso. »Nekané hätte es gewusst, wenn es so wäre!«

»Na ja, trotzdem muss es vor die Zusammenkunft gebracht werden«, verkündete Osané. »Was nicht bedeuten muss, dass meine Mutter recht hat. Das hat sie für gewöhnlich nicht. Ich gebe nur wieder, was geredet wird.«

»Was meinst du mit ›das hat sie für gewöhnlich nicht‹?« Ich war froh, dass Itsaso gefragt hatte; der Gedanke war mir neu, dass ein Mädchen meinen könnte, seine Mutter habe für gewöhnlich Unrecht.

»Oh«, seufzte Osané. Dann richtete sie sich so schnell auf, dass ihr Ast schwankte und sie sich festhalten musste. »Ich *hasse* meine Mutter!«, platzte es aus ihr heraus. »Sie macht einfach alles, was mein Vater ihr sagt – sie lässt sich von ihm einreden, dass ich … Aber sie *irrt* sich!«

»Ach ja? Und was kümmert dich das? Du bist eine Frau, sie kann dir nicht sagen, was du zu tun und zu lassen hast.«

»Glaubst du das wirklich? Itsaso, du weißt gar nichts! Du denkst nur mit deinem Bauch! Und der ist so vollgestopft von dem Festmahl, über das du dauernd redest, als hätten die meisten von uns hier nicht auch eins gehabt, dass er dir überhaupt nichts sagt!«

»Schon gut, schon gut.« Itsaso war zu neugierig, um zu streiten. »Was tut deine Mutter dir also an?«

Edur, du willst vielleicht nicht hören, was ich jetzt erzählen werde, aber es ist die Wahrheit.

»Kennst du Edur?«

»*Den* Edur!«

»Ja, der sich vergangen hat an …«

»Sie versuchen doch nicht, dich zu zwingen …«

»Aber er hat sich *vergangen* an …«

»Ich weiß das nicht! An wem?«

»Halt dich fern von dem!«

Sie schimpften wie die Krähen, während ich von einer zur anderen schaute und zu begreifen versuchte, um was es ging. Mein Bruder hatte mir erzählt, Edur sei der beste Jäger des Alkclans. Hört zu, ihr Jungen, und ich sage euch, was er damals für einer war. Eigentlich hat er sich seither nicht sehr verändert, ich habe mich verändert. Selbst im Sommer legte Edur seinen dicken Mantel aus dem Fell des Bären nicht ab, den er getötet hatte, als er allein mit nur zwei Hunden auf der Jagd war. Er trug mehr Tätowierungen von gefährlichen Tieren, die er getötet hatte, als die anderen Männer, und wenn er nicht jagte, war er über und über behängt mit Amuletten aus den Zähnen und Geweihen von Tieren, die sich ihm geschenkt hatten. Ich hatte ihn immer für bewundernswert gehalten.

»Erzählt es mir!«, verlangte Itsaso. »Das wusste ich nicht! Wem wurde Gewalt angetan?«

Die anderen Mädchen sahen sich an. »Wenn wir es dir erzählen, sag es nicht weiter!«

»In Ordnung.«

»Das meine ich ernst.« Osané sah Itsaso streng an. »Sie ist nahe mit ihm verwandt. Wenn die Männer wüssten … Sie hat noch keinen Mann. Und es war nicht ihre Schuld.«

»Ist sie mit ihm gegangen?«

»Sie wusste es nicht. Er war ihr *Vetter*. Sie himmelte ihn an. Aber wenn die Männer wüssten. Wenn ich es dir erzähle, Itsaso, darfst du *nie* darüber sprechen. Nicht einmal, wenn wir alle einen Mann haben. *Nie*!«

»Aber hat denn ihre Mutter nicht …«

Osané spuckte laut aus. »Ihre Mutter ist noch schlimmer als meine! Und jetzt sagt *meine* Mutter mir andauernd, ich müsse Edur zum Mann nehmen. ›Schließlich ist er‹« – sie imitierte die Stimme ihrer Mutter – »›der beste Jäger unseres Clans, und er wird immer genügend Fleisch mitbringen, selbst in den schlimmsten Jahreszeiten.‹

Meine Mutter will ihn für unser Winterlager, und mehr gibt es dazu nicht zu sagen!«

»Aber deine Mutter kann nicht bestimmen, welchen Mann du nimmst! Warum kannst du nicht ...«

»Ach, werde erwachsen!«

Wieder trat eine Pause ein. Dann sagte Itsaso vorsichtig: »Du wolltest mir doch ihren Namen sagen.«

»Du verrätst es niemals?«

Itsaso brachte sich auf ihrem Ast ins Gleichgewicht und breitete die Arme weit aus. »Vor allen Geistern, ich werde es niemandem sagen!«

»Beug dich herab!«

Itsaso drehte sich um, ließ sich herabhängen und hielt sich mit den Beinen am Ast fest. Ich sah, wie Osané in ihr Ohr flüsterte. Itsasos Augen wurden groß und rund. Wortlos schwang sie sich wieder an ihren Platz. Ich sah ihr an, dass sie etwas Neues und Beunruhigendes erfahren hatte, worüber sie nachdenken musste.

Ich legte mich zurück und schaute in die Blätter über mir. Sie wurden grün, dann weiß und wieder grün, wenn der Wind sie bewegte, wechselhaft wie die Farben eines Tanzes. Ein paar Blätter waren an den Rändern schon spröde und braun. Ein Blatt fiel ab und schwebte direkt an mir vorbei zu Boden. Das war das erste Blatt, das ich in dem Jahr fallen sah.

»Ich gehe davon aus, dass die Mittler diesen Kemen prüfen werden, nachdem die Tiere die Jungs gefangen haben«, durchbrach Zorioné das Schweigen. »Jedenfalls können sie nicht zu den Tieren über die Jagd sprechen, bis alles geklärt ist. Und damit meine ich *alles*, nicht nur diesen Kemen.«

»Du meinst das mit Edur und ...«

»Schhh! Nein, nein, das muss nicht vor die Zusammenkunft! Das habe ich dir doch gesagt.«

»*Das* würde für die Jagd keine Rolle spielen«, sagte Zorioné geringschätzig. »Nein, ich meine nur die wichtigen Dinge, die behandelt werden müssen, bevor die Mittler zu den Tieren über die Jagd sprechen.«

Kemen sagte:

Mit dem Alkclan durch die Lange Meerenge zu segeln war viel leichter! Die Flut wogte unter der Bootshaut, durch meine Fußsohlen spürte ich, wie sie sang. Sie erfüllte meinen Körper mit ihrer Kraft. In meinem Atem fand sie ihre Stimme, während ich zusammen mit den anderen die Paddelgesänge des Alkclans anstimmte. Seitdem ich zum ersten Mal auf der Insel des Mutterbergs gelandet war – inzwischen waren elf Monde vergangen –, hatte ich mir die Wörter des Alkclans angeeignet. Ich verstand ihre Sprache. Die Lieder des Luchsclans lagen still in meinem Herzen und hofften, dass sie eines Tages eine neue Stimme finden würden. Jetzt fanden die Lieder des Alkclans neben den schweigenden Liedern einen Platz in meinem Herzen. Als wir im Mond der Zusammenkunft durch die Lange Meerenge paddelten, legten sich die Alklieder und die Luchslieder in meinem Herzen zueinander, und eine kleine Hoffnung wurde geboren: dass alle Lieder, die ich kannte, eines Tages ihre Stimme in einem Clan finden würden. Diese Hoffnung tat ihren ersten Atemzug, als ich sang. Sie hatte keine Stimme, und sie würde noch viele lange Tage keine Stimme finden.

Ich dachte an meine einsame Reise zur Langen Meerenge im vergangenen Mond der Gelben Blätter und schauderte. Wie anders war mein Leben jetzt! Auf dem Lagerplatz des Lachsfangs waren wir mehr als zwei Handvoll gewesen, und wir trafen noch einmal so viele auf dem Lagerplatz an der Überfahrt. Alle bereiteten sich darauf vor, durch die Lange Meerenge zur Zusammenkunft zu segeln. Hätte ich im Mond der Gelben Blätter so viele Menschen aus dem Alkclan an einem Ort getroffen, dann hätte ich um mein Leben gefürchtet. Jetzt, da ich mit Sendoa und seinen Brüdern kam, war ich vor allem aufgeregt und hatte nur einen Anflug von Angst.

Wir paddelten vom Lagerplatz an der Überfahrt aus der Bucht hinaus, und Sendoa hisste das Segel. Ich schaute auf die Strecke, die ich im Herbst zurückgelegt hatte. Zwei hohe Gipfel standen allein zwischen dem Himmel der Morgensonne und dem Himmel der Hochstehenden Sonne. Unwillkürlich rief ich aus: »Da ist der Großmutterberg des Reiherclans!«

Haizea, die mir gegenüber im Bug saß – sie hatte an dem Tag entschieden, in Sendoas Boot mitzufahren –, funkelte mich sogleich wütend an: »Des *Reiherclans*? Was meinst du damit? Was soll das heißen? Das ist unser eigener Großmutterberg! Dort haben die Geister zu Anbeginn unserem Clan Leben eingehaucht. Wieso weißt du das nicht?«

Sendoa zurrte das Seil des Segels fest. »Kemen hat recht«, sagte er gutmütig. »Der Großmutterberg gehört auch dem Reiherclan. Das weißt du, Haizea!«

»Natürlich weiß ich das!« Haizea richtete den Blick auf mich. »Bestimmt ist dir bekannt, dass der Großmutterberg *zwei* Töchter hatte. Sie wohnten bei ihm – genau da, auf dem Berg. Dann kam ein Mann vom Sonnenlosen Himmel her, und er nahm die eine Tochter, und sie wurden Vater und Mutter des Alkclans. Und dann kam ein anderer Mann vom Himmel der Hochstehenden Sonne her, und er nahm die andere Tochter, und sie wurden Vater und Mutter des Reiherclans. So wurden die beiden Schwestern getrennt. Aber von Anbeginn an hat der Großmutterberg über beide Töchter gewacht und über alle Kinder von Anbeginn bis heute. Deshalb steht der Berg da, wo er steht. Wir jagen hier, auf dieser Seite, und was den Reiherclan betrifft« – Haizea zeigte über die Meerenge –, »der jagt hinter dem Großmutterberg, da drüben.«

Eine Weile paddelte ich schweigend und ließ die Lieder an mir vorbeifließen. Wind füllte das Segel aus Tierhaut, und das Ufer der Insel des Mutterbergs glitt rasch vorüber. Es hatte keinen Sinn zu erwähnen, dass ich mehr über den Reiherclan wusste, als Haizea jemals erfahren würde. Der Reiherclan bedeutete mir nichts. Ich wurde fern von hier zum Mann, beim Luchsclan. Selbst die jüngsten Kinder des Alkclans kannten die Vorfahren in diesen Landen hier besser als ich. Ich beobachtete den Rücken des kleinen Ortzi, der vor mir paddelte.

Seine Haut war glatt wie die eines Mädchens, und obwohl ich sah, dass er bereits kräftige Muskeln hatte, war er sehr mager: Wenn er sich vorbeugte, traten all seine Rippen hervor. Er war noch ein Junge, dennoch hatte ich in gewisser Weise mehr zu lernen als er. Auch Amets war ein Fremder gewesen, als er zum ersten Mal zur Zusammenkunft kam, doch sein Großvater stammte aus dem Alkclan, daher gehörte er schon mehr dazu als ich, obwohl er von weit her kam. Ich nahm an, dass man mich strenger prüfen würde, aber wie, das wusste ich noch nicht.

An dem Abend schlugen wir unser Lager an dem geschützten Strand einer flachen Insel auf. Vor dem Morgengrauen waren wir auf den Beinen, um das Ende der Langen Meerenge bei Niedrigwasser zu überqueren. Da erblickte ich zum ersten Mal den Meeresarm, an dem der Lagerplatz der Zusammenkunft liegt. Noch nie hatte ich so etwas gesehen! Ihr alle kennt ihn, er wird schmal und dann wieder breiter, die Flut strömt rasch durch die engen Stellen und wird auf breiten Flächen langsamer, der Meeresarm windet sich wie eine Schlange, zuerst hierhin, dann dorthin, und wenn die Nebel herabfallen, muss man an der Farbe des Wassers erkennen, wo man ist, und daran, wie es sich anfühlt, denn die kleinen Landstücke, die man sieht, versuchen uns zu täuschen. Der Meeresarm der Zusammenkunft weiß, wie man Fremde fernhält! Ihr alle seid gewohnt, den Felsen und Inseln auszuweichen, die sich erheben, um den Weg zu versperren. Niemand von euch bemerkt, dass das Land selbst versucht, euch aufzuhalten. Es beunruhigt euch nicht, dass bei jeder Landspitze und jeder Insel der Meeresarm so tut, als wäre er zu Ende, dann fahrt ihr um eine Landspitze, und wieder liegt eine große Wasserfläche vor euch.

Außerdem war ich nicht daran gewöhnt, wie die Gezeiten euch die Arbeit abnahmen, so schnell vorangetrieben zu werden bereitete mir noch immer Angst. Sendoa hatte mir gesagt, wir würden jeden Tag nur mit der Flut segeln. Schon bald wurde mir klar, warum: Es ist zwecklos, auf dem Meeresarm der Zusammenkunft gegen die Ebbe anzupaddeln. Heute bin ich froh, wenn ich unterwegs einen halben Tag lang ein Lager aufschlagen kann. Mir gefallen diese faulen Tage, wenn ich mit Verwandten von anderen Inseln ein Festmahl zu mir nehme, während wir alle uns langsam unseren Weg ins Herz der Jagdgründe des Alkclans bahnen. Aber damals auf der ersten Reise fürchtete ich mich davor, dorthin zu kommen. Ich wollte mein Leben beim Alkclan verbringen, doch ich wusste, dass auf dem Lagerplatz der Zusammenkunft meine Prüfung auf mich warten würde. Ich wollte es hinter mich bringen.

Als uns die Arme der Berge umfingen, ließen wir das Geräusch des Offenen Meeres hinter uns. Das Segel nutzte uns nichts mehr. Sendoa rollte es ein, legte den Mast um und band ihn fest. Auf unserem Kurs zu der Insel im Meeresarm paddelten wir auf Wellen mit weißen Schaumkronen, während die Flut unter uns hinwegströmte. Beim Näherkommen sah ich auf der Insel zwei Hirsche am Kiesstrand, die aus einem Fluss tranken, der in den Meeresarm mündete. Ich kniff die Augen zusammen, um die Tiere über dem glänzenden Wasser erkennen zu können. Beide hatten runde Bäuche und glattes Fell. Der alte Hirsch hob seinen Kopf mit dem schweren Geweih – Bastfetzen hingen noch an den Enden – und starrte uns an. Der jüngere – er war erst im zweiten Jahr – wurde unruhig. Der alte wusste, dass sich uns an dem Tag kein Hirsch schenken würde. Die große Jagd im Mond der Hirschjagd findet kurz vor der Brunft statt. Bis zum Ende der Zusammenkunft müssen sich die Hirsche nur von uns fernhalten.

Wenn ein Hirsch vor der Jagd den Weg eines Mannes kreuzt, wird dieser Mann sich natürlich nehmen, was die Geister gegeben haben. Doch in der kurzen Zeit vor der Brunft sind die Hirsche nicht Teil der Jagd. Im Mond der Hirschjagd werden Männer zu Hirschen. Sie durchstreifen die Berge und beobachten die Hirschkühe. Männer wählen die Hirschkühe aus und kreisen sie ein. Männer nehmen sich, was die Geister gegeben haben. Deshalb sagen Männer, dass die große Jagd die Brunft ist, die vor der Brunft kommt. Denn auch auf dem Lagerplatz der Zusammenkunft wählen Männer Hirschkühe – nur anderer Art! Sie beobachten sie und kreisen sie ein. Sie wehren ihre Rivalen ab. Manchmal sterben sie. Sie treiben ihre geschmeidigen Hirschkühe in eine andere Art von Falle. Sie werden sie nehmen, wenn sie ihrer habhaft werden können! Ja, ihr Jungen da drüben! Lacht nur! Ihr wisst, wovon ich rede!

Meine Gedanken waren in die Ferne geschweift. Mein Herz war voller Hoffnung gewesen, als wir zur Zusammenkunft des Alkclans aufbrachen. Doch die Angst im Herzen des jungen Hirsches flog über das Wasser und wand sich um mein Herz. Die Geister der Jagd sind sehr mächtig. Wenn man sie erzürnt, sind sie gefährlich. Noch lange, nachdem wir vorbeigepaddelt waren, hatte ich das Bild des jungen Hirsches vor Augen. Erst allmählich drang das Gespräch um mich herum zu mir durch.

»Ich dachte, wir gingen auf der Insel im Meeresarm an Land?«

»Wir wollen die Flut nicht verpassen. Nicht, wenn der Wind so gut steht. Wir fahren durch den Kanal bis zum Eintritt des Stillwassers.«

»Sendoa wollte, dass Hodei sich Kemen ansieht, bevor wir zum Lagerplatz der Zusammenkunft kommen.«

Als mein Name erklang, spitzte ich die Ohren.

Sendoa sagte: »Er hat recht, wir sollten die Flut nicht verpassen. Wir werden Hodei später finden, auf dem Lagerplatz der Zusammenkunft.«

»Wer ist Hodei?«, fragte ich Sendoa.

Vor mir schnaubte Ortzi verächtlich: »Er weiß es nicht!«

Sendoa beugte sich zu Ortzi herüber und ohrfeigte ihn. »Es reicht! Vielleicht bist du selber eines Tages ein Fremder! Erwartest du, dass die Geister ferner Orte dann freundlich zu dir sind, wenn du ihnen jetzt keinen Respekt erweisen willst?«

Ortzi senkte den schmerzenden Kopf und paddelte wie wild. Niemand sagte etwas, als Sendoa uns in einen schmalen Kanal steuerte, hinter Amets' Boot her. Die Flut wogte durch die schmale Stelle und riss uns mit, vorbei an einem grün-goldenen Wald zu unserer Linken und einer zerklüfteten Insel zu unserer Rechten. Eine Gruppe Kinder stand oben auf der Klippe der Insel. Sie brüllten und jubelten, als unsere Handvoll Boote durch den Kanal schoss. Haizea kreischte zurück: »Argi! Argi! Wir sehen uns auf dem Lagerplatz der Zusammenkunft!« Ich schaute kaum auf, ich sah das Wasser über gezackte Felsen fließen, die bloß eine Paddellänge entfernt waren. Noch immer hatte ich mich nicht an die Art und Weise gewöhnt, wie der Alkclan reist!

Als wir durch den Kanal geschossen waren und in ruhigeres Gewässer kamen, antwortete Sendoa mir. »Hodei ist einer unserer Mittler. Für gewöhnlich bleibt er den ganzen Sommer über auf der Insel im Meeresarm. Du siehst, wie es ist – niemand kann durch den Meeresarm der Zusammenkunft fahren, ohne von den Menschen auf der Insel bemerkt zu werden. Hier ist Hodeis Geburtsort. Die Geister der Insel im Meeresarm sind sehr mächtig. Wenn Hodei zu deinen Gunsten entscheidet, Kemen, könntest du dir keinen stärkeren Freund wünschen.« Sendoa verstummte, während wir eine Landspitze am Ufer der Hochstehenden Sonne umrundeten. Ich dachte, wir hätten das Ende des Meeresarms erreicht, aber jetzt eröffnete sich eine Wasserfläche vor uns, die wie ein See aussah. Als wir wieder im offenen Wasser waren, fuhr Sendoa fort: »Deshalb hatte ich gehofft, dich mit zu Hodei nehmen zu können, bevor er die Insel im Meeresarm verlässt. Doch da Wind und Flut so günstig sind, habe ich nicht gewagt, die Geister zu erzürnen und ihre Geschenke abzuweisen. Dir zuliebe, Kemen, möchte ich die Geister der Zusammenkunft in jeder mir möglichen Weise auf unsere Seite bringen!«

Während ich über Sendoas Worte nachdachte, rief Haizea vom Bug aus: »Ich sehe den Gezackten Gipfel!«

Ich schaute, wohin sie zeigte, und sah den Gipfel eines weit entfernten Berges. Er sah aus wie ein doppelter Zahn mit einer kleinen Mulde in der Mitte. Ich spürte, wie ein Zittern durch die Männer um mich herum ging, zwischen einem Paddelschlag und dem nächsten, wie eine Bogensehne, die plötzlich gespannt wird. Ich betrachtete den Gezackten Gipfel, und der Berg sprach zu mir über die große Jagd bei der Zusammenkunft des Alkclans. Ich wusste, wir näherten uns unserem Ziel. Ein kleiner Schauer lief über meinen Rücken. Hätte ich gewusst, dass … Aber die Geister hatten mir genug gesagt. Als ich das nächste Mal aufblickte, hatte sich der Berg in Wolken gehüllt. Regen zog in Schauern über die Berge ringsum und prasselte auf das Wasser, während wir weiterfuhren.

Die Flut brachte uns am nächsten Morgen an einen ausgedehnten Kiesstrand und an Salzwiesen, in die ein Fluss vom Sonnenlosen Himmel her mündete. Endlich sahen wir das Ende des Meeresarms. Viele Boote waren bereits auf die flache Uferböschung getragen und mit Steinen beschwert worden. Wir legten unsere Boote daneben und nahmen unsere Körbe und die gerollten Häute heraus. Ich erwischte mich dabei, dass ich zitterte, und holte tief Luft, damit es aufhörte, in der Hoffnung, dass es niemand gesehen hatte. Dieser Mond der Hirschjagd würde den Lauf meines restlichen Lebens bestimmen. Ich wandte mich von den anderen ab und streckte meine Arme zu den Geistern empor. Ich war ein Mann und würde nicht betteln. Doch als Fremder bat ich die Alkgeister bescheiden, mich anzuerkennen. Ich sagte ihnen, ich wolle hierhergehören, auch wenn mir dieser Ort neu sei. Ich bat um die Möglichkeit, ihnen – und den Männern des Alkclans – zu zeigen, wie gut ich jagen konnte. Ich bat um die Möglichkeit, ihnen – und den Frauen des Alkclans – zeigen zu können, wie sehr ich eine Frau verdiente, die mich in ihre Familie aufnahm.

Ich nehme an, meine Freunde wussten, was ich sagte. Obwohl ich ein Fremder war, versuchte niemand, mich daran zu hindern, zu den Alkgeistern zu sprechen. Blinzelnd schaute ich mich um und sah, dass sich alle anderen schon zum Fluss aufgemacht hatten. Ich nahm die Häute, die sie mir zum Tragen dagelassen hatten, folgte den anderen über die Salzwiesen und suchte mir dabei von einem harten Grasbüschel zum nächsten einen Weg. Zwischen den Büscheln verliefen Rinnsale aus Muschelsand mit zerbrochenen Schalentieren und Seetang, der in den Rissen stecken geblieben war. Ich ging auf den Fluss zu. Die Flut hatte ein Gewirr aus Seetang und braunen Blättern zurückgelassen. Die Luft war erfüllt vom schrillen Kreischen der Austernfischer, und über mir kreisten schreiende Möwen. Ich schaute dorthin zurück, woher wir gekommen waren. Der Wind blies Muster über das ablaufende Wasser und sagte mir, dass die Fahrt hinaus erst nach dem Gezeitenwechsel wieder möglich war. Ich blieb stehen und drückte die aufgerollten Häute an meine Brust. Ich atmete durch und roch die freundliche Luft des Lagerplatzes der Zusammenkunft; sie sagte mir, dass es mir leichtfallen dürfte, mit diesem Ort vertraut zu werden.

Ich hatte so wenige Menschen in den Landen des Alkclans gesehen, dass ich dachte, die Gebiete unter dem Himmel der Abendsonne seien fast leer. Natürlich irrte ich mich. Der Pfad flussaufwärts war von vielen Füßen zu Schlamm zertreten worden. Die Luft war schwer vom Geruch der Menschen. Der Fluss wand sich durch Sumpfland und mit Schilf bewachsene Biberteiche. Ich watete durch einen plätschernden Bach und war plötzlich von Eichen und Haselsträuchern umgeben. Licht fiel schräg durch die Blätter, Moos und Flechten schimmerten, als züngelten Flammen an den Baumstämmen empor. Stromschnellen ergossen sich über Felsen, während die Ufer höher wurden. Plötzlich hatte ich Angst. Meine Freunde waren mir vorausgegangen, und die Luft roch nach vielen Fremden. Vor mir erblickte ich Licht, und ich rannte darauf zu wie ein Hirsch, der in eine Falle schießt, die Häute hüpften auf meinem Rücken.

Am Rand der Lichtung blieb ich stehen. Wie ein in die Falle geratener Hirsch wollte ich mich umdrehen und fliehen. Aber wohin? Noch nie im Leben hatte ich so viele Fremde auf einmal gesehen. Ihr vom Alkclan – ihr Frauen, die ihr nie eure eigenen Lande verlassen werdet –, ihr Jungen, die ihr die Feuerstelle eurer Familie noch nie verlassen habt –, ihr könnt euch überhaupt nicht vorstellen, wie es ist, zu einer Unmenge von Fremden zu kommen, Menschen, die ihr noch nie gesehen habt, deren Namen ihr im Leben noch nie gehört habt.

Durch den sich kräuselnden Rauch meiner Verwirrung sah ich, dass die Feuerstellen des Clans einen großen Kreis rings um den Hügel der Mittler bildeten. Alle Geister des Lagerplatzes der Zusammenkunft drängten sich über dem einen grünen Hügel in der Mitte der Lichtung. Ich spürte eine Warnung im Blut, als näherte ich mich einem schlafenden Bären oder hungrigen, jagenden Wölfen. Während ich alles betrachtete, loderten die Flammen auf dem grünen Hügel zwischen knisternden Kiefernzweigen hoch auf. Rauch waberte über der Lichtung. Ich schaute auf und sah zwei verhüllte Gestalten durch den Rauch.

Ich war der Fremde: Dieser Alkclan hatte nichts zu befürchten. Kinder und Hunde kletterten an den steilen Hängen des Mittlerhügels hinauf. Durch die Rauchschwaden erblickten sie die verhüllten Gestalten der Mittler, ließen sich wieder hinabgleiten und kreischten vor Entzücken und Schreck zugleich.

Dann zog mich Sendoa hinüber an die Feuerstelle der Familie, und ich vergaß den Hügel mit seinen dicht zusammengedrängten Geistern. Die Angst floh in die Schatten. Jeder begrüßte jeden mit lautstarkem Freudengebrüll, überall wurde auf Arme und Rücken geklopft. Ringsum eilten Frauen und Männer von einer Feuerstelle zur nächsten, und ich konnte nicht feststellen, wer wohin gehörte. Doch da Sendoa mich voranschob, begrüßten mich alle freundlich. Manche holten sogar geröstete Haselnüsse aus ihren Beuteln und bestanden darauf, dass ich sie aß.

Auf dem Lagerplatz der Zusammenkunft geht es zu wie bei den Alken! Man hört es schon am Lärm. Es ist, als wären alle Alke nach dem langen Winter draußen auf dem Meer auf den Nistfelsen der Insel des Weißen Strandes zusammengekommen. Der Luchs hingegen ist ein stiller Einzelgänger. Ich will damit nicht sagen, dass unser Clan es darin immer den Luchsen gleichgetan hat – doch der Lärm, den ihr vom Alkclan macht, wenn ihr alle zusammen seid, reicht, um alle Geister außer euren eigenen in die Flucht zu schlagen!

Aber Alke sind freundlich. Sie nisten einträchtig neben Dreizehenmöwen und anderen Seevögeln. Sie nehmen keine Notiz von Krähenscharben auf den Felsen unter ihnen oder Felsentauben über ihnen in ihren verborgenen Spalten, oder von Piepern zwischen den Lunden in ihren Höhlen. Auf dem Lagerplatz der Zusammenkunft schien niemand meinetwegen beunruhigt zu sein. Und ich freute mich, dass diese neuen Menschen mich verstanden, wenn ich mit ihnen sprach. Seit dem Mond der Gelben Blätter hatte ich sehr hart daran gearbeitet, wie der Alkclan zu sprechen. Noch heute aber verrät meine Aussprache Fremden, dass ich nicht unter dem Himmel der Abendsonne geboren wurde.

Später erzählten mir die Menschen von den Fahrten, die sie unternommen hatten, um zur Zusammenkunft zu gelangen. In meinen Landen segeln wir nicht über das Offene Meer. Warum auch? Dort gibt es keine Inseln, und ein Boot kann – konnte – der Küste so weit folgen, wie es wollte. Doch einige aus dem Alkclan kamen von fernen Inseln und waren lange über das Offene Meer gesegelt. Von dort aus, so sagten sie mir, lägen die Berge über dem Lagerplatz der Zusammenkunft in blauer Ferne und seien oft gar nicht zu sehen. Nicht alle Menschen von dort kommen jedes Jahr zur Zusammenkunft – sie zählten viele Verwandte auf, die zurückgeblieben waren –, aber mir wurde klar, dass der Alkclan unter vielen Himmeln zur Jagd geht, auch wenn die einzelnen Angehörigen weit voneinander entfernt leben.

Sobald wir unsere Zelte aufgeschlagen hatten, nahm Amets mich mit, um mir zu zeigen, wie gut der Platz war. Niemand sonst kam auf den Gedanken, dass ich mich nicht auskennen könnte. Ortzi und die Hunde trotteten hinter uns her. Wir beachteten sie nicht, und Ortzi war froh, dass wir ihn nicht fortschickten. Amets zeigte mir die Fischfallen am Fluss und die Pfade, die zu den höher gelegenen Jagdlagern führten. Wohin wir auch kamen, waren Schädel in die Astgabeln der Bäume geklemmt: Wolf, Hirsch, Luchs, Fuchs, Auerochse, Bär und Keiler. Manche waren grün und faulig, viele glänzten noch weiß. Eine Handvoll waren frisch erlegt. Ich sah, dass dieses Land sich dem Alkclan großzügig schenkte.

Ich freute mich, dass ich Amets sagen konnte, der Lagerplatz der Zusammenkunft scheine ein guter Ort zu sein. Ich war verlegen gewesen, als Amets und Sendoa mich im Mond der Samen mit hinüber zum Lagerplatz bei den Feuersteinen genommen hatten. Als wir in die weite Bucht hinausgesegelt waren, sagten die Männer vom Alkclan, wir würden mit dem Feuerstein von dort den ganzen Winter auskommen – als müssten wir unsere ganzen Steine auf einmal sammeln! Aber wir fanden keine Feuersteine, die ich im Land des Luchsclans auch nur aufgehoben hätte. Ich wusste, mein Schweigen war so schlimm wie eine Beleidigung, daher war ich jetzt sehr froh, dass ich Amets etwas Gutes über die Jagdgründe am Lagerplatz der Zusammenkunft sagen konnte.

Das Land war voller Vögel: Spatzen, Meisen und Buchfinken säuberten den Lagerplatz; Tauben, Saatkrähen und Singvögel im Wald; Enten, Moorhühner, Gänse und Reiher in den Sümpfen. Wir würden bestimmt keinen Hunger leiden! Amets zeigte mir den Biberdamm und den Teich darüber, auf dem jemand in einem Coracle saß und angelte. Er erklärte mir, dass wir in der Nähe dieses Lagerplatzes keine Biber jagten, weil sie sich um die Dämme kümmern, mit denen die Forellenteiche aufgestaut werden, und Bäume fällen, die uns mit Brennholz für die gesamte Zusammenkunft versorgen. Amets führte mich bergauf zum Haselnusshain. Die Bäume waren schon beladen mit Nüssen, und der Hain war umgeben von einem Dickicht, in dem die Haselsträucher bis auf den Boden heruntergeschnitten worden waren, damit Rutenbüschel entstehen.

Ich pfiff leise, und Amets lächelte. »Dein Clan macht das hier?«, fragte ich ihn.

»Ja, bei jeder Zusammenkunft. Wir kommen und schneiden ab, was wir brauchen, bevor wir weggehen. Du wirst schon sehen.«

Amets führte mich weiter in den Wald und zeigte mir, wo es helle Erdpilze gab. Hier war schon jemand mit Grabstöcken gewesen, aber es waren noch genug Pilze übrig. Wir pflückten ein paar und kauten sie, während wir weitergingen. Als wir uns unter dem großen Ast einer alten Eiche bücken mussten, der seitlich über den Pfad hinausragte, tauchte Ortzi zwischen uns auf und zog an Amets' Ärmel.

»Was ist?«

Ortzi zeigte auf einen Spalt im Stamm der Eiche. Diese geschwärzte Wunde wusste davon zu berichten, dass vor langer Zeit ein Sturm einen großen Ast abgerissen hatte. »Bienen! Da oben ist ein Bienennest!«

Blinzelnd schaute ich an dem Baumstamm in die Höhe. Die Sonne schien mir in die Augen, doch jetzt sah ich die summenden Bienen um das vernarbte Holz fliegen. Der schwarze Riss im zerbrochenen Stamm konnte ein Loch sein – ich wusste es nicht genau.

»Schau nur, Amets!« Der Junge hüpfte vor Aufregung. »Sie fliegen in das Loch hinein und wieder heraus, da, wo der Ast war. Siehst du das nicht?«

»Dich kann man gut gebrauchen, Ortzi«, bemerkte Amets. »Ich schlage vor, du kletterst rauf und vergewisserst dich.«

Eifrig kletterte Ortzi über die raue Rinde. Er zog sich mit Schwung auf einen weit ausladenden Ast direkt über unseren Köpfen, stellte sich auf die Zehenspitzen, legte die Hände an den Stamm und spähte nach oben. »Ja, es ist eins. Au! Viele Handvoll fliegen da ein und aus. Au! Amets, ich glaube, ich rieche Honig. Du könntest heranreichen, wenn du auf diesem Ast stehen würdest. Au!«

»Komm herunter! Du wirst später noch viel mehr Stiche bekommen.«

Ortzi schwang sich um den Ast und blieb mit den Händen daran hängen. Er klemmte seine Zehen in die raue Rinde und rutschte am Stamm hinunter. Dann stand er wieder neben uns, rieb sich die Hände an seinem Hirschleder ab und schaute grinsend zu Amets auf.

Amets beachtete ihn nicht. »Das ist ein neues Nest, Kemen. Letztes Jahr war es noch nicht hier. Heute Nachmittag kommen wir mit Feuer und Körben wieder her. Ich glaube, wir könnten etwas Gutes bekommen! Und Ortzi« – Amets ging um den Jungen herum –, »du hältst bis dahin den Mund. Ich zieh dir das Fell über die Ohren, wenn deine Freunde vor uns hier sind!«

Ortzi schüttelte heftig den Kopf und streckte die offenen Hände zu den Geistern empor.

Viele Tiere waren in der Gegend, vor allem Rothirsche, Rehe und Auerochsen. Man hatte bereits Fallen für Kleinwild am Boden ausgelegt und Vogelschlingen in die Bäume gehängt. Natürlich würden sich die Tiere jetzt zurückziehen, da sich der Alkclan so zahlreich sammelte, aber nicht so weit, dass wir ihnen nicht folgen konnten. Sobald die Mittler zu den Tieren über die Jagd gesprochen hatten, würde die große Jagd beginnen.

»Amets!« Ich sprach sehr leise zu ihm, als wir ein Stück vorausgegangen waren, denn ich wollte nicht, das Ortzi es hörte.

»Ja?«

»Werden sie zulassen, dass ein Fremder an der Jagd teilnimmt?«

Amets blieb stehen und legte mir seine Hand auf die Schulter. Er antwortete nicht sofort. Dann sagte er langsam: »Nur die Mittler wissen, was die Geister sagen. Doch ein Geist hat bereits zu Nekané über dich gesprochen, und was sie hörte, war gut.«

»Aber eine Frau … wird das etwas nützen?«

Amets schüttelte den Kopf. »Die Mittler werden nicht auf sie hören. Was könnte sie schon über die Jagd sagen? Aber trotzdem hat Nekané uns gesagt, dass die Geister viel von dir halten. Die Geister lügen nicht. Das heißt, sie werden den richtigen Mittlern dasselbe sagen.«

So hatte ich es noch nicht betrachtet, doch was Amets sagte, ergab einen Sinn.

»Im Übrigen« – Amets schüttelte meine Schulter zur Bekräftigung –, »auch gewöhnliche Männer können sprechen. Was glaubst du denn, was Sendoa und ich über dich sagen werden?« Er lächelte mich an.

Ich erwiderte sein Lächeln. Ich war ein Mann, kein Kind und keine Frau, und ich verbarg meine Angst.

»Schhh«, machte Amets, »da kommt der Junge.« Er schüttelte noch einmal meine Schulter und ließ dann los. »Ohnehin würden nur wenige Menschen Sendoa widersprechen«, fügte er gelassen hinzu, als hätte sich unsere Unterhaltung genau darum gedreht. »Das stimmt doch, Ortzi, oder?«

Verblüfft, aber sehr glücklich, dass Amets sich an ihn wandte, nickte Ortzi stumm.

Am Nachmittag gingen wir wieder zum Bienennest. Wir hatten uns Grashüte über die Ohren gezogen und unsere Ärmel fest um die Handgelenke gebunden. Wir rieben Robbenfett auf Gesicht, Hände und Füße. Jeder von uns hatte Feuer, Beil, Schlägel und Korb dabei. Amets sprach zu den Bienen und sagte ihnen, dass wir ihren Honig haben wollten. Wir wüssten, dass sie viel davon hatten, denn das hier sei ihr Winterlager, in dem alle Wintervorräte gesammelt würden. Amets teilte den Bienen unseren Wunsch mit, dass sie in dieser Eiche bleiben sollten – wir würden genug Honig übrig lassen, sie müssten uns nicht alles geben. Wir streckten unsere Arme zu den Bienengeistern empor. Sie waren damit einverstanden, sich zu schenken. Wir kletterten auf Ortzis Ast. Unsere Gesichter waren auf gleicher Höhe mit dem Loch im Baum. Jetzt konnte ich die Bienen deutlich sehen, die in ihr Nest hinein- und wieder herausflogen. Ortzi kletterte auf einen dünnen Ast, damit er uns beobachten konnte.

»Wenn du da bleibst, wirst du gestochen.«

»Das macht mir nichts! Ich habe schon einmal Honig geholt. Ich weiß, wie Bienen sind.«

»Aber du weißt nicht, wie *diese* Bienen sind – das weiß niemand –, gerade jetzt, nachdem sie gehört haben, wie überheblich du bist!«

Ich warf einen Blick auf die Bienen, die Ortzis Kopf umschwirrten. Der Sohn meiner Schwester war an einem Bienenstich gestorben – er lebte zwei Winter –, Ortzi hätte nie so lange gelebt, wenn er so wie der Junge gewesen wäre. Ich schwieg.

Amets nahm ein glühendes Stück Holzkohle aus seinem Beutel. Mein Korb war mit trockenem Gras und Farnkraut gefüllt. Ich reichte Amets ein paar knappe Handvoll. Sobald sie Feuer fingen, brachte Amets sein Gesicht nah an das Loch, ohne auf die stechenden Bienen zu achten, und blies den Rauch sacht hinein.

»Sterben sie davon?«, fragte Ortzi.

Amets blies Rauch in das Loch und antwortete nicht.

»Sie werden glauben, dass ein Feuer ausgebrochen ist«, sagte ich zu Ortzi. Ich war froh, diesem Jungen vom Alkclan zeigen zu können, dass selbst Männer vom Luchsclan etwas wissen! »Sie werden so viel Honig fressen, wie sie können. Dann werden sie versuchen zu entkommen. Sie werden den Honig fressen, den sie mitnehmen wollen, und sie werden zu voll davon sein, um zu stechen. Wenigstens werden sie nicht so viel stechen.«

»Ich habe schon jede Menge Stiche!«

Amets wischte sich Asche von den Fingern. Zwei Handvoll Herzschläge vergingen. Er hob sein Beil. Es schlug im Holz über dem Loch ein.

Der Baum war ziemlich hohl. Im Nu hatten wir das narbige Holz mit Beilen und Schlägeln weggeschlagen. Amets langte mit beiden Händen in das Nest, mit der einen umklammerte er sein Messer, seine Wange lag an der rauen Rinde. Seine Hände kamen mit einem großen Klumpen weicher Honigwaben zum Vorschein. Hellgelber Honig tropfte durch seine Finger. Wütende Bienen flogen ihm ins Gesicht und versuchten, ihn zu stechen. Ich hielt Amets' Korb auf. Zwei weitere glänzende Handvoll, und der Korb war bis zum Rand gefüllt.

Ich schlängelte mich an ihm vorbei, bis ich am Baumstamm lehnte. Amets hielt meinen Korb. Ich rechnete nicht damit, ihn zu füllen – *zwei* Körbe voll hätten wir nicht zu hoffen gewagt. Ich tastete in der Dunkelheit des Baumes, die Augen geschlossen, damit meine Sehkraft in meine Hände überging. Zwischen den stechenden Bienen spürte ich die warme Klebrigkeit des Honigs. Ich schnitt mit meinem Messer durch das Nest und fuhr mit den Fingern durch die weichen Waben. Mit hohlen Händen zog ich einen Klumpen Honig ab und hob ihn ans Tageslicht. Flüssiges Sonnenlicht drang zwischen meinen Fingern hervor. Zäher Honig klebte an meinen Händen und glitt dann zögerlich in den offenen Korb. Ich leckte meine Finger ab. Süß sang es auf meiner Zunge, voller Licht und Erinnerungen. Ich schloss die Augen, um es zu genießen.

Noch einmal griff ich in die dunkle Höhle im Eichenstamm. Einmal … zweimal … bis mein Korb so voll war wie Amets'. Mit klebrigen Händen ertastete ich die Höhle im Baum, doch ich konnte ihr Ende nicht finden.

»Ist da noch mehr? Ja? Kann ich auch mal?«

Ortzi schob sich vor Amets. Er hatte den Korb einer Frau bei sich – den seiner Mutter, vermute ich. Der Junge hatte immer großartige Vorstellungen davon, was er finden würde. Amets sprach nicht mit ihm, aber er hielt ihm den Korb auf. Ortzi griff in den Baum, so weit er konnte. »Au! Au! Au!«

»Was hast du erwartet?«

»Es macht mir nichts! Ich kann Honig fühlen! Er ist zu weit weg! Meine Arme sind nicht so lang wie eure!« Ortzi sprang hoch und zwängte seine Schultern in den Spalt. Trotz der wütenden Bienen, die sich auf ihm niederließen, griff er direkt hinein. »Ich habe welchen! Au! Au! Ich habe welchen!«

»Das reicht«, sagte Amets kurz darauf. »Drei Handvoll.«

»Aber meine Hände sind kleiner als eure! Da ist noch mehr Honig drin.«

»Für die Bienen«, sagte Amets. »Du willst sie doch im nächsten Jahr wieder hier finden, oder?«

»Trotzdem«, sagte Ortzi, als wir wieder auf dem Boden standen, Honig von unseren Händen und Gesichtern leckten und die Stacheln aus der bloßen Haut zogen. »Ich glaube, niemand hat jemals so viel Honig in einem Nest gefunden, Amets! Und ich habe es entdeckt! Du hättest es nicht gesehen, wenn ich es dir nicht gesagt hätte. Meinst du, ich werde ein guter Jäger?«

»Nein! Steh still, sieh mich an, lass mich die Stacheln aus deinem Gesicht ziehen, bevor deine Mutter dich sieht. Du singst dein eigenes Lob zu laut, Ortzi! Die Tiere werden so viel Angst vor dir haben, dass sie alle weglaufen. Stimmt doch, Kemen, oder? Dieser Junge muss lernen, wie man sich richtig benimmt, bevor er lernt, irgendetwas zu jagen, meinst du nicht?«

An dem Abend sprachen die Mittler zu den Tieren über die Jagd.

Ich brauche immer einen oder zwei Tage, um mich an die vielen Menschen bei der Zusammenkunft zu gewöhnen. In knapp einem Mond gibt es so viel zu tun. Und dabei bellen die Hunde, Kinderscharen rennen schreiend herum, Kämpfe brechen aus, die ganze Nacht wird gesungen – natürlich überall verschiedene Lieder –, es wird getauscht, man besucht sich, tratscht, während die Mittler Kranke heilen und Streit schlichten … Und in jenem Jahr fragten uns die anderen aus unserem Clan immer und immer wieder nach Bakar … das war hart.

Außerdem hatte ich Esti, die ich allen zeigen musste. Ihr Name war neu für uns, daher wollten alle unbedingt diese kleine Fremde sehen. Eine Frau nach der anderen kam, um sie auf den Arm zu nehmen, ihr in die Augen zu schauen und ihr zu sagen: »Willkommen im Alkclan, Esti. Hier wirst du immer etwas zu essen finden!«

Die Mittler wollten an dem Abend zu den Tieren über die Jagd sprechen. Ich sagte, ich wolle mit Esti auf dem Lagerplatz bleiben und die Haselnüsse rösten, sobald die Frauen sie uns brachten. Meine Tante Sorné kam zuerst zurück. Sie kippte ihren Korb aus, und während wir die Haselnüsse auf dem Sand verteilten, sagte sie, Eguskiné habe ihr erzählt, Arantxa brüste sich damit, dass Edur ihre Tochter Osané zur Frau nehmen werde. »Was ich keiner meiner Töchter wünsche«, sagte meine Tante und strich den Sand über den frischen Nüssen glatt. »Er mag ja ein großer Jäger sein, aber Fleisch ist nicht das Einzige, was eine Frau im Leben braucht. Eguskiné glaubt, dass er zur Ruhe kommt, wenn er Osané erst hat. Da bin ich mir nicht so sicher.«

Sorné half mir, glühende Eichenstücke über den Sand zu verteilen. Sie blieb bei mir sitzen, bis wir ein gutes Röstfeuer hatten. Dann ging sie wieder fort – wir würden alle Nahrung brauchen, die wir bekommen konnten. Später wünschte ich mir, ich hätte meinen Korb genommen und wäre mit ihr gegangen. Zunächst hatte ich einen Streit mit Agurné – ihre Zelte standen neben unseren, und jeden Morgen kackten die Hunde auf unseren Boden, direkt neben meine Röstgrube. Sie sagte, es seien nicht ihre Hunde, doch ich hatte sie *gesehen*. Oh, ihr wisst, wie es auf dem Lagerplatz der Zusammenkunft zugeht, aber in unserer Familie schreien wir uns nicht mit schmutzigen Wörtern an oder bewerfen uns mit Dreck. Als Eguskiné mit den Blutsteinen herüberkam, war ich deswegen noch immer empört. Ich gab ihr Brombeeren und noch heiße Haselnüsse aus dem Sand. Wir plauderten ein bisschen, bevor wir über die Steine sprachen, und ich dachte, es ginge mir besser. Doch als sie fort war, öffnete ich noch einmal den Lederbeutel und nahm die Blutsteine heraus. Dabei erkannte ich sofort, dass ich zwei große Feuersteine für ziemlich wenig hergegeben hatte. Jetzt war es zu spät. Ich konnte nicht mit Eguskiné streiten. Ihre Urgroßmutter war auch meine. Und Eguskinés Feuerstelle steht immer allen offen und ist umgeben von Gesang und Gelächter. Ich wollte nicht ausgeschlossen werden. Und wer weiß, wann jemand aus unserer Familie vielleicht einmal zur Blutsteininsel muss, um Steine zu holen oder eine Frau? Man kann nie wissen. Ich war noch nie dort, aber ich kenne die hohen Berge der Blutsteininsel sehr gut – ich sehe sie oft, weit hinten über dem Meer unter dem Sonnenlosen Himmel.

Ich versuchte gerade gleichzeitig Steine zu erhitzen, Holz zu spalten, geröstete Haselnüsse aus dem heißen Sand zu schaufeln und Esti zu stillen, als Amets glänzend wie ein Otter zurückkam, nachdem er im Bibersee gebadet hatte. Seine tropfenden Haare hingen ihm über die Augen. Er stellte einen Korb mit Forellen ab und wollte, dass ich ihm auf der Stelle sein nasses Haar auskämmte und neu flocht. Also musste ich alle anderen Tätigkeiten unterbrechen. Ich legte Esti auf ein Hirschfell. Sie begann zu schreien. Amets nahm seine Tochter auf und hielt sie nackt zwischen seinen Händen, damit sie ihn ansah.

»Halte deinen Kopf still, sonst kann ich dir die Haare nicht auskämmen!«

Esti lachte ihrem Vater ins Gesicht und tanzte mit strampelnden Beinen auf seinen Knien. Sie bekam eine Strähne nasser Haare zu fassen und zog daran.

»Ah, was fällt dir ein? Hast du keinen Respekt vor deinem Vater? Was hat deine Mutter dir bloß beigebracht? Wie kannst du es wagen, mir in die Augen zu schauen, kleine Tochter?«

Esti gluckste und versuchte seine Nase zu packen.

»Was hab ich nur getan, dass ich von Frauen umgeben bin, die nichts Besseres zu tun haben, als mir an den Haaren zu ziehen und mich auszulachen?«

»Soll ich denn aufhören?«

Amets streckte eine Hand nach oben, hielt Esti mit der anderen fest und ergriff lachend mein Handgelenk. »Du weißt, dass du nie aufhören sollst!«

Er ging fort, nachdem ich ihm die Haare mit meinem Messer gestutzt und neu geflochten hatte. Ich nahm meine Arbeit wieder auf, aber nun ging es mir besser.

Auf jeden Fall hatten wir genügend zu essen. Amets hatte die Forellen gebracht, und mein Vater war mit seinem Hund über die Berge ins Moor gegangen und hatte zwei Stockenten erlegt. Ich freute mich für ihn: Er konnte nicht mehr mit den jungen Männern auf die Jagd gehen, aber er konnte noch so gut wie eh und je kriechen und sich im Schilf verstecken, und ich kenne niemanden – ob Mann oder Frau –, der mit einem Bogen so gut umgehen kann wie mein Vater. Der Grund, warum ich mich noch so gut daran erinnere: Das war der letzte Tag, an dem mein Vater Fleisch nach Hause brachte. Er, der mein Leben lang so gut für uns gesorgt hatte. Natürlich hatten wir in schlechten Jahreszeiten Hunger gehabt – das konnte niemand verhindern –, doch mit meinem Vater hatten wir nie richtigen Mangel gelitten.

Auch Haizea und Itsaso waren auf Fischfang gewesen, mit Ruten. Sie hatten einen Korb mit jungem Seelachs und, kaum zu glauben, einem Tintenfisch mitgebracht. Vom Ufer aus konnten sie keine Tintenfischfalle aufgestellt haben, aber ich hütete mich zu fragen, wessen Boot sie benutzt hatten. Die anderen brachten kleine Vögel mit und Körbe voll Pilzen in allen Farben, unzählige Haselnüsse und Beeren und viele verschiedene Wurzeln aus dem Wald, dem Moor und vom Ufer. Meine Tante Sorné stellte einen Korb mit Eicheln zum Einweichen in den Fluss. Ich hielt das Feuer heiß, damit viel Glut entstand. Ich bedeckte die Wurzeln und den Fisch und spießte die Vögel auf Haselnusszweige. Andere Familien kochten auch. Der köstliche Duft nach jeglicher Art von Nahrung vermischte sich und stieg empor. Im Mond der Zusammenkunft gibt es alles im Überfluss, mit Ausnahme der schlimmsten Jahre, und dieses gehörte nicht dazu. Die Geister sammelten sich über uns, verborgen hinter Wolken aus Fliegen, und sogen die vielfältigen Gerüche auf, die zu ihnen hinaufschwebten. Zwischen den Feuerstellen herrschte das übliche Hin und Her, besonders durch die Kinder, die sich untereinander die Leckerbissen von der eigenen Feuerstelle anboten. Alle lachten und scherzten, wir lärmten wie die Krähen! Selbst Agurné kam mit einem großen Korb voll Muscheln herüber, gekocht und bereit zum Verzehr. Ich schenkte ihr eine der Enten – etwas viel Besseres als Muscheln –, das Einzige, was ich fertig hatte. Ich hoffte, dass nun morgens kein Hundekot mehr vor meinem Zelt liegen würde. Gerade als das Essen fertig war, kamen Amets und Kemen mit einem riesigen Korb zurück, aus dem Honig tropfte. Etwas Besseres hätte es gar nicht geben können! Ich schickte die beiden Mädchen sofort los, um all unseren Verwandten Honig anzubieten.

Itsaso und Haizea trugen den Korb zwischen sich, und ich hörte Itsasos durchdringende Stimme über den ganzen Lagerplatz. Sie klang genau wie ihre Mutter! Ich schlug die Hand vor den Mund, als sie zur Feuerstelle eines Mittlers stolzierte. Wenigstens hatte sie nicht die Frechheit, Zigor direkt anzusprechen, aber ich war nahe genug dran, um zu hören, was sie zu seiner Frau und seinen Nichten sagte: »Verzeiht, wenn wir euch mit einem derart kleinen Geschenk stören. Ihr werdet nicht so viel davon halten. Ich weiß nicht, warum mein Vetter sich die Mühe gab, ihn mitzubringen. Ich weiß, Honig ist beliebt – aber der hier! Na ja, er ist nicht so gut, aber er könnte schlimmer aussehen, schaut« – Itsaso tauchte den Rührstab ein und ließ den dickflüssigen, goldenen Honig, durchsetzt mit süßen Brocken weicher Waben, herabfließen. »Wärt ihr so nett zu meiner armen Familie, uns die Ehre zu erweisen, etwas davon anzunehmen, obwohl es nicht viel taugt?«

Natürlich konnten sie es kaum erwarten. Außerdem war der Korb aus Birkenrinde, den sie Itsaso hinhielten, bestimmt nicht der kleinste, den sie hatten. Ich gönnte ihnen jeden Mundvoll. Honig besänftigt die Seele. Während Itsaso ihnen den Honig ausgoss, wurde mir klar, dass die Geister sich unser wirklich annahmen. Wichtiger als alles andere war für uns jetzt, Zigor zu beschwichtigen. Nicht weniger als drei Angehörige meiner Familie sollten bei dieser Zusammenkunft geprüft werden: Nekané, Ortzi und Kemen. Itsaso war ein kluges Mädchen: Sie goss den Honig so lange aus, bis er über die Birkenrinde auf Zorionés Hirschleder tropfte, und sie mussten Itsaso lauthals bitten, aufzuhören.

Die Mädchen kamen mit einem leeren Korb zu uns zurück. Nur die Kinder, die zu jung waren, um den Wert von Geschenken zu begreifen, hatten etwas dagegen. Wir gaben ihnen den Korb und jeweils eine Muschelschale und ließen sie die dicht geflochtenen Binsen abkratzen. Ich schmierte ein wenig Honig auf meine Fingerspitze, bevor nichts mehr übrig war, und ließ Esti daran saugen. Sie hatte noch nie Honig geschmeckt. Am Ende hatten wir ein paar sehr klebrige Kinder!

Die Mittler begannen, die drei Feuerstellen auf ihrem Hügel vorzubereiten. Während wir aßen und uns unterhielten, beobachteten wir, wie sie um ihre Feuerstellen herumgingen, die Hände emporstreckten und sich auf die Geister vorbereiteten. Die meisten Kinder waren fertig mit dem Essen. Sie kletterten immer wieder auf den Hügel der Mittler und ließen sich vor Aufregung kreischend hinuntergleiten. Eine Handvoll halb ausgewachsener Welpen bellte und sprang zwischen sie. Wie üblich beachteten die Mittler sie nicht. Die Geister betrachten Kinder als Blätter, die im Wind wehen. Kinder können machen, was sie wollen, weil der Ernst des Lebens nichts mit ihnen zu tun hat – noch nicht.

Wir hatten drei Mittler: Aitor, Zigor und Hodei. Natürlich war da auch noch Nekané, aber sie war noch nicht im Kreis des Clans anerkannt worden. Manche waren der Meinung, das würde auch nie geschehen, weil sie eine Frau war. Zigor war dagegen – seine Nichte Zorioné sorgte dafür, dass wir es alle erfuhren! Als die Mittler mit ihren Trommeln aus der Schutzhütte hervortraten, schauten einige unserer Verwandten zu uns herüber, um zu sehen, wie meine Mutter es aufnahm. Nekanés Gesicht verriet nichts. Sie hütete sich, die Aufmerksamkeit auf sich zu lenken, wenn zu den Tieren über die Jagd gesprochen wurde. Sie sparte sich ihre Kraft auf.

Erst als die Schritte einsetzten, wurden alle still. Sobald die Mittler die Schritte der Tiere vernahmen, fingen sie an, diese mit ihren Trommeln nachzuahmen, damit wir sie auch hören konnten. Diejenigen, die ihnen am nächsten waren, begannen im Takt der Trommelschläge zu klatschen. Es hallte auf dem ganzen Lagerplatz wider. Die letzten Unterhaltungen verstummten. Alle hörten auf zu essen. Junge Frauen gingen herum und sammelten die guten Knochen in Körben ein, den Rest warfen sie mit den leeren Muschelschalen auf den Abfallhaufen. Man wischte sich den Mund ab und wandte sich den Mittlern zu. Kurz darauf klatschten alle die Schrittfolge der Tiere mit.

Die meisten von euch erinnern sich noch, wie Aitor war, bevor er Mittler wurde. Er war ruhig und freundlich, aber danach – oh, da war er furchterregend! Aitor war ein großer Mann mit einer kräftigen Stimme. Wenn er aus dem Zelt der Mittler trat, über und über mit Geistermustern in Rot und Gelb bemalt, mit seinem Wolfsfell um die Hüfte und einem Wolfsgesicht über seinem Menschengesicht, wenn er aus dem Zelt trat mit seiner Trommel, die ganz mit geheimen Zeichen bedeckt war und an deren Rahmen Wolfsklauen und Federn von Seeadlern hingen, holten alle immer hörbar Luft und duckten sich. Kinder fingen allein bei seinem Anblick an zu weinen. Ihr meint, Hodei sei ein furchterregender Mittler – stimmt, der Fuchs sieht grausam und hart auf dem Gesicht eines Mannes aus, besonders wenn die Geister Blau und Rot auf seinen Körper gezeichnet haben, seine

Trommel in deinem Körper schlägt wie das Herz der Lande selbst, sein Mantel aus Federn sich hinter ihm aufbläht … Aber Hodei – ich hoffe, du nimmst es mir nicht übel, wenn ich das sage, Hodei – ist nicht so furchterregend, wie Aitor es war.

Und dann Zigor … Nach den anderen Mittlern erschien Zigor leicht wie ein Vogel. Er war immer klein und gebeugt, auch als er jung war. Bemalt mit seinen Geisterfarben schien er selbst zu einem Geist zu werden, der von einem Lichtstrahl eingefangen und plötzlich sichtbar wird. Seine Macht war wie die Peitsche einer Haselnussrute, die der soliden Kraft der Eiche nacheifert. Zigor kam immer als Letzter aus der Schutzhütte, nach den anderen beiden. Manche – besonders die Frauen und, nun ja, auch ich vermutlich – fanden, dass er die größte Angst einjagte. Frauen spüren oftmals – mir geht es so –, dass allein der Gedanke an die Schlange uns schaudern lässt, selbst an einem sonnigen Tag, wenn alles, was mit Mittlern zu tun hat, tief zu schlafen scheint. Wenn hingegen der Fischadler über dem Offenen Meer segelt, sehnen sich unsere Herzen danach, ihm zu folgen … Der Fischadler öffnet unsere Träume und lässt unsere wachen Gedanken hoch und weit fliegen. Wenn Zigors Trommel erwachte und zu schlagen begann, war ihre Stimme so kalt und so fern – diese Trommel war es, die für mich eigentlich einen Mittler verkörperte. Noch heute zittere ich, wenn ich nur daran denke.

Aitor stimmte den Gesang an. Obwohl das Lied keine Worte hat, erzählt es von vielen Dingen, welche die meisten von uns nie begreifen werden. Jedes Jahr, wenn ich das Lied höre, kriecht ein kalter Wind über meinen Rücken. Die Mittler sangen zu den Tieren, während wir im Rhythmus ihrer Schritte klatschten, bis unsere Handflächen wund waren. Auch die Weisen begannen zu den Tieren zu singen. Die jüngeren Männer stimmten ein, und zuletzt die jungen Frauen. Wir sangen zunächst leise, damit wir die Mittler über alle anderen hinweg hören konnten, dann lauter. Das Lied wurde schnell und wild. Einige hörten auf zu klatschen und trommelten mit den Fäusten auf den Boden, bis er bebte. Das Lied wurde so laut, dass es nicht mehr nur die Menschen waren, die es sangen. Auch die Tiere stimmten ein, ebenso die Geister, welche die Seelen von Mensch und Tier verbinden, denn zu Anbeginn waren wir alle eine Seele, und in allem, was mit uns geschieht, sind wir noch am Anbeginn und werden es immer sein.

Die Dunkelheit kam über uns. Aus ihr leuchtete der Mond der Hirschjagd: Ein Scheibchen nur, nicht dicker als der Halbmond am Daumennagel, noch im Wipfel einer Eiche verfangen. Der Clan klatschte weiter, bis sich der Mond der Hirschjagd aus den Blättern löste und in den Himmel stieg. Er war kaum groß genug, um den Glanz der Sterne trüben zu können. Die Feuer der Mittler glühten über uns auf dem Hügel. Die Mittler waren in den Schatten aufgegangen. Wir sahen nur Zähne oder einen Fangzahn aufblitzen, die den Feuerschein einfingen, wenn die Mittler sich bewegten.

Noch etwas bewegte sich im Schatten hinter dem Feuer. Jetzt fing das Licht die Krümmung eines Geweihs ein, den Bogen eines Horns, dann verlor es sie wieder. Die Männer ringsum waren aufgestanden. Der Boden vibrierte unter den Schritten der Tiere.

Sendoa sprang von unserer Feuerstelle auf. Seine Brüder folgten ihm. Als er vorbeiging, beugte sich Sendoa über mich, packte Kemen am Arm und zog ihn mit sich. Der Schein des Feuers fiel auf Kemens Gesicht. Ich sah die Verwunderung in seinen Augen. Die Brüder nahmen ihn in ihre Mitte. Amets war nicht da. Ich hatte es nicht bemerkt, aber ich wusste, wohin er gegangen war. Wir konnten jetzt nichts sehen. Die dunkle Masse vieler Körper verbarg das Feuer und schluckte unsere Männer.

Wir erhoben uns, um besser sehen zu können. Wir hakten uns unter – ich stand zwischen Haizea und meiner Tante Sorné. Wir wankten hin und her und sangen, wobei wir die Schritte der Tiere mit den Füßen stampften. Ihr Lied war unser Lied. Wir konnten sie nicht sehen, weil die Männer sie vor uns verbargen. Die Tiere duckten und versteckten sich, und dann begannen sie zu kriechen und fortzulaufen. Die Männer hoben unsichtbare Speere und pirschten sich an sie heran. Rings um den Hügel der Mittler tobte die Jagd. Sobald das Licht die Tiere einfing, flohen sie wieder in die Dunkelheit. Wir sahen, wie die Männer mit ihren Speeren zielten.

Dann erblickten wir über den Köpfen der Männer, eingefangen im Feuerschein, das ausladende Geweih – dort am Fuß des Hügels, wo das Lied anfing –, wir sahen, wie es im flackernden Licht golden und schwarz und wieder golden wurde. Es erhob sich im ruhigen Herzschlag, mit dem die Jagd ihren Anfang nimmt.

Das Geweih drehte sich. Es drehte sich zur einen, dann zur anderen Seite. Es wand und duckte sich unter den donnernden Schritten von Mensch und Tier. Der Tanz drehte sich um das Geweih, so wie sich die Sterne um den einen Stillen Stern im Herzen des Sonnenlosen Himmels drehen.

Haizea an meiner Seite sprang in die Höhe und versuchte, über die Köpfe der Männer hinweg etwas zu sehen. Sie war zu jung, um zu wissen, dass sie nie sehen würde, was im Herzen der Jagd verborgen war – selbst wenn sie groß wie eine Esche wäre. Ich sah den Mond der Hirschjagd hoch über meinem Kopf. Ich spürte, wie Esti auf meinem Rücken schlief. Meine Hände und Füße schmerzten vom Klatschen und Stampfen. Ich zog mich zurück und sank auf das große Auerochsenfell an unserer Feuerstelle. Wir hatten Heidekraut und Farn darunter- und einen Birkenstamm dahintergelegt, an den man sich anlehnen konnte. Trotz des Lärms, oder gerade deswegen, waren die kleinen Kinder bereits eingeschlafen. Ich zog Esti vor meinen Bauch und lehnte mich mit ihr in meinen Armen an den Stamm. Der Boden bebte unter den Schritten der Tiere. Das Herz der Erde schlug in mir. Nach und nach kamen die anderen zu mir. Haizea und Ortzi waren die Letzten, die aufgaben. Sie hatten vergessen, dass sie keine Freunde mehr waren. Ortzi hatte Angst, sowohl davor, was als Nächstes geschehen könnte, und – noch schlimmer – was nicht geschehen könnte. Wie ein Kind klammerte er sich an Haizea, was er danach nie wieder tun würde. Sie hockten sich an den Rand der ausgebreiteten Felle, legten sich gegenseitig die Arme um die Schultern, und obwohl wir anderen hin und wieder eindösten, haben sich die beiden Kinder nicht bewegt, soviel ich weiß.

Später war mir kalt. Im Halbschlaf zog ich das Fell um mich und Esti. Der Himmel der Morgensonne war von rosa und grauen Streifen durchzogen. Ich konnte die Schritte der Tiere hören, aber jetzt waren sie weit entfernt. Ich beobachtete die Männer, die noch immer tanzten. Ihre Schritte waren langsam und erschöpft. Oben auf dem Hügel waren die Feuer der Mittler heruntergebrannt. Direkt unterhalb der Feuerstellen lagen drei zusammengedrängte Gestalten: die Körper der Mittler, die ihr Leben der Jagd geschenkt hatten. Also war alles gut. Wieder einmal hatten uns die Mittler vor dem schrecklichen Handel bewahrt, den wir eingehen, wenn wir auf diese Welt kommen, weil wir andere Seelen essen müssen, um uns selbst zu nähren und zu kleiden. Jedes Kind muss das wissen, also hört zu, auch die Kleinen! Für jede Seele, die wir nehmen, muss eine Seele zurückgegeben werden. Wenn unsere Mittler nicht zu den Tieren über die Jagd sprächen, damit sie einwilligen, für uns zu sterben und zurückzukehren, wieder und wieder, dann müssten die Menschen die Welt für immer verlassen.

Ich schaute auf die Feuerstellen der Familie rings um die Lichtung. Überall lagen schlafende Frauen und Kinder, nur manche waren zurück in ihre Zelte gegangen. Haizea und Ortzi hatten sich am Rand des Ochsenfells aneinandergeschmiegt. Der Schlaf hatte schließlich Ortzis Ängste geschluckt, aber nicht für lange.

Hinter den Feuern auf dem Hügel donnerte etwas. Funken stoben auf. Trommeln schlugen. Die Schritte waren nicht mehr gemessen. Sie rannten über den ganzen Platz, als würden alle Tiere fliehen oder ihrerseits die Verfolgung aufnehmen. Die Schritte wurden von wildem Kreischen begleitet: Die Geister selbst waren zu Jägern geworden und schrien nach ihrer Beute. Die dicht aneinandergedrängten Männer, hinter denen die Mittler verborgen waren, zerstreuten sich in alle Richtungen, rannten und brüllten.

Alle wurden wach. Esti begann zu wimmern. Andere Säuglinge weinten, Kinder riefen nach ihren Müttern. Haizea und Ortzi, aus dem Schlaf aufgeschreckt, klammerten sich wie zwei Eichhörnchen aneinander.

Die Mittler waren auf den Beinen. Tiere schossen aus dem Nichts hinter ihnen hervor. Wir jagten sie nicht, sie jagten uns! Sie rasten auf uns zu. Sie hatten die Gestalt von Männern, die über und über bemalt waren, und die Köpfe von Tieren. Frauen, die sie oft gesehen hatten, zitterten trotzdem vor Angst und verbargen ihre Gesichter. Die Luft war erfüllt von Schreien, als die Jungen von den Feuerstellen ihrer Familien gerissen und entführt wurden. Ein Tier kam direkt auf uns zu – es hatte Kopf und Schnauze eines Wolfs, und ein Wolfsfell flatterte auf seinem Rücken. Sein nackter Körper war schwarz wie die Nacht und rot wie Blut. Haizea schrie, als es sich auf sie stürzte. Doch nicht sie wollte es haben. Es schnappte sich Ortzi von ihrer Seite, warf ihn sich über die Schulter und schoss an uns vorbei in den Wald.

Haizea brach in Tränen aus. Ich nahm sie in die Arme und versuchte sie zu trösten.

»Schon gut, schon gut. Ortzi wird nichts passieren. Wenn er zurückkommt, ist er ein Mann. Du wirst stolz sein, ihn deinen Vetter nennen zu können! O ja, das wirst du. Bevor die Zusammenkunft zu Ende ist, wird er wieder da sein – ja, und Amets auch!«

»Amets?« Haizea richtete sich auf und schaute sich um. Wieder begann sie zu weinen. »Sie haben Amets auch mitgenommen!«

»Niemand nimmt Amets!« Sie tat mir leid, doch was sie gerade gesagt hatte, war eine Beleidigung meines Mannes. »Amets ist ein Mann! Aber ja, auch Amets wird zurückkommen. Sie sind beide wieder da, bevor die Zusammenkunft vorbei ist.« Über ihrem Kopf streckte ich meine Arme zu den Geistern empor. »Das passiert jedes Jahr, Haizea, und du weißt es! Nur war Ortzi dein Freund. Aber du solltest dich für ihn freuen, weißt du. Du musst froh sein!«

Haizea schniefte und richtete sich auf. »Ich weiß. Es ist nur … Mit Ortzi wird es nicht wieder so sein, oder?«

»Nein«, sagte ich und strich meiner Schwester über das wirre Haar. »Nein, Haizea, es wird nicht wieder so sein. Aber das ist es ja nie.«

Kemen sagte:

Wir tanzten die Jagd. Sendoa zog mich mit. Wir tanzten. Weit entfernt vom Hügel der Mittler und dann ganz nah: Wir waren Rehe, wir waren Hirsche, wir waren Auerochsen. Ich schaute auf und sah die hoch auflodernden Feuer über mir auf dem Hügel. Wir waren Wildschwein, wir waren Bär, wir waren Wolf … Flammen stiegen in meinem Herzen auf. Wir waren Luchs, wir waren Luchs, und dann …

Sie schleuderten mich zu Boden. Sie verbanden mir die Augen. Sie zerrten mich einen steilen Hang hinauf. Unter der Lederbinde, die mir die Sicht raubte, sah ich das Feuer wie einen Blitz vorbeihuschen. Steine zerkratzten meinen Rücken, während sie mich weiterschleppten. Die Schritte der Tiere pochten in meinen Ohren. Unter der Binde umgab mich Dunkelheit. Ich roch Leder und Schweiß. Sie warfen mich nieder. Der Boden bebte unter den donnernden Füßen.

Er packte meine Haare und zog meinen Kopf nach hinten. Ich spürte die Klinge an meiner Kehle.

Er sprach so nah an meinem Ohr, dass ich ihn über den Lärm des Tanzes hinweg deutlich hören konnte. »Du! Fremder! Was hast du getan?«

»Nichts Unrechtes! Ich habe nichts Unrechtes getan!« Ich versuchte meine Arme auszustrecken, doch sie drückten mich zu Boden.

»Was hast du getan?«

Der Tanz gab seine Worte als Echo wieder, trommelte sie in einer Vielfalt stampfender Füße: »Was hast du getan, Kemen? Was hast du getan?«

»Ich habe nichts Unrechtes getan! Das Meer hat uns verschluckt!«

»Was hast du getan?«

»Ich habe nichts Unrechtes getan! Nur dass ich am Leben geblieben bin!«

»Was hast du deiner Sippe angetan?«

»Ich habe nichts Unrechtes getan!«

»Was hast du deiner Sippe angetan?«

»Alle sind gestorben.«

Ob ich vor ihren Augen wie ein Kind schluchzte oder in der Welt, in die er mich mitgenommen hatte, weiß ich nicht. Danach hatte ich Angst, Schande über mich gebracht zu haben, doch wenn es vor Männern in dieser Welt geschah, so hat es nie jemand erwähnt. Aber jetzt wage ich, es zu erzählen. Zigor wusste es. Er war es, der mich niedergeworfen hatte.

Zigor riss mich an den Haaren. Er nahm mich mit ins Herz des Meeres. Ich weinte um meine verlorene Familie. Zigor zog mir die Binde von den Augen. Ich sah sie – meinen Vater, meine Mutter, meine Schwestern, meine Vettern und Kusinen, all die kleinen Kinder – nach und nach kamen sie alle und schauten mich an, die armen, bleichen Seelen. Nicht einer ihrer Namen war in diese Welt zurückgekehrt.

»Dafür gibt es überhaupt nur eine Möglichkeit.« Seine Stimme klang barsch wie immer in meinem Ohr.

»Ich konnte nicht schneller laufen! Sogar Basajaun konnte nicht schnell genug laufen!«

»Basajaun!« Er riss mich an den Haaren. Das Messer saß noch immer an meiner Kehle. »Was hat Basajaun getan?«

»Nichts! Nichts! Wir haben nichts Unrechtes getan!«

»Du lügst!« Das Messer bewegte sich. Warmes Blut rann an meinem Ohr vorbei.

»Nein! Ich habe sie alle geliebt! Ich habe nichts Unrechtes getan!« Das Messer war weg. Die Binde drückte sich in meine Stirn.

»Das ist wahr.«

Mir war zunächst nicht klar, was er gesagt hatte. In seiner Stimme lag kein Mitleid. Doch als er dann wieder sprach, hörte ich jedes Wort. »Du hast nichts Unrechtes getan, Kemen. Aber etwas Unrechtes ist geschehen. Für jede Seele muss eine Seele zurückgegeben werden. Wenn ihre Namen je wieder in dieser Welt ausgesprochen werden sollen, dann beim Alkclan, nirgendwo sonst. Hast du mich verstanden?«

»Ja.« Obwohl die Stimme grausam war, wurde meine Seele von Erleichterung überflutet.

»*Nirgendwo* sonst. Verstehst du?«

Ich dachte, ich hätte ihn verstanden, und seine Worte erfüllten mich mit Freude.

»Dreht ihn um!«

Sie hielten mich fest, das Gesicht auf die Erde gedrückt. Hände spannten meine Haut. Ich spürte das Schrammen von Klingen, dann einen Stich wie von einer Biene. Dieselbe Hand stach wieder zu, dann wieder, quer über mein Schulterblatt. Kaltes Feuer durchströmte mich. Brennende Stiche krochen an meiner Schulter herauf. Sie trafen mein Schlüsselbein, das in Flammen aufging. Leise stieß ich die Luft aus, damit mich niemand keuchen hörte. Die Stiche trafen meine Rippen und begannen wieder zu kriechen. Von innen konnte ich das Muster auf meiner Haut nicht erkennen. Allmählich veränderte sich der Schmerz: Ruhe überkam mich, obwohl ich hilflos in den Händen von Fremden lag, als hätte es schon immer so kommen sollen. Das warme Blut, das in die Höhlung meines Rückens lief, war wie eine Liebkosung.

Die letzte Insel lag weit hinter uns. Wir flogen über die Wellen dahin. Wir rollten, kreisten und stampften über unseren Fischgründen, als wären wir nicht viele verschiedene Seelen, sondern eine einzige. Das Offene Meer war unser Jagdgrund. Immer weiter flogen wir, bis der Rand der Welt selbst vor uns lag.

Er ritzte meine Haut in Flammen. Vorsichtig und langsam. Seine Gedanken strömten in mich. Ich spürte den eisigen Biss von Farbe, Stich für Stich. Mir war, als kämen sie nicht mehr einzeln, sondern alle gleichzeitig, und würden eine neue Botschaft in meine Haut einbrennen. Ich verlor jegliches Gefühl für die Dauer, bis mich am Ende kalte Asche, die man über mich streute, wie die Flügel einer Motte berührte.

Zigors Stimme brachte mich von weit her wieder zurück. »Alke haben viele Feinde, Kemen. Alke benötigen Geschicklichkeit mehr als

Kraft. Sie ziehen so weit über das Meer, wie es sonst niemandem gelingt. Wo immer du einen findest, werden nicht weit davon entfernt viele zusammen sein. Die Namen deiner Sippe werden unter ihnen leben, wenn du eine kluge Wahl triffst.«

Ich drehte den Kopf zur Seite, und es gelang mir zu sprechen. »Ich habe bereits gewählt.«

»Kein Mann kann seinen eigenen Rücken sehen«, sagte Zigor. Das Lachen in seiner Stimme erschreckte mich mehr als seine Worte. »Was hast du getan, das dich glauben lässt, es wäre so einfach? Aber der eine Mann, der dir zeigen kann, was auf deinem Rücken steht, er wird die Wahrheit sagen. Nimm ihn als deinen Bruder an, Kemen … *er* soll dein Bruder sein, und dein Name wird beim Alkclan leben. Und *nirgendwo* sonst.«

Nekané sagte:

Als die Mittler zu den Tieren über die Jagd sprachen, hatte das nichts mit mir zu tun. Ich wusste, dass meine Prüfung noch bevorstand. Ich ging davon aus, dass sie schwierig sein würde. Zigor war dagegen, dass eine Frau Mittlerin wurde. Er konnte nicht sagen, dass es unmöglich war. Alle wussten, dass zu Anbeginn niemand Mittler war, weil die Geister von Mensch und Tier sich verstanden, ohne miteinander zu sprechen. Nach dem Anbeginn hatten Frauen wie Männer schwierige Fragen zu stellen. Frauen waren nicht so oft Mittlerin, weil wir unsere Fragen nicht alle auf einmal stellen. Aus demselben Grund braucht ein Mädchen keinen Einführungsritus: Ihre Einführung geschieht, wenn ihr Körper bereit ist und sie von ihrer Familie erfährt, was das bedeutet. Genauso ist es, wenn eine Frau zur Mittlerin wird.

Ich dachte, Aitor wäre auf meiner Seite, weil seine Mutter Mittlerin gewesen war; sie war tatsächlich die einzige Mittlerin seit Menschengedenken. Vielleicht hatte sie Aitor beigebracht, was sie wusste. Von Hodei wusste ich nichts. Ich war mir sicher, dass Zigor gegen mich wäre. Ich kannte Zigor, seit wir im selben Jahr zum ersten Mal an der Zusammenkunft teilnahmen – da waren wir noch Säuglinge. Wir verstanden uns nicht. Kinder ertragen viel voneinander, nur kein Jammern. Zigor hätte ohnehin nicht mit uns anderen mithalten können: Er kränkelte immer. Man hielt ihn allgemein für einen der Jungen, die von der Einführung nicht zurückkehren. Seine Mutter war verzweifelt, während er fort war – *sie* war keine Mittlerin, sie war ein trauriges Geschöpf! Doch als Zigor zurückkkam, war er so, wie ihr ihn seitdem kennt – abweisend, furchterregend, *gefährlich*. Damals hätte alles passieren können. Aber wie es nun einmal war, wurde er sehr bald zum Mittler – wenn es um den Alkclan ging, wurde er zu einer Gefahr für andere, nicht für uns. Also taten die Geister ihre Arbeit. Doch nun hatte ich Angst, er würde gegen mich sein. Das lag nicht nur an seiner Macht als Mittler – ich hatte auch Angst, er könnte sich daran erinnern, wie ich ihn als Kind behandelt hatte.

Ich wollte nicht in Anwesenheit aller geprüft werden. Viel lieber wäre ich eine alte Frau gewesen, die bei der Zusammenkunft an den Feuerstellen der Familie sitzt und sich von den Verwandten erzählen lässt, wie es ihnen ergangen ist. Ich hatte meinen Teil der Arbeit geleistet. Schön und gut, wenn man zu den Weisen gezählt wurde, mehr als das wollte ich nicht. Doch wenn es darum geht, Mittlerin zu sein, hat die Seele keine andere Wahl.

Die Mittler hatten zu den Tieren gesprochen, damit die Männer zur Jagd aufbrechen konnten. Zumindest die Männer unserer Familie waren gut vorbereitet – sie mussten sich nicht beeilen, Klingen anzufertigen, Pfeile zu binden, Schuhe auszubessern, alte Speere zu reparieren, oder ihre Frauen anschreien, weil sie etwas nicht gemacht hatten, das sie selbst schon längst hätten erledigen sollen. Amets war bereits fort. Mein Mann blieb da. Er sagte, er sei erschöpft. Falls es ihm schwerfiel, auf die Jagd zu verzichten, so hat er es nie erwähnt.

Nur Sorné und ich waren wach, als die Jäger loszogen. Wir waren froh, sie fortgehen zu sehen. Der Morgenhimmel war grau. Seitdem wir zur Zusammenkunft gekommen waren, hatte uns die Sonne jeden Morgen fröhlich geweckt, doch jetzt ruhte sie sich aus. Ich kam aus dem Zelt, und die Mücken surrten. Sorné zog die Grassoden zurück und legte einen grünen Haselnusszweig auf das Feuer. Aber heute machte den Stechmücken der dichte schwarze Rauch nichts aus. Ich beschloss, so bald wie möglich mit meinem Korb aufzubrechen: Warme, verräucherte Lagerplätze voll beißender Fliegen, weinender Kinder und gereizter Frauen brauche ich nicht. Ich wusste noch nicht, was der Tag für mich bereithielt.

Aus Sendoas Zelt vernahm ich das Rascheln von Farnkraut. Ich beugte mich über das Feuer. Aus den Augenwinkeln beobachtete ich die Männer, wie sie, ohne ihre Familien zu wecken, aus ihren Zelten krochen, die Körper noch vom Tanz bemalt. Die Hunde kamen hinter den Zelten hervor, gähnten und streckten sich, waren dabei aber ganz still. Leise hoben die Männer ihre Waffen auf und schlangen sie über die Schultern. Die Hunde warteten mit aufgestellten Ohren. Ich tat sehr beschäftigt, legte Holzscheite auf den brennenden Haselzweig und blies in die Glut der letzten Nacht, um das Feuer zu entfachen. Sorné entfernte sich mit den Wasserschläuchen und wandte den Männern dabei den Rücken zu. Kurz darauf verschwanden Männer und Hunde im Wald, und wir mussten nicht mehr so tun, als sähen wir sie nicht.

»Endlich Frieden!«, sagte Sorné, als sie zurückkam, die schweren Wasserschläuche ablegte und ihre Schultern streckte. »Und ein *richtiges* Stück Fleisch, auf das wir uns freuen können!« Wenn wir allein waren, sorgten meine Schwester und ich uns nicht darum, ob wir die Geister herausforderten; wir wussten, dass sie sich nichts daraus machten, was wir sagten. »Und jetzt können die Jüngeren mit der Arbeit weitermachen. Zur Abwechslung können wir einmal herumsitzen und bloß alte Frauen sein, Nekané! Welche Wonne! Die meisten Frauen kommen nicht so weit, aber wir stammen von einem starken Baum, du und ich.«

»Ich sehe dich nicht oft herumsitzen! Trotzdem solltest du es mal probieren. Setz dich ans Feuer und schau wie eine der Weisen!«

»So ungefähr?« Sorné bemühte sich um eine würdevolle Miene, und wir brachen in Gelächter aus.

Man ließ mich nicht herumsitzen. Umgeben von Fliegenschwärmen schabten Itsaso, Haizea und ich Lilienwurzeln für eine Paste, als Zorioné an unsere Feuerstelle trat. Die beiden Mädchen versteiften sich, als sie sich näherte. Zorioné schien nervös zu sein, was ihr nicht ähnlich sah.

»Nekané! Mein Onkel bittet dich, zu Arantxas Zelt zu kommen.«

»Hat er gesagt, warum?«

»Osané ist krank. Er bittet dich zu kommen.«

Das also war meine Prüfung! Kaum waren Aitor und Hodei unterwegs zum Jagdlager, da hatte Zigor auch schon die Gelegenheit ergriffen. Ich musste zugeben, dass er schlau war. »Warum heilt Zigor sie nicht selbst? Warum bittet er mich? Er hat großes Geschick, und ich habe gar nichts.«

»Er sagte, dass die Geister in diesem Fall nur zu dir sprechen werden.«

Itsaso und Haizea wechselten Blicke.

»Also gut. Wenn Osané mich braucht, dann komme ich.«

Itsaso und Haizea folgten Zorioné und mir über den Lagerplatz. Ich beachtete sie nicht. Oben auf dem Hügel der Mittler waren die großen Holzscheite fast verglüht. In der Wärme summten Fliegen. Die Geister ruhten. Ich ging vorbei, ohne etwas zu sagen.

Arantxa ist eine Närrin, das war sie schon immer. Osanés Vater – sein Name ist jetzt nicht mehr in dieser Welt – war noch schlimmer als ein Narr. Ein Wunder, dass diese Kinder so gut geraten sind. Ihr beide – Oroitz und Koldo –, einige behaupten heute, dass ihr gestandene Männer seid. Ich bin mir nicht so sicher: Ihr seid ein bisschen klein und dürr – darüber werdet ihr nie hinauskommen –, aber deswegen seid ihr nicht schlechter, vermute ich. Der dritte Junge, über *den* wissen wir alles! Das Mädchen, das mehr wert ist als der Rest der Familie, wurde von Arantxa beinahe durch ihre Gier und Dummheit umgebracht. Als wir an ihre Feuerstelle kamen, jammerte die dumme Frau und krallte sich mit den Händen an der Zeltklappe fest.

»Wenn deine Tochter krank da drinnen liegt, dann hilft ihr das nicht viel!«

Arantxa hielt mitten in einem Schluchzer inne und schaute mich blinzelnd mit offenem Mund an.

»Zigor hat nach mir verlangt«, sagte ich zu ihr. »Wo ist er? Und wo ist Osané?«

Sie begann wieder zu weinen. »Er hat uns verlassen! Er ist fortgegangen! Mein armes Mädchen stirbt, und er will nichts für sie tun! Er hat sie dem Tod überlassen! Er …«

Zorioné schaltete sich ein: »Das ist nicht wahr! Du weißt sehr gut, was er gesagt hat. Die Geister haben ihm aufgetragen, sich nicht einzumischen und die Frau zu holen. Und ich *habe* sie geholt, wie er es mir befohlen hat. Hier ist sie.« Zorioné zeigte auf mich.

»Nein, nein, nein! Geh weg! Sie bringt böse Geister! Sie haben ihren Sohn genommen! Jetzt hat er sie geschickt, um auch Osané zu holen! Geh weg! Geh weg!«

Ich seufzte. Die Männer in dieser Familie taugten nicht viel, aber gemeinsam hätten sie Arantxa bestimmt den Mund verbieten und sie wegziehen können. Nur waren sie alle auf der Jagd. Außer zwei verschreckten Kusinen und ein paar schniefenden, von Mückenstichen übersäten Kindern war sonst niemand da.

Ich streckte die Arme empor und legte den Kopf in den Nacken. »Wir kommen wegen Osané!«, rief ich mit lauter Stimme. »Fort mit dieser Frau!«

Meine Helfer mussten nicht eingreifen: Sie wussten, dass ich allein mit Arantxa fertig wurde. Kaum hatte ich die Geister angerufen, da warf sie sich auch schon zu Boden, die Hände über dem Kopf, und flehte weinend um Gnade. Ich stieg über sie hinweg, hob die Zeltklappe hoch und trat hinein.

Drinnen war es heiß und stickig. Zunächst konnte ich nicht sehen, wo Osané war. Muschelschalen und abgenagte Knochen waren auf die kalte Asche in der Feuerstelle gehäuft worden. Auf dem Schlaf-podest stapelten sich von Motten zerfressene Felle. Gebückt ging ich näher heran und roch abgestandenen Urin. Im hinteren Teil lag ein größerer Klumpen. Ich zog ein Ochsenfell beiseite. Darunter ent-deckte ich ein Gewirr aus hellbraunem Haar. Ich entfernte die Felle. Aufgeschreckte Läuse huschten in die Falten. Osané hatte sich so fest eingewickelt, dass ich mir vorkam, als häutete ich einen Seehund.

Das letzte Mal, als ich Osané mit einem Korb voll Haselnüsse hatte vorbeilaufen sehen, hatte sie rote Wangen gehabt und war fröhlich ge-wesen. Das war vor drei Tagen. Jetzt, als ich ihr Kinn in meine Hand nahm und ihren Kopf zu mir herumdrehte, erschrak ich. Ihre Wan-gen waren grau und eingefallen, als wäre sie tot. Ich sah keine Regung in ihren Augen, nur blindes Entsetzen. Das andere Auge war hinter einer purpurnen Prellung verschwunden. Die Schnur ihrer Jacke war gelöst. Ich zog das Hirschleder zurück. An ihrem geschwollenen Hals waren blaue Flecken in Form von Fingern, vier auf jeder Seite – und ein scharlachrotes Mal in ihrer Halsmulde, an dem ich zwei Dau-menabdrücke erkannte.

Als ich hinauskam, stellte ich fest, dass Itsaso und Haizea den Ein-gang zum Zelt bewachten. Die Frau, die sich eine Mutter nannte, saß in Tränen aufgelöst an der Feuerstelle. Die Kinder quengelten neben ihr und kauten auf ihren Fingerknöcheln. Wenn sie schon ihrer Toch-ter nicht gegenübertreten konnte, dann hätte sie wenigstens ihre Klei-nen füttern können. Zorioné war verschwunden.

»Haizea«, sagte ich. »Geh sofort zu Zigor und sag ihm, wir brau-chen Feuer in den Feuerstellen der Mittler und die Schutzhütte zu unserer Verfügung!«

Sie starrte mich mit offenem Mund an.

»Schnell!« Ich schenkte ihr ein Lächeln. »Vertrau mir, kleine Toch-ter. Hab keine Angst. Und jetzt geh!« Ich wandte mich an meine Nichte. »Itsaso, lauf um den Lagerplatz herum. Setze deine kräftige Stimme ein. Ruf alle zur Heilung zusammen. Aber zuerst gehst du zu deiner Mutter. Sag ihr, sie soll alle sauberen Felle bringen, in die wir

Osané einhüllen können, und zwar sofort. Und sag ihr …« – Itsaso blieb stehen, sie war schon losgelaufen. »Bring auch Hilargi mit. Wir werden Osané tragen müssen. Und jetzt los!«

Während ich dort in dem elenden Zelt saß und Osanés Hand hielt, hörte ich Itsasos Stimme über den Lagerplatz schallen. »Kommt schnell! Beeilt euch! Die Mittlerin wartet! Kommt zur Heilung! Kommt zur Heilung! Kommt! Kommt! Kommt!«

Ich war zu sehr mit Osané beschäftigt, um darüber nachzudenken, dass Itsaso mich meinte, als sie »Mittlerin« rief. Ich vernahm verblüffte Stimmen, die wie eine Schar Stare durcheinanderlärmten, Rufe, Fragen, dann das schnelle Trappeln von Füßen.

Haizea rief mir durch die Zeltwand zu: »Mutter! Ich habe es ihm gesagt. Er hat nicht reagiert. Doch er ist auf den Hügel gegangen und hat eigenhändig die Grassoden entfernt und das Feuer in Gang gesetzt. Er macht es selbst! Aber er hat mir nicht geantwortet, hat mich überhaupt nicht zur Kenntnis genommen. Und sie kommen – alle, die hier sind, kommen!«

»Gut gemacht. Jetzt geh und sag es weiter: Osanés Seele ist schon weit fort. Sag ihnen, wir müssen uns vorbereiten, sie sofort zurückzurufen, sonst ist es zu spät.«

Daher bestand meine erste Zuhörerschaft aus Frauen, Kindern, alten Männern – und Zigor. Fast alle waren auf meiner Seite. Wären die Männer da gewesen, hätte es anders ausgesehen. Bis heute weiß ich nicht, was Zigor im Sinn hatte. Ich bin mir sicher, dass er es mir nicht leicht machen wollte. Vielleicht hat er einfach nur getan, was seine Helfer ihm gesagt haben: dass es richtig war für Osané. Ob Zigor weit genug sehen konnte, um zu wissen, wohin die Heilung von Osané führen würde, weiß ich nicht. Ich kann nur sagen, dass Zigor ein mächtiger Mittler war, und damals konnte er mich nicht leiden. Richtig ist auch, dass er unseren Clan niemals im Stich gelassen hat.

Ich hatte noch nie auf dem Hügel der Mittler gestanden, hatte noch nie die Hitze der Geisterfeuer gespürt. Jetzt, da ich näher herankam, sah ich, dass die drei Steinringe um die Feuer sich überlappten und die Feuerstellen der Mittler wie die Segmente einer Raupe miteinander verbanden.

Wir trugen Osané zur Stätte der Heilung auf halber Höhe des Hügels, direkt unterhalb der Feuer. In zwei Feuerstellen knisterten und rauchten bereits frische Kiefernäste. Rauchschwaden hüllten uns ein, und die anderen konnten uns nur durch dichten Qualm sehen. Der Himmel hing niedrig über uns, schwer von unvergossenem Wasser. Manche hatten dünne Kiefernzweige angezündet, um die Mücken zu verscheuchen – ich sah kleine, unstete Lichtpunkte durch die Rauchwolke. Selbst die kleinen Kinder blieben still. Meine Familie setzte sich an die Seite, von der die Sicht klarer war. Ich spürte ihre Unterstützung, die zu mir heraufstieg, und Zigors Kälte zu meiner Linken.

Anspannung lag in der Luft. Als ich mein Messer hervorholte, um einen Kreis um Osané und mich zu ziehen, wurde mir bewusst, wie diese Spannung gegen die Klinge drückte. Ich setzte meine ganze Kraft ein, um die Angst in der Luft zu durchschneiden. Dann stieg ich den Hügel hinauf, trat hinter die drei Feuer und ging in die Schutzhütte. Drei Trommeln hingen an der Wand aus Weidengeflecht. Ich schluckte und nahm all meinen Mut zusammen. Ich hob die erste Trommel. Noch nie hatte ich die Trommel eines Mittlers berührt. Sie war sehr leicht. Verblasste rote Spiralen waren auf das Fell gemalt. Ich erkannte die Kraft darin, aber keine Gefahr. Ich drehte die Trommel um. Das Fell war über gebogene Haselruten gespannt und mit Schnüren aus Sehnen festgezogen. Ich holte die zweite Trommel herunter und betrachtete das Muster auf dem Fell. Ich konnte es nicht deuten. Ich nahm die Trommelstöcke aus Haselnussholz, die neben den Trommeln hingen, und ging hinaus.

Ich spürte, wie die Menge die Luft anhielt. Ohne Zigor anzusehen, hielt ich die Trommel vor mich, die ich nicht hatte deuten können, und den Stock, der dazugehörte. Die Geister hatten mir das Richtige gesagt: Zigor ließ sich von mir seine Trommel geben. Später fand ich heraus, dass die Trommel, die ich für mich von der Wand genommen hatte, Aitor gehörte. Hätte ich keinen Erfolg gehabt, dann hätte Aitor dafür gesorgt, dass ich sterbe. Noch nie war ich mit einer Trommel oder einem Trommelstock umgegangen. Ich hielt die Trommel in meiner linken Hand, so, wie ich es immer gesehen hatte. Sobald der Stock das Fell berührte, erfüllte mich das mit Macht. Ich begann zu trommeln – leise zunächst, dann allmählich immer fester.

Ich trommelte allein. Lange. Der kalte Finger der Angst kroch über meinen Rücken. Dann wurde ich wütend. Osané lag auf der Stätte der Heilung zu meinen Füßen. Würde Zigor sie sterben lassen? Mein Kopf wurde heiß. Ich hörte auf, mir Sorgen zu machen. Ich richtete mich auf und trommelte mit all dem Feuer, das ich besaß, den Kopf hoch erhoben.

Mir fiel ein, was ich zu fragen hatte. Sogleich sah ich – obwohl wir weit vom Offenen Meer entfernt waren – bis zum äußersten Rand der Welt, wo das Wasser auf den Himmel trifft. Ich sah meinen Delphin durch die Wellen auf mich zuspringen. Ich sah seine bemalte Seite. Sein Mund war geöffnet, er lachte. Ich trommelte, so laut ich konnte, um ihm zu zeigen, wohin er kommen sollte.

Mein Trommeln kehrte zu mir zurück, stärker, als es von mir ausgegangen war. Die Kraft kam von meiner Linken – von Zigor. Als mein Delphin durch das Wasser schwamm, flog der Fischadler über seinen Kopf. Er tauchte ins Meer, als der Delphin in die Luft sprang. Ich sah zwei Spuren aus weißer Gischt. Der Fischadler tauchte auf und erhob sich in die Lüfte.

Ich warf den Kopf in den Nacken und rief mit aller Kraft, der meine Lunge fähig war, meine Helfer an. Ich trommelte, und ich sang, und alle stimmten ein und wiederholten die Worte, die wir ihnen vorgaben. Ich hörte meine Stimme, und in ihr waren die Stimmen meiner Helfer und verliehen ihr Kraft. Wir begannen, für Osané zu singen, riefen ihrer Seele zu, wieder zurückzukehren.

Ich legte meinen Trommelstock nieder, doch das Trommeln ging weiter. Es kam von meiner Linken. Der Gesang erfüllte die Luft. Ich sprang hinunter auf die Stätte der Heilung und legte meinen Arm über Osané, meinen Schwanenflügel, um sie zu beschützen.

Ich versank in Finsternis. Dorthin war sie gewandert. Ich folgte ihr immer weiter hinab. Die Geister verhöhnten mich. Ich wollte ihnen nicht in die Augen schauen. Ich ging stetig weiter hinab in die Grube, in der ihre Seele vor mir verschwunden war.

Ich hörte ein kurzes, heiseres Bellen. Ich flog, um meinen neuen Feind zu finden. Dann roch ich ihn:

Luchs!

Der Mond kam unter einer Wolke hervor und glänzte in seinen gelben Augen. Im Licht des Mondes sah ich das breite Katzengesicht – Pinselohren, aufgemalte Jagdstreifen, der Körper gespannt wie eine Haselpeitsche, geduckt, um anzugreifen –, die ganze aufgestaute Macht der Jagd. Ich erstarrte.

Doch jetzt hatte ich seinen Namen. Ich benutzte ihn. Ich verwendete alle Macht, die ich hatte, und rang mit ihm. Sein heißer Atem roch nach rohem Fleisch. Seine Zähne blitzten im Mondlicht auf. Aber nun kannte ich meinen Feind, und das verlieh mir Stärke. Luchs schüttelte Osanés Seele zwischen seinen Zähnen. Mit Flügeln und Schnabel und schwimmhäutigen Krallen kämpfte ich mit ihm um sie. Meine Kraft ließ nach.

Einen kurzen Augenblick lang sah ich meinen Delphin trocken auf einem Sandstrand liegen. Seetang war an der Flutlinie entlang verstreut. Oben am Strand wuchsen Erlen und Salweiden, Sandmohn im trockenen Sand. Ich schaute ins sterbende Auge meines Delphins. Die Glut eines kleinen Feuers und ein glatter weißer Kiesel lagen auf dem Sand vor seinem Körper. Ich hob den weißen Kieselstein auf und steckte ihn in meinen Beutel.

Luchs kämpfte verbissen, doch er konnte nichts ausrichten. Als er merkte, was ich gesehen hatte, verließ ihn seine Kraft. Sein Griff um Osanés Seele begann sich zu lockern. Ich legte meinen Mund an ihren Hals und saugte ihn aus ihr heraus. Ich zwang ihn, loszulassen. Ich schluckte ihn und spuckte ihn aus. Ich sah ihm nach, als er mit angelegten Ohren und eingezogenem Schwanz zum Himmel der Hochstehenden Sonne floh.

Osanés zerrissene Seele schwebte in der Dunkelheit.

Ich lag quer über ihrem Leib und begann sie zurückzurufen. Die Frauen wankten im Rhythmus ihres Namens hin und her und nahmen den Gesang auf. »Osané, Osané, Osané …«

Ihre Seele hörte es. Ich beobachtete Osanés Gesicht. Ein Augenlid zuckte. Sie schlug ein Auge auf. Die schwarze Mitte war groß und hatte nur noch einen dünnen blauen Rand. Das andere Auge war im geschwollenen Fleisch nur ein Schlitz. Osané blinzelte. Langsam kehrte ihr Blick wieder zu mir zurück und richtete sich auf mein Gesicht.

»Schon gut, kleine Tochter. Du kannst jetzt zurückkehren.«

Ich ließ sie in die Schutzhütte der Mittler tragen. Wir reinigten ihren Körper und legten kaltes Moos auf ihre Prellungen. Ich gab ihr Wasser und nach einer Weile überredete ich sie, ein paar Beeren zu essen.

»Wir müssen sie dort lassen, bis sie eine Familie findet«, sagte ich später zu Zigor. »Sie kann nicht zu ihren Eltern zurück.«

Ich wusste nicht, was er dachte. Auch konnte ich meine Erinnerung an den aufsteigenden Fischadler nicht mit dem dünnen Mann in Verbindung bringen, der neben mir an den Feuerstellen der Mittler hockte. Zigor griff nach seinem Wasserschlauch und trank einen tiefen Schluck. Er bot mir nichts an.

Zigor wischte sich den Mund ab und sagte mit starrem Blick ins Feuer: »Du hast also die erste Ursache gefunden?«

»Die erste Ursache?«

»Ihrer Krankheit! Du hattest doch bestimmt so viel Verstand, danach zu suchen?«

»Ich habe die Ursache gefunden.« Mir war, als würde ich schon wieder kämpfen. »Ich bin mir nicht sicher, wer sie gewürgt hat – oder es versucht hat, sie sagt kein Wort –, aber ich glaube, ich kann es mir denken.«

»Du *glaubst*, du kannst es dir *denken*! Wenn du Mittlerin bist, Nekané, wirst du weder *glauben* noch *denken*. Du *findest* und *erfährst*. Wessen Hände diese Spuren hinterlassen haben – spielt es eine Rolle? Oder kannst du nicht weiter als bis dahin sehen?«

»Wichtig ist, dass sie nie zu ihren Eltern zurückkehrt.«

»Dann gib sie Edur. Seine Familie kann sie haben.«

»Zigor, erinnerst du dich, wie Arantxa war, als sie jung war?«

»Was geht es mich an, wie Arantxa war, damals oder irgendwann?«

»Vielleicht sollte es dich etwas angehen.« Mir fiel es schwer, genug zu sagen, ohne zu viel zu sagen. »Mag sein, dass es besser für den Alkclan ist, wenn Arantxas Tochter einen Mann nimmt, der keinesfalls mit ihr verwandt sein kann.« Ich warf ihm einen Blick zu. Zigor war schlau, ich musste doch bestimmt nicht mehr sagen? »*Keinesfalls*«, wiederholte ich. Er musste mich jetzt verstanden haben.

»Ist das alles, was du zu sagen hast?«

»Nein, noch nicht.« Er war Mittler für den Alkclan und ich auch. Sein Helfer war mir zu Hilfe gekommen, und er musste meinen Schwan und meinen Delphin gesehen haben. Ich berichtete ihm, wo ich Osanés Seele gefunden hatte, und alles, was auf meiner Reise geschehen war.

Ich wusste, Zigor würde mich nicht loben. Entscheidend war, dass er zuhörte. Als ich fertig war, schwieg er eine Weile. Ich beobachtete, wie er mit einem Zweig Muster in die Asche rings um das Feuer zeichnete.

»Gestern Abend habe ich das Zeichen des Luchses auf dem Rücken eines Mannes gesehen«, sagte Zigor schließlich. »Ich habe Alk darüber geschrieben.«

»Aber die Geister, die Kemen mitgebracht hat, sind gut! Das habe ich auf dem Lagerplatz am Weißen Strand gesehen.«

»Alle Geister sind gut. Das weißt du. Doch die guten Geister eines Clans können die Feinde eines anderen sein. Als du Osané aus der Welt gefolgt bist, hast du Luchs getroffen. Gib acht, wie du diesen Luchs auslegst. Er bedeutet vielleicht nicht das, was du denkst. So etwas wie einen bösen Geist gibt es nicht. *Deine* geliebten Helfer sind die schlimmsten Feinde deiner Feinde. Vergiss das nie.«

»*Alle* Geister? Aber … das Meer, das die Lande des Luchsclans weggespült und so viele seiner Angehörigen getötet hat – wie kann das *gut* gewesen sein?«

»Alles auf Erden ist gut.« Zigor sprach so freudlos, dass er auch genau das Gegenteil hätte sagen können. »Aber die Geister des Meeres machen sich nichts aus Menschen. Warum auch?«

»Also ist das Meer der Feind des Luchsclans geworden …«

»Das Meer hatte nichts mit dem Luchsclan zu tun.«

»Aber warum sollte Luchs *unser* Feind sein? Kemen ist nicht …«

»Nein. Das können wir nutzen.«

»Wie?«

»Gib sie ihm.« In Andeutung eines Lächelns entblößte Zigor seine Zähne. »Das löst auch dein anderes kleines Problem, glaube ich.«

Meine Gedanken rasten. Bedenkt, ich hatte noch nie mit Zigor gearbeitet. Heute weiß ich sehr gut, wie weit dieser Mann sah! An dem ersten Tag damals hat er mich überrascht. Aber ja, nun konnte ich es sehen. Auf meiner Reise in die Welt der Geister war Luchs Osanés Feind gewesen – *unser* Feind. Aber alle Geister sind gut … Luchs ist auch gut. Wenn Luchs sich um seinen eigenen Clan kümmert, könnte es das Schlimmste für uns sein. Die Geister, die eine Krankheit auslösen, können nicht vernichtet werden – man muss sie dazu bringen, die Seiten zu wechseln.

Und die erste Ursache? Allmählich begriff ich: Wer Osané auch angegriffen hatte, war darin verfangen – wir alle. Vielleicht hatte Edur sie fast erstickt … Edur wollte Osané zur Frau haben, und Arantxa hatte ihn angestachelt, weil sie Angst hatte, dass ihre Söhne nach der Zusammenkunft fortgehen und sie dem Hungertod überlassen würden. Die Frau war nur darauf bedacht, einen guten Jäger in die Familie zu bekommen. Vielleicht war Edur es leid, dass Osané ihm aus dem Weg ging, und hatte versucht, sie zu zwingen. Anzeichen dafür, dass ihr Gewalt angetan worden war, hatte ich nicht gesehen, als wir sie entkleideten. Das hatte nicht viel zu sagen – sie hätte sich selbst gereinigt, das machen Mädchen so, es bedeutet, man kann nie etwas beweisen –, doch ich war mir nicht sicher, ob es Edur war. Alle Geister sind gut, aber für ihre Feinde werden sie böse. In dem Fall …

»Die *erste* Ursache«, wiederholte Zigor. »Du machst dir noch immer Sorgen über Einzelheiten. Was spielen sie für eine Rolle?«

Ich erschrak. Hatte er meine Gedanken gelesen? Ich antwortete in aller mir möglichen Bescheidenheit: »Ich glaube, dass jede Kleinigkeit eine Rolle spielt. Aber natürlich weiß ich es nicht.«

»Du möchtest, dass das Mädchen lebt?«

»Natürlich!«

»Dann schlage ich vor, du schweigst darüber, dass sie nicht mit dir gesprochen hat.«

»Du meinst …«

»Alle sagen, du seist eine kluge Frau«, spottete Zigor. »Jemand hat versucht, Osané umzubringen. Glaubst du, beim Alkclan schleicht ein Mann herum, der sich danach sehnt, vor allen anderen bloßgestellt zu werden? Der es nicht erwarten kann, ausgestoßen zu werden? Nein? Aber es *gibt* einen Mann unter uns, der versucht hat, Osané zu töten. Wo ist er jetzt, Nekané?«

Ich war wütend, dass ich nicht daran gedacht hatte. »Osané ist kein Schwächling«, sagte ich und versuchte es zu lösen. »Wir haben hier Frauen mit kräftigen Händen, doch ich glaube nicht … Sie hätte sich gewehrt! Sie ist klein, aber sie ist stark und sehr wendig. Jedenfalls hätte sie eine Spur hinterlassen, und ich glaube nicht, dass hier jemand … Das kann ich bald herausfinden. Mit ziemlicher Sicherheit ist es ein Mann. Und wenn ein Mann stark genug ist, ihr das anzutun, ohne dass sie sich zur Wehr setzt, ist er auch stark genug, auf die Jagd zu gehen. Deshalb ist er jetzt nicht hier. Doch er muss wissen, dass er sie nicht umgebracht hat. Osané ist nicht auf den Mund gefallen. Er weiß, in welcher Gefahr er schwebt.« Ich ballte beide Fäuste. »Aber wie bringe ich ihn dazu zu glauben, dass sie es mir gesagt hat, obwohl sie kein einziges Wort von sich gegeben hat? Wie kann ich verbergen, dass ich *nichts* weiß?«

»Ganz einfach. Dafür brauchst du meine Hilfe nicht.«

Bedächtig schüttelte ich den Kopf. »*Dafür* nicht, nein.«

Ich wartete drei Herzschläge lang. Zigor schwieg.

Wenn ich jetzt nicht die Gelegenheit ergriff, war sie vertan. Ich duckte mich, mit eingezogenem Kopf, drei Herzschläge lang, jeder Muskel war angespannt. Dann wagte ich den Sprung nach vorn: »Ich sagte gerade, ich wusste es nicht. Ich weiß es nicht, weil man es mich nicht gelehrt hat. Jeder neue Mittler braucht einen Lehrer. Das weiß ich!«

Zigor wischte die Muster in der Asche mit einer schwungvollen Kreisbewegung aus, dann fegte er mit dem Zweig darüber. Er klopfte die Asche von seinen Fingern und griff nach seinem Wasserschlauch. Seine Lippen öffneten sich und legten die Stümpfe geschwärzter Zähne frei. Er lächelte. Mir wurde bang ums Herz.

Schließlich antwortete er mir. »Habe ich so viele Wörter in mir, dass du glaubst, ich wolle sie verschwenden? Du stellst mir eine gute Handvoll Fragen, und dennoch fragst du mich: ›Wo ist mein Lehrer?‹«

Ich starrte ihn an und versuchte zu begreifen, was er gesagt hatte. »Wann hast du es gewusst?«, fragte ich dann.

»Wann hast *du* es gewusst, Nekané?«

Die Antworten lagen in so vielen Schichten übereinander, dass ich keine ergreifen konnte. Gedanken wirbelten durch meinen Kopf. Zigor beugte sich vor, nahm den Zweig, den er zum Zeichnen benutzt hatte, und hielt ihn in die Flammen. Als er brannte, ließ er ihn ins Feuer fallen.

Sogleich griff ich in meinen Beutel und holte den weißen Kieselstein heraus, den ich auf meiner Reise mitgenommen hatte. Ich gab ihn Zigor. Er hielt ihn in der geöffneten Hand und betrachtete ihn.

»Du wirst den Ort wiedererkennen«, war alles, was er sagte.

»Ja.«

»Das ist deine Sache, Nekané: Du hast die Reise unternommen. Werden wir sie Kemen geben, wenn er von der Jagd zurückkehrt?« Er ließ den weißen Kieselstein in meine Hand fallen, und ich steckte ihn ein.

»Alle Winde wehen dorthin.« Ich seufzte, obwohl ich keinen Grund hatte, traurig zu sein. »Ich habe die Reise unternommen, aber du hast gesehen, was sie bedeutete.« Ich hielt es für klug und auch richtig, ihm Gerechtigkeit widerfahren zu lassen. »Sie hat auf jeden Fall viele Fragen beantwortet. Aber wohin sie uns am Ende führen wird – das kann ich nicht sehen.«

»Dir ist doch klar, Nekané: Genau das ist es, was wir *niemals* sehen.«

Amets sagte:

Der Lagerplatz der Einführung liegt hoch oben in den Bergen. Wir nehmen die Jungen mit auf die Berggipfel, um sie in der Beschaffenheit der Lande zu unterweisen. Wir zeigen ihnen, wo die Geister wohnen. Für die Jungen ist es gut, in der kargen Gegend oberhalb der Baumgrenze zu jagen. Wenn sie dort auf eigene Faust Nahrung finden, dann können sie es überall. Sie müssen lernen, was man an kalten, gefährlichen Orten zu tun hat. Hoch oben kann in jedem Mond Winter sein.

Als ich später darüber nachdachte, war ich zufrieden damit, wie gut die Jungen in dem Jahr ihre Sache gemacht hatten, trotz all der anderen Dinge, die passiert sind. Niemand starb, ihre Schnittwunden verheilten gut, und keiner verletzte sich ernsthaft. Nachher hörte ich, dass fast alle am richtigen Tag wieder zum Lagerplatz der Einführung zurückkehrten, mit vollem Bauch und einem Grinsen auf den Lippen. Der Einzige, der klein und schwach war, erwies sich als so geschickt, dass er es damit wettmachen konnte. Ich wünschte, ich wäre dort gewesen, um ihre Rückkehr mitzuerleben.

Ich sah sie dann einen halben Mond später, als sie alle wieder zum Lagerplatz der Zusammenkunft kamen. Keiner von ihnen hatte die Wörter oder die Geschichten vergessen, und die Prüfungen endeten mit Gelächter – eine gute Art, Erinnerungen wachzuhalten. Auch auf Ortzi war ich stolz, obwohl ich mich hütete, es ihm zu zeigen.

Aber das war später. Als die Männer das Jagdlager erreichten, wurden wir angewiesen, die Jungen zur Jagd zu bringen. Die Jungen hatten gerade ihre Waffen fertiggestellt. Sie hatten viel Stein vergeudet, doch am Ende hatten alle einen Speer und Pfeile, die auch ich mitnehmen würde, ohne mich dafür zu schämen – wenn die Nacht dunkel wäre und keiner meiner Vettern zu genau hinschauen würde. Wir führten die Jungen hinauf zum Verborgenen Ort – nein, ich sage weder euch Frauen noch euch Kleinen, wo das ist! Wir zeigten ihnen den Teich der Jungen Männer. Auf den flachen Steinen rings um den Teich vermischten wir Wasser mit Ocker. Die Geister des Wassers zeigten jedem Jungen die Farben, die er zu malen hatte.

Wir schickten die Jungen auf Nahrungssuche. Sie mussten sich oberhalb der Baumgrenze halten. Als sie begriffen, dass sie aus den hochgelegenen Gebieten genug Nahrung für alle Männer zu beschaffen hatten, die ins Jagdlager kommen würden, und dass sie alles für sie zubereiten mussten, wurden sie schreckensbleich. Kein Wunder! Ich gestehe euch jetzt – obwohl ich es noch nie jemandem von euch erzählt habe –, dass wir Jungen, als wir beim Robbenclan derselben Prüfung unterzogen wurden, kläglich versagten. Die Schläge machten mir nichts aus, die Schande aber umso mehr. Ich dachte, die Männer würden uns nie verzeihen. Erst danach begriff ich, dass es nicht um Vergebung ging; wir wurden nur zum Witz, der Jahr für Jahr aufs Neue erzählt wurde. Nach einer Weile gewöhnten wir uns daran.

Diese Jungen jedenfalls haben ihre Sache weder schlecht noch gut gemacht. Sie kamen mit fetten Schneehühnern, Schneeammern und vielen kleinen Vögeln zum Jagdlager. Itzal hatte einen Hasen in der Falle gefangen. Ortzi wies darauf hin, dass Männer fasten sollten, bevor sie auf die Jagd gingen, und daher, erklärte er, hätten die Jungen wohlweislich nicht zu viel mitgebracht. Ich versetzte ihm eine Ohrfeige, aber keine feste, denn natürlich hatte er recht. Ortzi begriff oft schneller als die anderen.

Die große Jagd im Mond der Hirschjagd findet in der Höhe statt. Ihr Kleinen, ihr erlebt oft, wie eure Väter, Brüder und Vettern ihre Hunde und Waffen nehmen und sich leise von euren Feuerstellen entfernen. Dann kann es sein, dass ihr sie viele Tage lang nicht seht. Wo euer Lagerplatz auch sein mag, ihr wisst, dass sie sich auf den Weg in die höher gelegenen Jagdgründe machen. Aber ihr seid noch nie dort gewesen.

Schließt die Augen und seht meine Worte in eurem Geist: Ihr steigt den Berg hinauf durch die Bäume – das habt ihr oft getan. Wir haben den Mond der Hirschjagd. Die Sonne scheint schräg durch das Laub – grüne, gelbe und goldene Blätter. Durch die herabgefallenen Blätter erscheinen der Boden und das grüne Moos hell. Ihr klettert über glitschige, von weißen Flechten überzogene Felsen. Je höher ihr steigt, desto kleiner werden die Bäume. Der Fluss klingt nicht mehr wie der Wind in den Kiefern. Seine Stimme verändert sich: Er schießt über die Felsen, sickert durch Moore oder bildet kleine Wasserfälle über herabgestürztem Geröll. Der Wald lichtet sich. Die Bäume neigen sich unter dem Gewicht des Windes zum Himmel der Morgensonne. Die Eichen sind gebeugt und spindeldürr. Bald geben sie auf. Ihr befindet euch zwischen Birken, Ebereschen und Wacholder. Büschel von Blaubeeren und Heidemyrte kratzen an eurem Hirschleder, wenn ihr daran vorbeigeht. Zwischen den Bäumen summen Bienen in der Heide. Ihr könnt den Pfad nicht sehen – das Gestrüpp reicht euch bis zur Taille –, aber eure Füße wissen, wo er zu finden ist. Jetzt seht ihr die Berggipfel über euch, näher, als ihr sie jemals zuvor gesehen habt. Sie werden bewacht von den Felswänden der Talkessel. In den Mulden der Talkessel haben die Geister Weideflächen aus saftigem Gras und zarten Kräutern ausgebreitet. Deshalb sind die Hirschkühe im Mond der Hirschjagd noch dort. Die Brunft hat noch nicht begonnen, und der Winter hat sie noch nicht in die Wälder hinabgetrieben.

Hirschkühe verlassen nie die Gegenden, die sie kennen. Die Alten wissen alles, so wie die alten Frauen des Alkclans! Die Leitkuh prüft den Wind und wählt die besten Plätze aus. Woher der Wind auch weht, eine alte Frau – ob Mensch oder Tier, da sind sie alle gleich – wird sich immer an eine geschützte Talmulde erinnern, in der Nahrung zu finden ist. Der Trick ist – also wenn du ein Mann bist –, zu deuten, was in ihr vorgeht.

Als die Männer im Jagdlager eintrafen, waren wir bereit. Die Jungen hatten Unterstände zwischen den dürren Birken errichtet und sie mit Farn- und Heidekraut bedeckt. Sie hatten Holz und Wasser geholt. Heide und Myrte waren rings um die Feuerstellen platt getreten. Die Jungen waren damit beschäftigt, das Fleisch zu braten. Die Männer nahmen keine Notiz von ihnen, aber man kann immer beobachten, wie die Blicke der Väter über den Lagerplatz schweifen, um zu prüfen, ob ihre eigenen Jungen dabei sind. Ich war froh, dass sich bisher in dem Jahr kein Mann diesem Kummer stellen musste. Ich freute mich auch, Kemen bei Sendoa zu sehen. Für ihn musste alles gut gelaufen sein, als sie zu den Tieren über die Jagd gesprochen hatten. Als Kemen zum Fluss ging, um seinen Wasserschlauch zu füllen, begleitete ich ihn.

»Ich freue mich, dich zu sehen«, sagte ich zu ihm.

»Ich bin froh, hier zu sein. Aber mir ist warm!« Kemen hockte sich ans Ufer, füllte seinen Wasserschlauch und trank dann aus dem Fluss. Wasser tropfte aus seinen hohlen Händen. Auch ich bekam Durst. Ich kniete mich neben ihn, legte die hohlen Hände zusammen und trank.

»Das ist schon besser!« Kemen wischte sich über den Mund, streifte seine Jacke ab und bespritzte sich mit kaltem Wasser.

Ich erhob mich und sah seinen Rücken. Das flüchtige Zeichen des Luchses zog sich noch über seine Schulterblätter, aber jetzt verbarg es sich hinter einer Menge Striemen. Unter den Blasen auf seiner Haut nahm ich drei Spiralen aus rotem Rauch wahr. Darunter, roh und glänzend, die drei blauen Bögen des Alk. Durch die Striemen sah ich auch, was nicht da war: Die rote Geburtslinie des Alks war ausgelassen worden. Ich schrie auf, und Kemen fuhr zu mir herum.

»Was ist da? Was siehst du?«

»Jetzt nichts. Dreh dich wieder um!«

»Du warst nicht beim Tanz«, sagte er, mir den Rücken zugewandt. »Hat dir niemand gesagt, dass sie das hier gemacht haben?«

»Nein, aber ich erkenne es jetzt. Dort, woher ich stamme, haben wir es genauso gemacht.«

»Du warst auf dem Lagerplatz der Einführung?«

»Jungen müssen zum Mann werden. Und ein paar Männer müssen sich in der Mitte ihres Lebens noch einmal vollkommen wandeln. Das ist hart, aber es kann auch gut sein. Letzten Endes eher gut als schlecht. Manchmal. Zumindest glaube ich das.«

»Amets! Sag mir, was er eingeritzt hat! Weil ich es nicht sehen kann.«

»Weißt du es nicht?« Ich legte meine Jacke ab und zeigte ihm meinen Rücken.

Kemen schwieg und betrachtete, was dort stand. Dann sagte er: »Fast, aber nicht genau. Und bei mir steht dasselbe?«

Ich drehte mich wieder zu ihm um. »Kein Mann sieht je seinen eigenen Rücken. Aber du und ich, wir wurden unter anderen Himmeln geboren. Jetzt denke ich, dass wir an denselben Ort gehören.« Ich schaute ihn an. Da er nun in den Alkclan aufgenommen worden war, stand mir frei, etwas zu sagen, das mich seit einigen Monden beschäftigte. »Die Familie, zu der ich gehöre, ist viel zu klein«, erklärte ich ihm. »Ich will in diesem Jahr nicht in unser Winterlager zurückkehren, wenn ich der einzige Mann bin, der auf die Jagd geht. Das habe ich beschlossen, nachdem der Bruder meiner Frau verschwunden ist. Aber der Lagerplatz an der Flussmündung ist ein guter Platz. Wenn wir in diesem Winter nicht zurückkehren, wird ihn jemand anders übernehmen. Ihn zu verlieren, wäre schade.«

»Du meinst, dass ich …«

»Ich kann dir nicht viel anbieten. Die Jagd ist gut. Aber die kleine Schwester meiner Frau ist noch ein Kind. Ansonsten sind nur noch ihre Eltern da. Wenn du eine Frau haben willst, musst du dir noch im

Mond der Hirschjagd eine nehmen.« Wir lachten, und ich klopfte ihm auf die Schulter. »*Falls* du eine Frau willst.«

Grinsend schlug Kemen die Augen nieder. »Was glaubst du?«

»Aber wirst du dich meiner Familie anschließen?«

Er packte mich an den Schultern und drückte mich an sein Herz. »Nichts ist mir lieber!« Er ergriff meine Hände und schüttelte sie kräftig. Sein Gesicht strahlte vor Freude. »Amets, nichts wäre mir lieber!«

»Nicht einmal eine Frau?«, fragte ich verschmitzt. Danach mussten wir uns gegenseitig an den Schultern halten, um auf den Füßen zu bleiben, so haben wir gelacht. Die Sache war erledigt. Ich war sehr zufrieden mit mir, weil ich das alles schon lange im Kopf geplant hatte.

Ich fragte Edur, ob er Kemen mit auf die Jagd nehmen würde. Ich wusste, Kemen würde von Edur mehr als von allen anderen etwas über die Jagdgründe des Alkclans lernen. Edur war nicht dazu bereit. Ich konnte es ihm nicht verübeln. Schwer genug, einen Jungen mitzunehmen, der nichts weiß – der vielleicht einen Stein lostritt, sich für alle sichtbar zeigt oder die Sonne auf seinem Gesicht glänzen lässt, all die Dinge, die dumme Jungen womöglich tun, wenn sie zum ersten Mal mit auf die Jagd gehen. Aber einen Mann mitzunehmen, der bereits Jäger in seinen Landen gewesen war, jedoch seinen Platz in der Welt verloren hat – es ist schwierig, einem erwachsenen Mann zu sagen, was er zu tun hat. Man kann ihn nicht einfach ohrfeigen, wenn er einen Fehler macht! Ein nutzloser Mann ist noch viel schlimmer als ein Junge, und doppelt so gefährlich. Ich wollte Edur keine Last aufbürden, die meine hätte sein sollen.

»Ich wollte dich nicht damit belasten, Edur«, erklärte ich. »Das ist das Problem meiner Familie, nicht deines. Müsste ich mich nicht um die Jungen kümmern, hätte ich Kemen mitgenommen. Aber ich kann die Jungen bei ihrer ersten Jagd nicht im Stich lassen! Ich hatte geplant, dass du Itzal mitnimmst – der beste Junge auf dem Lagerplatz der Einführung. Er hat es verdient, den besten Jäger zu begleiten, den der Alkclan je hatte. Nein, ich kann einen wichtigen Jäger wie dich nicht bitten … Itzal sollte mit dir gehen!«

Edurs Miene hellte sich wieder auf, während ich sprach, und als ich fertig war, klopfte er mir auf die Schulter. »Wenn du den besten Jäger für Itzal willst, Amets, dann sollte er auf jeden Fall mit dir gehen! Ich werde mich wahrscheinlich verlaufen, höchstwahrscheinlich wird die Tötung beendet sein, bevor ich auch nur Wild rieche. Nur weil ich ein bisschen Glück hatte, als ich jünger war, möchte ich nicht, dass du zu viel erwartest. Bestimmt werde ich dich enttäuschen. Ich nehme diesen Fremden für dich mit. Wenigstens werde ich dann wissen, ob er für uns überhaupt von Nutzen ist.«

An dem Abend, als wir um die Feuerstelle saßen und Pläne für die Jagd machten, war mir leicht ums Herz. Itzal strahlte, als er hörte, dass er mit mir gehen würde. Ich sagte Ortzi, er werde Sendoa begleiten. Ich merkte Ortzi an, dass er enttäuscht war – er und Itzal hatten sich auf dem Lagerplatz der Einführung ständig wie zwei Hirsche belauert, die hinter derselben Hirschkuh her sind. Ich fürchtete, dass sie die schlimmsten Feinde würden, wenn sie sich nicht anfreundeten. Natürlich änderte sich das, als … aber das kommt später.

Eine Handvoll von uns stieg in der Abenddämmerung auf den Bergkamm. Der Wind drehte sich zum Himmel der Morgensonne. Er erzählte uns von fliehenden Wolken und vielen Sternen. Wir lauschten dem Wind. Dieser Wind war um die hohen Talkessel des Katzenbergs und des Hirschbergs geweht und noch weit dahinter. Er flüsterte uns ins Ohr, wo die Hirschkühe Schutz suchen würden. Wir ließen den Wind in unseren Ohren singen und uns alles erzählen, was wir wissen mussten.

Unter dem Rand des Talkessels glänzte der Wasserfall in der zunehmenden Dunkelheit wie eine weiße Flamme. Bevor die Jungen wussten, wie ihnen geschah, stürzten wir uns von hinten auf sie, während sie an der Feuerstelle ihre Gesichter wärmten. Wir packten sie an Armen und Beinen und liefen auf das Tal zu. Wir warfen sie in den Teich. Sie japsten noch, als wir hinter ihnen hineinsprangen. Wir wuschen uns unter dem Wasserfall. Die Jungen hüteten sich, ein Geräusch von sich zu geben, aber als wir wieder am Ufer standen, hörten wir ihre Zähne so laut klappern, dass wir lachen mussten.

Wir kratzten frische Farben – Rot und Gelb und Schwarz – aus den Rindenschalen. Wir bemalten unsere sauberen Körper im Schein des Feuers. Unsere Haut nahm die Farben des Landes an. Wir waren das Land. Wir legten unsere Lederkleidung an und sangen die Jagd. Wir tanzten die Jagd, bis die Jungen jeden einzelnen Schritt in ihr Blut aufgenommen hatten. Die Geister der Jagd beobachteten uns dabei. Die Geister der Hirschkühe hörten uns, als wir sie baten, sich uns zu schenken. Die Geister der Jagd hießen den Alkclan willkommen und drückten ihn an ihr Herz.

Als der Tanz beendet war, setzten wir uns stumm wie die Steine um die glühenden Holzreste. Die Wolken flohen. Der Mond der Hirschjagd schien von einem klaren Himmel herab. Hirschberg und Katzenberg schimmerten hell wie Wasser, ihre Gipfel zeichneten sich vor den Sternen ab. Nach und nach standen Männer auf, nahmen ihre Waffen und verschwanden in der Dunkelheit. Ihre Hunde folgten ihnen geräuschlos. Edur und Kemen waren die Ersten, die gingen. Sie mussten die Wasserscheide zum Langen See überqueren und auf der anderen Seite des Hirschbergs wieder hinaufklettern, um vor der Morgendämmerung ihren Platz im Kreis zu erreichen.

Jeder Mann brach auf, sobald er an der Reihe war. Jeder hatte seinen Hund. Manche hatten einen Jungen im Schlepptau. Alle Jungen waren wild entschlossen, sich zu beweisen. Die Männer würdigten sie nicht eines Blickes. Aber keiner von uns hatte seine erste Jagd vergessen.

Sendoa brach zusammen mit Ortzi auf, den Hund auf den Fersen. Ich hörte Itzals schnellen Atem an meiner Seite. Ich beobachtete, wie der Mond der Hirschjagd sich freischaukelte, gerade als der Katzenberg sich streckte, um ihn aufzuspießen. Ich prüfte die Brise, die um die Lichtung wirbelte. Ihr Atem roch nach dem tiefen Herzen der Nacht.

Ich berührte Itzals Arm. Im Nu war er auf den Beinen. Wir banden uns unsere Speere um die Schultern. Die Schnauze meines Hundes streifte meine Fersen. Schnell stiegen wir zum Kamm empor. Itzal trat einen Stein los, der nach unten rollte. Ich spürte, wie er sich schämte, und schwieg. Auf dem Kamm blieb ich einen Augenblick stehen. Ich sog die Luft ein. Ich lief den Kamm entlang. Der Hund und Itzal folgten mir. Auf der anderen Seite ließ ich mich über glattes Gras hinuntergleiten. Itzal hatte seine Lektion gelernt. Jetzt war er leise wie eine Bergkatze. Ich wandte mein Gesicht dem Himmel der Morgensonne zu.

Als der Morgen dämmerte, befanden wir uns über dem Schwarzen Talkessel des Katzenberges. Wir hatten uns in den oberen Teil einer Spalte gezwängt, die von der Sichtlinie – sie befand sich eine Manneslänge über unseren Köpfen – bis hinab zum Talboden führte. Der Mond war untergegangen. Das erste Sonnenlicht fiel auf die Berge unter dem Himmel der Abendsonne. Die Felsen über uns leuchteten in einem kräftigen Rosa, aber das Licht drang nicht bis in unsere Spalte vor. Itzal hielt die Luft an, damit er nicht vor Kälte, Hunger und Aufregung zitterte. Er war noch immer durchnässt von der Überquerung des Grauen Flusses. Ich zog mir meine Mütze aus Wolfsfell tief in die Stirn, um mein Gesicht zu verbergen. Sogleich tat Itzal es mir nach. Ich schaute ihn nicht an. Vor uns lag noch ein langer Weg.

Der Talkessel hielt die Dunkelheit fest wie ein leerer Teich.

Ich spähte hinein. Felsen und Gras lösten sich allmählich aus der klammernden Dunkelheit. Und Tiere. Die Hirschkühe waren da, genau wie der Wind es uns gesagt hatte. Noch hüllte die Dunkelheit sie ein, und ich konnte sie nicht zählen. Doch noch während ich hinsah, begann das Dunkle zu schwinden. Es rann aus dem Talkessel wie Wasser aus einem Korb.

Ich warf einen Blick über den Talkessel und sah, wie Sendoa außer Sichtweite des Wildes weiter unten die Hand hob. Ich sandte ein vorsichtiges Signal zurück. Alle Männer mussten inzwischen auf ihren Plätzen sein und sich weit über die Hänge verteilt haben.

Windstöße fegten um die Gipfel wie ein sich lösender Zopf. Der Talkessel hatte eine eigene Brise, die über die Felswände wehte. Sie trug den Geruch der Hirschkühe zu uns herauf. Ich stieß Itzal an, als ich den starken Wildgeruch wahrnahm, und er roch ihn auch. Wenn der Junge überhaupt etwas gelernt hatte, würde die Brise ihm sagen, dass die Hirschkühe uns erst bemerken würden, wenn wir hinabstiegen.

Die Dunkelheit hob sich. In den Felsen unter uns begannen Pieper zu zwitschern. Prüfend schweifte mein Blick über den Grund des Talkessels. Ich suchte nach allem, was anders war. Auf einem kleinen Hügel sah ich einen bleichen Felsbrocken. Ich kannte den Hügel und wusste, dass da kein Fels war. Ich ließ den bleichen Felsen nicht aus den Augen. Plötzlich verwandelte er sich unter meinen Augen in die Leitkuh.

Sie schaute sich von ihrem erhöhten Aussichtspunkt zwischen dem Geröllhang und den anderen Hirschkühen um. Sobald ich sie gesehen hatte, öffneten mir die Geister die Augen und zeigten mir den Rest der Herde. Ich spreizte die Finger und zählte zehn Handvoll, einschließlich der Kälber. Manche hatten die Köpfe gesenkt und ästen im zunehmenden Licht. Ich zählte mehr als eine Handvoll weiser alter Hirschkühe in derselben Farbe wie das ausgebleichte Herbstgras. Auf die alten Mütter ist immer zu achten! Die Kälber in ihren glatten Sommerfellen – ein paar gute rote Felle waren dort und warteten darauf, sich uns zu schenken –, sie sind es, die ein Mann leichter hereinlegen kann. Ich sage euch, Hirschkuh und Mensch sind ein und dasselbe, wenn es darum geht, wo Weisheit in einer Frau zu suchen ist!

Ich schaute hinüber zu den Bergen unter dem Himmel der Abendsonne. Ein Lichtpfeil traf auf den Gezackten Gipfel.

Jetzt!

Felsen rutschten und krachten hinunter. Männer glitten über den Geröllhang hinab. Hunde bellten.

Die alte Mutter setzte in großen Sprüngen zum Rand des Talkessels. Familien schlossen sich zusammen, Mütter riefen nach ihren Kälbern. Die Herde stob auseinander. Die alte Mutter befand sich am

Rand des Talkessels. Viele Handvoll Hirschkühe sammelten sich zu einer Herde. Einige Weise machten sich davon. Ihre Kälber rannten hinter ihnen her, durch eine Lücke im Netz der Männer und hinaus in offenes Gelände. Alle anderen sprangen hinter der Leitkuh her. Sie verschwanden über dem Rand des Talkessels.

Wir hüpften von Fels zu Fels über das Geröll hinab. Wir liefen quer durch den Talkessel. Itzal fegte wie ein Windstoß an mir vorbei. Wir standen am Rand des Talkessels und schauten hinab. Männer und Hunde waren über den Berg verteilt. Von oben sahen wir den ganzen Kreis, wie die Schlinge eines Fallstricks, der sich zuzieht.

Die Leitkuh zögerte. Sie lief auf das offene Gelände links von ihr zu. Sie erreichte das obere Ende der Schlucht.

Hirschkühe verabscheuen Schluchten. Sie mögen es nicht, wenn sie von Felswänden umgeben sind, ohne einen Ausweg zu sehen.

Die Leitkuh blieb stehen. Sie schlug die andere Richtung ein, quer über lockeres Geröll. Die Hirschkühe sammelten sich, versuchten zu wenden und ihr zu folgen. Ihre Hufe rutschten auf dem Geröll. Ein Kalb wollte den leichteren Weg nehmen, auf die Schlucht zu. Seine Mutter sprang hinter ihm her. Ein paar andere Hirschkühe blieben zögernd stehen.

Direkt unterhalb der Leitkuh erhoben sich Männer und Hunde aus dem Heidekraut. Hodei und Oroitz sprangen über die Felsen bergauf, brüllten und schwenkten ihre Speere. Ihre Hunde liefen zwischen ihnen hin und her.

Die Hirschkuh kletterte zurück auf das Heidekraut. Wir standen vor ihr. Wir verstellten den Weg in den Talkessel. Wir schrien und drohten mit unseren Speeren. Wir gingen näher heran.

Sie drehte sich zur Schlucht um. Am anderen Ende war es hell. Ein Ausweg.

Hirschkühe und Kälber strömten in die Schlucht. Zwei Alte machten sich davon, ihre Kälber folgten ihnen. Sie hatten die Schlucht schon früher gesehen. Sie stürmten bergab auf die Lücke zwischen Oroitz und Zeru zu. Hunde schnappten nach ihren Hinterläufen. Von Hufen zertrampelt, rollte ein junger Hund jaulend über die Felsen hinab. Die alten Hirschkühe verschwanden zwischen den Bäumen weiter unten, ihre Kälber dicht auf den Fersen.

Hodei und Oroitz rannten durch die Schlucht hinter der Herde her. Ich stieg in höheres Gelände auf. Itzal schoss an mir vorbei. Auf einem Felsvorsprung wartete er auf mich.

Die Hirschkühe donnerten durch die Schlucht. Wir sahen von oben zu. Die Leitkuh hielt auf den Lichtfleck zu. Ein Ausweg. Das Licht verschwand. Vor ihr richtete sich eine Wand auf. Die Leitkuh blieb stehen. Die donnernde Herde prallte auf sie und zwang sie weiter. Sie konnte einen Zaun aus Weidenruten überspringen, nur standen Männer darauf. Männer mit Speeren. Hunde bellten. Kein Weg hinaus.

Ihre Herde blockierte den Weg hinter ihr. Sie konnten nicht umkehren. Sie fand die andere Schlucht. Einen mit Gras bewachsenen Abhang. Kein Weg hinaus. Aber da waren keine Männer. Keine Hunde. Keine Wahl. Sie führte ihre Herde in die Falle. Kein Weg hinaus.

Speere regneten herab. Ihr Kalb fiel. Sie roch Blut. Ringsum hohe Felswände. Felsbrocken fielen herab. Kälber schrien. Der Geruch nach Blut. Rutschiges Gestein. Kein Weg hinaus.

Ein Felsbrocken donnerte herab. Ihr Rücken knackte und brach. Ihre Beine knickten ein.

Ihre Nase im glitschigen, blutgetränkten Gras. Der Schmerz und das Blut und der langsame Tod. Der Geruch des Blutes auf dem Gras, sich aufgeben.

An dem Tag erlegten wir viele Tiere – wir zählten dreimal zwei Handvoll, und noch vier weitere, einschließlich der Kälber. Sobald sich die Falle geschlossen hatte, sprangen wir hinab, durchtrennten die Kehlen aller verwundeten Tiere und ließen sie ausbluten. Nach der Jagd brachen die Weisen unter uns den Schädel der alten Mutter auf und teilten das warme Hirn unter sich auf. Jeder Mann und jeder Junge trank von ihrem Blut. Es gab mehr Herzen und Lebern, als wir essen konnten. Unsere Hunde verschlangen frische Lungen. Oberhalb der Schlucht zündeten wir ein Feuer an und aßen. Jene alte Mutter war freundlich und weise, sie hat bis zum Schluss für ihren Clan gesorgt. Niemand sollte sich etwas Besseres wünschen. Wir streckten unsere Arme empor und schickten den Geistern der Hirschkühe unseren Dank. Wieder einmal hatten sie sich geschenkt, damit der Alkclan überleben konnte. Das Blut der Hirschkühe war nun unser Blut, und unsere Herzen waren die ihren.

Wir nahmen die Hirschkühe noch dort in der Falle aus. Fliegen schwirrten über uns und ließen sich in Pfützen aus Blut nieder. Wir stapelten die Innereien in Weidenkörben, die wir uns auf den Rücken luden und hinunter zum Jagdlager brachten. Wir banden das erlegte Wild an Stangen, bereit, es den langen Weg zum Lagerplatz der Zusammenkunft zu tragen. Vor dem Festmahl der Jäger wuschen wir uns unter dem Wasserfall. Der Schlamm, den wir aufwühlten, vermischte sich mit Blut und Ocker von unseren Körpern und färbte das Wasser braun. Noch bevor wir hinausstiegen, hatte der Wasserfall alle Spuren der Jagd fortgeschwemmt. Wir schauten hinunter auf die klaren Steine am Grund des Teiches; jetzt waren wir so sauber wie sie. Die Geister hatten uns von unserer Schuld gegenüber den Hirschkühen befreit, und uns war leicht ums Herz.

Nach dem Festmahl der Jäger sollte ich mit den Jungen im Jagdlager bleiben. Nun, da sie an der Jagd teilgenommen hatten, mussten sie die hochgelegenen Jagdgründe mit neuen Augen betrachten. Ihre Prüfung lag vor ihnen. Ich war im Herzen bei ihnen, aber ich wollte auch zum Lagerplatz der Zusammenkunft zurückkehren. Ich musste meiner Familie von Kemen berichten, damit er direkt an unsere Feuerstelle kommen konnte. Ich sprach mit Sendoa darüber. Sendoa bot mir an, es der Familie an meiner statt zu erzählen, doch ich schüttelte den Kopf. »Nein, das muss ich selber machen. Deine Mutter hat ihr eigenes Winterlager. Falls Kemen mit uns zum Lagerplatz an der Flussmündung kommt, muss ich es dem Vater meiner Frau sagen – und Nekané und Alaia.«

Die anderen bekamen unser Gespräch mit und fragten, worüber ich mir Sorgen machte.

Edur war gut gelaunt. Er hatte mir bereits gesagt, dass Kemen ihn überhaupt nicht behindert hatte. »Natürlich kennt er das Land nicht«, hatte er gesagt. »Selbst ein nutzloser Jäger wie ich konnte ihm noch vieles beibringen. Aber ich glaube nicht, dass die Jäger vom Luchsclan so schlecht gewesen sein können.« Ihr könnt euch vorstellen, wie sehr ich mich über diese Worte freute! Jetzt sagte Edur: »Ja, du solltest gehen, Amets. Vielleicht musst du dich mit deinen Frauen auseinandersetzen – man weiß ja nie –, und das kann Sendoa dir nicht abnehmen.«

Alle lachten. Witze machten die Runde darüber, was Sendoa tun oder nicht tun sollte, um meine Frauen zu überzeugen.

Schließlich wischte sich Edur die Tränen vom Lachen aus den Augen. »Ich glaube, du solltest lieber gehen und für dich selbst sorgen, Amets. Ich sehe dir an, wie gerne du wieder mit Alaia unter die Felle kriechen willst. Ich kann doch hier bei den Jungen bleiben, und du gehst und verhandelst mit deiner Familie.«

»Ist das dein Ernst, Edur?«

»Würde ich es sonst sagen?«

»Aber Edur«, rief jemand, »hast du nicht auch eine kleine Sache, um die du dich kümmern musst? Die kleine Angelegenheit, dir *deine* Frau zu nehmen?«

»Was? Er nimmt sich eine *andere*?«

»Edur hat schon so viele Frauen genommen, wie die meisten Männer Hirsche in der Falle hatten!«

»Aber Osanés *Eltern* wollen ihn! Ihr glaubt mir nicht, aber es ist wahr! Sie wollen, dass er sich ihrer Familie anschließt.«

»Damit sieht die Sache schon anders aus.«

»Für gewöhnlich fragt er vorher nicht einmal! Hast du sie gefragt, Edur?«

»Ja, sag uns, hast du Osané gefragt? Oder hast du einfach nur …«

Schließlich verstummte das Gelächter, und ich sagte leise zu Edur: »Wenn du bereit bist, das für mich zu tun …«

»Ich habe es dir doch gesagt, ich hätte sonst nicht den Mund aufgemacht. Keine Sorge um mein Mädchen. Sie geht nirgendwo hin. Ich kann warten.«

Wir teilten Aitor und Hodei mit, was wir vorhatten. Sie sagten, die Geister hätten nichts dagegen, solange Edur und ich alles tauschten, was wir hatten, bis die Einführung vorüber war. Das würde den Geistern zeigen, dass wir vereinbart hatten, eine Weile jeweils in die Haut des anderen zu schlüpfen. Daher zog ich Edurs Ledersachen und seinen Mantel aus schwerem Bärenfell an, und er nahm meine Kleidung – meine Jacke spannte zum Zerreißen über seiner Brust. Und mein Mantel reichte ihm kaum bis an die Knie – ihr könnt euch vorstellen, wie viele Witze ich darüber einstecken musste! Aber Edur hatte es mit meinem Bogen und den Pfeilen besser, die meisten seiner Pfeile mussten ausgebessert werden, und sein Bogen brauchte eine neue Sehne. Ich war froh, das alles für ihn tun zu können, bevor ich sie ihm zurückgab. Sein Speer war schwerer als meiner. Wenigstens war er nicht abgebrochen! Der Griff meines Speers war zersplittert, eine Hirschkuh hatte sich so gewunden, dass sie ihn durchgebrochen hatte. Edur und ich tauschten unsere Messer, unsere Feuersteine und Nadeln und sogar unsere Zunder. Da stand ich also und sah aus wie der größte Jäger des Alkclans – mir fehlten nur seine Tätowierungen und sein hässliches Gesicht! Stimmt's, Edur?

Wir trugen so viel Fleisch, wie wir konnten. Den Rest hatten wir in Bäume gehängt, damit kein Tier herankam. Es trocknete bereits im Wind. Nachdem unser Festmahl beendet war, gingen wir im Mondlicht durch die langen Schatten der Waldpfade. Der Lagerplatz der Zusammenkunft schlief, als wir ankamen. Wir legten unser Fleisch an die Feuerstellen der Mittler und streckten uns am Fuß des Hügels aus, um zu schlafen, Männer und Hunde gemeinsam, bis der Morgen dämmerte.

Das Kreischen der Kinder weckte uns. Sie scharten sich um uns, während wir begannen, die Beute aufzuteilen. Wir verscheuchten sie wie die Fliegen, doch wie die Fliegen kamen sie immer wieder. Die

Frauen traten aus den Zelten und fachten das Feuer in ihren Feuerstellen an, holten Brennholz und Wasser und arbeiteten weiter, als hätten sie uns überhaupt nicht bemerkt. Doch keine machte sich mit ihrem Korb auf den Weg. Sie schlichen herum und taten so, als warteten sie nicht. Darunter waren einige Mütter, die lauschten und hofften, etwas über ihre Söhne mitzubekommen. Itzals Mutter Arantxa war die Schlimmste. Sie wusste sehr wohl, dass kein Mann etwas sagen konnte, bis die Jungen zurückkamen und ihre eigene Geschichte erzählten. Ich schämte mich für Itzal. Er hatte seine Sache gut gemacht, er verdiente keine Mutter, die ihn vor anderen Männern zum Kind machte.

Wir breiteten die erlegten Tiere an der Stelle der Beuteteilung vor dem Hügel der Mittler aus, vom größten bis zum kleinsten Tier. Wir hatten so viele Hirschkühe, dass es leichtfiel, sie aufzuteilen: Selbst wenn jeder Jäger eine mit an seine eigene Feuerstelle nähme, würden wir noch genug übrig haben. Wir waren uns einig – wie immer –, dass Edur die größte verdient hatte. Denn seinem Speer hatten sich mehr Hirschkühe ergeben als denen der anderen. Ich war stolz, als die Männer beschlossen, dass die nächste mir gehören sollte! Als jeder Jäger seinen Anteil bekommen hatte, gaben wir Zigor, der als Mittler auf dem Lagerplatz geblieben war, drei Kälber. Den Weisen gaben wir zusätzlich Kälber. Noch immer war etwas Fleisch übrig. Da wir ein großes Herz hatten, überließen wir es den Feuerstellen, an denen die wenigsten – oder schlechtesten! – Jäger saßen, oder die meisten Kinder.

Jeder hatte für die nächsten Tage reichlich zu essen und dennoch etwas zum Trocknen für den Heimweg übrig. Bald würden die Bäume rings um den Lagerplatz der Zusammenkunft mit neuen Schädeln bestückt sein: Die Geister der Hirschkuh würden bleiben und über diesen Lagerplatz wachen, während wir uns in unsere Winterlager zerstreuten.

Als ich meine Hirschkuh häutete, spürte ich das reichhaltige Fleisch unter meinen Fingern. Mein Herz füllte sich mit Stolz. Ich werde nie erfahren, warum die anderen mir die zweitgrößte Hirschkuh gaben – wie hatte ich sie getäuscht? Vielleicht verwechselten mich meine Freunde mit jemand anderem, vielleicht waren sie so mit ihrer eigenen Jagdbeute beschäftigt, dass sie gar nicht merkten, wie wenig ich getan hatte! Ich reichte Alaia das Fell, schwer von köstlichem Fett. Alaia dachte, ich hätte diese großartige Beute verdient. Man kann einer Frau auf einem Gebiet, von dem sie nichts versteht, leicht etwas vormachen.

Nekané saß am Feuer und fütterte Esti mit gestampfter Schilfwurzel, als ich meinen Anteil an unsere Feuerstelle trug. Ich legte ihr das Fleisch vor die Füße. »Ich schäme mich, dass ich dir nur so wenig bringe«, sagte ich zu ihr. »Aber ich bin kein großer Jäger, wie du weißt. Die anderen waren so nett, mich diese paar Stücke nehmen zu lassen. Ich hoffe, unsere Familie wird nicht hungern, weil ich von keinem großen Nutzen für euch bin.«

Nekané nickte. Falls sie überrascht war, mich schon so bald wiederzusehen, schwieg sie darüber. Sie überließ Esti den Löffel und begann, im Fleisch herumzustochern. »Hmmm«, sagte sie. »Ich nehme an, wir können daraus eine Art Festmahl machen, wenn wir es nur ausreichend strecken. Du kannst es auch an die Eiche hängen, es wird den dünnen Zweig nicht allzu sehr belasten. Ich kann nicht behaupten, dass wir dich vermisst haben. Aber hier ist deine Tochter, die sich anscheinend freut, dich zu sehen!«

Ich setzte Esti mit Schwung auf meine Schultern, und sie zog begeistert an meinen Ohren. Kemen tauchte mit seinem Fleischanteil hinter mir auf. Da er ein Fremder war, hatte er eine dünne Hirschkuh mit einem wurmzerfressenen Fell und sehr wenig Fett bekommen – ich hatte ihr lahmes Bein bemerkt, als wir am Rand des Talkessels standen. Kemen erhielt nur einen kleinen Anteil, weil er neu bei der Jagd war, nicht weil er nichts Besseres verdiente. Kemen ließ sein Fleisch Nekané zu Füßen fallen. Sie konnte ihre Verwunderung nicht verbergen. Ich krümmte mich vor Lachen, und Esti packte meine Haare.

»Diese Familie hat Amets, daher braucht sie mich eigentlich nicht«, sagte Kemen zu Nekané. »Er kann alles jagen, was ihr braucht, ohne jede Hilfe. Aber ich bin trotzdem hier.«

Mir war noch nicht klar, warum Nekané so erstaunt war, aber ich sah einen Funken Zufriedenheit in ihren Augen. Das freute mich.

Der Vater meiner Frau trat aus dem Zelt. Ich war nur fünf Nächte fort gewesen, doch plötzlich schien er sehr alt zu sein. Er schaute auf unser Fleisch und lächelte. »Du hättest es schlechter machen können, Amets! Es hätte sogar noch weniger sein können!«

»Es wäre sehr viel weniger gewesen.« Ich nahm Kemen beim Arm und schob ihn vor. »Aber jetzt sind wir zu zweit. Er wird besser für uns jagen, als ich es kann. Zumindest kann er es nicht viel schlechter machen.«

Ich hatte schon vorher gesehen, wie der Vater meiner Frau Kemen mit durchdringendem, prüfendem Blick betrachtete. Vielleicht war er doch nicht so alt, hatte vielleicht noch immer etwas zu sagen. Einen Herzschlag lang war ich beunruhigt.

Der Vater meiner Frau nickte Kemen zu. »So, so! Die Namen deiner Verwandten sollen anscheinend unter uns leben. Man hat dir gesagt, du sollst dich weise entscheiden. Du hast es sehr schnell in Angriff genommen, nicht wahr?«

»*Du* warst …«

Der Vater meiner Frau legte den Finger an die Lippen.

Das Gerücht, dass Kemen sich unserer Familie angeschlossen hatte, verbreitete sich schneller als der Wind auf dem Lagerplatz. So viele Frauen versammelten sich an unserer Feuerstelle, dass ich es nicht länger aushielt. »Komm mit«, sagte ich zu Kemen. Wir gingen zu den Feuerstellen der Mittler. Männer kamen und klopften uns auf den Rücken und schüttelten Kemens Arme, bis er ganz benommen war. Der Geruch nach Gebratenem erfüllte allmählich die Luft. Die Sonne stieg hoch und strahlte auf unsere Lichtung. Hunde nagten laut an Hirschläufen, knurrten Männer und andere Hunde an, die ihnen zu nahe kamen. Nach den langen Tagen und Nächten im Jagdlager waren wir müde. Für Männer gab es jetzt nicht mehr viel zu tun, außer zu schlafen, und das taten wir.

Als die Sonne hinter den Eichen verschwand, kam Leben in uns. Das Festmahl war fast fertig. Wir gingen langsam wieder zu unserer Feuerstelle zurück, doch wir hatten sie kaum erreicht, als irgendwo hinter den Feuerstellen der Mittler wütende Schreie ertönten. Itsaso kam auf uns zugelaufen. »Sie kämpfen!«

»Wer?«, fragte ich träge. Bei der Zusammenkunft kämpften ständig Männer. Wenn es nicht um das Fleisch ging, dann um eine Frau.

»Hodei und Zigor! Er hat ihn *geschlagen*!«

»Was?«

»Ich sage es doch, sie sind an den Feuerstellen der Mittler und … und … ich habe es *gesehen*, er hat ihn *geschlagen*!«

Wir waren nicht die Einzigen, die hinübereilten, um zu sehen, was da vor sich ging. Der ganze Lagerplatz sammelte sich dort. Itsaso schlängelte sich durch die Menge und schob sich nach vorn bis direkt an den Fuß des Hügels. Kemen und ich konnten von dort, wo wir standen, ganz gut über die Köpfe der Menge hinwegsehen. Jemand hatte in den Feuerstellen der Mittler das Feuer entfacht, kleine Flammen züngelten daraus hervor.

Wir schauten durch die Rauchschwaden empor. Zigor und Hodei umrundeten sich wie angriffsbereite Hunde. Nekané stand auf der Schwelle der Schutzhütte, die Arme ausgestreckt, als wollte sie den Weg versperren. Aitor drängte sich durch die Menge. Er eilte den Hügel hinauf, sprang über die Feuer der Mittler, schob sich zwischen Zigor und Hodei und stieß sie auseinander. Wütend wandten sie sich gegen ihn. Aitor brüllte zurück. Danach blieben ihre Stimmen leise, doch die Luft zitterte noch von ihrem Zorn.

Aitor ging zu Nekané. Sein Kopf war dicht an ihrem. Sie sprachen miteinander. Zigor und Hodei hielten Abstand voneinander und beobachteten die beiden misstrauisch. Dann nahm Aitor Nekané am Arm und führte sie zu den anderen beiden.

Inzwischen hatten sich die Kinder zurückgezogen, und ein paar Frauen waren wieder an ihre Feuerstellen gegangen, doch als Aitor uns rief, kamen die Frauen wieder angelaufen. Keine Frau wollte so eine Geschichte verpassen!

Aitor sprach über das Feuer hinweg zu uns. »Ein Mädchen wurde geheilt, während wir auf der Jagd waren. Osané wurde von den Toten zurückgeholt. Jemand hatte versucht, sie umzubringen.«

Ein leises Murmeln erhob sich aus den Reihen der Männer. Als ich in die Gesichter der Frauen sah, zeigten sie sich nicht überrascht. Ich ertappte den Vater meiner Frau dabei, wie er Kemen und mich ansah. Er schien am wenigsten verwundert zu sein.

»Es war einer der Männer, die hier stehen.«

Wir schauten uns alle gegenseitig an.

»Der Mann weiß, von wem ich spreche.«

Als wir uns erneut ansahen, erblickten wir nur unsere eigene Frage, die sich in den Augen der anderen widerspiegelte.

»Bald wird der Rest von euch es auch wissen«, sagte Aitor. Er zog Nekané nach vorn. »Noch etwas. Diese Frau hat es gewagt, die Trommel eines Mittlers zu benutzen. Was sollen wir mit ihr machen?«

»Umbringen!«

»Steinigen!«

»Ausstoßen!«

Sollten die Rufe und erhobenen Fäuste Nekané in Angst versetzt haben, zeigte sie es nicht. Aitor hielt die Arme hoch, und die Männer waren still.

»Ihr irrt euch alle«, sagte er. »Wären die Geister verärgert gewesen, hätten sie die Frau auf der Stelle getötet. Glaubt ihr, ich wusste nicht, dass sie meine Trommel nahm? Glaubt ihr, ich konnte die Trommel nicht hören, als sie mich rief? Wenn ihr so wenig von mir haltet, dann solltet ihr *mich* ausstoßen!«

Alle waren so verwirrt, dass sie schwiegen.

»Osanés Seele wanderte in weiter Ferne«, sagte Aitor. »Die Geister der Krankheit hatten sie bis nahe an den Tod getragen. Nekané folgte ihr. Sie brachte Osané zurück. Meine Trommel hat mir jeden Schritt gezeigt, den sie gegangen ist. Diese Frau ist Mittlerin!«

Alle Männer atmeten zugleich ein.

»Ich weiß es, weil sie meine Trommel nahm. Zigor weiß es, denn als Nekané Osanés Seele aus der Welt folgte, hat Zigor beobachtet, was geschah. Hodei hat von alldem nichts gesehen. Hodei, was sagst du jetzt?«

Der Unwille in Hodeis Stimme war deutlich zu hören, als er sprach. »Wenn du sie anerkennst, und Zigor darauf besteht, sie zu lehren, werden wir zweifellos bald herausfinden, ob es ein Geschenk oder ein Fluch ist! Also gut: Alles soll seinen Lauf nehmen, wenn es denn sein muss, und wir werden sehen. Aber da ist noch eine andere Angelegenheit.«

Hodei wandte sich an die Versammelten und hob die Stimme. »Osané gehört Edur. Wenn jemand daran gezweifelt hat, dass Edur ein guter Jäger ist − und ich glaube, daran hat nie jemand gezweifelt −, dann wird ihn diese letzte Jagd eines Besseren belehrt haben! Meine Schwester Arantxa und ihr Mann« − Hodei nannte Osanés Vater beim Namen − »gaben Osané an Edur, und Edur war einverstanden, sich ihrer Familie anzuschließen, sobald er von der Jagd zurückkehrt. Auch ich habe mein Wort darauf gegeben.«

Mein Herz raste. War Edur im Begriff, Osané zu verlieren? Es war meine Schuld, dass Edur nicht hier war, um für sich zu sprechen. Ich schuldete es ihm, mich für ihn einzusetzen. Ich räusperte mich zaghaft, falls es nötig würde, Hodeis Forderung mit meiner Stimme zu unterstützen.

Dann ergriff Zigor das Wort: »Osané wird nicht zu ihrer Familie zurückkehren.«

»Osané ist meine Nichte, nicht deine! Halte dich da raus!«

Die wütenden Stimmen der Mittler schlugen auf die Menge über. Vor uns brach ein Handgemenge aus, dicht an den Feuerstellen der Mittler. Kemen zupfte an meiner Jacke. »Das ist nicht unser Kampf«, flüsterte er mir zu. »Für mich ist es noch zu früh, Partei zu ergreifen.«

Ich zog ihn zurück. »Nein, bleib hier. Ich weiß, was du … du bist noch nicht lange genug hier … aber du gehörst jetzt zu meiner Familie. Niemand kann dich allein … Im Übrigen brauche ich vielleicht …«

»Genug!«, brüllte Aitor.

Alle wurden still.

»Kommt schon«, sage Aitor und lächelte plötzlich. »Lasst uns nicht mehr kämpfen! Es geht doch nur um eine Frau. Wo kommen wir denn hin, wenn der gesamte Clan sich mit so einer Kleinigkeit befassen muss? Und wir wollen heute Abend ein Festmahl abhalten! Was denken wir uns eigentlich dabei, den Abend so zu vergeuden? Hat denn niemand Hunger?« Als alle anfingen zu lachen, stimmte Aitor ein. »Also lasst uns die Sache hinter uns bringen. Nekané, hol Osané her!«

Nekané hob die Zeltbahn vor der Schutzhütte der Mittler. Die Menge hielt hörbar die Luft an. Während Nekané in der Hütte war, legte sich Schweigen über uns, schwer wie Flussnebel.

Nekané trat heraus und führte Osané an der Hand. Durch den Rauch konnte ich nicht viel erkennen. Die junge Frau stolperte, ließ sich aber folgsam führen. Sie stand neben den Mittlern und starrte auf ihre Füße.

»Dieses Mädchen gehört nicht mehr zu Arantxas Familie«, wiederholte Zigor mit seiner trockenen Stimme.

»Wir sind damit einverstanden«, sagte Aitor.

Hodei schwieg.

Hinten in der Menge brach wildes Geschrei aus. Rings um Arantxa entstand Unruhe. Wir anderen schauten uns kaum um. Aitor hob seine Stimme nur ein wenig. »Aber jemand muss sie haben. Ein Mann muss sie nehmen und in seine eigene Familie bringen.«

Das war die Gelegenheit für mich, das Wort zu ergreifen. Ich räusperte mich.

Plötzlich wehte der Rauch in die andere Richtung, und wir konnten über das Feuer hinwegsehen. Osanés Gesicht war weiß wie Asche –

es war leicht zu glauben, dass der Tod ihr nahe genug gekommen war, um sie anzuhauchen. Ihr Gesicht war schief, und rings um ihr linkes Auge prangte eine große, blaurote Prellung. Trotz der Hitze trug sie einen Schal aus Eichhörnchenfell um den Hals, der bis an ihr Kinn reichte.

»Ihr sagt, ein Mann hat ihr das angetan?«

Alle schauten sich um, aber ich sah nicht, wer da gerufen hatte.

»Ihr werdet noch früh genug erfahren, wer es war«, wiederholte Aitor. »Unterdessen muss einer sie nehmen.«

»Sie gehört Edur!«, krächzte ich. Niemand hörte mich. Aber andere Männer riefen dasselbe, daher war es einerlei.

»Wo ist Edur?«

»Gebt sie Edur! Er soll sie nehmen!«

»Nein, nicht Edur!« Plötzlich wirbelte Aitor herum und zeigte direkt auf uns. »Kemen!«

Noch nie habe ich einen Mann derart zusammenfahren sehen. Ich legte Kemen meine Hand auf die Schulter, um ihn zu stützen. Er starrte mich mit einem wilden Blick an, als wäre das alles meine Schuld. Und in gewisser Weise war es das ja auch.

Aitor schaute uns beide an. »Kemen! Hast du mich gehört? Du weißt, wer du bist, nicht wahr?«

Kemen blickte ihn nur mit offenem Mund an.

»Sei kein Narr, Mann! Komm her!«

Kemen schien wie erstarrt. Ich zog ihn schließlich an den Fuß des Mittlerhügels und schob ihn hinauf. Was hättet ihr getan? Ihr hättet dasselbe tun müssen! Kemen war jetzt mein Bruder, und der Mittler wurde allmählich wütend – was hätte ich sonst tun sollen?

Osané stolperte wieder, als Aitor sie aus Nekanés schützendem Arm riss und zu Kemen stieß. Kemen sah sich gezwungen, die Hand auszustrecken, um sie zu stützen, doch er wandte den Blick nicht von Zigor.

»Nimm sie! Mach schon, Mann, nimm sie! Worauf warten wir noch? Du willst, dass die Namen deines Clans leben? Muss ich einem erwachsenen Mann sagen, was er mit einer Frau machen muss? Nimm sie mit, Mann, bevor wir alle vor Hunger sterben.«

Wohlgemerkt, das war noch nicht das Ende. Arantxa brach in ein Geheul aus, dass man meinen sollte, ein Rudel Wölfe hätte sich unserem Festmahl angeschlossen. Dann kamen Osanés ältere Brüder Oroitz und Koldo zu uns an die Feuerstelle und versuchten, uns zum Kampf herauszufordern. Sie drohten damit, was Edur tun würde, wenn er zurückkehrte. Vor lauter Wut darüber vergaß ich, dass ich Edur etwas schuldete. Ich mag keine Gedanken, die nebeneinander keinen Sinn ergeben. Im Übrigen hatten wir ein Festmahl vor uns.

Osané sah ihre Brüder nicht einmal an. Stumm saß sie zwischen Sorné und Hilargi, die schützend die Arme um Osanés Schultern gelegt hatten, hielt das Eichhörnchenfell um ihren Hals fest und starrte ins Feuer.

Osanés Brüder brüllten Kemen an. »Du kannst Osané nicht stehlen. Sie war Edur versprochen! Du kannst sie nicht nehmen! Sie gehört uns!«

Kemen saß nur da, als hätte er kein Wort gehört. Itsaso sagte schließlich, ohne jemanden direkt anzusprechen: »Weißt du, Arantxas Familie will nur einen guten Jäger, der sie im Winter mit Nahrung versorgt. Die eigenen Männer sind so schlecht im Jagen, die haben alle Angst zu verhungern. Das ist alles.«

Kemen streckte die Hand aus und versetzte ihr einen Klaps. Er kann nicht sehr fest gewesen sein, denn Itsaso starrte ihn nur an, die Hände auf den Mund gedrückt, und brach plötzlich in schallendes Gelächter aus.

Oroitz schüttelte seinen Speer vor Kemen. »Du kannst meine Schwester nicht stehlen! Wir werden sie zurückholen! Du gehörst nicht einmal hierher! Wie viele Feinde willst du haben, Kemen?«

Plötzlich sprang Kemen auf. Er lief an den Frauen vorbei und riss seinen Anteil an unserem Festmahl vom Feuer. Er griff nach einem Fell und schleuderte das halbgare Fleisch darauf. Haizea schrie auf. »O nein!«

Mit langen Schritten ging Kemen über den Lagerplatz und ließ sein Fleisch an Arantxas Feuerstelle fallen. »*So* viel für deine Tochter!«, rief er, zog mit einem Ruck das Fell weg, und das Fleisch kullerte in den Dreck.

Das hielt sie nicht auf. Osanés Brüder stießen Drohungen aus und erhoben die Fäuste gegen uns. Sie riefen die Geister als Zeugen, dass Kemen für immer ihr Feind sein werde.

Mir reichte es. Ich sprang auf und raffte meinen Anteil am Fleisch zusammen.

»O nein«, schrie Haizea unter Tränen. »Nicht unser *ganzes* Festessen!«

Sie hätte sich keine Sorgen machen müssen. Als Sendoa und seine Brüder sahen, was geschah, entrissen sie ihren Frauen das Fleisch und luden ihren Anteil an der Beute ebenfalls an Arantxas Feuerstelle ab, »weil deine großen Jäger offenbar nicht fähig sind, dir etwas zu holen«. Plötzlich begannen alle zu lachen. Weitere Vettern schlossen sich dem Spiel an. Immer mehr Fleisch landete zu Arantxas Füßen – viel mehr, als eine einzelne Familie essen konnte. Arantxas Mann und ihre Söhne waren am Ende derart beschämt, dass sie sich in den Wald verkriechen mussten, bis das Festmahl vorüber war. Arantxa wusste nicht, was sie mit dem vielen Fleisch anfangen sollte. Sie konnte niemanden überreden, es ihr abzunehmen. Inzwischen hatte der ganze Lagerplatz seinen Spaß an der Sache. Alle, die ihr Fleisch nicht vor Arantxa hatten fallen lassen, kamen nach und nach mit vollen Körben zu unserer Familie und baten uns, ein paar traurige Stückchen von ihren Resten anzunehmen. Sie schenkten so viel, dass Haizea später sagte, sie habe mehr zu essen gehabt, als da gewesen wäre, wenn wir nichts weggegeben hätten.

So also hat Kemen seine Frau bekommen, außerdem hat er für sie bezahlt. Und wegen Kemen waren Hodei, der Mittler, und seine ganze Familie wütend auf meine Familie. Und wegen Kemen dachte mein Freund Edur, ich hätte ihn getäuscht. Oh, ich hatte genug, worüber ich mir Sorgen machen musste! Trotzdem werde ich nie den

Anblick des riesigen Fleischbergs an Arantxas Feuerstelle vergessen. Noch heute erzählt man sich die Geschichte aus jener Nacht. Das war einer der besten Witze, die wir je hatten: Noch immer muss ich darüber lachen, wenn ich zufällig einmal daran denke.

VIERTE NACHT:
LAGERPLATZ DES LACHSFANGS

Alaia sagte:

Im Hellen Mond trug ich das Feuer an unseren Lagerplatz des Lachs-
fangs, den Geburtsort meines Vaters. Dort gibt es viele Wasserfälle.
Wir schlafen beim Geräusch des reißenden Wassers unten in der
Schlucht ein. Direkt oberhalb unseres Lagerplatzes treffen zwei Flüs-
se zusammen. Der eine kommt vom Mutterberg her, der andere vom
Berg, an dem das Lager des Lachsfangs liegt. Viele kleine Bäche ha-
ben diese Flüsse genährt und ihnen Kraft verliehen. Wo immer die
Bäche auf Felsvorsprünge am Berghang treffen, bilden sie weitere
Wasserfälle, bis der ganze Berg singt. Jeder Wasserfall ergießt sich in
einen dunklen Teich. Die Bäche singen mit vielen Stimmen zu den
Lachsen. Wenn die Lachse den Ruf der Wasser vernehmen, kommen
sie vom Meer und springen über die Wasserfälle. Sie springen von
Teich zu Teich, bis sie im Schoß der Berge liegen. Die hochgelegenen
Teiche sind der Geburtsort der Lachse und auch der Ort, an dem sie
sterben. Während wir auf dem Lagerplatz des Lachsfangs sind, hören
wir ständig die Flüsse, wie sie zu den Lachsen singen. Die Gesänge
des Wassers leben in unseren Herzen und werden auch zu unseren
Gesängen.

Im Mond des Hirschfangs hatten wir mit meinen Tanten vereinbart, gemeinsam auf Lachsfang zu gehen, doch wegen des schlechten
Wetters waren wir nicht sicher, ob jemand kommen würde. Als wir
eintrafen, war meine Tante Sorné aber schon dort. Sie hatte für uns
einen Korb voll Forellen und Schalentiere geröstet, da sie unser Boot
durch die Meerengen zwischen der Höhleninsel und der Insel des
Mutterbergs am anderen Ende der Bucht hatte kommen sehen. Wir

halten die Schösslinge auf dem steilen Abhang unterhalb des Lager-platzes immer niedrig; es macht nichts, so ungeschützt zu sein, denn der Wind kommt im Sommer selten aus dem Sonnenlosen Himmel. Von unserer Feuerstelle aus können wir alles sehen, was unten in der Bucht vor sich geht.

Meine Mutter war anscheinend nicht sonderlich erfreut, ihre Schwester zu sehen. Nekané kann ungnädig sein. Sorné war nur ge-kommen, weil sie sich Gedanken über uns gemacht hatte. Es war nett von ihr, alles über unseren ersten Winter mit Osané und Ke-men erfahren zu wollen. Als ich das meiner Mutter sagte, schnaubte Nekané nur und fuhr fort, Heidekraut für unsere Schlafplätze zu schneiden. Sie teilte jeden Stängel so grimmig, als hätten die Geister des Heidekrauts sie gekränkt. Sendoa hatte seine Mutter hierherge-bracht, weil er mit Amets jagen wollte, und ein paar jüngere Vet-tern und Kusinen waren mit ihnen gekommen. Unsere Familie blieb schließlich auf diesem Lagerplatz, bis der Mond des Hirschfangs in die Finsternis überging. Sorné verließ uns erst, als der Mond des Lachsfangs zu Ende war. Die meisten aus ihrer Familie waren zum Lachsfang an der Bootsüberfahrt geblieben. Der Fluss ist dort viel breiter. Ich warf es ihnen nicht vor. Ich sage euch, das Jahr gehörte nicht zu den Jahren, in denen man weit paddelte, wenn es sich ver-meiden ließ!

Sobald wir den Lagerplatz erreichten, wickelte ich unsere glühen-de Holzkohle aus und legte sie ins Feuer meiner Tante. Alle streckten ihre Arme empor, während mein Vater die Lachsgeister anrief, um ih-nen mitzuteilen, dass wir zurückgekommen waren. Mein Vater sagte den Geistern, so wie er zurück an seinen Geburtsort gekommen sei, warteten wir nun darauf, dass auch die Lachse heimkämen. Mein Va-ter sprach lange zu den Geistern. Hinter ihm sah ich eine Wolken-bank unter dem Himmel der Abendsonne aufsteigen, über der Schul-ter der hohen Klippen, die vom Lagerplatz des Lachsfangs ins Meer abfallen. Unwillkürlich kam mir der Gedanke, dass wir die Häute über die Zeltrahmen spannen sollten, bevor der Regen einsetzte. Diese hohe Wolkenbank würde in wenigen Augenblicken die Sonne verschlingen. Noch während ich hinschaute, glitt die Sonne hinein und verschwand allmählich. Die Luft wurde kalt und roch nach Regen. Noch immer sprach mein Vater zu den Geistern … was wollte er denn noch alles sagen? Ich hatte Körbe voll mit Schalentieren, Plattfischen, Eiern und Küken von Krähenscharben, die wir von der Robbenbucht mitgebracht hatten. Ich musste die glühende Holzkohle zu einem guten Röstfeuer anfachen, wenn wir noch vor der Dämmerung essen wollten. Wenn ich doch nur das Feuer jetzt schon vorbereiten könnte, dann könnten wir draußen essen, bevor der Regen uns ins Zelt trieb.

Ich bin nicht wie meine Mutter und meine Schwester. Vieles werde ich nie wissen. Ich sehe so wenig, dass ich es manchmal schwer finde, mit denen, die weiter blicken, geduldig zu sein und mehr zu verstehen. Doch die Geister verachten mich auch nicht. Etwas kann ich von mir behaupten: Nie habe ich – in all den Jahren, in denen ich mich um das Feuer gekümmert habe, wie sehr es auch geregnet hat und wie nass die Reise auch war –, nie habe ich das Feuer unserer Familie erlöschen lassen.

Am nächsten Morgen gingen die Männer hinaus ins Flachwasser, um nach den Fischfallen zu schauen. Der Fluss ist im Winter oft so wütend, dass er alles fortschwemmt; manchmal meint er es gut und lässt ein paar Pfosten stehen. In dem Jahr hatte es der Fluss nicht gut gemeint. Die Männer brauchten den ganzen Tag, um neue Pfosten zu schlagen und zu befestigen. Wir Frauen gruben die Weidenzäune aus dem trockenen Sand und machten uns daran, sie auszubessern. Niemand war im vergangenen Jahr auf diesem Lagerplatz gewesen; das alles instand zu setzen war viel Arbeit. Es regnete den ganzen Tag, doch endlich klarte der Himmel auf. Die rote Sonne warf ihre letzten Strahlen über das Meer. Der Mutterberg über uns leuchtete purpurn im Abendlicht. Berge und Inseln rückten näher, während die Sterne den dunkler werdenden Himmel nach und nach wie Funken durchbohrten, die von Geisterfeuern in weiter Ferne aufstoben.

An dem Abend haben wir zum Lachs gesungen. Unser Gesang teilte dem Lachs mit, dass wir am Fluss waren und auf ihn warteten. Wir riefen ihm zu, zurückzukehren:

Komm, Lachs, kehre heim zu deinem Fluss!
Dein Fluss wartet auf dich
Komm, Lachs, spring über die hohen Wasserfälle
Dein Fluss wartet auf dich
Der Tod sucht nach dir
Wie eine Mutter Ausschau nach ihren jungen Söhnen hält,
    die vom Meer nach Hause kommen
Komm, Lachs, komm zu deinem Fluss!
Wir alle warten auf dich.

Wir stimmten ein Lied nach dem anderen an. Über dem Berg, an dem der Lachsfluss entspringt, erhob sich der Helle Mond. Er nahm bereits ab und sagte den Lachsen, bald werde der Mond der Samen folgen, und sie müssten schleunigst zum Fluss eilen, an dem die Menschen warteten. Das Abendlicht war kaum verblasst, als der Morgen bereits zu glühen begann und den nächsten Tag ankündigte. Unser letztes Lied verklang zu Schweigen. Hunde und Kinder waren längst eingeschlafen und lagen zusammengerollt wie kleine Hügel an der warmen Feuerstelle. Wir holten Felle aus den Zelten und deckten die Kinder zu. Sorné legte feuchte Grassoden auf das Feuer. Männer und Frauen wickelten sich in ihre Umhänge und streckten sich auf dem Boden aus, um unter den wachsamen Augen des neuen Tages zu schlafen.

Bis der Mond der Samen aufging, konnten wir Frauen jeden Tag von den Booten aus Fische fangen. Unsere Netze waren voller Seelachs, und an ruhigen Tagen, an denen wir hinter die Insel des Treibholzes paddelten, auch voll mit fettem Dorsch. Wir wickelten die Fische in Rotalgen ein, garten sie und verspeisten genüsslich das köstliche weiße Fleisch. Bevor der große Sturm den Fluss zu wildem Getöse aufpeitschte, suchten Haizea und Itsaso in den Teichen unterhalb der Wasserfälle nach verirrten Forellen. Sie fingen nicht viele, und manchmal mussten wir sie schicken, um nützlichere Arbeit zu verrichten, wie zum Beispiel Meerwurzeln und Schalentiere am Ufer zu sammeln. Während wir auf Fischfang waren, gingen die Männer zu ihrem Jagdlager auf der Seite des Mutterbergs, wo der Lachsfluss entspringt. Die Hirschkälber waren noch jung genug, um mit Hunden zur Strecke gebracht zu werden, und zweimal kamen Sendoa und Amets auch mit milchgebenden Hirschkühen zurück, obwohl das immer eine schwere Tötung ist – eine Mutter, ob Mensch oder Tier, wird stets härter um ihr Junges kämpfen als um alles andere.

Doch bevor ich erklären kann, was auf dem Lagerplatz des Lachsfangs als Nächstes geschah, muss ich euch wieder mit auf den Lagerplatz an der Flussmündung nehmen und euch von dem ersten Winter erzählen, den Osané bei unserer Familie verbrachte.

Sie sprach nicht.

Das soll nicht heißen, dass sie ruhig war oder nicht viel redete. Ich meine, was ich sagte: Sie sprach nicht. Nicht ein einziges Wort. Nachdem wir die Zusammenkunft verließen und sie und Kemen mitnahmen – wir mussten ein weiteres Boot bauen, bevor wir aufbrachen, unsere Familie war auf einmal so viel größer geworden –, sagte sie unterwegs kein Wort. Ich dachte, das würde sich legen, wenn wir erst zum Lagerplatz an der Flussmündung kämen. Aber da irrte ich mich. Den ganzen Winter über, den wir dort verbrachten, sprach sie nicht. Auch nicht, als wir zum Lagerplatz an der Robbenbucht kamen. Viele Monde lang – zwei Handvoll! – kein einziges Wort. Jetzt hatten wir den Mond der Samen, und Osané hatte noch immer kein Wort von sich gegeben.

Sie sagte nach wie vor nichts. Manchmal hätte ich sie am liebsten geschüttelt – ich war mir sicher, dass sie sprechen konnte, wenn sie es nur versuchte. Schließlich war ich es, die ihr jeden Tag Kompressen aus Aalfett, Wegerich und Schafgarbe um den Hals gelegt hatte, bis ihre Würgemale abgeheilt waren – niemand wusste besser als ich, dass seit dem Mond des Schwans mit ihrem Hals alles in Ordnung war.

Nicht, dass sie unglücklich bei uns gewesen wäre. Ich hatte gemerkt, dass es ihr gleich im Mond der Gelben Blätter besser ging, als sie begann, sich neue Kleidung zu nähen. Sie hatte nichts mitgebracht, als sie zu uns kam, bis auf die Jacke aus Hirschleder und den Frauenrock, den sie am Leib trug. Sie hatte nichts aus dem Zelt ihrer Eltern geholt und besaß daher keine Beinlinge, keine Schuhe, keine Winterfelle, kein Messer, keine Nadeln, keine Ahle, keinen Zwirn … Kemen machte ein Messer für sie, als wir auf den Lagerplatz an der Flussmündung kamen. Ich sah, wie er den Griff schnitzte, und fragte ihn, was er da tat.

Als er es mir sagte, platzte es aus mir heraus: »Osané hat zwei eigene Hände, oder nicht? Was ist das für eine Frau, die nicht einmal ihr eigenes Messer herstellt! Du weißt, dass ich ihr dafür meines geliehen hätte. Schön und gut, wenn du die Klingen herstellst – ich glaube gern, dass sie ihr das nie beigebracht haben –, aber bestimmt kann sie doch den Rest übernehmen. Du bringst ihr die schlimmsten …«

Amets packte mich von hinten und legte mir die Hand auf den Mund. »Ich glaube, *ich* bin es, der meiner Frau die schlimmsten Angewohnheiten hat durchgehen lassen, Kemen! Anscheinend glaubt *meine* Frau, sie sei hier für alles zuständig.«

Ich zog seine Hand fort und tat so, als würde ich ihn dort packen, wo es wehtut. »Das bin ich auch, Amets! Auf jeden Fall bin ich hier die Einzige mit klarem Verstand. Wir alle wissen, womit *Männer* denken.«

»Oh, untersteh dich!« Er drehte mich um und bog meinen Arm nach hinten. Danach musste ich so sehr lachen, dass ich nichts mehr sagen konnte. Kemen grinste nur und schnitzte weiter an einer Furche im Griff für Osanés Messer.

Schließlich fertigte sich Osané mit ihrem neuen Messer ihre eigenen Nähutensilien an. Ich ließ sie aus dem Korb mit sauberen Knochen nehmen, was sie wollte. Sie wählte einen Schwanenknochen und stellte einen Behälter für Nadeln her, dann verbrachte sie einen halben Tag damit, ihn mit verschlungenen Mustern zu verzieren – ich dachte, sie sollte lieber ihre Nadeln anfertigen. Doch schon bald stellte ich fest, wie schnell sie arbeitete. Ich gab ihr die Felle, die ich entbehren konnte, bis Amets und Kemen wieder neue mitbringen würden – zum größten Teil Hase und Hirsch, aber ein dickes Fuchsfell war auch dabei. Osané schabte die Häute, bis sie gelblich-grau und weich waren, und als ihre neue Jacke fertig war, verzierte Osané sie mit allem, was sie bekommen konnte. Ich war erstaunt, wie viel sie bereits gesammelt hatte, alles hatte sie in einer kleinen Rindenschachtel aufbewahrt. Immer wieder fügte sie neue Sachen hinzu: polierte Biberzähne, Otterkrallen, Gräten, Federn und Gräser. Samenkörner, Nüsse, Eichelhüte, Muschelschalen und polierte Knochen fädelte sie zu Ketten und Armbändern für sich und Haizea auf. Auch mir machte sie ein paar, was mich auf eigenartige Weise berührte. Selbst ihre Stiefel aus Robbenfell verzierte sie mit Otterkrallen. Meinen Fuchspelz verarbeitete sie zu einer Wintermütze; den Schwanz ließ sie über ihren Rücken baumeln. Er betonte ihre Haarfarbe. Osané hatte vielleicht kein Wort zu sagen, aber sie wusste genau, wie hübsch sie war, und sie wusste auch das Beste daraus zu machen. Als Kemen einen Schneehasen vom Berg mitbrachte, machte sie sich daraus weiße Handschuhe – weiße *Handschuhe*! – und einen Pelzkragen für ihren Hals. Sogar bei ihren Beinlingen hatte sie zu beiden Seiten Schwanenfedern durch die Nähte gefädelt. Was ihr Haar betraf, so habe ich nie ein Mädchen gesehen, das es so oft gewaschen und gekämmt hat – sie hat es sogar im *Winter* im Fluss gewaschen. Ich sagte ihr, sie werde sich erkälten und daran sterben. Sie aber lächelte nur und fuhr fort, sich die Haare zu flechten und Federn, Ähren und alles andere hineinzuwinden. Aber sie hat sich nie vor ihrer Arbeit gedrückt – und um Kemens Kleidung hat sie sich ebenso gekümmert wie um ihre eigene. Und sie war nicht eitel, Osané verzierte einfach nur gern ihre Sachen. Auch jetzt macht sie nicht einfach nur einen Eimer aus Birkenrinde, sondern schnitzt komplizierte Muster hinein. Das hat mich nie gestört; ich war froh, dass sie etwas tat, das sie anscheinend glücklich machte.

Die Geister meinten es gut mit uns, als sie uns Osané brachten. Ich freute mich sehr, als sie schwanger wurde. Ich hatte das Leuchten schnell entdeckt, es machte Osané hübscher denn je. Ich sagte kein Wort, um die Geister nicht herauszufordern, doch Osané merkte bald, dass ich ihr die besten Stücke gab – Leber, Nieren, Herzen, Rogen und so weiter. Sie nahm sie mit einem verstohlenen Lächeln entgegen. Ich hoffte, alles würde gut, denn meine kleine Esti war ohne ihre Kusinen einsam auf dem Lagerplatz an der Flussmündung. Hätte mein Bruder noch gelebt, dann hätte er sich eine Frau genommen, aber ich bezweifle, dass sie mitgekommen wäre, um bei uns zu leben. Nur wenige Frauen entscheiden sich dafür, die eigene Familie zu verlassen, obwohl sie für gewöhnlich gut aufgenommen werden, besonders in einer Familie, die keine Töchter hat. Jedenfalls dachte ich manchmal daran, wie sich alles ergeben hatte: Bakar verschwand, dann kam Kemen, dann Osané, und am Ende wurde uns Bakar durch diese beiden wieder zurückgegeben.

Als Osané schwanger wurde, war meine Mutter schon seit über zwei Monden fort. Ich freute mich nicht besonders auf ihre Rückkehr. Ich dachte, da unsere Familie nun größer wurde, wäre es besser, wenn wir zwei Sommerzelte statt des einen hätten. Eines Morgens saßen Osané und ich draußen vor der Winterhütte und nähten neue Sohlen unter die Robbenstiefel unserer Männer – manchmal sieht es im Winter so aus, als machten wir nichts anderes –, da schlug ich vor, ein paar unserer überzähligen Häute dafür zu benutzen, uns ein neues Zelt anzufertigen. Osané schenkte mir ein breites Lächeln, ließ Kemens Stiefel mit der Nadel darin fallen und sprang auf. Sogleich begannen wir, die Häute durchzusehen.

»Wir werden sie im Mond des Alks fertig haben, dann können wir sie mitnehmen«, sagte ich ihr. »Wir schaben und trocknen sie, bevor wir aufbrechen, und den Rahmen können wir herstellen, sobald wir auf unserem Frühlingsplatz sind, und auch die Häute dort nähen. Dann können wir außerdem Birkenrinde holen.«

Osané sah immer so aus, als hörte sie zu. Inzwischen hatte ich mich an sie gewöhnt und ich fand es ganz leicht, das Reden allein zu übernehmen. Schließlich hatte ich mein Leben lang meiner Mutter zuhören müssen, und ich war nicht immer mit allem einverstanden gewesen, was sie sagte. Osané machte für gewöhnlich alles, was ich vorschlug – manchmal sogar besser, als ich es gekonnt hätte. Da sie nicht sprechen wollte, konnte sie natürlich nichts einwenden, doch manchmal nahm sie etwas anders in Angriff, als ich es ihr gesagt hatte. Das machte sie nicht oft, aber wenn, dann stellte sich heraus, dass sie recht hatte.

Meine Mutter kam nicht auf den Lagerplatz an der Robbenbucht – dorthin gingen wir im Mond des Alks, als das Meer uns nicht zum Lagerplatz am Weißen Strand durchließ –, sie ging fort über die Lange Meerenge, irgendwohin. Daher nahmen wir unser neues Zelt erst in Gebrauch, als wir zum Lagerplatz des Lachsfangs kamen. Es war viel besser als das alte. Hätten wir gewusst, wie wenig wir von meiner Mutter sehen würden, hätten wir uns vielleicht nicht die Mühe mit einem weiteren Zelt gemacht. Wenn das Wetter schlecht war, verbrachten mein Vater und Haizea jedenfalls ihre Tage in unserem Zelt. Ich schlug vor, dass sie auch bei uns schlafen sollten, dann könnten wir das alte Zelt als Vorratslager benutzen, aber das lehnten sie ab. Nachts hatten daher Amets, Esti und ich die rechte Seite der Feuerstelle für uns, Kemen und Osané die linke für sich.

In der ersten Nacht lag ich wach und betrachtete den neuen Haselnussrahmen über mir, die sorgfältig vernähten Häute und die Birkenrinde, die sich oben anschloss. Durch die Rauchöffnung konnte ich die Sterne sehen. Seit ich von der Brust meiner Mutter entwöhnt war, hatte ich noch nie auf der rechten Seite der Feuerstelle gelegen. Jetzt war ich es, nicht Nekané, die sich abends rechts neben der Kochstelle hinter der Feuergrube niederlegte und tagsüber dort saß. Jetzt war ich diejenige, die alles in Reichweite hatte, ohne aufstehen zu müssen.

Ich konnte alle, sogar die Männer, anweisen, ihre Stiefel auszuziehen, wenn sie hereinkamen, und ihnen all die anderen Dinge sagen, die sie unter meinem Dach zu tun und zu lassen hatten. Da wir nur zwei Frauen im Zelt waren, schliefen Osané und ich an den besten Stellen neben der Feuergrube. »Als gehörten wir zwei schon zu den Weisen!«, sagte ich zu ihr. Osané lächelte.

Haizea sagte:

Wir kamen früh genug an den Lagerplatz des Lachsfangs, um junge Aale fangen zu können. Ortzi und ich haben immer zusammen Aalreusen angefertigt. Jetzt überredete ich Itsaso, mitzukommen. Wir schnitten Birkenrinde und fertigten sechs Reusen daraus. Alaia gab uns Rohleder. Wir verdarben das erste Stück, weil wir zu große Löcher hineinbohrten, und sie war verärgert, gab uns aber noch mehr. In den steinigen Stromschnellen an den Rändern des Aalbachs, direkt oberhalb des Strandes, legten wir Kanäle an. Wir beschwerten unsere Reusen mit Steinen und baten die Aalgeister, es gut mit uns zu meinen. Sie hörten zu, obwohl Alaia sagte, das Jahr sei zu alt. Ich glaubte meinem Vater mehr als Alaia. Er sagte, das Jahr sei noch an seinen Fingern abzuzählen, und immer wenn es eine Handvoll erreiche, weise es die Aale an, sich großzügig zu schenken. Ich konnte mich noch daran erinnern, dass es schon einmal so war. Jetzt wollte ich Aale für meinen Vater – er bekam nicht genug Fleisch, weil er nicht mehr kauen konnte.

An einem Tag waren die Aalreusen so voll, dass nur Aale darin waren und fast kein Wasser. Wir kippten die Aale in einen Weidenkorb. Sie reichten fast bis an den Rand. Sie wanden und schlängelten sich in Kreisen aus glänzenden, kleinen Wellen, schwarz und braun. Es war, als wollte man versuchen, Wasserfäden zu greifen – sie glitten einfach zwischen unseren Fingern hindurch –, daher schaufelten wir uns die zappelnden Tiere mit hohlen Händen in den Mund. Sie schmeckten frisch und fischig, kitzelten in unseren Kehlen, als wir sie schluckten, und wir konnten nicht aufhören zu lachen. Itsaso rutschte vor Lachen die Uferböschung hinab. Ich steckte den Korb zwischen ein paar Birkenstöcken fest und rollte hinter ihr her. Dort unten gibt es einen mit Gras bewachsenen Vorsprung, hellgrün von Otterkot. Kichernd legten wir uns auf den Rücken, und über uns tanzten helle Birkenblätter in der Sonne.

Als ich noch klein war, dachte ich, das alles würde ewig so bleiben.

Der Mond des Lachsfangs brach an, und Itsaso und ich sammelten gerade Muscheln im Flachwasser, als wir die Lachse kommen sahen. Die Flut hatte eingesetzt: Der Fluss begann in sanften Wellen aus Salzwasser in die andere Richtung zu fließen. Unten, zwischen den von Algen überwucherten Felsen, füllten sich die Teiche. Kälteres Wasser strömte um unsere Fußgelenke. Mein Korb war voll. Ich lud ihn mir mit Schwung auf den Rücken und betrachtete die wirbelnde Wasserflut. Etwas Dunkles huschte wie ein Schatten im Zwielicht durch das Meerwasser.

»Itsaso! Die Lachse! Sie sind da!«

Wir rannten zum Lagerplatz zurück und duckten uns unter den Eichen entlang des Pfades oberhalb der Schlucht. Ein paar Frauen waren schon wieder mit vollen Körben zurück. Osané röstete Erdkastanien in der Asche. Esti hatte einen eigenen kleinen Schaber und half Osané, die Asche zu glätten. Osané hielt Estis Jacke hinten mit einer Hand fest, damit die Kleine nicht ins Feuer fiel. Alaia und Sorné kratzten das Fett von einer frischen Hirschhaut. An der Eiche meines Vaters hing ein gehäuteter junger Hirsch. Die Männer lagen in der Sonne und taten nichts – sie hatten zwar rings um sich Netze aufgestapelt, und die Nadeln lagen obenauf, aber das hat mit arbeiten nichts zu tun! Ihr wisst, wie nutzlos Männer sind, wenn sie gerade auf der Jagd waren und es Arbeit zu verrichten gibt! Dabei hatten sie nur den Hirsch aus einer Falle geholt – sein Geweih hatte sich in der Schlinge verfangen. Das kann man nicht als schwere Arbeit bezeichnen! Aber Männer sagen immer, sie seien müde von der Jagd, wenn sie einen oder zwei Tage unterwegs waren. In Wahrheit sind sie erschöpft, weil sie selbst Feuer machen und ihr Essen zubereiten mussten. In der Sonne zu liegen ist das, was Männer am besten können.

»Die Lachse sind gekommen! Sie sind schon im Flachwasser! Die Lachse kommen!«

Die Männer sprangen auf. Sogar meine Tante Sorné legte ihre Arbeit beiseite und kam mühsam auf die Beine. Ich lief mit den Männern zurück zum Flachwasser. Kurz darauf sahen sie, dass ich recht hatte. Die Lachse ließen sich mit der Flut hereintreiben, über die Falle hinweg und durch die Lücke zwischen den Zäunen. Von den Klippen am Flachwasser schauten wir hinab auf plätschernde, silbrige Rücken, während die Fische in den Fluss strömten.

Die Männer wateten flussaufwärts hinein, zogen das Weidentor über die Lücke im oberen Zaun und klemmten es zwischen die Pfähle zu beiden Seiten. Sendoa und seine Brüder kamen und stellten sich tropfnass neben uns. Amets und Kemen waren auf der anderen Seite ans Ufer geklettert.

Allmählich hatte die Flut ihren Höchststand erreicht. Sie strömte ziellos zwischen die Klippen des Flachwassers. Kleine Wellen hoben die letzten Seetangwedel an. Eine sanfte Dünung schaukelte hin und her, eine Handlänge über dem niedrigeren Zaun der Fischfalle.

»Jetzt!«

Sendoa gab Amets und Kemen über die Untiefe hinweg ein Zeichen. Kemen watete neben dem Mann meiner Schwester ins Wasser. Im letzten Jahr hatte es unter den Frauen auf dem Lagerplatz am Weißen Strand viel Gerede über Kemen gegeben, der kein großer Jäger war, wenn es darum ging, Vögel zu fangen. Manche sagten, er nütze uns nicht viel. Nun bekam Sorné endlich die Gelegenheit, sich davon zu überzeugen, dass das nicht stimmte. Das freute mich. Kemen packte sein Ende des niedrigeren Tors und klemmte es zwischen die Pfähle. Die Wellen, die zwischen den Klippen hin und her schwappten, waren mannshoch, aber das störte ihn nicht. Amets betastete mit den Füßen den unteren Rand des Tores, um zu prüfen, ob es richtig über der Lücke darunter saß. Er stand auf dem Rahmen und drückte das Tor mit seinem Gewicht hinunter. Ein Stein war im Weg. Sogleich tauchte Kemen kopfüber wie ein Alk ins Wasser und verschwand. Amets war so verblüfft, dass die nächste Welle ihn an der Wange traf und aus dem Gleichgewicht brachte. Plötzlich tauchte Kemen neben Amets auf und hielt seine Hand hoch, damit wir wussten, dass das Tor richtig saß.

Danach sagten alle, Kemen müsse von Anfang an etwas von einem Alk an sich gehabt haben, um so tauchen und unter Wasser schwimmen zu können. Normalerweise können Frauen besser sehen, was unter Wasser ist, weil wir in den heißen Monden nach Austern tauchen. So leicht, wie Männer sich das vorstellen, ist es nicht, im Wasser die Augen offen zu halten. Auch muss man daran denken, nicht zu atmen. Die meisten Männer haben es nicht einmal versucht – na ja, sie haben ja uns Frauen, also brauchen sie es nicht, oder?

Sendoa rief uns zu: »Ihr da, Ortzi! Haizea! Bringt die Speere herunter! Und ihr könnt das Netz bereithalten, um die Fische zum unteren Tor zu ziehen. Haltet es aber auf alle Fälle von den Speeren fern!«

Ortzi wollte nicht mit einem Mädchen arbeiten, aber Itsaso war nicht mit ans Flachwasser gekommen. Ortzi war wütend, dass Sendoa uns beide wie Kinder behandelte. Dabei hatte Ortzi sich eigens einen Speer für den Lagerplatz des Lachsfangs angefertigt. Er wollte nicht mit mir sprechen, obwohl es kaum meine Schuld war. Alle wissen, dass Frauen ebenso gut wie Männer Netze auslegen können, aber wenn die Lachse kommen, müssen wir alle so tun, als sei es dasselbe wie die Jagd. Weil sich die Fische nämlich so freizügig schenken, dass man sie – nahezu – nur bitten muss, in unsere Körbe zu springen. Frauen müssen viel schlauer sein, wenn *sie* auf Fischfang gehen, was wir das ganze Jahr über tun, wie ihr vielleicht bemerkt habt! Aber wenn die ersten Lachse kommen und man gar nichts falsch machen kann, soll der Fischfang plötzlich Männerarbeit sein. Ich frage mich, warum …

Doch in dem Jahr, als Ortzi sich von mir abwandte, wollte ich niemals erwachsen und eine Frau werden. Ich freute mich, dass die Männer mich helfen ließen, auch wenn es nur darum ging, ein Netz zu ziehen. Als Kind habe ich noch alles geglaubt, was sie sagten!

An nur einem Abend konnten wir fünf Körbe aus der Fischfalle füllen. Ein paar Lachse waren zu schwer, und weder Ortzi noch ich konnten sie allein heben, daher mussten wir zusammenarbeiten. Die Männer trugen die Körbe bergauf durch die Eichen zurück zum Lagerplatz. Ortzi und ich hatten je zwei Lachse, die wir uns über die Schultern gebunden hatten, trotzdem hatten wir Mühe, aufrecht zu gehen. Ein Korb voll Lachs reichte aus, dass wir alle zwei Tage lang schlemmen konnten. Die restlichen Lachse schlitzten wir auf und legten sie zum Trocknen auf die Felsen. Wir machten ein Feuer mit viel Rauch und stellten ein Schutzdach darüber, um das Hirschfleisch zu dörren. Das hatte Zeit, schließlich hatten wir den ganzen Winter über Hirsch gegessen.

Wenn die Lachse kommen, ist es immer gut. Nachdem man weißen Fisch gegessen hat, ist der Lachs so reichhaltig und rosa und fettig – er sättigt wie Fleisch, bis man nur noch in der Sonne liegen und den dicken Bauch ausruhen kann. Ein paar Tage lang ist es wunderbar, und dann gewöhnt man sich daran. Gegen Ende des Mondes der Samen hast du das Gefühl, dass dir von einem weiteren Lachs schlecht wird. Aber bis dahin schmeckt es so gut! In den Frühlingsmonden sieht es immer so aus, als wäre die Arbeit nicht zu schaffen, um alle satt zu bekommen, doch im Mond des Lachsfangs muss man nur an den Fluss gehen und findet immer noch mehr Fische.

Der Lagerplatz des Lachsfangs ist auch gut für Brennholz. Erinnert ihr euch an die große Esche, die an der Grünen Bucht herabstürzte? In jenem Jahr zerhackten wir die toten Äste den ganzen Mond des Lachsfangs über. Esche ist nicht das beste Brennholz, aber in dem Jahr hat sie uns viele Wege erspart. Die alte Esche schenkt sich uns noch immer. Sie hat aus dem umgestürzten Stamm neu ausgetrieben. Die Schösslinge haben alle geblüht – das ist die einzige Esche, die ich jemals so in Blüte gesehen habe. Wir schneiden nach wie vor Ruten vom Stamm, er ist in all unsere Fallen am Lagerplatz des Lachsfangs eingegangen, und in vieles andere.

Im Mond der Samen regnete es kaum. Der Fluss versickerte und blieb sehr niedrig, bis der Sturm kam. In den meisten Jahren ist der Fluss am Lagerplatz des Lachsfangs zwei bis drei Manneslängen breit. Als der Mond der Samen seinem Ende entgegenging, war das Flussbett ein ausgebleichtes Skelett. Vertrocknete Büschel aus schwarzem Moos bedeckten die nackten Felsen und ließen erkennen, wo das Wasser hätte sein sollen. Für gewöhnlich singt der Fluss sein Lied laut, während wir auf dem Lagerplatz des Lachsfangs sind, und erzählt von den Bergen, aus denen er kommt, von den Wassern, die er unterwegs eingesammelt hat, und dem Meer, das auf ihn wartet. Nur selten sagt er etwas anderes: Er ist wie ein alter Mann am Feuer im Winter, der dieselben Geschichten so lange erzählt, bis alle sie auswendig kennen. Und niemand weiß, warum es so ist, bis die Stimme verstummt und nur die Geschichten übrig bleiben, denn dann erkennt man, dass jede dieser immer gleichen alten Erzählungen sich ein Stück tiefer ins Herz eingegraben hat.

Wir folgten den Lachsen flussaufwärts. Oberhalb des Lagerplatzes teilt sich der Fluss immer weiter in so viele Bäche, dass man sie nicht zählen kann. Sie winden sich durch Uferböschungen aus gelbgrünen Moosen und betten kleine, grasige Inseln in ihrer Mitte ein. Jetzt hatten die Inseln steinige Ufer bekommen, und die kleinen Bäche waren ausgetrocknet. Hintereinander gingen wir über den Waldpfad, trugen Speere, Netze und Fischhaken. Die Stromschnellen in der Schlucht waren zu trüben Gerinnseln geschrumpft, die sich durch eine Steinwüste schlängelten. Selbst der Weg durch die Moore war fast trocken. Gewöhnlich kann man die Wasserfälle sehen, die weiß wie Blitze von den Rändern oberhalb des Eberescheteichs herabstürzen. Statt herabzubrausen, klapperten die Wasserfälle jetzt nur wie Kieselsteine, die gerüttelt wurden.

Im Eberescheteich warteten die Lachse darauf, dass das Wasser anstieg. Sie schafften es nicht über den Wasserfall. In seinem verkleinerten Zustand war der Fluss bereit, uns seine Lachse zu schenken, ohne auch nur den Versuch zu unternehmen, sich zu wehren. Während sie in dem niedrigen Teich festsaßen, fingen wir sie mit Netzen und zogen sie mit Fischhaken und Händen und auf jede nur denkbare Weise an Land. Noch immer kam kein Regen.

»Das ist gut für uns«, sagte mein Vater. Ich ruhte mich mit ihm am Flussufer in der Sonne aus. Er fertigte eine Schnur an, die er an seinem Oberschenkel zwirbelte, wie er es immer tat, wenn er ruhig dasaß. Unter uns gluckerte ein dünnes Rinnsal in einem Bett aus gebleichten Steinen. »Aber nicht so gut für die Lachse. Sie wollen so schnell wie möglich in die höher gelegenen Teiche.«

»Bis dorthin ist es für uns viel weiter zu laufen.« Durch die Hitze und den Überfluss an Nahrung wurde ich allmählich faul. Ich stützte mich auf meinen Ellbogen. Unter mir kräuselte sich der Fluss über die seichten Stellen wie die Muster an einem Birkenstamm im Wolkenschatten. Mein Vater und ich saßen so still, dass die Wasseramseln zurückgeflogen kamen, um in den dunklen Strudeln am gegenüberliegenden Ufer zu fischen.

»Wenn die Lachse im Mond der Samen nicht laichen können, wirst du im nächsten Jahr viel weiter laufen müssen als bis zu den höheren Teichen.«

Schläfrig legte ich mich am Ufer auf den Rücken und schloss die Augen. »Aber das nächste Jahr ist noch weit weg.«

»Das denkst du jetzt.« Ich schlug die Augen auf und sah, dass mein Vater auf mich herabschaute. »Wenn der Mond der Samen wiederkehrt, kleine Tochter, wirst du dich an meinen Namen erinnern?«

»Aber …« Ich richtete mich auf und starrte ihn fassungslos an. Seine Worte erfüllten mich mit einer Furcht, der ich mich nicht stellen wollte. Der Fluss lachte leise in seinem niedrigen Bett. Auf der anderen Seite der Schlucht rief ein Kuckuck seinem Gefährten zu: »Kuckuck … Kuckuck.« Kurz darauf sah ich den Vogel selbst, ein

Schatten mit langem Schwanz, der lautlos über die glitzernden Baumwipfel strich.

»Es kann sein, dass du meinen Namen für viele Jahre von niemandem ausgesprochen hörst, Haizea. Ich glaube, eines Tages wirst du ihn zuerst wieder aussprechen. Wenn das geschieht, wirst du dich an das erinnern, was ich dir jetzt sage.«

Meine Augen füllten sich mit Tränen. Ich war zufrieden gewesen, hatte die langen, ergiebigen Lachstage genossen. Nun war mir, als hätte mein Vater mich in eisiges Meerwasser gestoßen. Kalte Tiefen gähnten unter mir, in denen riesige Seeungeheuer im Dunkeln lauerten. Ich schauderte. »Ich will nicht, dass dein Name aus der Welt geht!«

»Das wirst du schnell verwinden, Haizea. Unterdessen wirst du lernen, auch ohne ihn glücklich zu sein. Denk daran: Die Geister lassen auch das kleinste Tier nicht verloren gehen. Alles wird wiederkommen.«

Osané sagte:

Inzwischen müssen sich alle fragen, was ich von alldem hielt.

Mein Sohn kam auf dem Lagerplatz des Lachsfangs zur Welt. Der Fluss führte sehr wenig Wasser. Dann war früh im Mond des Lachsfangs die Luft so schwer, dass ich allein vom Einatmen schon erschöpft war. Es roch nach Regen. Kemen und Amets hoben noch mehr Erde aus dem Graben rings um unser Zelt. Alaia und ich legten zusätzliche Steine in die Feuerstelle, um das Feuer über den Boden zu heben. Wir schafften unsere gesamten Vorräte ins Zelt. Auch die anderen sicherten ihre Zelte. Als sich die Wolken öffneten, ergoss sich das Wasser in weißen Strängen. Hagel prasselte auf die Zelthaut. Weißes Licht blitzte ringsherum auf, während wir nach dem hastigen Rückzug ins Trockene noch feucht und außer Atem dahockten. Donner zerriss den Himmel wie einen Baum, der im Fallen zersplittert, dann wie Felsen, die über einen Felshang stürzen und unten ausrollen.

Esti hob die Zeltklappe ein Stück an. Die Hunde hatten sich auf der Schwelle zusammengekauert, die Ohren angelegt und die Schnauzen verborgen. Ein doppelter Blitz erhellte den Lagerplatz – große braune Pfützen, strömendes Wasser, Zelte, die sich unter dem Regen duckten –, dann krachte im nächsten Augenblick der Donner über unseren Köpfen. Esti ließ die Klappe fallen, zu ängstlich, um zu schreien, und taumelte auf die Feuerstelle zu.

»Ist schon gut, meine Kleine. Komm …«

Amets schnitt Alaia das Wort ab. »Meine Tochter hat keine Angst vor einem kleinen Gewitter – sei keine Närrin, Alaia! Hörst du, Esti? Du hast keine Angst!«

»Nein!« Das war das einzige Wort, das Esti bis dahin konnte, aber es diente ihr für alles, was sie sagen wollte. Sie biss die Zähne zusammen und kletterte, ohne ihre Mutter eines Blickes zu würdigen, auf den Schoß ihres Vaters und steckte den Daumen in den Mund.

Pausenlos grollte Donner über den Himmel. Der Regen war wie ein Wasserfall. Wasser lief über den Zeltboden: Unsere Gräben waren übergelaufen. Wasser drang durch das Heidekraut, auf dem wir saßen. Unsere Felle wurden nass. Ich fror, und mir war eigenartig zumute. Irgendetwas flatterte in meinem Bauch. Erst als das Flattern schmerzhaft wurde, merkte ich, dass das Kind in mir vom Gewitter geweckt worden war und herauskommen wollte. Ich hatte keine Stimme, um es jemandem zu sagen. Ich blieb so lange wie möglich still sitzen, während das braune Wasser über den Boden rings um unsere Feuerstelle wirbelte.

Die Klappe am Zelteingang ging hoch. Regen spritzte gegen uns, als jemand über die Hunde stolperte und hereinwankte: Nekané, die ihren Mann stützte, Haizea mit einem Korb, den sie an ihre Brust drückte. »Unser Zelt ist zusammengebrochen!«

Wir machten ihnen Platz. Wasser rann von ihren Lederhäuten und drang in unsere Felle. Sie zogen ihre Stiefel aus und hängten sie andersherum zum Trocknen auf. Haizeas Korb war voll mit feuchten Lachsstücken. »Wir haben ihn heute Morgen gegart. Nekané dachte, wir hätten vielleicht kein Feuer, wenn das Gewitter käme.«

Wir holten getrocknetes Hirschfleisch und auch Beeren heraus. Ich dachte, ich hätte Hunger, aber als ich zu essen versuchte, packten die Schmerzen meinen Bauch. Mir war übel. Die Blitze ließen nach, und jetzt konnten wir mehr als eine Handvoll Herzschläge zählen, bevor der Donner einsetzte. Am Himmel in der Ferne grummelte es, als wollte uns der Donner nicht verlassen. Der Regen flutete herab.

Aber es war nicht nur der Regen. »Hört!«, sagte Amets. »Der Fluss!«

Oberhalb der Stromschnellen klammern sich Birken und Ebereschen an die Wände der Schlucht des Lachsflusses. Unser Lagerplatz befindet sich direkt über den schmalen Stellen. Er liegt in einer grasigen Mulde, die sanft auf flache Felsen abfällt, an denen der Fluss breiter wird. Oft arbeiten wir unten auf den Felsen und braten unseren Fisch dort. Wenn wir im Jahr danach zurückkommen, sind unsere Feuerstellen am Flussufer immer weggespült. Im Mond des Lachsfangs erleben wir nur selten Überflutungen, doch damals klang es, als sei der Fluss sehr nah.

»Das sehe ich mir an!« Amets reichte Esti zu Alaia hinüber und ging geduckt unter der Zeltklappe hinaus. Kemen folgte ihm.

Wir anderen schauten uns an. Haizea rappelte sich auf. Alaia packte sie an ihrer Jacke. »Nein, du bleibst hier! Sie werden durchnässt zurückkommen. Hier drinnen ist schon genug Wasser!«

»Aber ich will …«

»Nein!« Nekané erteilte ihren Töchtern so selten Befehle, dass Haizea sich auf der Stelle hinsetzte, allerdings eher vor Überraschung.

»*Könnte* der Fluss auf den Lagerplatz kommen?«, fragte sie.

»Der Fluss macht, was er will.«

»Aber bestimmt …«

»Es ist noch nie vorgekommen«, sagte Nekané.

»Aber …« Haizea sah ängstlich aus und platzte dann heraus: »Das Meer hatte die Lande des Luchsclans auch noch nie ertränkt, oder?«

Niemand antwortete. Wasser toste in unseren Ohren, doch ob es der Regen war oder der Fluss, konnten wir nicht erkennen.

Nekané musste mich angeschaut haben, denn plötzlich sagte sie: »Osané! Ist das Kind *jetzt* auf dem Weg?«

Haizea und Alaia drehten sich ruckartig um und starrten mich an. Schmerz packte mich. Ich keuchte und beugte mich vor.

»Wer ist denn *das*, wer entscheidet sich, an so einem Tag in die Welt zu kommen? Jemand, der mutig ist, das kann ich euch sagen! Mann, du musst das Zelt verlassen! Geh in Sornés Zelt, falls es noch steht. Haizea! Hilf deinem Vater über den Lagerplatz. Alaia, gibt es noch trockene Häute? Osané, selbst ein Mädchen, das nicht sprechen will, könnte sich in so einem Fall doch wohl bemerkbar machen! Hier, Mann, nimm diesen Mantel. Und jetzt raus mit dir! Haizea, sag Amets und Kemen, sie sollen sich eine andere Unterkunft suchen. Alaia, ist von dem Holz noch etwas so trocken, dass es brennt?«

Ich fand Nekané noch nie einfach. Ich war sehr froh gewesen, als Alaia vorschlug, sie und ich sollten ein Sommerzelt für uns anfertigen. Wir hatten genug Häute, und sie sagte, es wäre gut für uns und unsere Männer, wenn wir unser eigenes Zelt hätten. Natürlich hatte sie nicht erwähnt, dass ich ein Kind erwartete, damit die Geister es nicht hörten, aber ich wusste, was in ihr vorging. Wenn unsere Familie sich auf dem Lagerplatz an der Flussmündung aufhielt, war es einsam für Esti. Alaia hatte erkannt, dass mir der Gedanke gefiel, da ich mich auf der Stelle erhob und anfing, Häute zu schaben. Wir arbeiteten hart für unser Zelt: Wir hatten beide gute Gründe, uns diese Veränderung zu wünschen.

Obwohl ich so über das Zelt gedacht hatte, war ich sehr erleichtert, als Nekané sah, was geschah, und die Geburt meines Sohnes in die Hände nahm. Haizea kam bis auf die Haut durchnässt zurück und sagte, der Fluss habe die Schlucht überschwemmt, steige aber nicht mehr an. Der Regen ließ nach. Allerdings hörte ich Haizea kaum. Erst als mein Junge endlich in meinen Armen lag, bemerkte ich, dass alles still war, bis auf das Wasser, das von den Bäumen tropfte, und den angeschwollenen Fluss. Das Leder war von der Rauchöffnung gezogen worden, und die Abendsonne strahlte ins rote Herz unseres Feuers.

Ich liebte meinen Sohn, sobald ich ihn sah. Ich hatte Angst, dass ihn niemand erkennen würde – davor fürchtet sich wohl jede Frau –, aber ich hatte auch Angst davor, wer er wohl sein könnte. Und wenn ich diejenige sein sollte, die ihn erkannte, wie würde ich ihnen sagen, wer er war? Vielleicht wäre es ein Name, den ich nicht aussprechen könnte, selbst wenn ich meine Stimme gehabt hätte. Vielleicht – das fragte ich mich häufig in den Monden, als meine Stimme verschwunden war –, vielleicht hatte mich meine Stimme vor allem deshalb verlassen, weil sie wusste, dass es besser für meine Geschichte war, nicht erzählt zu werden. Obwohl ich also glücklich war, fürchtete ich mich auch.

Das wäre nicht nötig gewesen. Als Nekané ihren Mann mitbrachte, damit er sich mein Kind ansah, stand er lange da und betrachtete ihn. Dann lächelte er, und sein Gesicht zerfiel in so viele Falten, wie ich sie noch nie darin gesehen hatte.

»Bakar.« Die ruhige Stimme war voller Zufriedenheit. »Ich habe darauf gewartet, dass du zurückkommst.«

Alaia sagte:

Bakar kam in dem Zelt zur Welt, das Osané und ich hergestellt hatten. Wie gut, dass wir es so stabil gemacht hatten! Ich war sehr glücklich, als mein Vater Osanés Sohn erkannte, sobald er einen Blick auf ihn geworfen hatte. Irgendwie hatte ich im Sinn gehabt, dass wir einen kleinen Fremden erwarteten – eine Seele aus dem Luchsclan, die wir nie gekannt hatten. Aber natürlich war Osané unsere entfernte Kusine, und Bakars Name hat in unserer Sippe länger gelebt, als die Erinnerung eines einzelnen zurückreicht.

Nachdem Bakar seinen Namen hatte, durfte ich ihn in die Arme nehmen. »Ich begrüße dich wieder beim Alkclan, Bruder«, sagte ich zu ihm. Meine Stimme zitterte vor Freude. »Wir sind so glücklich, dich wiederzusehen, Bakar. Hier wirst du immer etwas zu essen finden!«

Seitdem meine Mutter Mittlerin geworden war, hatte sie sich nicht oft bei ihrer Familie aufgehalten. Sie musste von Zigor lernen, und das führte sie weit fort. Ich fragte mich, ob es ihr eines Tages wohl leidtun würde, dass sie meinen Vater in seinen letzten Tagen so vernachlässigt hatte. Mir schien, als könnte die Unterweisung durch Zigor warten, aber der Tod wartet nie, nur weil jemand noch nicht so weit ist.

Sendoa und Sorné verließen uns, als der Mond des Lachsfangs zu Ende ging. Meine Mutter ging mit ihnen: Sie wollte zum Lagerplatz der Zusammenkunft. Nach ihrem Aufbruch war es einsam, aber ich war froh, mich von der Zusammenkunft fernhalten zu können. Jetzt, da Kemen sich unserer Familie angeschlossen hatte, besaßen wir Feinde, die wir vorher nie hatten. Ich hatte Angst, weil einer von ihnen – Hodei – Mittler war. Edur war auch wütend auf uns, und obwohl Amets nie mit mir darüber sprach, wusste ich um seine Bestürzung darüber, dass er Edurs Freundschaft verloren hatte. Osanés Familie wollte mit ihr überhaupt nicht mehr sprechen nach dem Abend, als Kemen sie zur Frau nahm – dabei sagte Osané ohnehin nichts, aber sie hatten keinen Zweifel daran gelassen, dass sie Osané verstoßen hatten. Als ihre Brüder Kemen allein begegneten, hatten sie ausgespuckt und Flüche ausgestoßen. Da habe ich Kemen gesagt, es wäre am besten, wenn er nicht allein wegginge, solange wir auf dem Lagerplatz der Zusammenkunft waren. »Wenn du mit Amets oder Sendoa zusammen bist«, hatte ich gesagt, »halten sie sich fern.«

Kemen hatte mir nicht geantwortet. Er hatte sich an Amets gewandt und gesagt: »Ich glaube, deine Frau bittet uns alle, Frauen zu werden! Vielleicht ist sie es leid, Fleisch zu essen, und will keine Männer um sich haben, weil sie einfach immer noch mehr anschleppen!«

Natürlich hatte Osané nichts gesagt.

Haizea und ich gingen jeden Tag noch weiter fort, um Nahrung zu holen. Nun, nachdem Bakar geboren war, kam Osané mit uns. Manchmal waren wir einen halben Tag lang mit unseren Kleinen auf dem Rücken unterwegs. Wir hatten so viele Wurzeln ausgegraben und so viele Pflanzen aus den Wäldern mitgenommen, dass wir anfingen, stattdessen in Ufernähe zu bleiben – ganz gleich, wie lange man auf einem Lagerplatz verweilt, das Meer gibt immer mehr Nahrung, als wir alle essen können. Wir fanden gute Stellen am Ufer, an denen wir noch nie zuvor gesammelt hatten. Wir fingen Uferschwalben in Netzen über dem Strand und stellten Fallen für Watvögel auf, wo kleine Bäche sich über den Sand ergossen. Es gelang uns, einen Otter in der Falle zu fangen; Osané verwendete seinen Pelz als Futter für den Tragegurt ihres Kindes.

Abgestorbenes Holz zu finden wurde schwieriger, und so paddelten wir drei an der Küste entlang und holten Treibholz an den Stränden. Wir schnürten es zu großen Bündeln zusammen und zogen es hinter uns her nach Hause, wenn die aufkommende Flut uns bereitwillig bei unserer Last half. An anderen Tagen kletterten wir über die Baumgrenze hinauf und legten an den Abhängen des Mutterbergs Fallen für Hasen und Schneehühner aus. An einem sonnigen Tag bestiegen wir den Gipfel des Mutterbergs, wo wir Osané die beiden Gipfel des Großmutterbergs zeigten, der zwischen dem Himmel der Hochstehenden Sonne und dem Himmel der Morgensonne liegt. Als wir uns umdrehten, konnten wir zwischen dem Sonnenlosen Himmel und dem Himmel der Morgensonne die Berge oberhalb des Meeresarms der Zusammenkunft ausmachen. Dort drüben, im fernen Dunst, würden sich Männer auf die große Jagd des Alkclans vorbereiten.

Haizea und ich klettern immer auf den Gipfel des Mutterberges, wenn wir auf dem Lagerplatz des Lachsfangs sind. Das machen wir, weil unser Vater uns jeden Sommer mit hinaufgenommen hat, als wir noch klein waren. Vom Gipfel des Mutterbergs zeigte er uns, wo alles lag, quer über die ganze Welt. Das Jahr, in dem Osané zu uns kam, war das erste Jahr, in dem mein Vater nicht mitging, als wir auf den Mutterberg stiegen.

Amets hatte nichts gesagt, aber ich wusste, es schmerzte ihn, nicht auf dem Lagerplatz der Zusammenkunft zu sein. Schließlich war er – und er ist es noch – einer der besten Jäger des Alkclans. Er hätte bei der großen Jagd sein sollen! Edur war dort und Osanés Brüder … so viele Freunde und Vettern waren da, nur Amets nicht! Wir alle hatten in dem Jahr unseren Grund, uns von der Zusammenkunft fernzuhalten, aber niemand sprach darüber.

Oder nur zu den Geistern – die Geister hörten uns zu. Die Geister hörten, wie sehr wir uns danach sehnten, dass das Unrecht, das wir mit uns trugen, wiedergutgemacht wurde.

Osané sagte:

Zwei Handvoll und drei Monde lang sprach ich nicht. Nachdem Nekané meine Seele zurückgeholt hatte und ich allein in der Schutzhütte der Mittler lag, versuchte ich, meine Stimme zu wecken. Meine Kehle schmerzte. Meine Stimme war so unglücklich, dass sie aus meinem Körper geflohen war. Dann, nach zwei Handvoll und einem Mond, kam mein Sohn zur Welt. Meine Stimme wollte, dass er ihren Klang hörte. Zuerst sprach sie nur heimlich zu ihm. Eines Tages füllte ich am Lachsfluss Wasserschläuche. Ich sang meinem Sohn, der in seinem Tragegurt an meinem Herzen lag, etwas vor. Ich hatte gesehen, wie er auf die Lichter schaute, die auf dem Wasser tanzten, also sang ich ihm vor, wie zu Anbeginn nur das eine Licht da war, das von der Sonne herabfiel, wie es in viele Teile zerbrach, als es auf die Erde traf, einige fielen in den Himmel, einige ins Wasser, und manche streifen noch immer über die Lande und suchen eine Heimat.

Der Fluss, der strömt
Der Fluss, der strömt
Fängt das Licht im Fall ...

Ein Schatten fiel über uns. Ich schaute auf. Es war Kemen.
Ich hörte auf zu singen.
»Ich habe deinen Gesang gehört.«
Ich schwieg.
»Ich habe deinen Gesang gehört.«
Mein Herz sprach mit ihm. Er wusste es nicht, weil ich keine Wörter hatte.

Kemen legte die vollen Wasserschläuche beiseite und hockte sich neben mich ans Ufer. »Osané, ich bin sehr froh, dass du Wörter für ihn hast. Könntest du nicht auch eins für seinen Vater finden?«

Meine Stimme floh. Ich schluckte und suchte in meiner Kehle nach ihr. Etwas veränderte sich in meinem Herzen, und jetzt wollte ich, dass meine Stimme zurückkam. Ich konnte sie nicht zwingen. Stattdessen nickte ich.

Kemen legte seine Hand auf mein Knie. »Ich habe gehört, wie du über das Licht gesungen hast, das über die Lande streift und noch immer eine Heimat sucht.«

Ich wandte den Blick ab. Die Lichter tanzten auf dem Fluss. Kurz darauf sah ich, dass der Fluss das Lied eingerollt in sich festhielt. Ich lauschte dem Fluss, dann summte ich kaum hörbar dieselbe Melodie. Und dann begann ich, die Augen fest auf die Lichter gerichtet, bis ich nichts anderes mehr sah, ganz leise die Wörter zu singen.

Das Lied ging zu Ende. Ich hatte so lange auf die funkelnden Lichter geschaut, dass ich den Fluss nicht mehr wahrnahm. Ich sah nur die Muster, die das Licht in meinen Augen schuf.

»Osané?«

Ich hielt den Blick auf den Fluss gerichtet. Ich räusperte mich. Ich fand meine Stimme, die in meiner Kehle kauerte. Ich zwang sie, sich zu erinnern.

Er musste nah an mich herankommen, um mich zu hören.

»Ja?«, sagte ich zu ihm.

Ich bin froh, dass Kemen der Erste war – das mit meinem Sohn war etwas anderes, er hatte keine eigenen Wörter, er war noch ein Teil von mir –, ich bin froh, dass Kemen der Erste war, der mich wieder sprechen hörte.

Alaia sagte:

Das Gewitter hatte die Sonne mit neuer Kraft erfüllt, der große Regen hatte den Himmel tiefblau gewaschen. Die Nächte wurden länger, und am klaren Himmel kamen die Sterne zu uns zurück. Sie sagten uns, dass der Sommer fast vorbei sei, obwohl die Tage sehr warm waren. An einem Nachmittag breiteten wir einen Mantel aus Bärenfell für meinen Vater aus, damit er sich setzen und an seinen Eichenstamm lehnen konnte. Esti kniete zwischen seinen Knien und verzierte seine Beinlinge mit einer Reihe Muscheln und verschiedenfarbigen Kieseln. Amets saß ein Stück weiter weg auf einem Holzklotz und schlug neue Klingen aus dem weißen Kern eines Steins. Haizea und ich waren an dem Morgen eine weite Strecke in der Hitze gelaufen. Wir legten uns in die Sonne und schlossen die Augen. Ich hörte nur das Wasser, das durch die Schlucht rauschte, eine Amsel, die in der Eiche sang, und das stetige Klopfen von Stein auf Stein.

»Was ist los? Ist etwas passiert?«

Haizeas klare Stimme drang in meinen Traum. Schlagartig wurde ich wach. Kemen kam auf uns zu und führte Osané an der Hand. Warum machte er das? Er brachte sie hinüber an die Feuerstelle. Aber alles war in Ordnung: Er lächelte – so, wie ich ihn noch nie hatte lächeln sehen.

»Osané möchte, dass ich euch sage …«

Ich wusste bereits, was er sagen würde. Osanés Arm lag um Bakar in seinem Tragegurt. Sie wirkte ein wenig verängstigt, ein bisschen schüchtern, aber auch, als könnte sie lächeln, solange wir vorsichtig waren.

»… dass ihre Stimme wieder zu ihr zurückgekehrt ist.« Dabei zitterte Kemens Stimme leicht. »Aber ihre Stimme ist noch nicht sehr mutig – ich nehme an, sie weiß, dass sie zu einer Frau gehört, und deshalb meint sie, uns ein wenig quälen zu können. Daher müssen wir geduldig mit ihr sein. Na ja, wir kennen uns mit Geduld ja gut aus, so, wie wir hier auf diesem Lagerplatz voller Frauen leben!«

»Na so was!« Haizea sah mich an, während sie sprach. »Ich glaube, Osanés Mann hat uns gerade sehr gute Neuigkeiten überbracht, Alaia!«

»Das glaube ich auch«, sagte ich lächelnd. »Und ihr alle wisst, wie gern ich Fragen stelle! Aber das werde ich nicht! Ich werde geduldig sein. *Ich* gehöre nicht zu den Frauen, die herumgehen und andere quälen!«

Ich hielt mein Wort, doch es war schwierig. Ich wollte so viel von Osané wissen. Am übernächsten Morgen bekam ich meine Belohnung. Osané und ich waren am Fluss. Bakar lag auf seinem Otterfell und strampelte. Esti pflückte Gänseblümchen und streute sie über ihn. Unsere Angelschnüre waren völlig verheddert – nicht von uns, Haizea hatte sie am Tag zuvor benutzt –, und wir mussten sie entwirren und neue Haken anbringen.

Osané sagte: »Nicht ziehen! Da ist noch ein Knoten!«

Meine Finger rutschten aus. Ein Knochensplitter vom Angelhaken bohrte sich unter meinen Fingernagel. Osané sah es nicht. Ich holte tief Luft und sagte ganz ruhig: »Was du nicht sagst!«

Sie begann den Knoten zu lösen und zeigte dann auf meine Hand. An meinen Fingern war Blut. Osané griff nach meiner Hand.

Ich schaute sie an, als verstünde ich es nicht. Ich wollte mich nicht mehr auf dieses Spiel einlassen.

»Zeig mir deine Hand. Du blutest.«

Es tat weh, als sie den Splitter herauszog, aber das machte mir nichts aus. Ich wusste, jetzt konnte ich sie zum Sprechen bringen. Dennoch blieb ich vorsichtig. Hätte ich Osanés Stimme wieder verscheucht, dann hätte ich, glaube ich, vollends die Fassung verloren. Kemen wäre mir böse gewesen, und das hätte auch Amets wütend gemacht. Aber es ergab sich, dass die Geister mich nicht länger in Versuchung führten. Osané begann immer mehr zu reden. Zunächst sprachen wir über Kleinigkeiten, mit denen wir beschäftigt waren: kochen, das Feuer schüren, Pflanzen und Brennholz suchen, Fische fangen. Dann verging ein Tag nach dem anderen, und das Plaudern fiel uns immer leichter. All meine Fragen lagen mir auf der Zunge und warteten darauf, herauszuspringen. Doch ich hielt mich zurück, bis unser Gespräch in Gang kam.

Amets sagte:

Als der Mond der Hirschjagd beinahe voll war, gingen die Frauen zur Kleinen Bucht, um Binsen zu sammeln: Sie sagten, sie müssten neue Mäntel anfertigen, bevor die Tage noch kälter wurden. Nachdem sie fort waren, bat der Vater meiner Frau mich in sein Zelt. Ich saß dem Vater meiner Frau an der Feuerstelle gegenüber. Leichter Regen fiel auf die Häute über uns. Er drang durch die Rauchöffnung und wurde von der Hitze des Feuers aufgesogen.

Wir schwiegen. Ich hatte Rindenfasern in meinem Beutel. Ich wollte sie schon herausholen und die Schnur weiterdrehen, die ich gerade angefangen hatte. Das einzige Geräusch im Zelt war das Knistern des Feuers und ferner Vogelgesang in den Bäumen draußen. Eine Brise fuhr in die Esche über der Schlucht, es klang wie der Regen. Es gab vieles, was ich draußen tun wollte. Der alte Mann saß so still, dass ich unfähig war, mich überhaupt zu bewegen. Die Luft war schwer vom Warten. Die Geister waren sehr nah, aber ich konnte sie nicht sehen. Nicht ich war es, nach dem sie Ausschau hielten.

»Amets, ich möchte mit dir reden. Meine Tochter erzählt dir vielleicht eine andere Geschichte. Aber diese Angelegenheit betrifft nur mich.«

»Ich höre zu.« Ich beugte mich so nah zu ihm, dass ich seinen Atem roch. Nur so konnte ich ihn trotz des knisternden Feuers verstehen. Er merkte nicht, wie sehr er nuschelte, seit seine Zähne ausgefallen waren.

»Der Tod geht an meiner Seite, Amets. Er hat freundlich zu mir gesprochen, seitdem Bakar zur Welt kam. Ich bin bereit, mit ihm zu gehen, wenn er mich auffordert.«

»Ich dachte mir schon, dass du mir das sagen wolltest.«

»Du bist nicht dumm, Amets. Du bist auch keine Frau, die viel Aufhebens und Lärm um mich macht. Du weißt, warum ich so lange gewartet habe?«

»Weil Bakar dich brauchte. Du musstest da sein für den Fall, dass niemand ihn erkennen würde.«

»Ich sagte ja, du bist nicht dumm.« Der Vater meiner Frau schaute lange ins Feuer. Ich sah ihm an, dass ihn das Sprechen ermüdete.

»War das alles, was du mir sagen wolltest?«

Ungeduldig wedelte er mit der Hand. »Nein, das ist nicht alles!« Gleich darauf fuhr er fort: »Ich wusste – dabei hatten die Geister mir nie viel zu sagen –, aber ich wusste – vielleicht hat er selbst es mich wissen lassen –, ich *wusste*, dass Bakar auf mich angewiesen war. Manchmal fühlte es sich an wie eine große Last, die er mir aufgebürdet hatte. Zunächst hoffte ich, er würde dein Kind sein. Nur kam dann unsere kleine Esti.«

Der Vater meiner Frau lehnte sich zurück und schloss die Augen. Als er sich ein wenig ausgeruht hatte, fuhr er fort: »Danach ging ich davon aus, noch vier oder fünf Jahre warten zu müssen, oder noch länger – ich wollte nicht, dass Esti zu früh entwöhnt wurde.« Er hustete und wischte sich mit zitternder Hand den Mund ab. »Dein Kind wird leben! Ich sehe ein langes Leben und gute Gesundheit bei allem, was sie tut. Dann kam Osané zu uns. Als ich merkte, dass sie schwanger war, hoffte ich – ich habe mir ein wenig Hoffnung erlaubt –, dass ich vielleicht nicht mehr viel länger warten müsste. Und so ist es gekommen. Jetzt muss ich also nicht mehr warten.«

»Wir werden auf Bakar aufpassen, wenn du fort bist.«

»Ich weiß.« Das flüsterte er bloß, ich verstand ihn gerade noch. Er brachte seine Beine in eine andere Stellung und bewegte sich dabei steif wie unter Schmerzen. Als er wieder sprach, hatte seine Stimme nur einen schwachen Abglanz ihrer alten Kraft. »Du wirst dich um meine Familie kümmern, wenn ich nicht mehr da bin, Amets. Ich wusste, als Alaia dich zum Mann nahm, dass du es tun würdest. Obwohl … ich fürchtete, wir könnten dich auch verlieren, nachdem Bakar von uns gegangen war.«

»Ich hätte Alaia nicht mit Esti allein gelassen.«

»Also hast du darüber nachgedacht. Aber du hättest uns vielleicht verlassen und sie mitgenommen?«

»Wohin? Meine eigene Familie habe ich vor langer Zeit verlassen.«

»Siehst du, du hast daran gedacht. Doch jetzt wächst diese Familie wieder. Jetzt wirst du nicht fortgehen.«

»Nein, jetzt werde ich nicht fortgehen.«

Das Feuer brannte herunter. Ich holte zwei lange Scheite vom Stapel neben dem Eingang und legte sie in die Glut. Ich fragte mich, ob der Vater meiner Frau mir wohl noch etwas sagen wollte.

»Noch zwei Dinge«, flüsterte er, als hätte er meine Gedanken gelesen. »Bakars Vater …«

»Kemen.«

»… Kemen. Durch Kemen haben die Geister uns Bakar zurückgegeben. Aber Kemen hat uns Schwierigkeiten eingebracht. Ich habe meinen Sohn im selben Mond verloren, in dem Kemen eintraf. Jetzt haben wir Feinde wegen Kemen. Ich habe mir nie jemanden zum Feind gemacht – diese Familie hatte noch nie Feinde.«

»Kemen ist mein Bruder. Seine Feinde sind meine Feinde.«

»Dann sind meine Kinder gezwungen, Feinde in ihrer eigenen Sippe zu haben, obwohl sie nichts getan haben, womit sie es verdient hätten.«

Ich streckte meine Hände zu allen Geistern empor, die zuhören mochten. »Ich werde auf deine Kinder aufpassen« – ich nannte ihn beim Namen –, »auf *all* deine Kinder. Ich werde mit allen fertig, die sich ihre Feinde nennen. Das verspreche ich dir.«

Ich glaube, das hat ihn beruhigt. Nur eines hatte er noch zu sagen. Er war sehr müde, er musste sich jedes Wort abringen. »Noch nie sind wir so lange auf dem Lagerplatz des Lachsfangs geblieben. Bald wird es zu spät sein, um die Grimmige Felsspitze zu umrunden und zum Lagerplatz an der Flussmündung zu fahren.«

»Wir werden immer noch Tage mit schönem Wetter haben.«

»Aber das Meer – im Mond der Gelben Blätter kann man dem Meer nicht trauen.«

»Noch hat der Mond der Gelben Blätter nicht begonnen.«

Er zupfte weiter an dem Fell, das neben ihm lag. »Der Tod wartet hier auf dem Lagerplatz des Lachsfangs auf mich«, sagte er schließlich. »Aber das betrifft euch alle nicht. Amets, bring sie zum Lagerplatz an der Flussmündung, solange das Meer euch durchlässt! Wenn ihr hier auf diesem Lagerplatz festsitzt, werdet ihr nicht so viel erbeuten. Wir dürfen die Kinder nicht hungern lassen!«

»Wir könnten hier ein Winterlager einrichten. Nur unsere Familie – Sendoa und die anderen – jagt im Winter auf dieser Seite des Mutterbergs. Sendoa hätte nichts dagegen, wenn wir auch hier sind.« Ich klang unsicher, weil mir der Gedanke ebenso wenig gefiel wie ihm. Der Lagerplatz an der Flussmündung war der beste, den wir hatten, und wenn wir ihn nicht bald in Anspruch nähmen, könnten andere meinen, wir kämen nicht, und sich dort niederlassen.

Alaias Vater wusste, was ich dachte. »Geht zum Lagerplatz an der Flussmündung!«, drängte er mich. »Fahrt jetzt, solange ihr noch könnt! Ich brauche euch nicht – keinen. Wenn ich dem Tod nicht ohne eure Hilfe begegnen kann, wozu hätte ich dann all die Jahre gelebt? Amets, nimm sie jetzt mit!«

Ich wusste, dass er recht hatte, doch ich musste auch daran denken, was Alaia sagen würde. Nicht, dass ich mir von meiner Frau sagen ließe, was ich zu tun habe, aber Frauen gegen ihren Willen zu etwas zu zwingen, taugt nie. Sie machen zu viel Aufhebens darum. Einerseits wusste ich zwar, was Alaia wollte, andererseits wurde ich von ihrem Vater gedrängt und gab ihm daher schließlich mein Wort, dass ich seine Familie – meine Familie – vor dem Mond der Gelben Blätter sicher zurück zum Lagerplatz an der Flussmündung bringen würde – geschehe, was wolle.

Kemen sagte:

Eines Morgens wachten wir bei so dichtem Nebel auf, dass wir kaum die andere Seite des Lagerplatzes erkennen konnten. Die Wipfel der Bäume reichten bis in den Himmel und verschwanden darin. Wir rochen feuchte Erde, modernde Blätter und den ersten Hauch des bevorstehenden Winters. Kein Gesang lag in der Luft. Amets und ich machten uns bereit, auf Fischfang zu gehen.

»Wir nehmen Speere und Haken mit«, sagte Amets. »Es ist neblig genug.«

»Aber sobald die Sonne aufgeht, verbrennt sie den Nebel!«

»Das dauert noch. Es ist zu kalt. Und der Nebel ist sehr dicht.«

Mir fiel ein, dass Alaia ihrem Mann aufgetragen hatte, die Fischfallen zu prüfen. »Wir Frauen haben genug zu tun«, hatte sie am Abend zuvor gesagt. »Ihr beide müsst morgen nicht auf die Jagd gehen. Wir haben noch gedörrtes Hirschfleisch übrig. Jemand muss den Fisch zum Trocknen auslegen, ihn wenden und das Otterfell schaben – das werden Osané und ich tun müssen. Und wir brauchen noch Meerwurzeln. Ich habe Haizea und Itsaso gesagt, sie könnten den Berg hinaufsteigen und Heidelbeeren pflücken. Und Moltebeeren natürlich, deine Lieblingsbeeren, Amets. Du weißt, dass du nicht darauf verzichten willst. Die Fischfallen zu überprüfen ist das Mindeste, was du mit Kemen tun kannst. Männer sind zu nichts zu gebrauchen, wenn sie nicht auf der Jagd sind!«

Warum war ich so glücklich, als Osanés Stimme wieder zu ihr zurückkam? Ich muss verrückt gewesen sein! Ich kann nur sagen, dass die

Geister es gut mit mir meinten, als sie mir eine stille Frau gaben. Nach Alaias Schimpftirade vom Vortag verstand ich nun, warum Amets sagte, wir müssten Speere mitnehmen, obwohl die Sonne scheinen würde. Wenigstens sahen wir damit wie Männer aus, wenn auch bei unserem Aufbruch noch niemand wach war.

Während wir flussaufwärts gingen, tauchte am Himmel der Morgensonne ein kleiner gelber Kreis auf. In einer Weide begann eine Drossel zu singen. Das bleiche Rund am Himmel der Morgensonne wurde zu hell, um direkt hineinschauen zu können. Die Baumwipfel auf der anderen Seite des Flusses warfen die hartnäckigen Wolken ab. Hinter dem Grau leuchtete Rot, Braun und Gold auf. Gelbes Licht brach sich Bahn und berührte unsere Hände und Gesichter. Durch den Dunst erblickten wir einen blauen Fleck. Dann begannen alle Tagesvögel zu zwitschern, als die Sonne die letzten flüchtigen Nebelschwaden verschlang.

Ich war mit schweren Schritten hinter Amets hergegangen. Jetzt, da der Herbst gekommen war, dachte ich auf einmal oft an die Vergangenheit. Vor inzwischen zwei Jahren – im Mond der Hirschjagd – hatte das Meer alles genommen, was mir lieb war. Mein Herz schlug noch immer im Rhythmus der verlorenen Luchslande. Die Art meiner Väter floss nach wie vor in meinem Blut. Dieselben Monde brachten dem Alkclan andere Jahreszeiten. Ich konnte das Land der Alke in mich aufnehmen, wie ein Mann ein neues Lied von entfernten Vettern aufnimmt – auch wenn er die Worte nie zuvor gehört hat, kann er sich daran erinnern –, aber im Herzen würde ich immer ein Fremder bleiben.

Während ich hinter Amets herging, dachte ich an einen anderen Fluss. Mein Fluss strömte stark und gleichmäßig. Er veränderte seine Stimmung nicht beim kleinsten Flüstern des Wetters aus den Bergen darüber. Er stieg mit dem Schmelzwasser an, wie alle Flüsse es tun müssen, und sank unter der Sommersonne, aber er war nicht launisch. Er trat weder über die Ufer, noch trocknete er in weniger als einer Nacht zu einem Skelett aus gebleichten Steinen aus, ohne Rücksicht auf die Jahreszeit. Mein Fluss ließ mich zu Beginn des Jahres von meinem Boot aus Fische fangen, während die kleinen Wellen mit der Strömung vorbeiglitten, die mich flussabwärts trug. Ich sah die braune Oberfläche tiefen Wassers, die sich in meinem Herzen widerspiegelte. Über mir schrien Möwen. Ich vernahm die stetige Melodie der Stromschnellen, dann glitt ich in einem Wasserwirbel über sie hinweg, der rings um mich herum im wogenden Licht spielte. Die Bäume über mir waren größer als alles, was in den Landen des Alks wuchs, und sie waren noch immer ohne Blätter. *Unsere* Lachse schenken sich uns, wenn wir sie am dringendsten brauchen. *Unsere* Lachse kommen, wenn das Land Hunger hat. Sie kommen in einem Überfluss, den der Alkclan noch nie erlebt hat, zu Beginn des Neuen Mondes – des Mondes, den ihr vom Alkclan den Mond der Napfschnecke nennt. Bevor der Frühling das Land überhaupt erreicht, labt … labte … sich der Luchsclan jeden Abend an dem rosa Fleisch des Weisen Fisches. Als Sendoa mir erzählte, dass die Lachse sich in den Landen des Alks nicht vor dem Mond der Samen schenken, fragte ich mich, was der Alkclan wohl getan hatte, um die Lachse so zu verärgern, dass ihre Geister bereit waren, den Clan hungern zu lassen.

Die Sonne brach durch die Wolken, und ich kehrte wieder dahin zurück, wo ich war. Ich rief mir ins Gedächtnis, dass ich jetzt einen gesunden Sohn, eine Frau, die mit mir sprach, und eine Familie hatte, der ich vertrauen konnte. In Amets hatte ich einen neuen Bruder. Ich musste mit ihm sprechen, doch jetzt konnte ich es leichteren Herzens tun. Niemand will einem Mann zuhören, der sich selbst leidtut.

Wir hatten aufgehört, die Falle im Flachwasser zu benutzen, als die Lachse nicht mehr in Scharen flussaufwärts schwammen. Jetzt stellten wir an den Abflüssen der Teiche Korbfallen auf. An den meisten Tagen erbeuteten wir ein paar junge Lachse und braune Forellen, doch die älteren Lachse waren zu schlau, um sich auf diese Weise fangen zu lassen. Wenn wir sie nachts mit Feuerstöcken anlockten, war die Ausbeute größer, und das kam einer Jagd auch schon näher – jede Frau kann schließlich eine Korbfalle leeren. Amets und ich brauchten dafür nicht lange. Unsere Körbe waren nicht annähernd voll, als wir die letzte Falle geleert hatten.

»Das ist nicht gut!« Amets verscheuchte die Stechfliegen, die um seinen Kopf schwirrten. Er ließ seinen Korb auf einen Grasstreifen unter einer hängenden Eberesche fallen und legte seinen Speer ab. Er band den ledernen Glutbeutel ab, der an seinem Gürtel hing. »Wir machen ein Feuer, Kemen, und räuchern diese Fliegen aus.«

Amets nahm ein Stück glühendes Eichenholz aus der feuchten Mooshülle und krümelte trockene Feuerpilze darüber. Ich sammelte Zweige und welkes Laub von der Eberesche, während Amets die Glut zu einer kleinen Flamme anblies. Bald schon lagen wir auf die Ellbogen gestützt zu beiden Seiten des kleinen Feuers. Die Blätter der Eschenzweige schrumpften in den Flammen und ließen Rauchwolken emporsteigen. Die Fliegen hielten sich fern. Wir schlitzten ein paar Forellen auf und steckten sie auf Stöcke, um sie in dem würzigen Rauch zu braten. Ihr Saft lief herab und knisterte in den Flammen. Sie rochen gut.

Die Forellen schmeckten frisch und geräuchert zugleich. Die erste war so heiß, dass ich sie zwischen den Fingern schütteln musste, bevor ich große Stücke abbiss. Ich schluckte und sagte dann mit belegter Stimme: »Amets.«

»Ja.« Sein Blick war auf den Fluss gerichtet, nicht auf mich. Das erleichterte es mir.

»Wenn wir nicht bald aufhören, hier auf Fischfang zu gehen, werden sich die Fische uns im nächsten Jahr nicht mehr schenken wollen.«

»Wir werden aufhören. Wir werden vor dem Mond der Gelben Blätter zum Lagerplatz an der Flussmündung zurückkehren. Der Winter wird hart. Täglich kommen mehr Gänse vom Sonnenlosen Himmel. Je eher wir an der Flussmündung auf die Jagd gehen, desto besser. Ich möchte, dass wir Fleisch haben, wenn das schlechte Wetter einsetzt.«

»Das habe ich mir auch gedacht. Nur, was ist mit dem alten Mann?«

Amets erzählte mir, was Alaias Vater ihm gesagt hatte. Das überraschte mich nicht. Als er zu Ende gesprochen hatte, wusste ich, dass ich nicht alles erfahren hatte.

»Da war noch mehr, oder?«, fragte ich. »Er ist meinetwegen in Sorge, nicht wahr? Er ist beunruhigt wegen der Feinde, die ich mir gemacht habe, als ich Osané zur Frau nahm.«

»Er weiß, dass du keine andere Wahl hattest.«

»Das bedeutet nur, dass ich mir keine Schuld zu geben brauche. Vielleicht schlafe ich mit leichterem Herzen, aber das ändert sonst nichts.«

»Deine Verbindung mit Osané war Zigors Werk«, betonte Amets. »Er hat uns in diese Schwierigkeiten gebracht. Er muss die Schuld auf sich nehmen.«

»Er ist Mittler«, sagte ich. »Er sieht mehr als wir. Und wenn nicht, dann können zumindest die Geister, die ihn führen, viel weiter sehen.«

»Vielleicht.« Amets griff in den Korb und holte zwei weitere Fische heraus. »Das sind so wenige, die können wir auch gleich aufessen.« Er warf mir zwei glitschige Fische zu und lachte, als ich sie nicht fing. Ich nahm sie, schlitzte sie auf und nahm sie aus. Die köstliche rote Leber aß ich so, wie sie war, und spießte die Fische der Länge nach auf, um sie über der Glut unseres kleinen Feuers zu braten. Amets legte noch mehr Eschenlaub nach. »Welcher böse Geist schickt all diese Fliegen in die Welt?«, knurrte er.

Wir aßen unsere Fische und lagen eine Weile ruhig da. Die Sonne wurde heiß. Amets begann in langen Zügen zu atmen, und in jedem war ein kleiner Schnarchton zu hören.

»Amets«, sagte ich plötzlich. »Ich will dir etwas erklären.«

»Was?« Amets hörte auf zu schnarchen, rollte sich auf die Seite und schlug ein Auge auf.

»Hör zu, Amets! Bist du wach?«

»Jetzt ja.«

»Als ich sah, was im vorigen Jahr auf dem Lagerplatz der Zusammenkunft geschah, als ich sah, dass Edur nicht mit dir sprechen wollte, dass Hodei nichts mit deiner Familie zu tun haben wollte – der Rest von Osanés Familie ist mir gleichgültig, sie haben bereits jede Menge Feinde, und niemand hält viel von ihnen –, aber als ich sah, wie sehr ich dich und deine Familie in Bedrängnis gebracht hatte, weil ich zu euch gekommen war, dachte ich, ich sollte fortgehen.

Ich nahm mir vor, dir das zu sagen, und dann zu gehen. Osané war in deiner Familie in Sicherheit. Ihr würdet sie nicht verhungern lassen. Ich glaubte nicht, dass sie es mir verübeln würde, wenn ich ginge. Vergiss nicht, sie hatte nicht einmal mit mir gesprochen! Obwohl es manchmal so aussah, als hätte sie mich gern – man braucht nicht für alles Worte. Schon möglich, dass sie einen anderen Mann genauso mögen würde wie mich, oder noch mehr. Ich dachte, es sei besser für sie, wenn sie in diesem Jahr ohne mich zur Zusammenkunft ginge. Der Gedanke daran machte mich traurig, aber da sie nicht einmal mit mir sprach, wusste ich nicht, wie alles besser werden könnte.

Sobald wir zum Lagerplatz an der Flussmündung kamen, war es jedoch anders. Unsere Feinde – die Feinde, die ich euch eingetragen hatte – waren weit weg. Du brauchtest mich für die Jagd. Wir beide jagen gut zusammen. Alle schienen glücklich zu sein. Osané lächelte immer öfter. Ich sah, wie sie mit Esti spielte, und dachte, alles würde vielleicht besser werden.

Zuerst wusste ich nicht, dass Osané schwanger war – wie hätte sie es mir sagen sollen? Dabei hätte sie es ohnehin nicht getan – alles in Osanés Leben ist ein Geheimnis. Manchmal denke ich … Jedenfalls, als es Osané auf der Fahrt um die Rote Felsspitze im Boot übel wurde, ging es mir plötzlich auf. Deine Frau warf mir vom Bug aus einen Blick über die Schulter zu, und ich sah ihr an, dass sie sich fragte, ob ein Mann wohl so viel Verstand hätte, etwas zu bemerken, das für sie sehr klar gewesen sein musste.

Als ich erkannte, dass Osané schwanger war, konnte ich nicht mehr daran denken, fortzugehen. Unser Sohn …«

Ich verstummte. Ich fand, ich konnte Amets nicht erzählen, dass mir

Zigors Verheißung – es hatte wie eine Verheißung geklungen, oder wie eine Drohung, jedenfalls so, als meinten die Geister, es sollte geschehen – im Gedächtnis geblieben war. Zigor hatte mir gesagt, die Namen meiner verlorenen Familie würden im Alkclan wieder leben. Als Bakar zum ersten Mal in meinen Händen lag, schaute ich ihm lange ins Gesicht. Hoffnungen und Erinnerungen wirbelten durch meinen Kopf. Aber was ich vor mir sah, war nur das kleine, verschlossene Gesicht eines völlig Fremden, rot und runzlig.

Als ich dort am Ufer saß, dachte ich daran, wie Alaias Vater kam, meinen Jungen ansah und ihn sogleich erkannte. Alle waren glücklich. Was hätte ich sagen sollen? Außerdem wollte ich meinen Sohn lieben. Mir wurde klar, dass *das* der Grund war, warum ich Amets, ja eigentlich niemandem gegenüber zugeben konnte, dass Bakar nicht das Kind war, das ich erhofft hatte. Jetzt kann ich es aussprechen, weil sich alles geändert hat.

Amets wusste wahrscheinlich, was ich dachte. Er sagte nur: »Dein Sohn ist einer von uns. Ein Kind ohne Vater stirbt für gewöhnlich. Außerdem braucht dich diese Familie auf dem Lagerplatz an der Flussmündung. Für uns alle wäre es sehr schlecht, wenn du fortgingst.«

»Aber wenn es stimmt, dass ich böse Geister mitbringe …«

Amets spuckte in den Fluss. »Du klingst wie Osanés Mutter! Im Übrigen gibt es so etwas wie einen bösen Geist nicht. Wenn die Geister, die du mitgebracht hast, unsere Feinde sind, müssen wir sie eben dazu bringen, die Seiten zu wechseln.« Amets streckte seine Hand aus und schlug mir so fest auf den Rücken, dass ich beinahe ins Feuer fiel; ich packte seinen Arm, um das Gleichgewicht zu halten. »Wenigstens spricht deine Frau mit dir!« Er versetzte mir einen weiteren Knuff an die Schulter. »Manche Männer würden sagen, das ist gut so. Ich bin mir da nicht so sicher – ich habe dich darum beneidet, wie du es vorher hattest! Jede Nacht mit ihr zu schlafen – o ja, *das* haben wir alle gehört! – und niemand, der dir den ganzen Tag in den Ohren liegt. Das würde ich nicht als Pech bezeichnen!«

Somit gab Amets mir deutlich zu verstehen, dass er gern mit mir auf die Jagd ging und mich in seiner Familie haben wollte. Das machte mich sehr glücklich. Ich wollte ihnen nicht wehtun oder ihnen das Leben schwerer machen. Auch wollte ich sie nicht verlassen. Jetzt gab es zu viel, das mich bei ihnen hielt.

Haizea sagte:

Ich war bei meinem Vater, als er starb.

Darüber bin ich froh. Als mein Vater uns drängte, ohne ihn zum Lagerplatz an der Flussmündung zu gehen, habe ich geweint. Mein Vater sagte mir, wenn ich alt sei, werde mir der Tod als Freund begegnen. Der Tod höre unseren ersten Herzschlag auf der Welt, und von diesem Augenblick an kenne er uns. Mein Vater erzählte mir, weder Mensch noch Tier wollten den Tod erkennen, bis er so nahe kommt, dass sie sein Gesicht sehen. Dann stellen sie fest, dass er ein Freund sei, der die ganze Zeit höflich auf sie gewartet habe. Mein Vater sagte, sein Name werde eines Tages wieder in die Welt zurückkehren, und wenn ich da wäre, um ihm zu begegnen, würden wir wieder zusammen sein. Er sagte, es berühre sein Herz, dass ich traurig sei, aber die Traurigkeit werde vorübergehen, während mein Leben weitergehe. Er hatte recht, aber er irrte sich auch.

Der Mond der Hirschjagd nahm ab. Amets hatte meinem Vater versprochen, dass wir vor dem Mond der Gelben Blätter aufbrechen würden. Täglich flogen Gänse in langen Reihen über uns hinweg auf den Himmel der Hochstehenden Sonne zu. Esti hörte immer als Erste die Gänse schreien, wenn sie mit dem Wind vom Sonnenlosen Himmel heranflogen. »Gänse! Gänse!«, rief sie dann und wedelte mit den Armen zum Himmel. Daraufhin hielten wir in unserer Tätigkeit inne und beobachteten die Gänse, bis sie nicht mehr zu sehen waren.

Ich erzählte Esti von der Frau des Vogelgeistes in weiter Ferne unter dem Himmel der Hochstehenden Sonne. Sie ruft immer wieder die Vögel, zu ihr zu kommen, den ganzen Mond der Zusammenkunft und den Mond der Hirschjagd über, und wenn der Mond der Stürmischen Winde vorbei ist, lässt sie alle wieder nach Hause fliegen. »Die Sonne versucht, mit den Gänsen zu ziehen«, erzählte ich ihr, so wie ich es von meiner Mutter gehört hatte. »Sie sieht, dass es diesen Gänsen freisteht, den Himmel zu überqueren, während die Jahreszeiten sich ändern, und weit über den Horizont zu fliegen, wohin ihnen niemand folgen kann. Die Sonne kann es nicht, weil der Mond und die Sterne ihr auftragen, auf ihrem Kurs zu bleiben, genau wie sie selbst. Aber sie gibt sich jedes Jahr die größte Mühe, mit den Gänsen fortzufliegen. Das gelingt ihr auch über eine kurze Strecke – deshalb geht sie im Winter näher am Himmel der Hochstehenden Sonne auf und unter, und im Sommer rückt sie dem Sonnenlosen Himmel so nah wie möglich. Doch sie kann den Gänsen nicht folgen, ebenso wenig wie wir.«

Esti hörte gern Geschichten. Ich erzählte ihr, dass der Kuckuck und der Mauersegler immer zusammen fortgegangen waren, noch vor den anderen Vögeln, aber eines Tages habe sich der Mauersegler den Wintermantel des Kuckucks geliehen, und deshalb rufe der Kuckuck immer: »Wo ist – mein Mantel?« Aus dem Grund würden die Mauersegler immer durch die Luft schießen und nie Rast machen für den Fall, dass der Kuckuck seinen Mantel zurückfordert.

»Die Gänse machen mich traurig«, sagte Alaia. »Wieder geht ein Jahr in die Dunkelheit über, so viele haben wir schließlich nicht.«

Auch die Schwalben waren fort, die Stare und die vielen Alke in der Bucht. Der Lagerplatz des Lachsfangs war mit gelben Birkenblättern übersät, braunen Eichenblättern, schmalen Weidenblättern, die noch einen Hauch Grün an sich trugen, Espe, Erle und Esche. Ich spielte mit Esti im Laub. Wir legten Kreise für Hütten, die nur in unserer Vorstellung existierten, und errichteten Wände aus Blättern. Ich half ihr, Eicheln und Haselnüsse zu suchen, und sie tat so, als legte sie in ihren Laubhütten Vorräte an. Ich wusste, wir sollten eigentlich in unserer Winterhütte auf dem Lagerplatz an der Flussmündung echte Nahrung lagern. Der Wind kam und riss noch mehr Blätter von den Bäumen. Die Schaumkronen auf dem Meer jagten einander auf den Himmel der Morgensonne zu. Ich hatte Angst, denn es sah so aus, als würde das Meer nie mehr so ruhig, dass wir vor dem Winter noch an der Grimmigen Felsspitze vorbeikämen.

Alaia wollte grüne Binsen sammeln, um neue Körbe zu flechten. Der Weg war lang. Ich wollte nicht mitgehen. Alaia sagte, dann sollte ich die Fische wenden, die sie zum Trocknen in die Sonne auf den Felsen ausgelegt habe, und sie würde Esti bei mir lassen. Esti kam inzwischen einen halben Tag lang ohne Milch aus, obwohl ich sie nicht leicht trösten konnte, wenn ihre Mutter fort war. Manchmal war Esti wütend, weil ich keine Milch hatte, und zog an meiner Jacke, als könnte ich welche finden, wenn ich es nur versuchte. Dann zerkaute ich Haselnüsse und Eicheln, vermischte sie mit Wasser und ein wenig Fisch ohne Gräten, und sie aß das. Wenn das Wetter schön war, saß mein Vater jeden Tag an seinem Eichenstamm – in dem Baum waren noch immer Schädel von Tieren, die sich ihm vor langer Zeit geschenkt hatten –, während Esti und ich im Laub spielten. Mein Vater schaute uns gern zu. Wenn wir aßen, brachte ich ihn dazu, auch etwas zu nehmen, aber er aß es nicht. Er wollte nur Wasser. Esti begriff schnell, worum er bat. Es gefiel ihr, den Wasserschlauch für ihn anzuheben und ihm zu helfen, ihn festzuhalten. Wenn wir jetzt auf den Lagerplatz des Lachsfangs zurückkehren, begrüße ich die Eiche meines Vaters immer als meinen Freund. Ich nenne sie den Baum meines Vaters, weil sie ihm in seinen letzten Tagen Schutz bot.

Ich hockte an der Feuerstelle dicht neben meinem Vater und verzierte meine Kleidung. Er hatte mir gerade sein Halsband mit all den Klauen von Wölfen und Bären geschenkt, und ich wollte dieses großartige Geschenk damit ehren, dass ich den Rest meiner Kleidung möglichst gut aussehen ließ. Ich hatte bereits einen ganzen Satz Katzenkrallen, die Amets meiner Schwester Alaia, und Alaia wiederum mir geschenkt hatte. Ich hatte auch eine Menge Muscheln. Ich zog meine Jacke aus und legte die Muscheln und Katzenkrallen zu einem Muster. Dann holte ich Alaias Ahle und Nadeln und die besten Nähsehnen aus ihrem Korb und begann, Löcher in meine Jacke zu machen. Das war schwer. Ich beschloss, nur die Katzenkrallen auf das Hirschleder zu nähen und die Muscheln aufzufädeln, um eine weitere Kette anzufertigen. Ich lieh mir Alaias Hammerstein und begann, Löcher in die Muscheln zu bohren, damit ich sie aufziehen konnte. Während ich arbeitete, teilte Esti einer erdachten Familie Eicheln zu und sagte allen, sie bekämen ihren gerechten Anteil. Mein Vater döste in der Sonne.

Mir fiel ein, dass ich die Fische nicht gewendet hatte.

Ich schaute auf und sah, dass mein Vater sich verändert hatte. Seine Augen waren noch geschlossen, aber sein Mund stand offen. Sein Gesicht sah leer aus. Der Tod war zu meinem Vater gekommen, während ich meine Jacke verzierte, und ich hatte nicht einmal gehört, wie er gegangen war.

Dann …

Nein! Mehr will ich darüber nicht sagen.

Später banden wir Haselruten zu einem Rahmen zusammen und befestigten darauf ein Geflecht aus Weidenruten. Wir legten meinen Vater auf den Rahmen. Wir mischten Ocker und malten seinen Körper rot an, um die Geister daran zu erinnern, dass sein Seelenblut so lebte wie eh und je, obwohl sein Lebensblut nicht mehr durch seinen Körper floss. Während ich Farbe auf die kalte Haut meines Vaters rieb, sagte ich den Geistern, wie sehr ich mir wünschte, dass mein Vater zurückkäme. Ich bat sie, ihn zu mir zurückzuschicken, bevor ich mein jetziges Leben verlassen würde.

Amets, Kemen, Alaia und ich nahmen jeweils eine Ecke des Rahmens. Wir überquerten den Fluss und trugen ihn den Abhang des Mutterbergs hinauf. Mein Vater war ein kräftiger Mann gewesen, aber jetzt wog er nicht mehr viel. Wir errichteten sein Podest hoch oben an der Seite des Mutterbergs, wo nur eine kleine Birke, Weidengebüsch und Wacholder wachsen. Alaia wählte die Stelle aus, weil sie sagte, die Seele meines Vaters würde sich gern über die Spitze des Mutterbergs erheben und über das Meer zum Großmutterberg mit seinen beiden gezackten Gipfeln schauen, die sich zu den Wolken emporrecken und sie einfangen. Als wir klein waren und mein Vater uns mit auf den Mutterberg nahm, um uns etwas über die Welt zu erzählen, die wir von dort aus sehen konnten, sprach er am meisten vom Großmutterberg. Als junger Mann war er dort auf der Suche nach Abenteuern gewesen.

Wir halfen alle, das Podest aufzustellen – sogar Esti. Mein Vater lag auf dem Rücken, das Gesicht dem Himmel zugewandt. Wir banden seinen Körper mit Schnüren an das Podest. Plötzlich ertönte ein schriller Schrei vom Sonnenlosen Himmel. Schützend legten wir die Hände über die Augen und beobachteten die Gänse, die mit dem Wind herbeiflogen. Eine Handvoll Gänse nach der anderen – mehr Hände voll, als ihr an den Händen von uns allen zusammenzählen könnt – hatten sich zu Pfeilen zusammengetan, von solcher Weite wie die gesamten Jagdgründe des Alkclans. Die Gänsepfeile glitten langsam über den Himmel und schrien über uns auf ihrem Weg ans andere Ende der Welt. Wir hörten ihre Flügelschläge in der eisigen Luft. Am Mutterberg und am Großmutterberg flogen sie vorbei – vorbei an jedem gewundenen Pfad, den mein Vater in seinem jungen Leben gegangen war –, vorbei an der Sonne, die ihrem endlosen Weg über den Himmel der Hochstehenden Sonne folgte. Die Frau des Vogelgeistes rief die Gänse aus der Welt.

Wir beobachteten sie, bis die Sonne uns direkt in die Augen schien und wir nicht mehr hinsehen konnten. Als wir wieder zu uns kamen, sah nach diesem hellen Himmel alles aus wie in der Dämmerung. Krähen scharten sich rings um uns. Zwei Raben beäugten uns von einem Felsvorsprung aus. Der Berg wartete darauf, dass wir gingen.

Ich legte meine Wange an die kalte Stirn meines Vaters. Alaia nahm seine Hand und hielt sie einen Herzschlag lang fest. Dann verließen wir ihn.

Als der nächste Morgen dämmerte, nahmen wir die Häute von den

Zelten und stapelten die Stangen vor der Eiche meines Vaters. Wir legten Grassoden über die Feuerstellen. Wir gaben den Lagerplatz des Lachsfangs zurück an die Tiere und sagten ihnen, dass wir gern zurückkehren würden, wenn die Lachse im nächsten Jahr kamen.

So spät im Jahr konnten wir die Grimmige Felsspitze nicht mit dem Boot umfahren. Stürmische Winde trieben die Dünung bis weit in die Bucht des Mutterbergs hinein. Wellen brachen sich am Strand und strömten ins Flachwasser. Wir wagten nicht, noch länger zu warten. Bei steifem Gegenwind paddelten wir im Niedrigwasser quer über die Bucht, ohne das Segel zu setzen. Auf dem Kamm jeder Woge schlugen Schaumkronen an die Bootshaut und durchnässten uns. Esti wurde übel. Die Flut schob uns durch die schmalen Stellen zwischen der Mutterberginsel und der Höhleninsel. Wir paddelten mit aller Kraft über die Bucht der Höhleninsel und landeten in der Sandbucht. Ich schwitzte vor Anstrengung, und doch war ich durchgefroren. Noch nie war ich so froh, ein Boot an Land zu bringen, wie an jenem Tag!

In der Nacht schliefen wir in der Höhle der Sandbucht. Kurz zuvor waren andere dort gewesen. Sie hatten trockenes Holz zurückgelassen – ich hoffe, die Geister meinen es für alle Zeiten gut mit ihnen! Als wir am nächsten Morgen wach wurden, sprang ich auf, schob die Tierhäute beiseite und schaute hinaus auf das Meer. Wenn es klar ist, kann man von der Höhle aus die ganze Insel des Weißen Strandes sehen, aber an dem Tag konnte ich kaum das andere Ende des Strandes erkennen.

Wir ließen unser Boot in der Höhle und gingen über den Berg zum Lagerplatz an der Flussmündung. Normalerweise dauert der Weg einen halben Morgen, aber wir waren schwer beladen. Niemand möchte ohne Boot mit Kindern unterwegs sein! Wenigstens hatten wir den ganzen Weg über Regen und Wind im Rücken.

Wir erreichten den Lagerplatz an der Flussmündung bei Graupelschauern. Ihr könnt euch vorstellen, wir froh wir waren, unser Feuer zu entfachen und die freundlichen Geister der Wärme, des Lichts und der Trockenheit in unsere Winterhütte einzuladen. Ich glaube, dass niemand jemals so lange auf dem Lagerplatz des Lachsfangs geblieben ist, wie wir in jenem Jahr, weder zuvor noch danach.

FÜNFTE NACHT:
LAGERPLATZ AUF DER INSEL IM MEERESARM

Nekané sagte:

Vier Jahre vergingen, seit ich Aitors Trommel genommen hatte. Hodei gewöhnte sich daran, dass ich Mittlerin war. Bei der Zusammenkunft näherte ich mich nie der Schutzhütte, wenn die Männer zu den Tieren über die Jagd sprachen. Das gefiel Hodei. Er nahm es hin, dass, wenn die Männer zur Jagd aufgebrochen waren, ich hinter die Feuerstellen der Mittler ging und meine Trommel neben die anderen hängte. Im vierten Jahr war Hodei einverstanden, dass ich mich der Fragen annahm, die Angehörige unseres Clans mit zur Zusammenkunft gebracht hatten, während die anderen Mittler auf die Jagd gingen. Hodei war an der Reihe, dazubleiben – natürlich hatte er deshalb nichts dagegen. Wenn ich allein vor der Schutzhütte der Mittler saß, fühlte ich mich stark, aber ich war nicht stolz. Waren Menschen beunruhigt von Geistern, die Krankheit oder Streit in ihre Familien gebracht hatten, wusste ich, dass meine Helfer ebenso viel für sie tun konnten wie die jedes anderen Mittlers.

Inzwischen hatte sich der Clan an eine Frau als Mittler gewöhnt. Im Übrigen sah ich kaum noch wie eine Frau aus. Ich hatte meinen letzten Frauenrock im Feuer auf dem Lagerplatz an der Flussmündung verbrannt, bevor mein Sohn Bakar verschwand. Seither habe ich mein Hirschleder nach Art der Männer getragen. Über meiner Jacke und den Beinlingen trug ich diesen Mantel hier. Seht ihr, wie er mit Schilfrohr, Binsen, Gräsern und Rindenfasern geflickt ist? Seht ihr, wie sie mit ihren unterschiedlichen Farben Muster ergeben? Ja, ihr könnt ihn euch ansehen, ihr Kleinen könnt ihn auch anfassen, wenn ihr wollt. Diesen Mantel habe ich im Mond des Lachsfangs geträumt, als ich zur Mittlerin wurde. Ich brauchte damals den ganzen Winter, um ihn anzufertigen. In meinem Traum sah ich, wie die Farben der verschiedenen Fasern sich veränderten, wenn ich mich bewegte. So! Mein Mantel sollte rau und glatt sein, weich und hart, dunkel und hell, dick und zart – alles auf einmal. Und so ist er – nein, lass sie nur, sie kann ihn gern betasten! So wird sie sich daran erinnern, obwohl sie noch so klein ist – die Kinder und ich haben nicht mehr viel Zeit miteinander –, ich möchte, dass sie es in Erinnerung behält.

Als ich meinen Mantel träumte, sah ich, dass kleine helle Geisterfänger aus Muscheln und Knochen und Stein zwischen den Fäden glitzerten. Seht her, ihr könnt sie jetzt im Feuerschein sehen! Ich sah die Schlangenhaut mit dem Mal zwischen den Augen, das wie eine Speerspitze aussieht und in die geflochtenen Binsen auf dem Rücken eingewoben ist. Nein, ihr könnt die Schlangenhaut nicht sehen. Ich werde nicht aufstehen und diesem warmen Feuer meinen Rücken zukehren! Vergesst nicht, ich bin nur eine arme alte Frau. Ihr werdet bis morgen warten müssen. Jedenfalls sammelte ich alles, was ich brauchte, und fertigte nach und nach meinen Mantel an, bis er genau so war, wie ich ihn in meinem Traum gesehen hatte.

Nach vier Jahren war er bereits häufig ausgebessert worden, aber das wusste niemand, denn im Laufe der Monde sammelte ich alles, worin Tierseelen schlafen – Krallen, Knochen und Zähne, polierte sprechende Steine, Erinnerungsmuscheln, Traumnetze, Lichtsteine –, ebenso wie andere Mittler auch. Sobald ich mich regte, glänzte und bewegte sich alles wellenförmig im Licht, um zu zeigen, dass es lebte. In meinem Beutel bewahrte ich noch viele andere Dinge auf, die mit den Geistern verbunden sind. Wenn ich zu unserer Sippe kam, sahen sie die Mittlerin, nicht die alte Frau Nekané. Ich sah wie ein Mittler aus, so wie Hodei oder Aitor oder sogar Zigor, obwohl uns niemand miteinander verwechseln könnte.

Bei der Zusammenkunft kommen die Frauen oft lieber zu mir. Der Clan gewöhnte sich daran, dass ich mit Zigor umherzog und auf den

Lagerplätzen auftauchte, auch wenn sie noch so weit entfernt waren. Nachdem meine Lehrzeit bei Zigor beendet war, wanderte ich allein. Alle waren stets bereit, mich über das Meer von einem Lagerplatz zum nächsten zu bringen, und so lernte ich fast alle Jagdgründe des Alkclans kennen. Manchmal waren die Wanderungen anstrengend und gefährlich. Ich war glücklich, obwohl ich meine Familie vermisste. Mein Mann fehlte mir am meisten. Nach seinem Tod kehrte ich nur noch selten zu meiner Familie zurück. Unser Winterlager war zwar klein, aber wir hatten zwei gute Jäger, und alle waren gesund und stark. Sie brauchten mich nicht.

Vier Jahre vergingen. Dann begab ich mich aufgrund dessen, was Zigor mir im Hellen Mond erzählt hatte, zu Arantxas Lagerplatz auf der Insel im Meeresarm.

Auf diesem Lagerplatz war ich noch nie gewesen. Durch einen Glücksfall traf ich zwei Brüder Osanés auf dem Lagerplatz bei den Feuersteinen. Ich ließ mich von ihnen zur Insel übersetzen. Sie wagten nicht, es mir abzuschlagen. Sie nahmen einen jungen Hirsch mit, den sie in der Nähe der Feuersteine in einer Falle gefangen hatten. Er beanspruchte den größten Teil des Bootes. Sein Geweih bohrte sich in meinen Rücken, als ich mich zwischen die beiden Paddler auf den Boden des Bootes hockte. Wenigstens würde ich auf Arantxas Lagerplatz nicht hungern. Ich hoffte, das würde nicht das Beste sein, was man über meinen Besuch dort sagen könnte.

Bei Niedrigwasser brachen wir vom Meeresarm der Zusammenkunft auf. Regen sprenkelte das Meer mit so vielen silbernen Kreisen, wie es Sterne am Himmel gibt. Als wir bei den Feuersteinen aus der Bucht fuhren, änderte sich die Farbe der bewaldeten Berge von Grau zu Grün, und schließlich verschwanden sie im Nebel. Wolken legten sich über das von trägem Seegang geschaukelte Wasser. Das Meer drückte sanft gegen die Bootshaut; durch meinen dicken Mantel spürte ich, wie die Haselruten nachgaben. Das stetige Platschen der Paddel und die schwachen Möwenschreie in der Ferne waren die einzigen Geräusche.

Als wir um die Walspitze bogen, schnitt eine scharfe schwarze Finne durch das Wasser. Koldo hob sein Paddel, um seinen Bruder darauf hinzuweisen. Die Finne tauchte ab und kam wieder an die Oberfläche, diesmal viel näher. Dann noch eine. Glänzende schwarze Rücken schwammen durch die Wellen. Einen Herzschlag lang dachte ich, es sei mein Delphin. Aber nein – es war sein entfernter Vetter, der Finnwal. Dennoch nahm ich es als freundliche Geste auf, dass die Tiere des Meeres mich an seine Gegenwart erinnern sollten. Osanés Brüder zuckten mit den Schultern und nahmen ihre Paddel wieder auf. Wenn ein Wal sich nicht aus freien Stücken schenkt, sind seine Reichtümer für Menschen unantastbar. Koldo und Itzal waren zu jung, um ein Geschenk zu erkennen, das jenseits der Macht eines Jägers liegt.

Die Flut wurde stärker. Itzal lehnte sich zurück, ließ sein Paddel hängen und hatte die Augen halb geschlossen, als wäre ihm das Steuern zu lästig. Er war noch ein Junge – mittlerweile hat er gelernt, dass es nicht so einfach ist, eine alte Frau aus dem Alkclan zu täuschen. Koldo tat, als schliefe er. Diese Jungen hatten keine Eile, mich irgendwohin zu bringen – das wollten sie ganz deutlich machen. Die Flut war entgegenkommender: Inzwischen konnten wir zu beiden Seiten die grauen Umrisse von Land erkennen. Schaumkronen brandeten an die Felsenküste. Inseln tauchten drohend aus dem Nebel auf. Die Jungen rührten sich und paddelten um die verborgenen Felsen herum tief ins Herz des Meeresarms.

Noch bevor wir die Insel im Meeresarm erreichten, kamen uns feindliche Geister entgegen. Sie flogen niedrig über das Boot und versuchten mich zurückzuschlagen. Osanés Brüder sagten nichts, weder zu den Geistern noch zu mir. Im Stillen rief ich meine Helfer. Sogleich flog mein Schwan in die Wolke aus wütenden Geistern. Er konnte sie nicht in die Flucht schlagen, aber danach blieben sie zurück und wagten nicht, ihn anzugreifen. Mein Delphin hielt sich im Verborgenen. Das verwirrte mich, doch ich hatte keine Zeit, darüber nachzudenken. Osanés Brüder steuerten auf der Seite der Hochstehenden Sonne an der Insel entlang, eine Paddellänge von einem Riff mit glitzerndem Seetang entfernt, und legten mit dem Boot an einem Felsen an. Koldo packte eine Handvoll Seetang und hielt das Boot ruhig. Ihre Hunde sprangen an Land und stießen mich beinahe um. Die beiden jungen Männer schwiegen. Ich war eine alte Frau, aber zum Glück brauchte ich ihre Hilfe nicht. Leichtfüßig stieg ich über den Bootsrand in glitschigen Seetang. Ich suchte mir einen Weg darüber hinweg auf trockenen Fels, ohne einen Blick zurückzuwerfen, und überließ es den jungen Männern, ihr Fleisch zu entladen und ihr Boot an Land zu tragen.

Hunde begannen zu bellen, sobald ich auf der Insel war. Eine Handvoll Kinder kam über den Strand gelaufen, Körbe mit Schalentieren hüpften auf ihren Rücken. Als die Hunde bei mir waren, sprangen sie an mir hoch und bellten mir ins Gesicht. Ich wusste, sie würden es nicht wagen, mich zu verletzen. Ein kleiner Junge rief sie mit schriller Stimme zur Ordnung.

»Argi«, rief ich ihm zu. »Du kennst mich! Komm her.« Wachsam kam er auf mich zu, die anderen Kinder im Schlepptau. Ich nahm eine Muschelschale mit Krebsfleisch aus meinem Korb – die einzige Nahrung, die mir nach meiner Reise noch geblieben war – und gab sie ihm. »Das könnt ihr untereinander aufteilen. Ich bin auf der Suche nach Arantxa. Ist sie auf dem Lagerplatz? Kannst du mich zu ihr bringen?«

»Ja, Nekané.« Natürlich kannten mich alle von der Zusammenkunft. Argi griff nach meinem Reisemantel und zog mich mit auf dem Weg zurück, den er gekommen war. Die anderen Kinder legten ihre Schüchternheit ab und drückten sich an mich. Jetzt wollten sie alle daran teilhaben, die Mittlerin auf den Lagerplatz zu bringen. Als sie sahen, dass ich willkommen war, trotteten die Hunde uns voraus.

Viele Füße hatten den Pfad zertrampelt, daher war es leicht, ihm zu folgen. Der Weg führte uns durch hüfthohes Farnkraut, er schlängelte sich zwischen Felshügeln hindurch, auf denen Bienen noch spät

im Jahr über dem Heidekraut summten, und durch flaches Sumpfland, in dem sich das Gras bereits bräunlich verfärbte. Ich umrundete
einen Fels und kam zu einem Espenhain, der geschützt im Wind-
schatten eines Hügels stand. Die Bäume flüsterten mir zu, als ich vorbeiging, ein leichtes Prasseln wie herabfallender Regen.

Eine Handvoll Herzschläge lang blieb ich im Schatten der Bäume
stehen und überblickte den Lagerplatz, der in einer Senke am Fuß der
Felsen lag. Alle hatten die Hunde gehört, daher hielten die Frauen
Ausschau. Ein Biberfell war über einen Rahmen gespannt und in die
Sonne gestellt worden. In den Bäumen sah ich keine frischen Schä-
del. Arantxa, über das Fell gebeugt, hatte noch den Schaber in der
Hand. Niemand arbeitete jetzt mehr. Während ich still unter den
Espen stand, sah mich eine ihrer Kusinen und zupfte an Arantxas Ja-
cke. Als Arantxa sich umdrehte, blieb ihr der Mund offen stehen. Alle
Kusinen starrten mich an.

»Nekané ist da«, verkündete Argi mit einer schwungvollen Geste.
Dieses Kind wusste schon immer, wie man sich wichtigmacht!

Das brachte sie alle wieder zu sich. Arantxa gelang es, mich zu begrüßen, und Argis Mutter setzte mir Krebsfleisch vor, zerdrückt mit
Seealgen und Napfschnecken, in Rotalgen gedünstet. Ich war den ganzen Tag unterwegs gewesen und hatte Hunger. Die Frauen taten so,
als setzten sie ihre Arbeit fort – Häute schaben, Wurzeln zerdrücken,
Zwirn winden. Aber in Wahrheit beobachteten sie mich nur.

»Ihr seid sehr ruhig«, stellte ich fest. »Ist euer Lagerplatz immer so
still?«

Einige brachen übereilt in Geschwätz aus, wie das Rascheln einer
plötzlichen Brise im Espenhain. Was sie sagten, war belanglos. Ich
wusste, was sie vor mir verbargen.

»Eure Männer sind noch in ihrem Jagdlager.« Das war eine Fest-
stellung, keine Frage.

Argis Mutter schrak schuldbewusst zusammen und versuchte dann,
beiläufig zu antworten. »O ja, sie sind in ihrem Jagdlager in den Bergen, irgendwo unter dem Himmel der Morgensonne. Sie werden in

ein bis zwei Tagen wieder da sein.« Sie verstummte und legte die Hand auf den Mund. Man hatte sie angewiesen, es niemandem zu erzählen. »Oder später«, hauchte sie.

»Je eher, desto besser, soweit ich das sehe.« Ich überließ ihr die Entscheidung, ob ich mich damit unverzeihlich grob über den Fleischmangel geäußert hatte oder ob die Geister mir tiefere Einblicke gewährt hatten, die sie nie begreifen würde.

Kurz darauf tauchten Arantxas Söhne auf, ihren Hirsch an eine Stange gebunden, die sie zwischen sich trugen. Mitten im plötzlich eintretenden Schweigen legten sie ihn an der größten Feuerstelle ab. Die Frauen sammelten sich in einiger Entfernung. Niemand sagte ein Wort.

Arantxa flüsterte Koldo etwas zu.

Koldo antwortete so laut, dass alle es hören konnten. »Nein, Mutter! Deine Söhne taugen nicht viel – wären wir richtige Jäger, hätten wir dir *so* viele Hirsche mitbringen können!« Er hielt beide Hände mit gespreizten Fingern hoch. »Was wir dir gebracht haben, ist so wenig, dass es kaum der Rede wert ist. Du kannst das Fell haben, aber alle unsere Vettern und Kusinen bekommen den gleichen Anteil Fleisch. Schließlich ist nicht viel da – also ist es ohnehin gleichgültig!«

Plötzlich erhoben sich Stimmen wie ein Elsternschwarm. Itzal häutete den Hirsch. Vorsichtig löste er den letzten Fellrest von den Hinterläufen. Im Nu hatten die Frauen Herz, Lunge und Nieren in Streifen geschnitten und brieten sie im Feuer an. Die Weisen gaben mir zuerst zu essen, dann den lebhaften Kindern, dann den Schwangeren und den stillenden Frauen, und zuletzt sich selbst. Feuer wurden entfacht, Fleisch wurde in Streifen geschnitten, Eingeweide gereinigt, Sehnen gezwirbelt … dieser eine kleine Hirsch wurde viel freudiger aufgenommen, als es im Hellen Mond hätte sein sollen.

Den Rest des Tages saß ich an ihrer Feuerstelle. Mit einem kleinen Mädchen, das Zahnschmerzen hatte, spielte ich Muster aus Zwirn legen. Kurz darauf war ihre Mutter so mutig, mich zu fragen, ob ich die Schmerzen heilen könne. Ich zupfte die Löwenzahnblätter aus dem Klumpen Birkenharz, den ich immer bei mir trug – meine eigenen Zähne oder das, was davon noch übrig ist, sind nicht allzu gut –, und gab ihr ein bisschen zu kauen. Dann bat mich eine andere Kusine, ihren Säugling zu halten, während sie Steine für die Kochgrube erhitzte. Das Kind schlief in meinen Armen ein. Während ich es wiegte, kam eine Kusine Osanés – ich bemerkte die Ähnlichkeit, doch dieses Mädchen war nur ein blasser Abglanz von Osané, so wie ich sie zuletzt gesehen hatte – und fragte mich, ganz leise, damit die anderen es nicht hörten, ob meine Helfer ihr einen Zauber machen könnten, um schwanger zu werden. Sonst würde ihr Mann sie verlassen, sagte sie. Ich fragte sie, wie schlimm das denn wäre. »Du könntest ihn genauso gut zuerst fortschicken«, klärte ich sie auf. »Dann läge die Schande bei ihm, nicht bei dir. Du würdest bei der Zusammenkunft bald einen anderen Mann finden – einen, der sich besser dabei anstellt, dir ein Kind zu schenken. Hast du daran gedacht?«

Offensichtlich hatte sie es nicht. Aber das ist auch nicht üblich. Für gewöhnlich muss ich die Sorgen der Menschen nur umkehren und ihnen die andere Seite zeigen. Dafür wecke ich meine Helfer nicht. Natürlich verrate ich niemandem, wie einfach es in Wahrheit ist. Die Menschen glauben gern, dass ihr Leben sehr schwer ist, so wie sie gern glauben, dass ihre Sorgen einzigartig sind. Ich ziehe umher und höre mir Geschichten an, wohin ich auch komme. Selten erfahre ich etwas Neues. Wenn die Menschen jung sind, glauben sie, alles sei neu. Ich bin alt: Ich weiß, dass die Menschen sich schon immer um dieselben Kleinigkeiten gesorgt haben, und das wird sich nie ändern.

Am Abend kamen Hodei und ein paar andere Männer mit leeren Händen zurück. Der frische Schädel des Hirsches, den Koldo und Itzal mitgebracht hatten, starrte durch das Espenlaub auf sie herab. Das Fleisch, das in der Kochgrube briet, würde jetzt für mehr als vier Handvoll Münder reichen müssen. Hodei nickte mir zu, als er mich sah, und ging dann langsam davon, um seine unbenutzten Waffen unter dem Schutzdach abzulegen. Ich erwartete nicht von ihm, sich überrascht zu zeigen. Schließlich musste er besser als alle anderen wissen, warum ich hier war, und wenn seine Helfer ihm nicht gesagt hatten, dass ich unterwegs war, mussten sie tief schlafen.

In der Nacht lag ich im Zelt von Argis Familie neben der Feuerstelle und dachte über alles nach. Hätten Osanés Brüder kein Fleisch mitgebracht, hätten wir uns alle hungrig schlafen legen müssen. Nirgends war die Jagd sehr erfolgreich gewesen. Wir hatten vier harte Winter hinter uns, und selbst die Sommer waren oft grau und nass. Die Tiere waren unglücklich. Ich war Gast auf diesem Lagerplatz. Ich beobachtete und hörte zu.

Am nächsten Morgen, sobald die Männer über die Meerenge zum Festland gepaddelt waren, folgte ich Arantxa an die Quelle. Ich würde meine Gelegenheit verpassen, wenn ich nicht mit ihr sprach, bevor die große Gruppe der Jäger zurückkam. Die Quelle befand sich zwischen zwei mit Heide bewachsenen Felsvorsprüngen oberhalb des Espenhains. Ich kletterte den felsigen Pfad hinauf bis dorthin, wo das Wasser inmitten dunkelgrüner Binsen hochsprudelte. Arantxa hockte auf einem flachen Stein, der am Rand der Quelle auf den nassen Boden gelegt worden war. Sie hielt den Wasserschlauch knapp unter die Oberfläche, damit langsam sauberes Wasser hineinfließen konnte.

»Arantxa! Ich bin hier, um mit dir zu sprechen.«

»Oh!« Arantxa ließ ihren Wasserschlauch fallen und sprang ihm nach, sodass es platschte.

Sie versuchte es mit Ausflüchten, die ich aber nicht gelten ließ. Zum Glück hatte sie Angst vor mir. »Jetzt hast du mit deiner Spritzerei ohnehin Schlamm im Teich aufgewühlt. Du musst warten.« Ich schaute ihr in die Augen. »Du hast mich noch nicht nach Osané gefragt.«

Arantxa sah mich erschrocken an.

»Sie ist deine einzige Tochter. Du willst doch bestimmt wissen, wie es ihr geht?«

Arantxa fingerte nervös an den Wasserschläuchen herum. Sie hielt den einen, den sie gerade gefüllt hatte, falsch herum, und das Wasser ergoss sich über ihren Rock. »Du liebe Güte, jetzt sieh nur, was …« Sie rieb über ihren nassen Rock. »O ja, ich … ja natürlich. Ich meine … ich dachte, du hättest deine Familie in letzter Zeit nicht gesehen.«

»Ich suche sie auf, wann immer es möglich ist. Du hast Osané länger nicht gesehen als ich.«

»O ja, du … Ja, natürlich.« Arantxa hatte den Wasserschlauch wieder gefüllt und versuchte mit zitternden Händen, den Sehnenzwirn festzuziehen.

»Lass die Wasserschläuche liegen, Arantxa! Wir gehen noch nicht zurück.«

»Aber sie brauchen …«

Ich nahm ihr den Wasserschlauch aus der Hand, band ihn am Hals fest zu und legte ihn ans Ufer. »Sie können warten. Wir sprechen über Osané, Arantxa. Du musst doch traurig sein, dass du sie nie bei der Zusammenkunft siehst. Dein Enkel muss dir fehlen. Vier Winter bereits … und du hast ihn noch nie gesehen.«

»O ja, ja. Der kleine … der kleine Bakar. O ja. Ja, natürlich.«

»Mehr hast du dazu nicht zu sagen? Du weißt doch, Arantxa, warum Osané und ihr Mann nicht zur Zusammenkunft kommen?«

»O ja. Ich meine, nein. Nein, nein. Natürlich nicht.«

»Hast du den Verstand verloren, Frau? Ich spreche von deiner Tochter! Kein Wunder, dass sie diese Familie verlassen hat. Tja, *wir* lieben sie, das kann ich dir versichern!«

Arantxa brach in Tränen aus. Auf dem nassen Boden gab es keine Stelle, auf die man sich setzen konnte, und die Mücken an der Quelle hatten uns entdeckt. Ich hieß Arantxa, auch den anderen Wasserschlauch abzulegen und mit mir zur offenen Lichtung auf dem Gipfel der Insel zu kommen. Ich bedeutete ihr, sich auf einen Fels in der trockenen Heide zu setzen. Sie versuchte noch immer, ihr Schluchzen zu unterdrücken. Ich schaute mich um. Hier oben herrschte eine angenehme Brise, und außerdem konnte ich nach Booten Ausschau halten.

Ich legte ihr die Hand auf die Schulter und sagte mit sehr freundlicher Stimme: »Ist schon gut, Arantxa. Ich weiß, wie schwer es für dich gewesen ist. Du musst sehr unglücklich sein.«

Arantxa war erstaunt, dass überhaupt jemand freundliche Worte an sie richtete, und weinte stärker als zuvor. »Nekané, du verstehst es! Ich dachte, niemand würde je … O Nekané, ich habe es versucht! Es war so schwer! Sie war so ein hübsches Mädchen … natürlich habe ich sie geliebt.«

Geduldig wartete ich, während Arantxa die Hände vor das Gesicht schlug und weinte.

»Wie hätte ich mir denn vorstellen können, sie zu verlieren!« An dieser Stelle überkam Arantxa ein Weinkrampf. Ich hoffte nur, niemand würde sie hören. Ich glaubte nicht, dass eine der Frauen es wagen würde, sich mit mir anzulegen. Zum Glück waren die Männer nicht auf der Insel. Üblicherweise hätten sie eine Mittlerin in Ruhe gelassen, aber diese Familie hatte zu viel zu verbergen.

»Dann wirst du sehr froh sein zu hören, dass es Osané gut geht«, sagte ich schließlich. »Sie ist glücklich mit Kemen. Und dein Enkel gedeiht auch.«

Arantxa schniefte laut und wischte sich die Nase mit dem Handrücken ab. »Kemen!«, stieß sie angewidert aus. *Jetzt* kamen wir zum Kern der Sache. »Dieser Mann! Nekané, wie *konnte* Zigor nur zulassen, dass dieser Mann meine Tochter stiehlt!«

Sie wagte nicht, mich zu beschuldigen. Wenn sie sich darin flüchten wollte, Zigor die Schuld zu geben, würde es ihn nicht verletzen, und mir half es vielleicht. Ich ließ Zigor außen vor. »Kemen hat deine Tochter nicht gestohlen, Arantxa.«

»Wie würdest *du* es denn nennen?«, fuhr Arantxa mich an. »Welches Recht hatte er, mein Kind mitzunehmen? Sie war Edur versprochen! Kemen hat sie gestohlen! Er hat sie Edur gestohlen! Er hat sie uns gestohlen!«

»Was soll das heißen, sie *gestohlen*? War Osané ein Säugling an deiner Brust? War sie dein Mantel oder dein Messer oder deine Nadel? Nein, Arantxa, das war sie nicht. Sie war eine erwachsene Frau! Sie gehörte nicht dir, es war nicht an dir, sie herzugeben. Wie konnte sie also *gestohlen* werden?«

»Kemen hat sie *genommen*!«

»Ja, und sie hat Kemen genommen. Ist das so seltsam?«

»Aber das hätte sie nie getan, wenn … Sie wurde dazu *gezwungen*. Sie hätte bei ihrer Familie bleiben sollen. Zigor hatte nicht das Recht …«

»Gezwungen?«, wiederholte ich. »Osané wurde nicht gezwungen! Sie entschied sich, bei Kemen zu bleiben. Ich war an dem Abend dabei, vergiss das nicht! Niemand hielt Osané fest. Wenn sie meine Feuerstelle hätte verlassen wollen, dann hätte sie aufstehen und über den Lagerplatz zu deiner gehen können. Warum bist *du* nicht – als ihre Mutter – gekommen und hast sie zurückgeholt, wenn du auch nur den leisesten Verdacht hattest, dass sie *gezwungen* wurde? Und wo war ihr Vater? Warum ist er nicht gekommen und hat sie *auf der Stelle* geholt, wenn er glaubte, ihr werde Gewalt angetan? Aber er kam nicht einmal in ihre Nähe! Was ist das für ein Vater? Und warum haben ihre Brüder sie nicht gebeten, zu ihnen zurückzukommen, statt meine Familie mit Beleidigungen und leeren Drohungen zu überschütten? Haben sie *gesehen*, dass jemand Osané mit Gewalt zurückgehalten hat? Nein, Arantxa, das haben sie nicht. Keiner hat das. Osané hätte an eure Feuerstelle zurückkehren können, wann immer sie wollte. Doch sie wollte nicht, oder?«

»Aber dieser Mann! Nicht, dass ich *dir* die Schuld gebe, Nekané«, fügte Arantxa hastig hinzu. »Dieser Kemen! Er hat sie genommen! Er hat ihr Gewalt angetan! Danach hat sie sich so geschämt, dass sie nicht kommen konnte! Armes Kind! O Osané, mein armes, verlorenes Kind.«

»Ach, sei doch still, Arantxa! Osané ist weder arm noch verloren. Im Gegenteil, sie hat alles, was eine Frau braucht, und du weißt genau, wo sie ist. Wenn du meinst, sie wäre gegen ihren Willen mit Kemen gegangen, warum hast du es dann nicht gesagt, als er sie mitnahm? Hätte Osané damals gesagt, ihr sei Gewalt angetan worden, hätte der Clan ihn gezwungen, sie sofort herzugeben.«

»Und dann hätte kein anderer Mann sie mehr angerührt! Das weißt du! Du weißt, warum Mädchen nicht … Du weißt, was passiert!«

»Edur hat es anscheinend nicht gewusst. Er hat genug Wirbel darum gemacht, sie wiederhaben zu wollen. Du kannst dir keine Sorgen darum gemacht haben, dass niemand Osané haben wollte, Arantxa!«

Arantxa gab sich geschlagen und überließ sich dem Jammern. Ich betrachtete sie nachdenklich. Sie blickte hilflos aufs Meer hinaus. Ihre Wangen waren tränennass: Ihr Kummer war einigermaßen echt, was ich auch nie bezweifelt hatte. Ich entschied, dass meine Gelegenheit gekommen war. Wie beiläufig sagte ich: »Aber Edur kann es mir doch selbst erzählen, oder nicht, sobald das Boot vom Jagdlager zurückkehrt?«

Arantxa fuhr zusammen wie ein aufgescheuchter Hase. Entsetzt starrte sie mich an. »Edur? Ich … ich weiß nicht …«

»O doch«, unterbrach ich sie. »Edur ist seit dem Mond des Nestbaus auf dieser Insel. Und jetzt solltest du mir von den Männern erzählen, die er mitgebracht hat.«

»Ich … ich … ich weiß nicht, was du meinst, Nekané! Ehrlich, ich weiß nicht, was du meinst!«

»Komm schon, Arantxa, das kannst du doch besser! Meinst du, ich weiß nicht, warum du den Bruder deines ärgsten Feindes an deiner Feuerstelle willkommen geheißen hast?«

Sie wurde so bleich, dass ich schon dachte, sie würde ohnmächtig. Sie glaubte mir natürlich – allem Anschein nach wusste ich so viel, dass sie meinte, ich hätte die Macht, alles zu sehen, was ich wollte. Ich hakte nach. »Meinst du, ich weiß nicht, warum Edur Kemens Bruder hierhergebracht hat? Die Fahrt bis zur Insel im Meeresarm erscheint mir merkwürdig lang, obwohl Edurs Familie ihre Sommerlagerplätze doch weit unter dem Himmel der Hochstehenden Sonne am Großmutterberg hat. Man sollte meinen, Edur hätte Basajaun direkt rüber zu Kemen auf die Insel des Mutterbergs gebracht, oder? Denn Basajaun muss Edur doch nach seinem Bruder gefragt haben. Hodei hat sofort erkannt, was passiert ist, oder? Hast du wirklich geglaubt, *Zigor* würde nicht so viel sehen wie Hodei?«

»Zigor!« Arantxa schnappte nach Luft. »Weiß er … weiß Zigor …«

»Natürlich weiß Zigor Bescheid«, sagte ich ungeduldig. »Und ich bin sicher, dass es eigentlich nicht deine Schuld ist. Das habe ich Zigor gesagt. Aber du erklärst es mir besser selbst.«

Arantxa war nicht ganz so dumm, wie ich gedacht hatte. »Ich sehe nicht ein, warum ich mein Wort brechen« – sie streckte die Arme zu den Geistern empor – »und dir etwas erzählen soll, was du schon weißt.«

»Dein Wort, das du deinem Mann gegeben hast, Arantxa?«

»Und was ist daran falsch?«, entgegnete sie.

Ich hatte die ganze Zeit gewusst, dass wir diesen Punkt erreichen würden. »Ich glaube, deine Tochter könnte dir am besten sagen, was daran falsch ist«, antwortete ich.

Arantxa überrumpelte mich. Sie wurde tatsächlich ohnmächtig. Sie stieß ein Keuchen aus, das wie ein Schluckauf klang, und fiel gegen meinen Arm. Ich ließ sie ins Gras sinken. Ich hatte noch etwas Wasser in meinem Wasserschlauch, das sprenkelte ich ihr ins Gesicht und rieb ihre Schläfen. Ein Schatten huschte über ihr Gesicht, ich schaute auf und sah, wie sich kleine Wolken sammelten und sich langsam vor die Sonne schoben.

Arantxas Augenlider flatterten. Einen Herzschlag lang erinnerte ich mich an Osané, wie sie, übersät mit Blutergüssen und Schwellungen, die Augen aufschlug, als ich mich in der Schutzhütte der Mittler über sie beugte. Vorher hatte ich die Ähnlichkeit zwischen Mutter und Tochter nicht bemerkt. Mein Herz wurde gegenüber Arantxa weich und hart zugleich. Ich bezweifelte nicht, dass auch sie gelitten hatte. Aber sie hatte diese Dinge geschehen lassen, und das konnte ich jetzt gegen sie verwenden.

Arantxa tat so, als sei sie noch zu schwach, um zu sprechen.

»Komm schon, Arantxa. Du weißt, du kannst dich da nicht herauswinden. Wir werden diesen Platz hier nicht verlassen, bis wir darüber gesprochen haben.«

Arantxa weinte. Ich legte ihr den Arm um die Schultern und sprach mit ihr, als wäre sie meine kleine Tochter. Zu Anfang war sie steif und ängstlich. Dann sank ihr Kopf an meine Brust, und sie zerfloss in Tränen, als bräche ihr das Herz. Ich machte keine Anstalten, ihr Einhalt zu gebieten. In dieser Welt gibt es nicht genug Tränen für alles, was zu beweinen ist. Diese Frau – die ich nicht leiden konnte, aber darum ging es nicht – hatte mehr gelitten als ich je zuvor, selbst nachdem ich meinen Sohn verloren hatte. Unwillkürlich dachte ich an meinen Mann. Mir fiel ein, was für ein guter Mann er gewesen war. Niemandem war klar, wie sehr er mir fehlte. Während Arantxa sich den Tränen hingab, spürte ich ein leichtes Brennen in meinen Augen. Das war gut so: Arantxa hätte gemerkt, wenn meine plötzliche Freundlichkeit nicht von Herzen gekommen wäre. Schließlich erstarb ihr Schluchzen. Sie atmete in langen, abgehackten Zügen, wie ein Kind, das vom Weinen erschöpft ist. Ihr Gesicht war noch in der Falte meines Mantels verborgen. Plötzlich strömte ein reißender Fluss aus Worten aus ihr, wie es meine Absicht gewesen war.

»Mein Mann ist so schwierig! Niemand will in unser Winterlager kommen! Das liegt nur an *ihm*. Die Jungen – sie hassen es, bei uns zu sein! Oroitz hat eine Frau, er wird sie sich in diesem Jahr bei der Zusammenkunft nehmen. Er wird mit ihrer Familie gehen. Natürlich wollen sie nicht zu uns zurück. Und Itzal – vor weniger als einem Mond kämpfte Itzal mit seinem Vater, Itzal schlug seinen Vater! Was soll ich da machen? Es liegt an der Art, wie er sie behandelt – niemand darf das erfahren, Nekané. Ich versuchte ihm zu sagen: ›Itzal ist ein Mann, du kannst nicht …‹ Und dann hat er natürlich *mich* geschlagen. Was soll ich tun? Und die Jungen, sie haben das ihr Leben lang mit angesehen. Itzal ist ein guter Junge. Aber Koldo – ich mache mir Sorgen um Koldo –, er ist am stärksten nach meinem Mann geraten, und mein Mann hasst ihn anscheinend dafür! Koldo kann nichts richtig machen. Trotzdem ist er der Einzige, der seinen Vater liebt. Aber auch er wird uns verlassen. Itzal ist kein Kämpfer, ihn widert das alles an. Auch er wird gehen. Und Oroitz, er spricht kaum mit jemandem. O Nekané, ich mache mir solche Sorgen um sie! Aber sie werden mich alle verlassen. Ich weiß, dass sie mich alle verlassen werden, *seinetwegen*! Aber meine Tochter!«

Ich wartete geduldig, während Arantxas Tränen erneut flossen. »Mein kleines Mädchen! Ich dachte, ich würde meine Tochter immer bei mir haben, auch wenn die Jungen fort sind. *Er* sagte, sie müsse bleiben. *Er* sagte, es sei gut, dass sie so hübsch ist, weil sie einen Mann bekommen müsse, der für uns jagen könne, wenn die Jungen fort wären. Nekané, was mir Angst einjagt, weshalb ich nachts wach liege und worüber ich nachdenke: In den Sommerlagern ist es in Ordnung, meine ganze Familie ist auch da, aber sie mögen ihn auch nicht … es ist nie leicht gewesen … aber ich weiß … ich habe sie sogar *gefragt*. Ich habe meine Tante und meine Kusinen gefragt – keine will, dass wir in ihr Winterlager kommen. Seinetwegen wollen sie uns nicht. Und Ihintza – meine eigene Schwester –, Ihintza sagte … Ihintza sagte …«

»Versuch es mir zu erzählen, Arantxa. Was hat Ihintza gesagt?«

»Sie sagte, sie wolle *ihn* nicht in ihrem Winterlager haben. Sie sagte, sie sagte … ›nicht, solange …‹ Sie sagte: ›Nicht, solange meine Töchter keinen Mann haben!‹«

Arantxa warf sich mit dem Gesicht nach unten ins Gras und schrie. Sie bearbeitete den Boden mit den Fäusten. Ich legte ihr die Hand auf den Rücken. Ich schaute mich um – bestimmt würden wir jetzt unterbrochen! Niemand kam. Die kleinen Wolken waren an der Sonne vorbeigezogen und trieben landeinwärts auf die Berge zu. Sonnenlicht funkelte auf dem Meer ringsum, und die Berge lagen in weicher, blauer Ferne. Die Brise vom Meer legte eine zarte Hand an meine Wange, doch in der Berührung spürten meine Knochen einen leisen Hinweis darauf, dass das Jahr alt wurde. Ich atmete die Luft ein, beladen mit den honigsüßen, sonnenwarmen Düften von Heide und Myrte, doch darunter nahm ich den ersten scharfen Geruch des Herbstes wahr. Wieder ein Ende, und ich wurde schon alt.

Arantxa heulte weiter wie ein verwundeter Welpe. Bestimmt würden sie kommen! Aber nein. Dann fiel mir wieder ein – ich war ungewöhnlich langsam –, was Arantxa gerade gesagt hatte: Ihintza! Die Frauen auf dem Lagerplatz wussten sehr wohl, was ich tat. Sie waren gar nicht abweisend. Sie hatten Angst. Ich dachte an den kleinen Argi, der mich zum Lagerplatz geführt hatte. Ich kannte seine Eltern gut. Ich kannte all diese Menschen seit ihrer Geburt. Sie waren *mein* Clan. Meine Aufgabe war plötzlich fest umrissen, und ich sah ihre Grenzen deutlich vor mir. Die Kusinen hatten gewollt, dass ich Arantxa half – ich war mir nicht sicher, ob ich das konnte, es war nicht mein eigentliches Anliegen. Was sie auch davon hielten, dass Edur Kemens Bruder mitgebracht hatte – die meisten von ihnen hatten wahrscheinlich das Gefühl, es habe nichts mit ihnen zu tun –, sie *wollten*, dass ich Arantxa jetzt zuhörte.

Schließlich brachte ich Arantxa dazu, sich aufzusetzen. Sie fuhr nicht da fort, wo sie aufgehört hatte; ich versuchte auch nicht, sie dazu zu bewegen. Ausführlich sprach sie darüber, wie nötig es für sie gewesen sei, dass Osané ihnen einen guten Jäger einbrachte. Sie hatten sich darauf verlassen, dass ein Mann Osanés Schönheit ausreichend schätzte, um sich ihrer Familie anschießen zu wollen. Als Edur versuchte, Osané zur Frau zu nehmen, konnte Arantxa ihr Glück nicht fassen. Ich hatte Edur immer für dumm gehalten, und alles, was Arantxa sagte, bestätigte mich darin. Dennoch war Edur schlau genug gewesen, und wütend genug, daran zu denken, Basajaun hierher zu Hodei zu bringen, um dadurch Kemen loszuwerden. Ob Edur noch immer hoffte, Osané zur Frau zu nehmen, wusste ich nicht. Sollte Edur auch Osanés Kind in die Hände bekommen, würde Kemens Sohn – mein Enkel Bakar – keinen Mond mehr leben. Doch das alles durfte nicht passieren − Amets war Kemens Freund, Amets passte jetzt auf meine Familie auf, Amets würde es niemals zulassen!

»… als Edur sie haben wollte«, sagte Arantxa gerade, »dachte ich, die Geister meinten es schließlich gut mit uns. Ich *weiß* nicht, warum sie ihn nicht nehmen wollte. Sie machte mir das Leben so *schwer*! Ich habe sie nie verstanden, Nekané. Sie *wusste*, wenn sie nicht einen Mann nahm, der für uns jagen konnte, würden wir verhungern. Sie wusste, die Jungen würden uns verlassen … *Er* machte alles so schwierig. Wir waren immer so allein … Was hätte ich tun sollen? Meine Familie, ich denke immer noch, sie könnten uns einfach dem *Verhungern* überlassen … Nur Edur … Osané wusste das, und dennoch … Ihr Vater war so wütend auf sie … Ich wusste nicht, was ich machen sollte! Ich konnte nichts unternehmen … Aber sie war mein kleines Mädchen, Nekané! Ich kann es einfach nicht glauben … Sie war so lieb!«

»Sie ist immer noch lieb«, sagte ich bitter. Das ließ ich sinken, dann fügte ich hinzu: »Du weißt, dass sie nie in der Nähe ihres Vaters geblieben wäre, sobald sie die Gelegenheit hatte, fortzukommen.«

»Nekané, sie fehlt mir so sehr. Könntest du sie nicht wenigstens überreden, in diesem Jahr zur Zusammenkunft zu kommen? Sogar ihren kleinen Jungen habe ich noch nicht gesehen! Könntest du das nicht für mich tun, Nekané?«

»Alle werden in diesem Jahr bei der Zusammenkunft sein«, sagte ich ihr. »Und da wir schon einmal dabei sind« − ich veränderte meinen Tonfall nicht, ich wollte sie überrumpeln −, »Arantxa, wenn du nicht willst, dass der gesamte Alkclan hört, wer Osané vor vier Jahren bei der Zusammenkunft überfiel − wenn du nicht willst, dass die Mittler dem Clan erzählen, wer das getan hat − dann sagst du mir lieber jetzt, warum Edur Basajaun hierhergeholt hat. Du erzählst mir besser alles, was Edur deinem Mann gesagt hat.«

»Aber, aber … ich habe mein Wort gegeben. Ich weiß nicht … Niemand hat mir gesagt …«

Ich ließ sie eine Weile protestieren, und dann sagte ich: »Es geschieht nicht oft, dass ein Mann ausgestoßen wird. Eine Frau – fast nie. Ich habe erlebt, dass viele böse Taten vergeben wurden, obwohl keine jemals in Vergessenheit geriet. Ich habe selten erlebt, dass Menschen ausgestoßen wurden, und sei es nur für ein Jahr. Ich habe nie erlebt, dass ein Mann von seinem Clan für den Rest seines Lebens fortgeschickt wurde. Ein Mann kann nur zwei Dinge tun, die ein Clan nie verzeiht, für die er ihn sein Leben lang ausstößt, ohne sich je erweichen zu lassen. Nur zwei Dinge. Du weißt, welche das sind, nicht wahr, Arantxa?«

Sie wimmerte.

»Das eine ist, seine Eltern verhungern zu lassen. Das weißt du, Arantxa. Deine Kinder mögen sich zwar weigern, bei euch zu leben, aber sie wissen, welches Übel die Geister über sie bringen würden, wenn sie euch verhungern ließen. Du *wusstest*, dass du davor keine Angst zu haben brauchtest. Angst hattest du vor allem davor, mit deinem Mann allein gelassen zu werden. Warum verlässt du ihn nicht?«

Arantxa sagte, das würde ich nicht verstehen, und versuchte zu weinen. Doch ihre Tränen waren vergossen, so wie meine Geduld verbraucht war.

»Du weißt, was das andere ist, Arantxa. Willst du, dass der gesamte Clan bei der Zusammenkunft hört, wer Osané angegriffen hat? Willst du, dass alle erfahren, was in eurer Familie vorgefallen ist? Du weißt, wozu das führen könnte, nicht wahr, Arantxa?«

»Du lässt mir keine andere Wahl.« Arantxa hob ihre Arme zum Himmel empor. »Ich kann dir nicht alles sagen, aber alles, was ich dir sage, ist wahr.

Basajaun und …« Arantxa erwähnte einen anderen Namen, der nicht mehr unter uns weilt. »… verließen den Reiherclan im Mond der Napfschnecken. Sie zogen auf den Sonnenlosen Himmel zu …«

»Wer ist …?« Auch ich sprach den anderen Namen aus.

»Er ist Basajauns Vetter – Kemens Vetter. Er gehört zum Luchsclan. Vier junge Männer kamen vom Himmel der Morgensonne her, nachdem das Meer die Lande des Luchsclans fortgeschwemmt hatte. Einer nahm eine Frau aus dem Reiherclan. Er ist noch dort. Basajaun sagte, der Reiherclan habe diesen Mann angenommen. Was die beiden betrifft, die hierhergekommen sind, das weiß ich nicht. Vielleicht hat der Reiherclan sie fortgeschickt, oder vielleicht stimmt auch Basajauns Geschichte, dass er nämlich beim Reiherclan ruhelos wurde und weggehen wollte. Sein Bruder fehlte ihm, das hat Basajaun uns gesagt. Er wollte herausfinden, ob Kemen noch lebt. Kemen hatte allen gesagt, er gehe zur Insel des Mutterbergs, um den Alkclan zu finden, weil er hier Vettern habe. Darüber weiß ich nichts. Ich glaube, selbst wenn es vor langer Zeit Vettern gegeben hat, ist es zu lange her, als dass Kemen noch jemanden hier seinen Verwandten nennen könnte.«

Die Geschichte hatte Arantxa jetzt im Griff und verlieh ihrer Stimme eine eigene Kraft. »Also bauten Basajaun und sein Vetter ein Boot und überquerten die Breite Meerenge hin zum Sonnenlosen Himmel. Doch der Wind war ihnen nicht wohlgesinnt. Er ließ sie nicht durch zur Insel des Mutterbergs. Sie mussten umkehren und vor dem Wind her auf den Himmel der Morgensonne zupaddeln. Sie landeten in der Nähe von Edurs Winterlager an der Meerenge. Nicht, dass ich selbst schon einmal an einem dieser Orte gewesen wäre – ich gebe nur weiter, was Basajaun uns erzählt hat. Sie fanden einen Pfad, der sie zum Winterlager von Edurs Familie führte, gleich auf der anderen Seite der Meerenge, dem Mutterberg gegenüber. Basajaun und sein Vetter kamen eines Tages gegen Ende des Mondes der Napfschnecke auf den Lagerplatz. Sie brachten so viel Bärenfleisch mit, wie zwei Männer tragen konnten. Du weißt, wie diese letzten Winter waren, Nekané! Selbst Edur hatte nicht viel erbeutet. Dann erschienen eines Tages diese beiden Fremden, beladen mit Fleisch!

Basajaun ging direkt auf die Feuerstelle zu, an der Edurs Familie Seelachs an Spießen briet. Seinem Vetter blieb nichts anderes übrig, als ihm zu folgen, denn er trug das andere Ende der Stange – so ist es mit Basajaun und seinem Vetter immer, soviel ich weiß.

Laut Edur hatte Basajaun nicht die geringste Angst, auf einen fremden Lagerplatz zu gehen, beladen mit Fleisch, das er in den Jagdgründen eines anderen Clans erlegt hatte. Er sagte nur: ›Hier sind wir, zwei arme Fremde, die Schutz an eurer Feuerstelle suchen. Wir bringen zwar nichts mit – wir können euch nur bitten, freundlich zu sein –, aber vielleicht haben wir euch bereits Unrecht getan. Ich weiß nicht, ob wir dieses kleine Stück Fleisch aus einem Gebiet haben, in dem ihr für gewöhnlich auf die Jagd geht. Aber wenn, dann werden wir alles tun, was wir können, um es wiedergutzumachen. Es ist nicht viel, wie ihr seht. Doch es war so leicht zu bekommen, dass ihr euch wahrscheinlich gar nicht erst die Mühe gemacht hättet. Und ihr seht, wie schwach wir sind, wir konnten nicht einmal viel tragen. Den Rest aufzuhängen, war kaum die Schnur wert, aber wir können ihn morgen holen, wenn ihr wollt. Er ist an eine große Kiefer gebunden – ich gehe davon aus, dass ihr sie kennt. Vielleicht könnten uns ein paar dieser starken Männer helfen. Aber wenn wir gewusst hätten, dass wir so nah an eurem Winterlager sind, hätten wir nicht einmal eine Napfschnecke genommen, ohne euch vorher zu sagen, dass wir hier sind. Wie es nun einmal ist, können wir euch nur inständig bitten, uns zu vergeben und uns als zwei nutzlose Fremde an eurer Feuerstelle aufzunehmen, auch wenn es nur für eine Nacht ist. Es wäre sehr freundlich, wenn ihr dieses kleine Stück Fleisch mit uns teilen würdet, damit wir nicht das Gefühl haben, eine allzu große Last für euch zu sein.‹

Nun ja, Nekané, man kann sich gut vorstellen, wie es Edur dabei ging! Edur musste mit anhören, wie Basajaun in seinem, Edurs, Winterlager zum Schädel des Bären sprach! Zu allem Überfluss schenkte Basajaun den Pelz des Bären auch noch Edurs Mutter, und der gefiel das so gut, dass sie begann, diesen Fremden vom Luchsclan etwas zu essen zu geben, bevor sie ihren eigenen Sohn bediente! Zunächst dachte die Familie, die Fremden seien vom Reiherclan. Auch der Reiherclan muss einen harten Winter durchgemacht haben. Junge Männer könnten leicht in die Lande des Alkclans paddeln und sich Fleisch holen, wenn sie dazu fähig wären. Merkwürdig daran war, dass sie kamen und Edurs Familie erzählten, was sie getan hatten. Nun, Edur und seine Vettern hätten sie ohne weiteres umbringen können! Das hätten sie auch getan, wenn sie die beiden beim Jagen erwischt hätten – noch dazu einen schlafenden Bären! Ein Bär muss sich im Winter den Männern schenken, deren Lagerplatz am nächsten liegt. Ich bin froh, dass wir weit weg von anderen Clans leben. Ich glaube, man braucht von hier aus mindestens vier Tage, um aus den Landen des Alks hinauszukommen. So ist es viel besser. Sogar die Insel des Mutterbergs liegt für meinen Geschmack zu nah am Reiherclan.«

»Eine ganze Tagesreise, wenn das Meer es sehr gut meint«, erklärte ich ihr. »Niemand würde wagen, so weit in das Gebiet eines anderen Clans vorzudringen. Aber, Arantxa, du musst wissen, dass Männer, die in der Nähe eines anderen Clans leben, häufig eher bereit sind zu kämpfen. Das überträgt sich auf den eigenen Clan. Es liegt ihnen im Blut. Deine Söhne müssen sich vor Männern wie Edur in Acht nehmen, Arantxa!«

Ich hätte schweigen sollen. Sie wirkte verängstigt, und ihre Geschichte hatte sie beinahe nicht mehr im Griff. »Oh, ich glaube nicht … Ich bin sicher, sie würden nicht … *Meine* Jungen hatten damit gar nichts zu tun. Du hast selbst gesehen, dass Itzal und Koldo nicht mit ins Jagdlager gehen wollten, als mein Mann Edur und seinen Vetter zusammen mit den anderen mitnahm. Sie sagten, sie wollten lieber allein zum Lagerplatz bei den Feuersteinen fahren. Das weißt du, dort bist du ihnen begegnet! Oroitz ging mit, das stimmt, aber Oroitz schert sich nie darum, was andere tun. Ich bin sicher, dass *er* sich nicht auf einen Kampf einlassen würde. Wenigstens … Nekané, ich will es nicht hoffen!«

»Also brachten Basajaun und sein Vetter dieses Bärenfleisch zu Edurs Lagerplatz«, half ich ihr auf die Sprünge.

»O ja, wo war ich stehen geblieben? Sie hielten ein Festmahl mit dem Bärenfleisch ab. Alle fühlten sich wohl und waren glücklich. Dann erkundigte sich Basajaun nach Kemen. Edur überlegte sehr schnell …«

»Das glaube ich nicht!«

»Hast du etwas gesagt, Nekané? Oh, ich dachte, du hättest etwas gesagt. Edur wies die Frauen an zu schweigen und übernahm das Gespräch. Als die anderen begriffen, was er da tat, schwiegen auch sie. Niemand ließ durchblicken, dass Kemen Edurs Feind war. Edur erzählte Basajaun, Kemen habe sich eine Frau genommen – Osané –, nicht nur irgendeine Frau, sondern einen Preis, den jeder Mann gern errungen hätte. Er erzählte Basajaun, Kemen sei vom Mittler gezeichnet und in unseren Clan aufgenommen worden. Das alles entsprach der Wahrheit – so weit. Natürlich dachte Basajaun, das seien sehr gute Neuigkeiten. So wie Edur es darstellte, musste Basajaun ja glauben, dass alle zufrieden mit Kemen waren und dessen Bruder bestimmt auch willkommen heißen würden. Du fragst dich vielleicht, Nekané, warum Edur Basajaun so in die Irre führte. Als mein Mann es mir erzählte, wunderte ich mich auch.«

»Nein«, erwiderte ich. »Was du sagst, überrascht mich nicht im Geringsten. Fahr fort, Arantxa!«

»Edur bot an, Basajaun und seinen Vetter zu Osanés Familie zu bringen. Natürlich ging Basajaun davon aus, dass unsere Tochter und auch Kemen hier bei uns sein würden. Edur erwähnte nicht, dass Osané uns gestohlen wurde. Er erzählte Kemens Bruder nicht, dass das Kind meiner Tochter – mein Enkelkind – mir fremd ist, und ich ihm. Er hat Basajaun nicht gesagt, dass Kemen …«

»Schon gut, Arantxa. Ich verstehe alles, was Edur Basajaun nicht gesagt hat. Fahr mit deiner Geschichte fort!«

»Aber, Nekané, das gehört alles … Na gut. Basajaun und sein Vetter brachen mit Edur auf, sobald das Meer sie durchließ. Als der Mond des Nestbaus anbrach, erreichten sie unseren Lagerplatz der Vogeljagd. Sie waren viele Tage unterwegs gewesen« – Arantxa hielt beide Hände mit gespreizten Fingern hoch –, »ich bin mir nicht sicher, wie viele. Die Winde waren ungünstig, aber wir waren noch auf dem Lagerplatz der Vogeljagd, als Edurs Boot ankam.

Unser Mittler traf sie am Ufer. Seine Helfer hatten ihm etwas gesagt, ich weiß nicht, was. Aber Hodei kam auf den Lagerplatz gelaufen, er hatte es ihnen überlassen, das Boot an Land zu ziehen. Edur hatte heimlich mit ihm gesprochen – ich weiß nicht, wie –, und Hodei sagte uns, Edur sei da, mit Kemens Bruder und Vetter. Du kannst dir vorstellen, wie alle plötzlich anfingen zu plappern und wütende Drohungen auszustoßen! Hodei hob die Arme und schrie über den Lärm hinweg. Er sagte, wenn wir wollten, dass alles ins Reine käme, müssten wir ihm sofort zuhören. Er sagte, Kemens Bruder und Vetter dürften niemanden schimpfen hören. Er packte meinen Mann an den Schultern und schüttelte ihn. Ich dachte, es würde zu einem Kampf kommen. Doch die Frauen – und auch ein paar Männer – schrien meinen Mann an, er solle still sein.

›Hört zu!‹, sagte Hodei. ›Hört mir gut zu, ihr alle, ihr müsst es schnell begreifen. Hört zu!

Edur hat Kemens Bruder und dessen Vetter mit zu uns gebracht. Die Tiere haben dafür gesorgt. Die Tiere sind unglücklich. Ihr habt gesehen, wie wenige sich uns schenken. Warum meiden die Tiere uns? Weil uns böse Geister heimsuchen. Wir haben den bösen Geistern den Weg eröffnet, als wir alles, was richtig war, zerstörten. Seitdem Kemen Osané genommen hat, waren unsere Winter schlecht. Wollen wir Hunger leiden? Wollen wir, dass es schlimmer wird? Wollen wir, dass unsere Kinder sterben? Wir müssen uns dieser bösen Geister entledigen! Gute Geister haben Kemens Bruder und Vetter zu Edurs Winterlager geführt. Gute Geister haben in Edurs Ohr geflüstert und ihm aufgetragen, er solle diese Menschen hierherbringen. Der Grund dafür ist, dass wir das Unrecht wiedergutmachen können, das geschah, als der Luchsclan seine bösen Geister in unsere Lande brachte.

Aber wir müssen den Geistern helfen! Hört zu – diese beiden werden innerhalb eines Herzschlags hier sein –, hört also, was wir tun müssen! Wir müssen sie so behandeln, als wären sie unsere Freunde. Wir werden ihnen zu essen geben und sie bei uns aufnehmen. Wir werden mit ihnen jagen. Still, ihr da! Hört mir zu, wenn ihr wollt, dass eure Kinder überleben! Wir werden mit ihnen auf die Jagd gehen, sage ich, als wären sie unsere Brüder. Wir werden sie in dem Glauben lassen, Kemen sei unser Freund – *hört zu*, sage ich euch! –, wir werden ihnen erzählen, wie traurig wir sind, dass Osané und Kemen nicht hier sind, um die beiden willkommen zu heißen. Und das – hört zu, ihr Frauen, ich weiß, es fällt euch schwer, eure Zunge zu hüten, sobald ein Mann euch auch nur ansieht –, das müsst ihr sagen: Ihr müsst sagen, dass Osané und Kemen in dieser Familie waren, seit Kemen sie zur Frau genommen hat. Gewöhnlich leben sie bei uns. Dass sie in diesem Sommer beschlossen haben, bei Kemens gutem Freund Amets zu bleiben, ist ein trauriger Zufall. Wir werden alle sehr froh sein, sie zu sehen, wenn wir uns bei der Zusammenkunft treffen – das müsst ihr sagen. Habt ihr mich verstanden?

Ihr sagt, ihr könnt nicht lügen? Dann lügt nicht! Besser ist, wenn ihr Frauen überhaupt nicht redet. Könnte es doch nur immer so sein! Diese Männer werden euch nicht fragen – warum auch? Lasst sie einfach glauben, was sie zu sehen meinen. Dann ist die Lüge in ihren Köpfen, und ihr müsst sie nur leben lassen. Lächelt ihnen zu. Stimmt ihnen zu. Und lasst auch eure Kinder nichts sagen! Habt ihr alle das verstanden? Ruhig jetzt, geht wieder an eure Arbeit! Sie kommen!‹

Das hat Hodei uns aufgetragen. Niemand ist glücklich darüber. Das musst du gesehen haben. Alle sind unglücklich, weil es falsch ist, jemandem zu essen zu geben und ihn trotzdem anzulügen. Manche hier sind froh – sie wagen es mir nicht zu sagen, aber ich weiß es –, dass Kemen Osané ihrer Familie weggenommen hat. Selbst meine Schwester sagte, Kemen sei ein guter Mann. Wie kann Kemen *gut* sein, wenn er … Aber nicht alle hier sind der Meinung, dass Kemen böse Geister mitgebracht hat. Nicht alle hier wollen ihm etwas antun …«

»Wie sehr willst *du* ihm etwas antun, Arantxa?«

Offensichtlich hatte sie noch nie jemand danach gefragt. Ich hörte, wie sie die Luft anhielt. Sie schaute sich um, als hätte sie vergessen, wo sie war. Ich blickte auf das Meer hinaus. Die Ebbe war auf dem niedrigsten Stand. Draußen in der Bucht begannen kleine Wellen aus dunklerem Wasser in die andere Richtung zu fließen. Ein Otter schwamm von den Felsen fort, ich sah seinen Kopf wie einen schwarzen Punkt im silbrigen Wasser. Auf diesem Meer würde ich ein Boot schon von sehr weit her kommen sehen. Sollte sich jemand nähern, um uns zu unterbrechen, wäre ich rechtzeitig gewarnt.

»Vergiss, was dein Mann dir immer wieder einredet, Arantxa. Wie sehr willst *du* Kemen wirklich etwas antun?«

Sehr leise sagte Arantxa: »Ich möchte meine Tochter zurückhaben.«

»Und wer hält dich davon ab? Wer macht es ihr unmöglich, dich zu sehen, geschweige denn, bei dir zu bleiben? Ist es *Kemen?*«

Arantxa sprach noch leiser, als würden ihr die Worte von einem hartnäckigen Geist aus dem Herzen gezogen: »Wenn Osané wirklich glücklich ist …«

»Osané ist so glücklich wie nie zuvor.«

»… dann würde ich ihr Kemen nicht wegnehmen.«

»Für diese Freundlichkeit, Arantxa, werden die Geister es eines Tages gut mit dir meinen.«

»Soll das heißen …«

»Was ich sage. Beende also deine Geschichte, Arantxa. Basajaun und sein Vetter sind fast einen ganzen Mond lang auf eurem Lagerplatz geblieben, und sie glauben noch immer, dass alle hier, auch dein Mann, ihre Freunde sind?«

»Vor allem mein Mann. Sobald er begriffen hatte, dass der Zweck dieser Lüge war, es Kemen heimzuzahlen, ließ er sich darauf mehr als jeder andere ein. Er nimmt Basajaun und seinen Vetter mit auf die Jagd. Er behandelt sie viel besser, als er seine Söhne je behandelt hat. Ich habe dir ja gesagt, dass Itzal und Koldo mit alldem nichts zu tun haben wollen. Ich weiß nicht, was sie denken. Sie sind wütend auf alle, und mit mir wollen sie schon gar nicht reden. Alles war sehr schwer, Nekané.« In Arantxas Gesicht begann es wieder zu arbeiten. »Schlim-

mer, als du dir vorstellen kannst. Mein Mann, der mich bedroht, und
der Rest meiner Familie, die alle wütend auf mich sind – warum auf
mich? –, weil ich sie da hineingezogen habe, und die Jungen, die
kaum mit mir sprechen, und Hodei, der uns zu alldem drängt ... Oh,
Nekané, das alles ist mir von Herzen zuwider!«

Hodei sagte:

Ich paddelte mit Nekané über die Bucht zur Sandinsel, damit wir
uns unter vier Augen unterhalten konnten. Zwischen dahinjagenden
Wolkenfetzen warf die Sonne Lichtschauer auf das Meer. Der Wind
vom Himmel der Abendsonne peitschte gegen das ablaufende Wasser und schnitt in die Wellenkämme. Zwischen den widerstrebenden
Kräften von Wind und Wasser versuchte ich einen geraden Kurs einzuhalten. Nekané saß hinter mir und klammerte sich an den Bootsrand, während jede Welle an die Seite schlug und uns mit Gischt
besprühte. Ich paddelte ins ruhige Wasser einer halbmondförmi-
gen Bucht und ließ das Boot auf dem Strand auflaufen. Nekané stieg
an Land und schüttelte ihren nassen Mantel aus. Ich trug mein
Boot hoch auf den Strand und legte es in eine Mulde zwischen den
Dünen.

Wir blieben am Strand, den wir Seite an Seite entlanggehen konnten. Scharen von Steinwälzern flogen vor uns auf, glitten über das
Meer und ließen sich zum Fraß nieder, sobald wir vorbei waren. Jetzt
waren wir aus dem Wind heraus, und die warmen Gerüche des Landes – Kiefer, Myrte, Heide und Strandhafer – hießen uns willkommen. Am Ende des Strandes kehrten wir um und schlenderten wieder
zurück. Schon bald hatten wir im weißen Sand viele Fußspuren hinterlassen – von meinen bloßen Füßen und Nekanés Reisestiefeln aus
Robbenfell –, und die zurückweichenden Wellen überspülten sie. Jede
Reihe der Spuren befand sich ein Stück unterhalb der vorherigen,
dem ablaufenden Wasser folgend.

Nekané ist eine Frau, ich konnte ihr nicht alles erzählen, was mir meine Helfer von der Jagd gezeigt hatten. Aber sie ist auch Mittlerin: Ich musste mit ihr zusammenarbeiten. Ich wünschte, Zigor wäre gekommen. Doch Zigor hatte Nekané bloß mitgeteilt, Basajaun und sein Vetter seien auf der Insel im Meeresarm. Man könnte sagen, er habe sie geschickt, nur dass Nekané nicht mehr bei ihm lernte. Sie traf ihre eigenen Entscheidungen. Als ich meine Botschaft schickte, hatte ich auf Zigor gehofft, aber Nekané bekommen. Aitor war im Sommerlager seiner Familie auf der Insel der Blutsteine. Wir würden ihn vor der Zusammenkunft nicht sehen.

Mir blieb nichts anderes übrig, als mit Nekané zu arbeiten. Ich musste mit ihr sprechen, bevor Basajaun und sein Vetter vom Jagdlager zurückkamen.

»Die Ordnung der Dinge wurde aus dem Gleichgewicht gebracht«, sagte ich zu ihr. »Vier Jahre lang sind unsere Winter immer schlimmer geworden. Fleisch ist rar. Die Geister sind unglücklich. Das weißt du, Nekané.«

»Ja«, sagte sie. »Ich weiß.«

»Ich frage meine Helfer immer wieder, was der Alkclan getan hat. Haben wir zu viel gejagt? Haben wir mehr Tiere erbeutet, als bereit waren, sich uns zu schenken? Haben wir die falschen Tiere erlegt? Haben wir versagt und den Tieren die falschen Lieder gesungen?«

»Ja«, sagte sie. »Auch ich habe meine Helfer danach gefragt.«

»*Du* hast *deine* Helfer nach der Jagd gefragt?«

»Nur so viel eine Frau zu fragen wagt«, erwiderte sie schlau.

Ich ließ es dabei bewenden. Wir führten diese Unterhaltung zu oft, und sie endete immer am selben Punkt. Stattdessen fuhr ich fort: »Hast du erfahren, Nekané, was der Alkclan getan hat, um die Ordnung der Dinge zu erschüttern?«

»Ja.«

Damit hatte ich nicht gerechnet. Statt ihr meine Überraschung offen zu zeigen, wartete ich darauf, dass sie weitersprach.

»Willst du, dass ich es dir sage?«

»Natürlich, Frau! Wenn du den Grund für all das kennst, warum hast du ihn mir nicht vorher genannt?«

»Weil … Ich weiß nicht, ob du dem folgen wirst, Hodei – du bist immer so sicher in allem, was du weißt und was zu tun ist. Du siehst die Dinge nicht mit den Augen einer Frau – natürlich nicht –, aber nur allzu oft werden die, die nichts Unrechtes getan haben, am meisten verletzt.«

»Erkläre dich!«

»Osané ist die Tochter deiner Schwester.«

»Und?«

»Wusstest du, dass sie während all der Monde, in denen sie bei uns war, bis ihr Sohn geboren wurde, kein einziges Wort gesprochen hat? Nicht mit uns, nicht mit ihrem Mann, mit keiner Seele. Als Bakar zur Welt kam, sprach sie mit ihm. Kemen hörte sie. Er war freundlich – Kemen ist ein guter Mann, Hodei –, und das verlieh Osané den Mut, mit uns zu sprechen.«

»Nein, das wusste ich nicht.« Ich runzelte die Stirn. »Was hat Osanés Schweigen damit zu tun, dass die Ordnung der Dinge erschüttert wurde?«

»Alles. Frag dich selbst, Hodei: Was war es, das Osané nicht erzählen konnte? Ich bin sicher, dass Zigor es wusste, aber er konnte auch nichts sagen. Was würde mit Osané geschehen, wenn alle wüssten, was sie verheimlichte? Was würde ihrer Mutter und ihren Brüdern zustoßen, wenn ihre Geschichte bekannt würde? *Sie* hatten nichts getan, hatten niemanden verletzt. Und Osané auch nicht! Hodei, du hast gesehen, dass jemand dieses Mädchen fast erwürgt hat. Dieser Mann wurde beinahe zum Mörder. Hast du vergessen, dich in diesen vier Jahren zu fragen, wer dieser Mann sein könnte? Aitor hat dem Clan gesagt, man werde ihn finden, aber mehr haben wir darüber nicht gehört. Warum hat Osané nie jemanden beschuldigt? Anfangs war sie so schwer verletzt, dass es zu schmerzhaft für sie war zu sprechen. Das hat sie als Zeichen gedeutet. Jetzt spricht sie mit uns, aber wir stellen keine Fragen. Vielleicht wird es immer zu schmerzhaft für sie sein, darüber zu sprechen.«

Nekané hätte kaum direkter sein können. Arantxa ist meine Schwester. Ihr Mann war in meiner Familie. Nekané war unser Gast auf der Insel im Meeresarm. Selbst eine Mittlerin kann einen Mann nicht eines so großen Unrechts bezichtigen – eines Unrechts, aufgrund dessen er für immer ausgestoßen würde –, falls sie es nicht mit eigenen Augen gesehen hat. Wenn ihre Helfer es ihr zeigen, ist das natürlich etwas anderes. So, wie Nekané sprach, wurde mir klar, dass ihre Helfer ihr nichts darüber gesagt hatten. Sie wusste es einfach irgendwie, so wie es bei Frauen eben ist. Man kann auf vielen Wegen etwas in Erfahrung bringen: Woher Nekané ihre Geschichte auch hatte, ich musste ihr zuhören.

»Wenn das, was du sagst, sich als wahr erweist, wäre das ein so großes Unrecht, dass es alle Geister gegen uns aufbringt«, sagte ich bedächtig. »Aber du musst wissen, Nekané, das ist nicht der Pfad, auf den die Geister *mich* geführt haben.«

»Ich weiß.« Sie holte tief Luft. »Hodei, dagegen muss ich sagen: Du glaubst, wütende Geister seien mit den Angehörigen des Luchsclans hierhergekommen. Du meinst, die wütenden Geister, die das Meer über den Luchsclan brachten, wären noch nicht zufrieden. Du meinst, der Luchsclan müsse die Ordnung der Dinge aus dem Gleichgewicht gebracht haben, nicht wir. Aber das ist nicht der Pfad, auf den die Geister *mich* geführt haben.«

»Das ist mir klar. Doch auch ich habe eine Geschichte zu erzählen. Vielleicht solltest du dir anhören, was Edur mir sagte.«

»Erzähl es mir.«

Während ich sprach, beobachtete ich Nekané, um zu sehen, wie sie auf meine Geschichte reagierte. »Zwei Tage nachdem Edur Basajaun zur Insel im Meeresarm gebracht hatte, ging er mit mir auf Fischfang. Ich paddelte hinaus in die Bucht, damit niemand uns hören konnte. Edur erzählte mir, Basajaun und sein Vetter seien eines Abends auf den Lagerplatz seiner Familie gekommen und hätten Bärenfleisch bei sich gehabt. ›Ich hätte ihn auf der Stelle töten können!‹, sagte Edur zu mir. ›Ich wusste, wo diese Bärin geschlafen hatte! Natürlich wusste ich es! Ein Mann könnte zwischen Morgendämmerung und frühem Mittag von unserem Lagerplatz aus zu der Höhle dieser Bärin gehen! Ich hatte im Mond des Schwans mit dieser Bärin gesprochen!‹

›Zapple nicht so‹, sagte ich zu ihm, ›sonst gehen wir unter. Versuche so auszusehen, als würdest du ruhig angeln. Und jetzt fahr fort.‹

›Die Bärin hat im Mond des Schwans zu mir gesprochen. Ich stand vor ihrer Höhle. Ich sah, wie sie das Gestrüpp vor den Eingang zog, um sich zu schützen. Ich bat sie, sich mir zu schenken. Ich sprach laut, damit die Geister mich hören konnten. Alle Geister hörten, dass die schlafende Bärin einverstanden war, sich *mir* zu schenken!‹ Edurs Faust krachte auf den Rand meines Bootes.

Das Boot schaukelte unter dem Schlag. Ich packte meine Angelrute. ›Mein Boot bittet dich, es nicht so fest zu schlagen‹, sagte ich leise. ›Mein Boot möchte dich daran erinnern, dass es nichts getan hat, um dich wütend zu machen.‹

›Die Bärin war trächtig, als sie sich schlafen legte.‹ Edur sprach, so ruhig er konnte. ›Ich wartete auf die Jungen. Ich wollte ihre Felle. Diese Bärin hatte versprochen, sich – und auch ihre Jungen – *mir* zu schenken, wenn das Fleisch im Mond des Tauwetters knapp würde. Was für ein Jäger ist Basajaun, dass er meint, ich wüsste nichts von einer schlafenden Bärin so nah an meinem Lagerplatz? Kein Wunder, dass seine Familie gestorben ist, wenn er wirklich glaubte, ein Mann hätte so eine Bärin nicht für den Winter im Sinn! Er übergab das Fell sogar meiner Mutter, als würde *er* ihr ein Geschenk überreichen! Es war ein seltener Pelz: auf dem Rücken fast schwarz und an der Schulter *so* dick! Ich war sehr wütend! Aber sobald ich den Blick auf den Körper der Bärin richtete, sprach sie zu mir. Sie sagte mir, sie habe ihr Leben immer *mir* schenken wollen. *Ich* hätte ihren Schädel an meinen Baum hängen sollen! Ich fragte die Bärin, ob ich Basajaun auf der Stelle töten sollte. Kein Mann hätte es für Unrecht gehalten!‹

›Was hat also die Bärin zu dir gesagt?‹, fragte ich ihn.

›Ah!‹ Edur hielt sich für schlau, aber ich hatte seinen ganzen Plan deutlicher gesehen als er, noch bevor er den Mund aufgemacht hatte. Doch er hatte es gut gemacht. Ich wusste nicht, dass er in der Lage ist, so schnell zu denken. ›Dieser Mann – dieser *Fremde*, der eine Bärin in meinen Jagdgründen erlegte, dieser *Narr* –, er ist nicht der Erste, der mir Unrecht zufügt. Die Bärin rief mir ins Gedächtnis: Sein Bruder hat meine Frau genommen! Der Schädel der Bärin sagte: *Das hast du doch bestimmt nicht vergessen?* Sie sagte: *Denk an Osané, Edur! Wenn du sie immer noch haben willst, kannst du sie zurückbekommen!*

›*War* Osané deine Frau, Edur? Hast du sie genommen?‹

›So gut wie‹, knurrte er, ohne mich anzusehen. ›Ich will Osané zurückhaben, Hodei! Sie hat zuerst mir gehört!‹

›Sie hat ein Kind von Kemen.‹

›Das macht mir nichts! Jedenfalls wäre es besser, wenn das ganze Blut ausgelöscht würde. Sonst werden diese Luchsgeister ewig unter uns bleiben. Hör zu, Hodei, als die Bärin mir mein Vorhaben eingab – sie gab es mir innerhalb eines Herzschlags ein, während Basajaun noch immer an meiner Feuerstelle stand und uns ihr Fell zeigte –, der Pelz dieser Bärin war bereit, sich *mir* zu schenken …‹

›Als die Bärin dir dein Vorhaben eingab …‹

›Sie hat mir mein Vorhaben eingegeben, weil ich an unseren Clan dachte. Ich dachte an die bösen Geister, die uns gequält haben. Ich dachte, dass es nicht reichen würde, nur Basajaun umzubringen. Besser wäre, wenn wir diese Luchsgeister alle auf einmal für immer aus unserem Leben tilgten! Diese Bärin hat mir meine Gelegenheit gezeigt. Ich würde Freundlichkeit vortäuschen. Ich würde sogar so tun, als würde ich mich über das Bärenfleisch freuen – obwohl ich die Pelze verloren hatte! Wenn ich Kemens Bruder in dem Glauben lassen könnte, er sei unter Freunden, könnte ich ihn hierher zu Osanés Familie bringen – ich könnte ihn zu *dir* bringen, Hodei. Wenn wir diese Männer aus dem Luchsclan mit zur Zusammenkunft nehmen, könnten wir ihnen all das Unrecht vorhalten, das sie uns angetan haben. Wenn alle uns helfen, könnten wir sie loswerden. Wir könnten diese bösen Geister für immer verbannen, und die Jagd wäre wieder gut.‹

›Ist dir die Ordnung der Dinge so wichtig, Edur?‹, fragte ich ihn. ›Oder geht es nur darum, dass der eine Bruder dir die Frau, der andere die Bärin genommen hat?‹

›Die Ordnung der Dinge liegt mir am meisten am Herzen.‹ Das war eine Lüge, seine Worte sprachen meine Gedanken aus, nicht seine. ›Hodei‹, drängte er mich. ›Dieser Fremde hat eine schlafende Bärin in meinen Jagdgründen erlegt. Jeder Mann unter uns hätte ihn dafür getötet! Ich habe dir diese Gelegenheit verschafft. Diese Brüder aus dem Luchsclan haben uns zu viel Unrecht zugefügt. Wir können sie bei der Zusammenkunft anklagen. Wir könnten diese Geister, die uns quälen, ein für alle Mal loswerden!‹

Du siehst also, Nekané«, kam ich zum Ende, »Edurs Plan ist, Kemen und Basajaun gemeinsam loszuwerden. Ich schätze seine Beweggründe nicht. Aber wenn diese Brüder aus dem Luchsclan die Ordnung der Dinge im Alkclan erschüttert haben, dann müssen wir sie loswerden. Sieh doch, wie die Geister Edur benutzt haben, um Basajaun hierherzubringen! Ich sage, die Geister zeigen uns sehr deutlich, was wir zu tun haben. Die ganzen Schwierigkeiten fingen an, als Kemen kam. Deshalb ist Edurs Plan vielleicht gut. Allen, die hier sind, gefällt nicht, was vor sich geht, aber wir müssen weitermachen. Wir müssen Kemen und Basajaun zur Zusammenkunft schaffen, und dort können wir zur Wurzel allen Übels vordringen.«

»Und die Wurzel ausreißen, wenn wir sie finden?«, fragte Nekané. »Das hoffst du doch, nicht wahr?«

»Natürlich. Warum, meinst du, hat Zigor Kemen schwören lassen, dass die Namen des Luchsclans im Alkclan leben werden, *und nirgendwo sonst?*«

»Das hat er gesagt?« Nekané runzelte die Stirn.

»Zigor sieht weit«, sagte ich ihr. »Was ist, wenn Namen des Luchsclans bei allen Clans leben: Alk, Reiher, Robbe, Otter …? Nekané, wenn ich einem Mann begegne, der denselben Namen hat wie ich, dann ist dieser Mann mein Bruder. Dieselben Geister wachen über uns beide, obwohl unsere Clans unterschiedlich sein mögen.«

»Na und?«, fragte Nekané. Sie runzelte noch immer die Stirn. »Das passiert, und daraus entsteht kein Schaden.«

»Weil unsere Clans untereinander verwandt sind! Weil zu Anbeginn zwei Schwestern vom Großmutterberg kamen … du kennst die Geschichte ebenso gut wie ich. Aber der Luchsclan … wer ist das? Männer, die einen Namen aus dem Luchsclan tragen, werden Brüder sein. *Ihre* Verwandtschaft wird all die sorgsamen Fäden durchtrennen, die unsere Clans verbinden. Sie werden Fremde unter uns sein und vor allem zueinanderhalten … Ich sage dir, Nekané, Zigor sieht weit!«

Nekané blieb stehen und stellte sich vor mich. »Hodei, du gehst zu weit! Es stimmt, unsere Schwierigkeiten setzten ein, als Kemen zum Lagerplatz der Zusammenkunft kam. Aber es stimmt auch, dass unsere Schwierigkeiten begannen, als jemand Osané fast umbrachte. Das passierte beides zur selben Zeit, nämlich als mein Sohn verschwand. Ich habe nicht vergessen, dass Bakars Verschwinden der eigentliche Beginn war – wenn wir nur weit genug sehen könnten. Aber vorerst haben wir zwei verschiedene Geschichten, und wir können noch nicht sehen, wie sie sich verbinden. Wir müssen uns zwischen ihnen entscheiden. Ich glaube, dafür müssen wir uns nicht die Äußerlichkeiten ansehen, sondern einen Blick in die betroffenen Seelen werfen.«

Ich war zornig, das gebe ich zu. Wollte mir diese Frau beibringen, was es heißt, Mittler zu sein? Andererseits … vielleicht hatte ich zu sehr auf Edur gehört, der nur an Äußerlichkeiten denken kann. Ich wandte mich von ihr ab und starrte auf das Meer hinaus. Das zurückweichende Wasser strömte an der Insel vorbei ins offene Meer. Der Wind kämpfte dagegen an und schnitt in jede Welle, während er weiterhastete. Wolken jagten hintereinander her auf die fernen Berge zu und verdunkelten dabei den Himmel über uns. Nekané und ich würden bis zum Niedrigwasser auf der Sandinsel bleiben müssen. Bis dahin würde die Sonne am Himmel der Abendsonne abtauchen. So hatte ich es geplant: Ich wollte keine Störungen. Wir hatten Feuer, und es gab dort reichlich Nahrung. Es wäre töricht, diesen Tag – unsere einzige Gelegenheit – mit sinnloser Wut zu vergeuden. Ich wandte mich ihr wieder zu und sagte so ruhig wie möglich: »Na schön. Diese Männer werden bald vom Jagdlager zurückkehren, die beiden vom Luchsclan und Osanés Vater. Jetzt haben wir zwei Mittler hier auf der Insel im Meeresarm. Warum sollten wir noch länger warten?«

»Ja, warum eigentlich?«

Vielleicht hatte sie die ganze Zeit geplant, mich dahin zu bringen. Es spielte keine Rolle. Ich sagte: »Du denkst das eine, ich das andere. Aber die Frage ›wer hat was getan?‹ ist kleinlich. Wir als Mittler sind nicht für Kleinigkeiten zuständig. Wir sind hier, um zu den Geistern zu sprechen. Wenn etwas geschehen ist, das die Ordnung der Dinge für den Alkclan erschüttert hat, dann sind wir hier, um es wieder ins Reine zu bringen. Wir befassen uns mit nichts Geringerem.«

»Ich stimme zu, dass wir hier sind, um zu den Geistern zu sprechen und für die Ordnung der Dinge zu sorgen. Aber ich glaube, um das zu tun, müssen wir uns mit *allem* befassen, auch mit Kleinigkeiten.«

»Vielleicht ist es dasselbe«, sagte ich ihr. »Wenn wir zu den Geistern sprechen sollen, Nekané, müssen wir jedenfalls aufhören, uns zu streiten. Wir haben den heutigen Tag – und nur den –, um alles vorzubereiten.«

Nekané sagte:

Die Kinder spielten Blindekuh, als Hodei und ich wieder zum Lagerplatz zurückkehrten. Argi war die Blinde Kuh. Tastend suchte er sich seinen Weg auf uns zu, die Arme weit ausgebreitet, und rannte direkt in mich hinein. Er packte meinen Mantel.

»Rate, wer es ist! Rate, wer es ist!«

An dem kreischenden Gelächter konnte Argi erkennen, dass es kein gewöhnlicher Fang war. Er fuhr mit den Händen über meinen Mantel.

»Rate, wer es ist! Rate, wer es ist!« Alle schlossen sich an. Die Frauen hielten sich gegenseitig fest und wischten sich die Lachtränen aus den Augen. Sogar Osanés Brüder stimmten in den Ruf ein. »Rate, wer es ist, Argi! Rate, wer es ist!«

Argis kleine Hände bekamen meine Kette zu fassen. Er ertastete die Austernschalen und die Wolfsklauen dazwischen – genau die Klauen, die Kemen mir geschenkt hatte, obwohl das niemand hier wusste. Triumphierend schrie Argi auf. »Sie ist es! Sie ist es! Ich habe die Mittlerin gefangen!« Er zog sich die Lederbinde von den Augen und schenkte mir ein Lächeln voller Zahnlücken – Argi hatte in dem Sommer vorn keine Zähne. »Ich habe die Mittlerin gefangen«, sang er. »Ich habe die *Mittlerin* gefangen!«

Die anderen Kinder nahmen den Gesang auf: »Argi fing die Mittlerin! Argi fing die Mittlerin!«

Sie sangen noch immer, während alle aufstanden, um Hodei und mir die besten Plätze an der Feuerstelle frei zu machen, und drückten uns Rindenstücke voller Miesmuscheln, Kammmuscheln, Krabbenfleisch und Blaubeeren in die Hand. »Esst! Esst! Wir hatten schon reichlich. Das ist für euch!«

Zu glauben, dass etwas nicht in Ordnung sein könnte, fiel schwer. Die Nachmittagssonne schien durch die Blätter und brachte das Gold im Grün zur Geltung. Eine Brise strich durch die Äste und ließ jeden Baum sein eigenes Lied singen: Haselnuss, Erle, Birke, Esche und eine kleine Eiche. Getüpfelte Schatten zogen über den Lagerplatz. Nach und nach berührten sie uns dort, wo wir saßen. Die Luft über uns war voll blauer und brauner Schmetterlinge. Hin und wieder stimmten die Kinder Argis Lied an. Sie waren an den Strand gegangen, um zu spielen, doch wir konnten ihr Gelächter noch hören. Die anderen rekelten sich im Schatten; an dem Tag ging niemand mehr einer Arbeit nach. Mir wurde klar, warum alle so viel glücklicher wirkten: weil ich mit

Arantxa gesprochen hatte. Sie waren gute Menschen. Sie wollten, dass alles wieder eingerenkt wurde. Gestern war ich mir wie eine Fremde unter ihnen vorgekommen. Jetzt fühlte ich mich aufgehoben, eine alte Frau, die mitten unter ihren Verwandten sitzt.

Gerade als die Sonne die Lichtung verließ, sprangen die Hunde auf und rannten ans Ufer, die Ruten in die Höhe gestreckt. Die Frauen standen auf und nahmen die Steine, die sie erhitzt hatten, aus dem Feuer. Sie legten die heißen Steine in die Kochgrube und deckten sie mit Birkenrinde ab. Dann holten sie Körbe mit Schalentieren und Seetang aus einer schattigen Grube und nahmen die feuchten Blätter herunter – es wäre sehr schlecht gewesen, so auszusehen, als hätten sie mit Fleisch gerechnet, falls es nichts gab.

Die Kinder unten am Ufer verstummten. Niemand kam angelaufen, um der Erste zu sein, der uns erzählte, was die Jäger mitgebracht hatten. Wir schauten uns an.

Die Männer traten auf die Lichtung. Sie trugen ihre Waffen bei sich. Die Hunde trotteten dicht hinter ihnen her. Die Kinder blieben zurück und hielten sich fern.

Arantxas Mann kam an die Feuerstelle.

»Sei willkommen, Mann.« Die Furcht in ihrer Stimme machte mich wütend.

Arantxas Mann schaute mich argwöhnisch an. Ich begrüßte ihn mit seinem Namen. »Und diese Männer sind deine Gäste auf der Insel im Meeresarm?«

Da ich Mittlerin war, musste er sie nach vorn führen und mir sagen, wer sie waren. »Basajaun vom Luchsclan.« Auch dessen Vetter nannte er beim Namen.

»Du bist Kemens Bruder?«, fragte ich Basajaun.

»Ja. Kennst du ihn?«

»Er gehört zu meiner Familie.«

Das verblüffte ihn. »Zu *deiner* Familie? Aber …« Basajaun ließ sich nicht anmerken, was er dachte. Er fing sich sofort: »In dem Fall, Weise Frau, bin ich froh, dass ich sein Bruder bin.«

Ich antwortete nicht. Kemen verschwendete niemals Worte, um etwas Schlaues zu sagen, was keine Bedeutung hatte. Doch wenn ich keine Augen gehabt hätte zu sehen, hätte ich gedacht, ich hörte Kemen. Diese Brüder verdrehten die Wörter auf dieselbe Weise. Ihre Sprache war die des Luchsclans. Kemen machte nicht mehr so viele Fehler wie am Anfang, aber als ich Basajaun sprechen hörte, wurde mir klar, dass Wörter des Luchsclans noch immer in Kemen lebten, und sosehr er auch versuchte, so zu sprechen wie der Alkclan, sie würden bestehen bleiben.

Ich ließ meinen Blick auf den beiden Fremden ruhen. Basajaun hob die Augenbrauen, dann sah er, dass alle mich mit Respekt behandelten. Vielleicht vermutete er, dass ich Mittlerin war. Er hielt meinem Blick stand, doch ich sah ihm an, dass ihm nicht behagte, wie ich ihn anstarrte. Er war größer und kräftiger als Kemen. Seine Haare waren dunkler. Er trug sie zu einem langen Zopf gebunden, der ihm über den Rücken fiel. Kemen hatte seine Haare genauso geflochten, als er zu uns kam. Beim Anblick Basajauns wurde mir klar, dass Kemen jetzt wie einer von uns aussah. Nur in der breiten Nase und dem Kinn sah ich eine Ähnlichkeit. Die Augen waren anders, und die Gedanken darin noch mehr. In Basajauns Blick sah ich bloß die stolze Weigerung, mich etwas darin erkennen zu lassen – aber das verriet mir etwas. Ich wandte mich zu dem Vetter um. Ich erschrak so, als hätte ich Eis berührt. In seinen Augen – blau wie die von Kemen – sah ich nackte Angst.

Er wusste, dass er mir zu viel gezeigt hatte, und senkte den Blick. Ich beobachtete, wie er zu Boden schaute, wie er sich bewegte, wie er stand. Einen Herzschlag lang zogen die Geister die Zeltklappe beiseite und ließen mich in einen Eingang hineinschauen, durch den ich nie getreten war. Sie zeigten mir eine Handvoll Jungen, die sich unter ein Ochsenfell kauerten. Schneestürme wirbelten um sie herum und löschten die Welt aus. Ich konnte nicht sehen, was zu ihnen sprach, aber ich las Angst in jedem nach oben gerichteten Gesicht. Ich sah blankes Entsetzen. Welche Prüfung es gewesen war und durch welchen

Zufall er seine Einführung überlebt hatte – das alles blieb mir verschlossen. Doch ich war gewarnt: Entsetzen in einem Mann bedeutete Gefahr für alle, die sich ihm nähern. Ich schaute von dem Vetter zu Basajaun und von Basajaun zu dem Vetter. Wer der Starke war, wer die Führung innehatte, lag auf der Hand. Aber meine Helfer hatten mir bereits gezeigt, wie ich das, was in Basajauns Herz verborgen war, erreichen konnte.

Niemand erwähnte den Mangel an Fleisch. Die Männer legten ihre sauberen Waffen unter das Schutzdach, und die Frauen kippten die Schalentiere aus den Körben auf die Birkenrinde in der Kochgrube. Als die Schalentiere geröstet waren, holten sie die besten Stücke für die Männer heraus. Die Scheidenmuscheln und andere Muscheln, die übrig blieben, reichten sie den Kindern, die Frauen aber bekamen nur Napfschnecken. Wenn es nicht besser wurde, dachte ich, müssten sie die Insel im Meeresarm noch in diesem Mond verlassen.

Wir beendeten unsere Mahlzeit. Selbst die Kinder waren ungewöhnlich still. Sie wussten, dass etwas geschehen würde. Als Hodei und ich aufstanden, folgten uns alle mit ihren Blicken. Manche waren voller Hoffnung, andere ängstlich. Basajauns Gesicht ließ nichts erkennen. Der andere Mann aus dem Luchsclan saß in Basajauns Schatten, und ich konnte nicht sehen, wie er sich fühlte.

Trotz allem lächelte ich, als ich meine Trommel von ihrem Schlafplatz holte. Mir fiel ein, wie verärgert Hodei gewesen war, als er die Trommel zum ersten Mal sah. Zigor hatte mich auf die Suche nach meinem Haselstrauch geschickt. Ich fand ihn im Mond der Stürmischen Winde, ein ganzes Stück flussaufwärts unter dem Himmel der Morgensonne. Die Geister zeigten mir, wo mein Trommelstock wartete. Ich sagte ihnen, ich sei viel zu alt, um so hoch zu klettern. Der Haselstrauch beugte sich tief herab, und ich schnitt meinen Trommelstock ab. Die Haselnuss zeigte mir eine gerade Rute, die aus ihrem kräftigen Stamm spross. Sie sagte mir, wo ich schneiden musste.

Ich hatte mir bereits überlegt, wie ich an das Fell für meine Trommel kommen wollte. Ich musste es allein machen, aber wie konnte ich mir als Frau anmaßen zu jagen – noch dazu in dem hohen Alter? Nachdem ich meine Haselnussrute hatte, ging ich hinauf in den Birkenwald und beobachtete die Hirschkühe eine ganze Weile. Ich sah, welche Pfade sie nahmen. Ich ging zurück zu einer Stelle, an der ich eine umgestürzte Kiefer gesehen hatte, und schnitt vier stachelige Zweige ab. Ich spitzte die Enden mit meinem Messer an. Ich trug meine spitzen Stäbe bergauf zum Hirschpfad. Dort hob ich eine Grube aus, lockerte die Erde mit meinem Grabstock und leerte die vollen Körbe auf einen Haufen. Dann trieb ich meine Kiefernstäbe in die harte Erde am Boden der Grube. Ich klemmte sie mit Steinen fest. Ich füllte die Grube mit Laub. Nach einem Tag und einer Nacht schenkte sich mir eine einjährige Hirschkuh. Ich fand sie am Morgen. Zwei Stäbe hatten sie durchbohrt. Ich durchtrennte ihre Kehle und hievte sie aus der Grube. Ich trank ihren Geist, als wäre ich ein Mann. Ich sprach meinen Dank aus, wie Männer es tun. An dem Tag wurde ich ein Mann, obwohl ich eine Frau blieb.

Ich machte Feuer. Ich öffnete meine Hirschkuh entlang der Bauchlinie. Ich löste das Fell vom Bauch. Ich nahm die Leber heraus und briet sie, solange das Blut noch warm war. Als ich ein Stück davon gegessen hatte – sie war zu groß für eine alte Frau! –, schob ich meine Fäuste an den Rippen entlang zwischen Fell und Fleisch. Das Fell ließ sich leicht abtrennen. Ich spannte es auf einen Rahmen. Ich baute mir einen Unterstand aus Birkenzweigen und legte Moos darauf. Jetzt, da ich alles hatte, was ich für meine Trommel brauchte, wusste ich, dass ich lange hierbleiben würde. Ich hängte mein Fleisch auf und trocknete es. Meine Hirschkuh gab genügend Fleisch ab, um mich am Leben zu halten, solange ich auf dem Lagerplatz der Trommel bleiben musste. Ich hatte einen Frauenstein und Ocker mitgebracht. Ich nahm die Rute, die mir die Haselnuss geschenkt hatte. Ich fuhr mit den Händen an ihr entlang. Sacht machte ich sie mir gefügig. Ich überredete sie zu einem Kreis. Ich sang, während ich sie mit

Leder zusammenband. Ich sang, bis sie vergessen hatte, dass sie jemals eine Rute gewesen war. Ein neuer Geist beseelte sie: nicht mehr Haselnuss, sondern Trommel. Ich besang meine Trommel, für die ich Weidenruten schnitt und den Boden flocht. Ich besang meinen Trommelstock, den ich schnitzte. Ich besang mein Hirschfell, das ich über den Rahmen spannte. Ich besang die Sehnen meiner Hirschkuh, mit denen ich das Fell festnähte.

Ich besang Farbe und Wasser, die ich auf einem flachen Stein vermischte. Ich besang meine Helfer, die ich in meine Trommel malte: Delphin und Schwan, Hirschkuh und Haselnussbaum. Ich besang meine lange Wanderung, die ich aufzeichnete. Ich besang den Sohn, den ich verloren hatte. Mein Gesang malte Muster, die ich noch nicht deuten konnte, während er sich selbst in meine Trommel sang. Ich besang meine Trommel, die sich in der Sonne zusammenzog. Ich besang sie zwei Tage und zwei Nächte lang, bis sie trocken und fest gespannt war.

Hodei war wütend gewesen, als ich diese Trommel vor drei Jahren bei der Zusammenkunft in die Schutzhütte der Mittler gehängt hatte. Doch er sah, dass ich nicht die Jagd dargestellt hatte, also ließ er es zu. Und jetzt, hier auf der Insel im Meeresarm, würden seine und meine Trommel gemeinsam die Geister wecken. Keiner von uns beiden hätte auch nur im Traum daran gedacht, dass es jemals dazu kommen würde.

Unsere Trommeln erwachten so leise, dass die anderen erst allmählich darauf aufmerksam wurden. Die Geister kamen wie Regen auf Wasser, Regen, der auf Häute prasselt, Flüsse, die durch Stromschnellen schießen. Die Erwachsenen brachten die Kinder zur Ruhe, warfen leere Schalentiere auf den Abfallhaufen und drehten sich zur Feuerstelle um. Die Geister wurden lauter. Kinder, die zu jung waren, um Angst zu haben, begannen zu klatschen, während die Geister trommelten. Die Älteren waren vorsichtiger: Sie wussten, dass hinter dem anschwellenden Wasser schmelzendes Eis liegt. Die Geister sprachen zu Männern und Frauen über noch nicht aufgedeckte Untaten, eingeschlossenes Wasser, das einen Weg nach draußen sucht, Fluten, die Gut und Böse hinwegschwemmen, ohne einen Unterschied zu machen.

Die Dunkelheit kroch heran und hörte zu. Das Feuer schrak vor dem Geräusch des Regens zurück und erlosch. Das Licht war in den Sternen: im Abendstern, im Roten Stern, Wolf, Luchs, Fuchs, Rothirsch. Der Milchfluss aus der Brust der Ersten Mutter strömte über den Himmel. Mir fiel ein, dass ich die Umrisse meines Sohnes vor den Wintersternen gesehen hatte. Ich dachte daran, wie er zu mir zurückgekommen war, wie ich ihn wieder in meinen Armen gehalten hatte. Ich sah, dass wir diese Welt zu einem sicheren Platz für meinen kleinen Bakar machen mussten, wenn er überleben sollte, um ein Mann zu werden. Und das, erzählten mir die Sterne, hing vollkommen davon ab, was die Geister uns in dieser Nacht sagten.

Hodei und ich sangen zu unseren Helfern, während wir trommelten. Der Clan klatschte und sang. Ein Fuchs keckerte über das Wasser zu uns herüber. Die Bäume erwachten. Tiere raschelten durch die Gräser der Lichtung. Ein Schwan setzte unter lautem Platschen zum Flug an und erhob sich über dem Meeresarm. Ein Kiebitz torkelte durch die Luft und brachte den Geruch des Hochmoors im Mond der Samen mit sich. Ein Stern schoss über den Himmel und beschrieb einen Bogen wie der Rücken eines Delphins.

Als Antwort darauf loderte das abgestorbene Feuer wieder auf. Innerhalb eines Herzschlags verstummten die Trommeln.

Bevor sich irgendjemand regen konnte, stießen die Mittler zu.

Itzal sagte:

Ich war wütend, als Nekané auf dem Lagerplatz bei den Feuersteinen bedrohlich aus dem Nebel auftauchte und uns aufforderte, sie zur Insel im Meeresarm zu bringen. Natürlich respektiere ich die Weisen, aber als sie sagte, sie sei statt Zigor gekommen, war ich so zornig, dass ich kaum sprechen konnte. Das hatte Hodei nicht gemeint! Ich hatte Hodeis Botschaft sehr deutlich an Zigor weitergegeben, und ganz bestimmt hatte darin nichts darauf schließen lassen, dass jemand auf der Insel im Meeresarm Nekané sehen wollte.

Ich war innerlich zerrissen, als Hodei mich heimlich zu Zigor schickte. Ich schuldete es meinem Vater, zu ihm zu halten. Ich hatte nicht das Recht, ihn zu hintergehen, nur weil ich ihn hasste. Als Edur mit den beiden aus dem Luchsclan unseren Lagerplatz erreichte, verstand ich nicht, warum er zu uns gekommen war. Meine Familie würde Angehörige des Luchsclans eher töten, als ihnen etwas zu essen zu geben, weil ein Mann aus dem Luchsclan meine Schwester Osané gestohlen hatte. Hodei sagte uns, wir müssten sie willkommen heißen und so tun, als wären wir Freunde. Sobald sie eintrafen, gaben wir ihnen zu essen.

Ja, wir gaben ihnen Nahrung. Was sollte ich tun? Mein Vater sagte, er werde sie in unsere Jagdlager mitnehmen. Ich konnte mit meinem Vater nicht darüber sprechen. Nicht, weil er mir etwas antun könnte – ich war ein erwachsener Mann, und er konnte mich nicht anrühren, auch wenn er es versucht hätte –, sondern weil ich keinen Kampf wollte. Ich hatte ihn einmal geschlagen. Meine Familie hätte mich dafür ausstoßen können! Als ich meinem Vater einen Hieb versetzte, brachten sie mich zu Hodei.

Hodei forderte mich auf, in sein Zelt zu kommen, damit wir unter vier Augen sprechen konnten. Ich zitterte vor Angst. Ich dachte, er würde sagen, ich müsse den Alkclan verlassen, weil ich meinen Vater geschlagen hatte. Aber er sagte nur: »Willst du deine Schwester wiedersehen, Itzal?«

»Natürlich will ich das!«, schrie ich. »Osané war für mich Freundin und Schwester zugleich.«

Das stimmte. Osané ist vier Jahre älter als ich. Ihr verdanke ich, dass ich lebe, nicht meiner Mutter. Als ich klein war, trug sie mich auf ihrer Hüfte, obwohl ich fast so schwer war wie sie selbst. Sie nahm mich mit, wenn sie auf Nahrungssuche ging. Nachts hielt sie mich mit ihrem Körper warm. Sie klaubte die Läuse aus meinen Haaren und nähte Schuhe für mich, wenn es schneite.

Ich wurde von Osanés Seite gerissen, als sie mich mit auf den Lagerplatz der Einführung nahmen. Ich war so froh! Im Jahr zuvor war ich schon alt genug dafür gewesen – gerade eben –, aber sie hatten mich nicht mitgenommen, und nun hatte ich die Geister angefleht, mich nicht wieder zurückzulassen. Ich hatte Angst, dass die Männer mich für untauglich hielten. Dazu gab es keinen Grund: Ich war kein Krüppel, ich benahm mich nicht wie eine Frau, ich hatte niemandem größeres Unrecht zugefügt – nichts dergleichen. Vielmehr beunruhigte es mich, weil ich meine Familie verlassen wollte – mehr als alles in der Welt. Ich wollte es mehr als die meisten anderen Jungen, und deshalb hatte ich noch größere Angst, dass es nie geschehen würde. Aber in dem Jahr nahmen sie mich mit, und ich wurde zum Mann. Als ich zurückkam, wollte ich Osané zeigen, was sie in meinen Rücken geritzt hatten. Osané war fort. Jemand hatte versucht, sie umzubringen, und Kemen hatte sie weggebracht.

Ich wusste, Kemen hatte nicht versucht sie umzubringen. Ich dachte, es könnte Edur gewesen sein. Das verwirrte mich. Obwohl ich jetzt ein Mann war, empfand ich in vieler Hinsicht wie ein Kind – ich wusste nicht, wie ich meine Schwester retten sollte. Ich wusste nicht einmal, ob sie gerettet werden *wollte*. Edur hatte sich uns auf dem Lagerplatz der Einführung angeschlossen, aber er war nicht von Anfang an dabei gewesen. Er war nicht bei uns, als Osané überfallen wurde. Edur nahm nach der Jagd Amets' Stelle ein. Niemand sagte uns, warum. Edur ging viel härter mit uns um als Amets, aber wir bewunderten Edur mehr. Wir wussten, Edur war ein großer Jäger, und er gab sein Wissen großzügig an Jungen weiter, die schnell begriffen. Ich lernte von Edur mehr als von Amets. Ich wusste, Edur würde meine Schwester zur Frau nehmen. Ich war stolz. Ich prahlte damit vor den anderen Jungen. Edur hielt mich nicht davon ab. Er lächelte nur.

Daher sagte ich jetzt zu Hodei: »Natürlich will ich meine Schwester wiedersehen!«

»Dann schicke ich dich fort.« Ich muss verzweifelt ausgesehen haben, denn er berührte meinen Arm. »Nein, nein, Itzal, nicht vom Alkclan. Du hast deinen Vater geschlagen, die Geister haben dich dabei gesehen, aber« – er schaute mich an, als fragte er sich, wie viel er sagen sollte – »Recht wird aus Recht geboren, Unrecht aus Unrecht. Dieses Unrecht war zunächst einmal nicht das deine, Itzal. Die Geister bestrafen Menschen für etwas, das andere vor ihnen getan haben, die Geister scheren sich nicht darum, wer von uns wer ist. Aber Menschen … wir können uns in den anderen hineinversetzen. Ich will nicht *dich* bestrafen, Itzal, doch hier ist ein Unrecht geschehen, das wiedergutgemacht werden muss. Sonst werden die Geister wütend und vernichten uns alle.«

»Was muss ich also tun?«

»Zunächst musst du dich dem Himmel der Hochstehenden Sonne zuwenden, um zu Zigors Familie zu gelangen. Findest du den Weg zu ihrem Lagerplatz?«

»Natürlich finde ich den! Ich weiß, wohin ich mich wenden und wen ich fragen muss.«

»Sehr schön. Ich möchte, dass du allein gehst. Brich leise auf. Nimm keine Hunde mit. Überquere die Bucht, als würdest du auf Fischfang gehen und vielleicht jemanden von den Lagerplätzen auf der anderen Seite besuchen. Das wird niemandem auffallen. Dann lässt du dein Boot zurück und gehst auf den Himmel der Hochstehenden Sonne zu. Sage niemandem, warum du aufbrichst. Suche Zigor und überbringe ihm meine Botschaft.«

»Was muss ich ihm sagen?«

»Erzähle ihm, Edur sei mit zwei Männern aus dem Luchsclan hierhergekommen. Edur habe hier mit den Männern gesprochen. Sage ihm, wir hätten vor, Basajaun und seinen Vetter, ahnungslos wie sie sind, zur Zusammenkunft zu bringen. Sag ihm, wir müssten sicherstellen, dass Kemen auch zur Zusammenkunft kommt. Wir hätten vor, alle drei Männer des Luchsclans mit auf die Jagd zu nehmen. Die Männer aus dem Luchsclan werden allerdings nicht wissen, dass sie nicht zu den Jägern gehören werden. Unser Plan ist, dass der Clan sie ausstößt und zu Tode jagt, und ihre Namen sollen niemals unter uns leben!«

Ich starrte ihn mit offenem Mund an. »Aber …«

»Was, Itzal?«

»Diese Männer … auch Kemen … Wir haben ihnen zu essen gegeben! Jeden Tag geben wir ihnen Nahrung!«

»Das weiß ich. Männer fragen sich oft: ›Was ist das größere Unrecht?‹ Sie denken: ›Ein Mann hat mir unrecht getan, dann tue ich ihm unrecht.‹ Die Geister der Tiere rechnen nicht ein Unrecht gegen das andere auf. Sie sehen nur, dass ein Unrecht auf das andere folgt. Deshalb halten sie sich zurück. Deshalb bekommt unser Clan Hunger. Deshalb hilft es uns nicht, diese Männer heimlich zu töten, weil sie uns geschadet haben. Deshalb kann nur die Jagd selbst aus der Welt schaffen, was falsch gemacht wurde. Verstehst du mich, Itzal?«

»Ich verstehe die Botschaft, die ich Zigor überbringen muss.«

»Dann sag ihm, dass diese Angelegenheit erledigt werden muss, bevor alles noch schlimmer wird. Ich bitte ihn, sofort zur Insel im Meeresarm zu kommen. Wir müssen über diesen Plan zu den Tieren sprechen und herausfinden, ob es das ist, was wir tun sollen. Sag ihm, deshalb brauche ich seine Hilfe.«

Nichts hätte einfacher sein können als das. Ich gab diese Botschaft unmissverständlich an Zigor weiter. Ich war eine Handvoll Tage unterwegs, zog von einem Lagerplatz zum nächsten, und auf jedem schickten die Leute mich weiter. Ich fand Zigor auf dem Lagerplatz der Beeren, der weit landeinwärts an einem mir unbekannten Fluss liegt. Ich folgte dem Fluss, während er schmal und dann wieder reißend wurde, über steinige Untiefen strömte, in denen Tauchvögel fischten, während er über felsige Klippen fiel und sich in verschilften Mooren verlor, dann dünn und ruhig zwischen den Birken anstieg, bis er an einer klaren Quelle endete. Ich blieb stehen und schaute mich um.

Die Sonne schien schräg durch die stillen Bäume. An den Rändern eines runden Teiches wuchsen Bitterklee und Minze. Der Boden war übersät mit weißen Steinen, die nur von Menschenhand dorthin gelegt worden sein konnten. Ich erblickte einen steinigen Strand am Teich, über den viele Füße gegangen waren. Darüber waren die Birkenwurzeln entlang eines gewundenen Pfads glattgescheuert. Die Geister der Quelle hingen müßig in der warmen Luft und beobachteten mich. Ich trug kein Wasser bei mir, weil ich den ganzen Tag lang dem Fluss gefolgt war. Ich band meinen Wasserschlauch ab, verneigte mich vor den unsichtbaren Beobachtern, schüttelte den Schlauch über dem Teich und drückte die Seiten zusammen. Ein paar Tropfen fielen heraus. Die Sonne fing sie auf. Die Geister waren zufrieden mit dem wenigen, das ich zu geben hatte. Ich hockte mich an das steinige Ufer, legte meine hohlen Hände aneinander und trank.

Zigors Lagerplatz lag weniger als ein Dutzend Herzschläge von der Quelle entfernt. Ich hatte nicht gewusst, dass ich so nah dran war. Die Brise wehte in eine andere Richtung, die Hunde waren fort, und niemand war an der Feuerstelle, außer den Ältesten und den Jüngsten, die alle in der späten Sonne dösten. Eine alte Frau erhob sich und gab mir einen gebratenen Kiebitz mit Blaubeeren und Vogelbeeren. Hodei ist mein Onkel, daher weiß ich, was es heißt, Vettern jeglichen Grades zu haben, die plötzlich auftauchen und nach einem Mittler verlangen. Deshalb scheinen Familien von Mittlern weniger neugierig auf alles zu sein als gewöhnliche Menschen. Niemand sagte viel, aber ihre Geister hatten mich bereits freundlich begrüßt. Ich hatte das Gefühl, willkommen zu sein. Ich rekelte mich mit den anderen in der Sonne, schaute in die blaue Ferne und dachte an nicht viel, bis der Nachmittag in den Abend überging und der Rest der Familie allmählich eintraf.

Zigor begrüßte mich beiläufig, als er kam. Inzwischen brieten die Frauen einen jungen Hirsch am Spieß. Wir aßen, bis der Mond aufging, und in der Nacht schlief ich an Zigors Feuerstelle. Am Morgen sagte er knapp: »Du bringst die Botschaft von Hodei?« Also wusste er es bereits – der Gedanke schoss mir durch den Kopf –, warum hatte Hodei *mich* geschickt, wenn Mittler sprechen wollen, gibt es einfachere Wege, als einen Mann auf eine lange Reise zu schicken, warum also …? »Dann komm«, sagte Zigor.

Ich folgte ihm den Berg hinauf, fort von der Quelle. Der Gipfel war ein felsiger Vorsprung, auf dem keine Bäume wuchsen. Wir schauten hinaus auf blaue Berge, die in der Ferne unter dem Himmel der Morgensonne lagen. Die Felsen waren von gelben Flechten überzogen. Zigor setzte sich und bedeutete mir, neben ihm Platz zu nehmen. »Und?«

Ich berichtete ihm alles, worum Hodei mich gebeten hatte. Zigor zog die Augenbrauen hoch und betrachtete die fernen Berge. Lange saßen wir schweigend da. Ich fragte mich, ob ich wohl etwas gesagt hatte, was Zigor noch nicht wusste.

»Und du, Itzal«, sagte er plötzlich. »Du hast mir alles berichtet, was Hodei dir aufgetragen hat. Was hältst du davon?«

»Ich?«, stammelte ich. »Ich … ich … spielt es eine Rolle, was ich denke?«

»Ich frage dich.«

Ich begegnete Zigors Blick. Seine Augen waren blau und hart. »Wir haben diesen Männern zu essen gegeben«, sagte ich unbeholfen. »Wir haben sogar mit ihnen gegessen, als wären sie unsere Brüder.« Ich fasste mir ein Herz. »Jagt ein Mann seine Brüder?«

»Jeden Tag«, erwiderte Zigor. »Sind die Tiere nicht unsere Brüder?«

Das gab mir zu denken. Dann sagte ich, leicht zitternd, denn Zigor war Mittler und sehr mächtig: »Aber die Tiere schenken sich uns. Sie entscheiden!«

»Und haben diese Männer aus dem Luchsclan nicht mit jedem Schritt, den sie unternommen haben, eine Entscheidung getroffen?«

Mir schien, als würden die Wörter aus mir herausgezogen. »Nein.« Schrecklich, dass ich auf einmal mit einem Mittler stritt! Was könnte er mir antun? Ich räusperte mich. »Nein! Man kann den Tieren keine

Lügen erzählen, auch wenn man es versucht. Aber wenn Menschen belogen werden, können sie sich nicht entscheiden. Weil … weil sie nicht wissen, was passiert. Man kann sich nur zwischen Dingen entscheiden, die man kennt. Andere zu belügen schwächt sie.«

»Danke, Itzal.«

Ich schaute ihn von der Seite an, um zu sehen, ob er mich verspottete. Ein kleiner Windstoß zupfte an meinem Mantel. Er wehte Zigor die zotteligen Haare ins Gesicht, und ich konnte seine Augen nicht sehen.

Zigor sagte: »Jetzt musst du zurückgehen, Itzal. Sage nichts und tue nichts. Halte dich so gut wie möglich aus allem heraus. Richte Hodei aus, dass bald Hilfe kommen wird.«

»Soll ich ihm sagen, dass du kommst?«

»Ich habe dir gesagt, was du ihm ausrichten sollst.« Zigor erhob sich mit steifen Gliedern. »Nun denn, meine Frauen hier sind nutzlos, wie du siehst, und es mag sein, dass nichts für uns da ist, aber ohne Zweifel können wir ein paar Happen für dich finden, die von den Hunden übrig gelassen wurden – wenn es geht, werden wir essen, und dann musst du aufbrechen, solange der Tag noch jung ist.«

Ich war wütend, als einen halben Mond später Nekané statt Zigor auf der Insel im Meeresarm auftauchte. Meine Schwester Osané war von Nekanés Familie gestohlen worden. Nekané war unser Feind. Warum hatte Zigor sie geschickt, statt selbst zu kommen? Jetzt war der Lagerplatz dicht gedrängt mit unseren Feinden. Wir mussten mit ihnen essen, als wären sie unsere Familie. Wie ich es auch drehte und wendete, ich hatte das Gefühl, in einer Lüge zu leben. Zwei Tage nachdem wir Nekané mitgebracht hatten, kamen alle Männer zurück auf den Lagerplatz. Sie brachten kein Fleisch mit. An dem Abend bereiteten die Frauen etwas anderes zu, und niemand sagte etwas.

Ich brach noch immer Krebsbeine auf, um an das Fleisch zu kommen, als alle zu murmeln begannen. Koldo stieß mich an. »Die Mittler sind fort!« Ich zuckte mit den Schultern – ich würde nicht zeigen, dass ich Angst hatte – und aß weiter.

Das Geräusch klang wie Regen. Das konnte nicht sein, der Himmel war tiefblau und wurde zur Nacht hin dunkler. Kein Mond war zu sehen. Das Geräusch war ein Fluss, aber an diesem Lagerplatz gibt es keinen Fluss. Nach und nach leuchteten die Sterne auf. Das Geräusch kam von den Trommeln der Mittler. Sie versetzten mich nicht in Angst – das *stimmt* –, die Trommeln klangen zunächst freundlich. Meine Wut ließ nach. Ich vergaß, was ich zu fürchten hatte. Ich legte mich zurück, knackte die dünnen Krebsbeine auf und saugte das Fleisch aus. Ich beobachtete die Sterne, die sich um den einen Stillen Stern im Sonnenlosen Himmel drehten. Dort, wo die Sonne untergegangen war, sah ich den Wolf, den Rothirsch, den Luchs und den Fuchs. Die Nacht war so klar, dass sogar die Katze sich zeigte, und schwach zwischen Luchs und Fuchs sah ich den Adlerstern, was nur in ganz klaren Nächten vorkommt. Der Bogen des Milchflusses, der entstanden war, als die Milch der Ersten Mutter zu Anbeginn über den Himmel spritzte, war so hell, dass ich den gesamten Verlauf deutlich erkennen konnte.

Das Feuer war erloschen. Wir saßen im Dunkeln. Die anderen waren als schwache Umrisse zu erkennen, wie Bäume und Felsen. Sogar die Kinder waren ruhig. Ein Fuchs keckerte am Ufer des Festlands, mein Hund knurrte im Schlaf. Ich hörte das Rascheln von Tieren, die unterwegs waren, auf dem Boden und in der Luft. Zunächst dachte ich, es seien viele Fledermäuse ringsum, doch Fledermäuse heben nicht dein Haar an oder streifen an deiner Haut vorbei. Ich spürte einen kalten Atem im Nacken, aber als ich mich rasch umdrehte, war da nichts.

Der Fuchs keckerte auf der Insel. Jetzt erkannte ich ihn: Hodei war schon Mittler an unserer Feuerstelle gewesen, bevor ich zur Welt kam. Der Fuchs kam näher. Er keckerte zwischen den Menschen und der erloschenen Feuerstelle. Ich vernahm den heiseren Schrei eines Schwans. Ich kannte diesen Schwan nicht. Ein leerer Schatten zog über uns hinweg. Die Geister bewegten sich in den Bäumen, unter den Steinen der Feuerstelle, schlüpften in die Mäntel der Zusammengekauerten und wieder hinaus. Schaumige Wellen rollten gegen die Steine der Feuerstelle und brachen sich sanft. Ich sah den Bogen eines Delphinrückens. Das hatte ich noch nie gesehen. Ein kleiner Fleck Dunkelheit taumelte vor den Sternen. Ich sah, was es war: Ich hatte den Gesang seit meinen ersten Kindertagen an unserer Feuerstelle gehört. Ich spitzte die Ohren, um ihn jetzt zu hören: *pi-witt, pi-witt.*

Leise kam das Echo: *pi-witt, pi-witt* … Daraus erwuchs unser Lied, wie schon so oft zuvor. Meine Stimme war in dem Gesang. Mein Herz folgte. Die Geister sangen. Die erloschene Feuerstelle loderte wieder auf. Der Schein der Flammen erhellte unsere Gesichter. Die Mittler glitten zurück an ihre Plätze an der Feuerstelle. Nichts bewegte sich zwischen unseren emporgerichteten Gesichtern und den Sternen.

Die Mittler schlugen zu wie der Blitz. Sie packten einen der Kauernden und zerrten ihn in den Feuerschein.

»Sprich!«

Hodeis Speer saß in der Halsbeuge des Mannes, der stolperte, als sie ihn vorwärtszogen. Eine Flamme verfing sich an einem Holzscheit und flackerte auf. Licht fiel auf das Gesicht von Kemens Vetter.

»Sprich! Was es auch sein mag, du musst jetzt sprechen!«

Unsere Stimmen fielen in den Gesang ein und umringten ihn.

»Sprich! Sprich! Was du auch zu sagen hast, du musst es jetzt aussprechen!«

Er schaute über die Köpfe der Mittler hinweg und starrte mit wildem Blick ins Leere. Ich weiß nicht, was er sah – da war nichts, soweit meine Augen es beurteilen konnten –, aber ich spürte, dass aus der Leere kaltes Entsetzen hervorkam. Allen anderen erging es genauso. Sie fuhren zurück, obwohl ich nicht glaube, dass auch nur einer wusste, worauf dieser Mann vom Luchsclan starrte, ebenso wenig wie ich.

Er stotterte vor Angst. »Der Delphin … ich war es nicht! Wir waren es nicht!«

»Wer dann?« Der Speer des Mittlers war an seiner Kehle. Blut rann wie ein Faden an seinem Hals hinab. »Sprich! Was es auch sein mag, du musst jetzt sprechen!«

»Ich und Basajaun! Nein! Töte mich nicht! Nein! Nein! Wir waren es nicht … wir waren es nicht … wir haben den Delphin nicht getötet!« Er stammelte jetzt und schrak vor den Klingen zurück. Wir umringten ihn alle. Er konnte sich nirgendwo verbergen. »Der Delphin … als wir … als wir kamen … Wir haben den Delphin nicht genommen! Als wir … Die Geister wussten … Nein! Nein! Nein!«

Der Gesang verlor sich in seinen Angstschreien. Ein Schatten sprang neben ihm auf die Beine. Es war Basajaun. »Was er sagt … Es geschah weit weg von hier!«, schrie Basajaun. »Der Delphin … das war nicht dort, wo der Alkclan jagt. Es war weit von hier entfernt!«

Die bläulichen Flammen in der Feuerstelle duckten sich.

»Die Geister kennen kein ›nah‹ oder ›fern‹.« Der Speer war jetzt an Basajauns Kehle und zwang ihn, zurückzutreten. »Sprich!« Männer zogen Basajaun weg. Der andere Mann lag auf den Knien und heulte. »Sprich! Was auch gesagt werden muss, sag es jetzt!«

Sein Flüstern klang wie trockene Blätter im Wind. Wir alle beugten uns vor, um ihn verstehen zu können. »Wir nahmen uns, was wir nicht erlegt hatten. Die Geister des Fremden weigerten sich, uns anzuhören.« Er wimmerte und kroch am Boden.

»Sprich!«

Basajaun sprang mit einem Satz aus den Schatten. Männer drängten ihn gewaltsam zurück. Der Mittler stieß den anderen Mann, der im Feuerschein lag, mit dem Fuß an. »Sprich! Sag, was ausgesprochen werden muss!«

»Wir liefen fort.« Alle bemühten sich, das heisere Flüstern zu hören. »Wir nahmen uns, was wir brauchten, und dann … wir haben nicht … wir sind fortgerannt.«

»Für die Geister gibt es kein ›fort‹.«

Der Mann lag still. Langsam kam er auf die Knie. Seine Stimme kehrte wieder zu ihm zurück. Er sagte sehr deutlich: »Der Reiherclan weiß davon nichts. Aber die Geister … Am Ende zwangen sie uns, fortzugehen. Kemen war weg. Schon lange. Auch mein Bruder war nicht dort … Er hat eine Frau aus dem Reiherclan zur Frau genommen … sie haben ihm ihre Zeichen eingeritzt … Er hatte hiermit nichts zu tun. Basajaun und ich waren allein. Wir sind hierhergekommen. Wir sind Kemen gefolgt. Wir kamen zum Alkclan, der entfernt mit uns verwandt ist.«

»Ihr habt unrecht getan! Ihr habt böse Geister zu uns gebracht. Ihr habt euch genommen, was ihr nicht erlegt habt, und die Geister haben sich geweigert, euch zu erhören. Ihr seid fortgelaufen. Ihr habt unrecht getan, und dieses Unrecht habt ihr mit zum Alkclan gebracht. Ist das richtig?«

Der Mann schrie verängstigt: »Hier haben wir niemandem unrecht getan!«

Das Feuer erlosch.

Hodei sprach zu uns allen. »Ihr habt alle gehört, was dieser Mann vom Luchsclan gesagt hat! Sie haben sich genommen, was sie nicht erlegt haben! Die Geister haben sich geweigert, sie anzuhören! Meint ihr, das ist das Unrecht, das begangen wurde? Ist das der Grund, warum die Tiere sich weigern, mit uns über die Jagd zu sprechen?«

Basajaun stellte sich Hodei gegenüber. Er wirkte ziemlich gelassen, ganz und gar nicht verängstigt. »Machst du nicht zu viel aus zu wenig?«

Alle hielten hörbar die Luft an. Hodei war mein Onkel, aber ich habe nie gewagt, so mit ihm zu sprechen, wenn er Mittler war.

Hodeis Stimme zeigte keinerlei Regung. »Wie meinst du das?«

»Woher sollten wir wissen, was wir nach Wunsch der Tiere hier tun sollten?«, fragte Basajaun. Er klang recht freundlich und vernünftig. »In den Landen, in denen wir Männer vom Luchsclan zu jagen pflegten, baten uns die Tiere nicht, etwas anderes zu tun, als sie zu nehmen, wenn sie sich uns ohne Jagd schenkten. Wir fanden einen Delphin – das war unter dem Himmel der Hochstehenden Sonne, wo der Reiherclan jagt. Wir nahmen sein Fleisch mit zum Lagerplatz des Clans, der uns etwas zu essen gegeben hatte. Wir dachten, sie würden sich freuen. Sie waren verärgert, weil wir nicht wussten, dass wir dem Delphin sowohl Feuer als auch Dank hätten schenken sollen. Wir wussten nicht, das die Clans unter dem Himmel der Abendsonne das tun müssen, wenn keine Jagd stattgefunden hat. Der Reiherclan glaubte, die Geister wären wütend, und deshalb hat mein Vetter solche Angst. Aber die Geister haben uns verziehen. Wir wissen das sicher, weil die Tiere sich *uns* schenken. Die Bärin in der Nähe von Edurs Lagerplatz unter dem Großmutterberg hat sich uns geschenkt. Daher seht ihr, dass wir es nicht sein können. *Wir* sind es nicht, die eure Geister erzürnen. Es ist sehr einfach, die Fremden unter euch zu beschuldigen. Aber ist das richtig? Seid ihr ganz sicher, dass das richtig ist?«

»Die Geister wissen alles. Deshalb können sie nicht zulassen, dass wir tun, was wir einfach finden.«

»Dann müssen sie euch doch sagen, dass wir es nicht sind! Eure Geister sagen bestimmt, dass ihr uns nicht die Schuld geben könnt.«

»Was du sagst, ist richtig.«

Basajaun starrte Hodei einen Herzschlag lang an. Er war bereit gewesen zu kämpfen, und plötzlich war sein Feind verschwunden wie der Morgendunst, wenn die Sonne aufgeht. Dann lächelte Basajaun und streckte die Arme zu den Geistern empor: »Die Geister erhören mich! Wenn es meinem Vetter und mir nicht gelungen ist, uns so zu bedanken, wie die Geister des Alkclans es fordern, dann tut uns das sehr leid. Wir werden alles tun, was die Mittler des Alkclans von uns verlangen. Wir wollen nicht mehr, als uns mit euren Geistern zu versöhnen. Das verspreche ich!«

»Die Geister freuen sich, deine Worte zu hören.« Hodei nahm Basajaun genau in Augenschein. »Wenn wir zur Zusammenkunft kommen, werden sie dein Versprechen einfordern!«

Hodei klang recht zufrieden. Mir gefiel das ganz und gar nicht. Ich war mir sicher, dass hier mehr im Spiel war, als Basajaun erkannte. Ich hatte Hodei immer für viel klüger als mich gehalten. Das dachte ich nach wie vor. Aber … der andere Mann aus dem Luchsclan hatte Angst gehabt. Die hatte er noch immer: Er war jetzt aufgestanden, doch soviel ich sehen konnte – er hatte sich wieder ins Dunkle zurückgezogen –, verhielt er sich wie ein Mann, der um sein Leben fürchtet, auch ohne von einem Mittler befragt zu werden. Wenn sie einfach nur einen Fehler gemacht hätten, warum waren sie nicht zu einem Mittler gegangen und hatten ihn gebeten, es den Geistern zu erklären? Warum hatten sie den Tieren keine Geschenke dargebracht, um zu zeigen, wie leid es ihnen tat? So manches Unrecht lässt sich leicht wiedergutmachen. Doch Hodei dachte anscheinend, dass Basajaun vernünftig redete. Ich erwartete, dass ein Mittler viel klüger war als ich. Vielleicht hatte ich etwas überhört.

Hodei wandte sich wieder an den Clan. »Die Geister haben vernommen, was diese Männer aus dem Luchsclan heute Abend gesagt haben. Ihr habt das alles auch gehört. Ihr habt uns über den Delphin sprechen hören. Dieser Delphin weiß, was geschehen ist. Dieser Delphin wartet darauf, dass alles ins Reine gebracht wird! Hier in diesen Landen, in denen der Alkclan jagt, gibt es einen weiteren Mann aus dem Luchsclan. Wir sind noch nicht am Ende dieser Geschichte angelangt. Ein Strang ist hier auf der Insel im Meeresarm. Ein anderer Strang befindet sich bei Basajauns Bruder Kemen, der Osané zur Frau genommen hat. Mag sein, dass es noch mehr Stränge gibt. All diese Stränge müssen miteinander verflochten werden. Jetzt ist der Mond des Lachsfangs in die Finsternis übergegangen. Wenn der Mond der Zusammenkunft halb voll ist, werden all diese Stränge zusammengebracht. Auf dem Lagerplatz der Zusammenkunft werden die Geister endlich die Ordnung der Dinge wiederherstellen.«

Nachdem Hodei gesprochen hatte, versteckten die Mittler ihre Trommeln, und die Geister gingen fort. Eine Frau holte Feuer aus einem Zelt und zündete die Feuerstelle draußen wieder an. Alle standen auf und reckten sich. Kinder weinten und wurden schlafen gelegt. Die Frauen legten Grassoden auf das Feuer. Ich trat zwischen die Bäume, um zu pinkeln. Jemand flüsterte mir etwas zu, als ich vorbeiging.

»Itzal, komm hier rüber! Edur will mit uns sprechen!«

Wir standen im Schatten der Birken. Edur sagte: »Wir müssen diese Männer vom Luchsclan beobachten. Wir müssen Adleraugen haben und alles sehen, was sie tun. Ich glaube, diese Männer kennen sich damit aus, wegzulaufen! Das werden wir jetzt nicht zulassen. Bis wir zur Zusammenkunft aufbrechen, vergeht noch ein halber Mond. Wir werden nicht dulden, dass sie verschwinden!«

Koldo sagte: »Wir haben daran gedacht. Oroitz und Zeru sind schon unten bei den Booten. Sie werden Wache halten.«

»Ich werde im selben Zelt sein wie die Männer vom Luchsclan«, sagte Edur. »Die kommen nicht an mir vorbei! Wenn doch, dann werde ich morgen einen Frauenrock anziehen und anfangen, Schalentiere zu sammeln.«

»Ohne Boot kommen sie nicht weg«, sagte ich. »Basajaun kann vielleicht ans Festland schwimmen. Ich bezweifle, ob der andere dazu in der Lage ist. Aber wenn wir auf dem Festland jagen, müssen wir uns wie Napfschnecken an sie hängen.«

»Und wenn wir mit ihnen auf Fischfang gehen, sorgen wir dafür, dass ein anderes Boot in der Nähe ist.«

»Ich werde auch bei den Booten schlafen«, sagte ich.

»Wie du willst.« Damit gab Koldo mir deutlich zu verstehen, dass es ihm gleichgültig war, wo ich hinging.

Edur war netter, aber er war ja auch nicht mein älterer Bruder. »Halte die Augen offen, Itzal. Du nimmst für gewöhnlich als Erster einen Geruch wahr, und du läufst am schnellsten. Aber dazu werden wir es nicht kommen lassen.«

Als ich hinunter ans Ufer ging, keckerte ein Fuchs auf dem Festland. Eine kleine Eule schrie leise und flog dicht über meinem Kopf hinweg. Ich fand Oroitz und Zeru im Schutz eines halb umgedrehten Bootes. Ich kroch zu ihnen hinein. Sie waren damit einverstanden, dass ich die dritte Wache übernahm. Ich wickelte mich in meinen Mantel und wühlte mich in die Kieselsteine, bis ich mir einen Schlafplatz gerichtet hatte. Es war wie im Jagdlager. Aber das hier war eigentlich keine Jagd, es sei denn … Ich begann über die Botschaft nachzudenken, die Hodei mich Zigor hatte überbringen lassen, doch meine Gedanken schwebten fort wie fallende Blätter, und ich konnte sie nicht mehr festhalten.

SECHSTE NACHT:
LAGERPLATZ DER ZUSAMMENKUNFT

Haizea sagte:

Der kleine Bakar war eingeschüchtert, als er die vielen Menschen auf dem Lagerplatz der Zusammenkunft sah. Esti war daran gewöhnt, ihre Eltern brachten sie jedes Jahr hierher. Esti nahm Bakar an die Hand und zog ihn mit sich, um mit den Vettern und Kusinen zu spielen. Bakar trödelte, aber wir alle wissen, wie schwer es ist, gegen Esti anzukommen. Als ich ein Stück den Fluss hinaufging, um die Wasserschläuche zu füllen, kam ich an einer Gruppe kreischender Kinder und bellender Welpen vorbei, die Abschlagen spielten. Esti war dran. Sie sah mich nicht. Sie sauste an mir vorbei die Uferböschung hinauf und scheuchte ein paar kleine Jungen auf. Bakar kam mit den anderen herabgesaust und schrie so laut wie alle anderen.

Das befreite mich von der Pflicht, auf die Kinder aufzupassen. Alaia hatte jetzt Alazne an der Brust und immer viel zu tun. Osané war anscheinend nie mit etwas beschäftigt, aber sie war schwanger. Ihr Kind würde zur Welt kommen, bevor der Mond der Hirschjagd in die Finsternis überging. Außerdem hatte Osané viele Sorgen, nachdem wir jetzt auf dem Lagerplatz der Zusammenkunft waren. Sie und Kemen hatten sich vier Jahre lang ferngehalten, und Osané hatte in der ganzen Zeit niemanden aus der Familie ihrer Mutter gesehen. Sie hatte nicht vorgehabt, zur Zusammenkunft zu gehen, bis Nekané vor einer Handvoll Tagen zum Lagerplatz der Beeren kam.

Nekané hatte uns berichtet, Basajaun sei beim Alkclan. Sie erzählte uns, was auf der Insel im Meeresarm geschehen war – allerdings erzählte sie uns nur einen Teil davon. Mittler wissen immer mehr, als sie preisgeben. Sie forderte Kemen auf, in diesem Jahr mit dem Rest der Familie zur Zusammenkunft zu kommen, um seinen Bruder zu treffen.

Anfangs war Kemen glücklich, als er hörte, dass Basajaun gekommen war. Ich vermute, ihm wurde erst später klar, dass damit alles noch schwieriger werden könnte. Meine Schwester und Amets waren ängstlicher als Kemen. Ich hörte sie darüber sprechen, als ich aufbrach, um Brennholz zu holen. Sie verstummten, als ich mit einem leeren Korb um den Holzstoß bog. Dann sagte Alaia: »Es besteht kein Grund, warum Haizea nicht hören sollte, was wir sagen, Amets. Sie ist jetzt eine Frau. Sie wird mehr mitbekommen als wir, wenn wir erst bei der Zusammenkunft sind. Sie ist jung, sie kann gehen, wohin es ihr gefällt. Niemand hat Streit mit Haizea. Ich sollte meiner Schwester erzählen, was du gerade gesagt hast.«

Amets zögerte. Dann sagte er zu Alaia: »Na schön. Sprich mit deiner Schwester.«

»Haizea.« Alaia wandte sich an mich. »Wir machen uns Sorgen darüber, was bei der Zusammenkunft geschehen wird. Du hast gehört, was unsere Mutter gesagt hat, dass Edur nämlich Kemens Bruder und Vetter zu Arantxas Familie auf die Insel im Meeresarm gebracht hat. Ich kann verstehen, warum Edur sie nicht hierher geführt hat. So leid es mir tut, aber er ist sowohl mit Amets als auch mit Kemen zerstritten. Amets hat versucht, es zu bereinigen – Edur glaubt noch immer, dass mein Mann ihm unrecht getan hat. Aber Edur hätte die Vettern aus dem Luchsclan leicht bis zum Mond der Zusammenkunft bei seiner eigenen Familie behalten können. Nekané weiß offensichtlich, warum Edur die beiden zu Osanés Familie gebracht hat. Sie *muss* es wissen, immerhin hat sie mit Hodei zu den Geistern gesprochen, während sie dort war. Welche Reise haben Nekané und Hodei unternommen, als das geschah? Es gibt vieles, was unsere Mutter uns nicht erzählt, Haizea!«

Ich stand da und dachte nach. Dann fragte ich Alaia etwas, das mich seit einer Weile beschäftigt hatte: »Warum ist Edur noch immer so wütend auf Amets, Alaia?«

Alaia warf Amets einen Blick zu. Ich sah, wie sie sein Gesicht betrachtete – ich konnte nichts darin entdecken –, und dann antwortete sie mir: »Erinnerst du dich daran, als Amets Kemen in unsere Familie brachte? Das war das Jahr, in dem Amets die Jungen zum Lagerplatz der Einführung mitnehmen sollte.«

»Ja, das weiß ich noch.« Der Augenblick, als mein Vetter Ortzi von meiner Seite gerissen wurde, verfolgte mich noch immer in Alpträumen.

»Es war Kemens erste Jagd mit dem Alkclan. Er ging mit Edur. Danach hat Edur Amets beiseitegenommen und ihm gesagt, was für ein guter Jäger Kemen sei. Edur *mochte* Kemen. Er *ermutigte* Amets geradezu, Kemen in seine Familie aufzunehmen. Amets wollte Kemen selbst in unsere Familie einführen, daher bot Edur sofort an, statt Amets auf dem Lagerplatz der Einführung zu bleiben.

Als Edur mit den Jungen zurückkehrte, hatte Kemen Osané zur Frau genommen, und sie waren *beide* in unsere Familie gekommen. Edur glaubt, Amets habe das alles geplant. Er meint, Amets habe ihn hintergangen, während er Amets einen Gefallen getan hat. Amets hat versucht zu erklären, was passiert ist, aber Edur wollte ihm nicht zuhören. Er wollte nicht einmal mit ihm sprechen.« Alaia schaute zu Amets hinüber und fügte hinzu: »Damit wird die Jagd für Amets sehr schwer. Es bedeutet …«

Schnell legte Amets die Hand auf Alaias Mund.

»Mein Mann will nicht, dass ich darüber spreche. Aber er und ich sind besorgt, Haizea, jetzt, da Kemens Bruder und Vetter bei Edur sind. Warum hat Edur sie zur Insel im Meeresarm gebracht? Arantxas Familie ist mit uns verfeindet. Edur wusste das. Amets und ich glauben, es könnte eine Verschwörung geben, um die beiden Männer aus dem Luchsclan loszuwerden. Ich bin mir sicher, dass Nekané weiß, was vor sich geht. Man sieht ihr an, dass sie beunruhigt ist – das sehen wir alle. Aber Amets und ich glauben nicht, dass Nekané tatsächlich Angst um Kemen hat. Sie denkt an etwas anderes – etwas, das weit entfernt ist, das wir anderen nicht sehen können.«

»Sie ist Mittlerin«, machte ich ihr klar. »Sie und Hodei werden darüber nachgedacht haben, warum sich die Tiere uns nicht schenken wollen. Deshalb denken Mittler nicht sehr viel über ihre eigenen Familien nach.«

»*Das* ist es! Amets, ich habe dir doch gesagt, dass meine kleine Schwester sehr klug ist. Haizea, ich sage es nicht gern, aber ich bin mir nicht sicher, ob wir unserer Mutter vertrauen können, dass sie zu uns hält. Natürlich wird sie nie zulassen, dass jemand Bakar Schaden zufügt. Manchmal glaube ich, er ist der Einzige unter uns, an dem ihr etwas liegt. Ich bin mir nicht sicher, ob sie Kemen beschützen würde. Und wenn Kemen etwas zustoßen würde … oder auch nur Osané … Ich glaube, Nekané liebt Osané. Vielleicht liebt man die Menschen, denen man das Leben gerettet hat, tatsächlich mehr. Aber ich bin mir nicht einmal sicher, ob ich Nekané vertrauen würde, dass sie Osané beschützt. Ich bin mir in meinem Herzen nur sicher, dass sie immer auf den kleinen Jungen aufpassen wird.«

Ich starrte in den leeren Holzkorb zu meinen Füßen und dachte noch eine Weile nach. Dann sagte ich: »Mal angenommen, sie hatte recht?«

»Recht? Wer hatte recht?«

»Angenommen …« Ich sprach langsam, weil der Mann meiner Schwester zuhörte, und ich wollte nicht, dass meine Worte frech oder dumm klangen. »Angenommen … angenommen, diese Männer aus dem Luchsclan … Alaia, hast du nie daran gedacht, dass es *wahr* sein könnte? Ein großes Unrecht hat die Ordnung der Dinge erschüttert – das sagt Hodei jedes Jahr bei der Zusammenkunft. Ich meine … vielleicht steht es mir nicht zu, das zu äußern? Aber jedes Jahr ruft Hodei den Clan auf zu sprechen. Du hast ihn gehört, wie er uns auffordert, auszusprechen, was wir wissen. Da sind welche unter uns, die etwas wissen – Hodei sagt das jedes Jahr –, die wissen, was die Ordnung der Dinge erschüttert hat. Ich bin nur eine Frau, ich weiß *nichts*, aber auch als ich noch ein Kind war – und das ist noch nicht lange her –, habe ich gesehen, dass alle aufspringen, wenn Hodei sie auffordert, und all die törichten Dinge erzählen, die sie getan haben. Ich glaube nicht, dass es darum geht. Als Kind habe ich mitbekommen, wie gesagt wurde, wütende Geister vom Luchsclan seien zu uns gekommen. Wir wissen sehr wohl, dass die Geister des Luchsclans wütend waren – sie haben die Lande des Luchsclans weggeschwemmt und die Menschen ertränkt. Kemen hat uns nie etwas antun wollen – *nie* –, aber gerade, als er kam, verschwand unser Bruder. Ich will damit sagen … angenommen, es ist wahr, dass es Kemen ist – und sein Bruder und sein Vetter auch –, der die Ordnung der Dinge aus dem Gleichgewicht gebracht hat? Angenommen, *deshalb* haben sich die Geister der Tiere versagt? Was dann? Unsere Mutter ist Mittlerin. Wenn es stimmt, was ich sage, was soll sie dann tun?«

Ich glaube, ich habe noch nie zuvor so viel zu Alaia gesagt, und bestimmt nicht, wenn auch ihr Mann zuhörte.

Amets sagte zu Alaia: »Mir scheint, deine kleine Schwester lernt, vernünftig zu reden, Alaia! Vielleicht stellt sich ja heraus, dass es sich gelohnt hat, sie großzuziehen.

Wir haben die ganze Last, die Mittler durchfüttern zu müssen, die kaum jemals nützliche Arbeit verrichten, und dann vergessen wir, wozu sie gut sind, wenn wir sie brauchen. Kemen ist mein Freund. Er gehört zu dieser Familie. Seine Feinde sind meine Feinde. Doch wenn es Unrecht gibt, das tiefer liegt, als mir bekannt ist, sollten wir es lieber herausfinden. Dann werden wir wenigstens wissen, womit wir es zu tun haben.«

Ich sagte zu Alaia: »Dein Mann wird wahrscheinlich nicht fragen, worüber wir Frauen andauernd reden. Aber wenn, dann vergiss nicht, ihm zu sagen, einige unter uns Frauen hoffen, dass in diesem Mond der Zusammenkunft alles wieder ins Reine kommt. Wenn die Mittler ihre Aufmerksamkeit darauf richten, die Dinge wieder in Ordnung zu bringen, sollten wir lieber darauf vertrauen, dass sie damit fertig werden. Ich habe gehört, wie ein Mann sagte, das sei der Grund, weshalb die Familien der Mittler ihnen zu essen geben, obwohl sie nicht viel Arbeit für uns verrichten. Ich glaube, der Mann hat vernünftig gesprochen.

Ich möchte Kemen und Osané bei der Zusammenkunft sehen, so wie alle anderen es auch wollen. Wenn unsere Mittler herausfinden, welche Geister die Männer aus dem Luchsclan mitbrachten, dann können sie gegen diese Geister ankämpfen, oder besser noch, sie dazu bringen, die Seiten zu wechseln. Dann würden die Geister Kemen und Osané und uns alle in Ruhe weiterleben lassen. Als ich ein Kind war, als mein Vater noch lebte« – ich konnte meine Tränen nicht zurückhalten, während ich das sagte –, »hatte unsere Familie keine Feinde. Das möchte ich wieder erleben.«

Ich hatte es ernst gemeint, doch jetzt, da wir alle hier auf dem Lagerplatz der Zusammenkunft waren, wurde mir mulmig zumute. Manchmal, wenn ich zwischen den Bäumen hindurchgehe und der Nebel tief hängt, spüre ich ein Prickeln im Nacken. Jeder Zweig, der sich regt, hört sich an wie ein umherschleichender Bär, jedes Rascheln der Blätter könnte ein Wolfsrudel sein, eine verdrehte Wurzel sieht aus wie eine Natter unter meinem Fuß. Für gewöhnlich jedoch wandere ich im Dunkeln, bei Nebel oder Schneesturm und nehme nichts wahr außer den Gerüchen der Bäume, dem Gesang der Vögel und dem kalten Hauch des Windes in den Haaren. Das hängt davon ab, in welcher Stimmung die Geister sind. In jenem Jahr senkten sich die Geister bei der Zusammenkunft über die Feuerstellen. Wohin ich auch ging, spürte ich unsichtbare Bogensehnen, die hinter mir gespannt wurden – die Pfeile auf meinen Rücken gerichtet.

Auf der Hohen Lichtung war es besser. Wir genossen es, jung zu sein und uns von unseren Familien zu entfernen, von allen Eltern, die uns sagten, was wir zu tun hatten, von allen kleinen Brüdern und Schwestern, die versuchten uns überallhin zu folgen. Es war gut, durch die Wälder hinaufzusteigen, bis die Bäume uns nur noch bis zu den Hüften reichten, so hoch, dass wir ins Blaue schauen und die felsigen Gipfel der Berge sehen konnten. Als wir auf die Lichtung kamen, war die Sonne am Abendhimmel scharlachrot und setzte die Berge in Flammen. Kiebitze riefen quer über das Moor und flatterten an ihre Schlafplätze. Die Geister hatten unseren grünen Boden mit

Glockenblumen, Blutwurz und Augentrost geschmückt, als hätten sie verschiedene Muschelschalen auf eine leere Lederhaut genäht, um sie zu verzieren. Riedgräser waren schwer von Samen wie rötliche Federn. Rote Vogelbeeren leuchteten so hell, dass sie zu singen schienen. Eine kühle Brise wehte vom Berg her und hielt die Fliegen fern, die Luft war klar und kalt wie Quellwasser. Sie roch unberührt, nachdem man unten in den Wäldern gewesen war, wo die Gerüche von Tieren, Menschen und Feuern sich an den schlammigen Flussufern vermischten.

Wir luden unsere Körbe mit Nahrung ab und bauten unsere Schutzhütten unter den Felsen wieder auf, wo die Heide so dicht war, dass man ohne weiteres darauf schlafen konnte. Vom letzten Jahr waren noch Haselruten übrig, und es gab frische Weide und Myrte, um die Dächer zu decken. Als wir unsere Schlafplätze für die Nacht fertig hatten, trampelten wir das Farnkraut auf der flachen Stelle zwischen den Felsen nieder, um unseren Tanzplatz zu richten. Wir entfernten die Grassoden, die wir im letzten Jahr ausgelegt hatten, und darunter fanden wir unsere geschwärzten Feuerstellen in ihren Steinringen. Wir hatten unterwegs trockenes Holz gesammelt, und ein paar von uns hatten Glut mitgebracht. Auf der Hohen Lichtung konnten wir ganz für uns mit den Geistern über das Feuer sprechen, ohne von jemandem gestört zu werden. Wir legten alle Glut, die wir mitgebracht hatten, in die Feuerstelle in der Mitte und gaben Holz zum Anzünden hinzu. Dann brachten wir Glut von dort aus zu den anderen kleinen Feuerstellen rings um unseren Tanzplatz.

Im Jahr zuvor war ich auf der Hohen Lichtung geblieben, so lange ich konnte. Damals war es, um mit meinen Freundinnen und Freunden zusammen zu sein – Itsaso war damals noch bei uns –, aber in diesem Jahr ging es um mehr. Ich war nicht die Einzige, die vor den Omen weglief, die über unseren Feuerstellen hingen.

Am zweiten Abend auf der Hohen Lichtung tanzten wir den Spott-Tanz: Die Mädchen bildeten in der Mitte einen Kreis mit dem Gesicht nach außen, die Jungen außen herum mit dem Gesicht zu uns.

Im letzten Jahr war es mein Lieblingstanz gewesen. Wir hakten uns unter und gingen im Kreis, wobei wir versuchten, uns gegenseitig aus vollem Hals zu übertönen. Wir schrien unsere Beleidigungen am lautesten, wenn wir unserem Opfer auf der gegenüberliegenden Seite begegneten – es war eine kreisende Welle, zuerst weit weg, dann tobte sie durch uns hindurch:

Ortzi hat versucht, mit einem Mädchen zu schlafen
Er hat es getan!
Er hat es getan!
Aber er kriegte ihn nicht hoch
Nein, er konnte nicht!
Nein, er konnte nicht!
Er kann nicht einmal sehen, wohin er ihn steckt
Er ist so klein!
Er ist so klein!

Die Jungen sangen zurück:

Zorioné will einen Jungen haben
Ja, sie will!
Ja, sie will!
Sie hat es bei Ortzi versucht
Ja, das hat sie!
Ja, das hat sie!
Sie hat ihn berührt am …
Sie hat ihn schnell zum Stehen gebracht!
Sie hat es geschafft …

»Niemals!« Zorioné war wütend und vergaß dabei, dass es darum ging, sich nichts anmerken zu lassen. Sie schrie, so laut sie konnte, über den Gesang hinweg. »Ortzi ist eine *Raupe*! Das habe ich *nie* gemacht! Niemals …«

Der Kreis der Jungen brach vor Gelächter zusammen. Wir drehten uns um und schrien Zorioné an. Sie hatte uns einen Punkt gekostet, und jetzt gewannen die Jungen. Aber wir erholten uns bald:

Arrats ist noch klein, der Junge
Er hat ein Mädchen sich gesucht
Er hat ein Mädchen sich gesucht
Sie hielt ihn für ihr kleines Kind
Deshalb ließ sie ihn an sich ran
Deshalb ließ sie ihn an sich ran
An ihre Brust …

Jetzt waren die Jungen wieder auf den Beinen. Sie warteten nicht darauf, dass wir unsere Runde beendeten:

Haizea schaut auf Itzal
Sie will, dass er
Sie will, dass er
Ihn in sie steckt
Ja, das will sie!
Ja, das will sie!
Itzal, warum tust du's nicht?
Itzal, warum tust du's nicht?
Sie will es doch!
Sie will …

Wegen Zorioné hatten wir bereits einen Punkt verloren. Ich schaute über die Köpfe der Jungen hinweg auf die Eichenblätter, die im Mondlicht glänzten. Ich verschloss die Ohren. Ich versuchte, mein Herz den Augen folgen zu lassen. Ich versuchte, außerhalb des Kreises zu sein. Nicht nur die Jungen täuschten mich. Mein Bauch war in Aufruhr, und mein Kopf wollte nicht darauf hören. Beim Spott-Tanz geht es genau darum, dass man sich so fühlt – deshalb ist er natürlich bei allen so beliebt –, doch die Jungen wurden zu schlau. Meine Beine gaben nach. Eine Flamme, die ich nie angezündet haben wollte, loderte in meinem Innern. Ein grausamer Geist zog meine Augen zurück auf die grinsenden Jungen, die an mir vorbeiliefen.

Ich sah Itzal. Er sang mit den anderen. Er schaute mich direkt an. Dann waren die Mädchen an der Reihe:

Itzal, warum tust du's nicht?
Haizea ist doch hier!
Haizea ist doch hier!
Nimm sie dir im Wald, Itzal!
Wenn du kannst!
Wenn du kannst!
Sonst wissen wir, er ist zu klein …
Will er denn nicht stehen?
Will er denn nicht …

Jungen und Mädchen drehten ihren Kreis jeweils in entgegengesetzter Richtung. Ich warf Itzal einen Blick zu. Er fing ihn auf. Ich sah, dass er nicht sang. Er sah, dass ich mich nicht überwinden konnte, das Lied anzustimmen. Ich hatte in dem Spiel keinen Punkt verloren, aber ich wusste, ich hatte einen Punkt an ihn verloren.

Kemen sagte:

Basajaun kam vier Tage nach mir zum Lagerplatz der Zusammenkunft. Es war eigenartig, wieder dort zu sein. Ich schaute zum Hügel der Mittler, auf dem sich vier Jahre zuvor so viel für mich ereignet hatte. Er war kleiner, als ich ihn in Erinnerung hatte: nur ein grünes, warzenförmiges Hügelchen in der Mitte des Kreises aus Feuerstellen und Rauch. Kinder krabbelten hinauf und rollten dann den steilen Hang hinunter, kreischend vor Lachen.

Zuerst dachten wir, alle seien schon da – Arantxas Zelt war aufgebaut –, aber es stellte sich heraus, dass ihre Söhne vorausgefahren waren und Hodei mitgebracht hatten. Ich hatte Arantxas Söhne nicht mehr gesehen, seit sie mich vier Jahre zuvor an Alaias Feuerstelle bedroht hatten. Jetzt gingen sie mir aus dem Weg. Osané gegenüber erwähnte ich sie nicht, und sie sagte auch nichts zu mir. Einen Tag nach unserer Ankunft traf ich Hodei im Eichenwald. Er nickte mir kurz zu.

Ich stellte mich ihm in den Weg und begrüßte ihn mit dem Respekt, der Mittlern gebührt. »Nekané hat mir erzählt, dass deine Familie meinen Bruder und meinen Vetter an ihrer Feuerstelle aufgenommen hat«, sagte ich. »Ich bin dankbar, dass ihr mit meiner Familie das Essen geteilt habt. Ich war sehr glücklich, als Nekané ankündigte, wir würden uns hier bei der Zusammenkunft treffen.«

»Du überraschst mich«, sagte Hodei nüchtern. »Aber die Geister beschützen Narren, das wissen wir alle. Das heißt, falls die Narren wirklich so schlicht sind, wie sie sich geben.«

»Ich habe nie so getan, als wäre ich klug«, sagte ich bescheiden. »Ich weiß, dass die Alkgeister mich freundlich behandelten, als sie mich als einen der Ihren anerkannten.«

»Dann stell dich gut mit ihnen«, knurrte Hodei. »Denn wer weiß, vielleicht beobachten sie dich noch immer.«

Nachdem ich mit Hodei gesprochen hatte, war das Warten leichter, als ich befürchtet hatte. Von allen Seiten wurde ich daran erinnert, dass der Alkclan – bis auf ein paar Wenige – mich als seinesgleichen betrachtete. Amets und Sendoa hatten mir das vier Jahre lang versichert. Andererseits hatten sie mir nie gut zugeredet, mit zur Zusammenkunft zu kommen. Sie wussten, es war besser, wenn ich mich fernhielt. Ich versteckte mich nicht gern im Schatten. Ich wollte mich dem stellen, was vor mir lag – was es auch sein mochte –, und von Angesicht zu Angesicht dagegen ankämpfen. Immer wenn ich das vorbrachte, schüttelte Sendoa den Kopf und sagte, die Geister seien dazu noch nicht bereit. Amets' Schweigen zeigte mir, dass er ihm zustimmte. Meine Freunde mussten an ihre Familien denken. Und als ich Osané darauf ansprach, fiel sie auf die Knie, packte meinen Mantel und flehte mich an, mich von dort fernzuhalten. »Nur noch eine Weile«, sagte sie. »Das ist das Einzige, worum ich dich je bitte, Kemen. Lass mir noch ein bisschen Zeit.« Ich habe mich nie von meiner Frau beherrschen lassen, dessen könnt ihr gewiss sein. Sie würde es nicht wagen. Aber ich wollte nicht, dass ihre Stimme sie wieder verließ. Außerdem hatte ich meinen Sohn, um den ich mich kümmern musste: Falls Osané ihre Milch verlor, würde er sterben. Ich vereinbarte mit mir selbst, dass, solange Bakar an ihrer Brust hing, ich alles so lassen würde, wie es war.

Und tatsächlich, genau in dem Mond, in dem Bakar entwöhnt wurde – das nächste Kind war unterwegs, aber natürlich haben wir nicht darüber gesprochen –, gesellte sich Nekané auf dem Lagerplatz der Beeren zu uns. Sie erzählte uns, sie habe Basajaun getroffen – sie komme gerade von der Insel im Meeresarm –, mein Bruder und mein Vetter würden mit meinen Feinden zur Zusammenkunft kommen, mit Edur und Osanés Familie, und schon im nächsten Mond würde ich Basajaun bei der Zusammenkunft treffen.

Ich wollte meinen Bruder sehen, natürlich! Schließlich … Basajaun war mein Bruder, meine einzige Verbindung zu meinen Blutsverwandten, natürlich war ich froh, nach so langer Zeit etwas von ihm zu hören. Jetzt war er bei meinen Feinden. Nekané sagte, Basajaun wisse das nicht. Meine Feinde benutzten ihn. Sollten sie vorhaben, ihm unrecht zu tun, dann wäre es meinetwegen. Basajaun handelte schnell, er war nie bereit, abzuwarten. Obwohl er mein Bruder war, würde er den Weg, den ich eingeschlagen hatte, nicht verstehen – nicht so, wie Sendoa und Amets ihn verstanden. Es sei denn, er hätte sich verändert … Jahre waren vergangen, seitdem wir uns getrennt hatten. Vielleicht hatte ich mich auch verändert, mehr als mir klar war. Ich wusste nicht, was ich denken sollte.

Ein scharfer Wind wehte vom Himmel der Morgensonne und brachte eisigen Regen mit sich. Schaumkronen jagten mit den Wellen über den Meeresarm. Blätter wehten von den Bäumen, eingefangen in den Windstößen, die sie auf das Meer hinaustrieben. Während des Sturms würde niemand mehr eintreffen. Die Menschen verlegten ihre Zelteingänge zum Himmel der Abendsonne, nahmen ihre Glut mit an die inneren Feuerstellen und hängten den in Streifen geschnittenen Fisch und das Fleisch über ihre Köpfe. Körbe voller Wurzeln und Schalentiere wurden aufgestapelt, und man fand kaum noch Platz zum Sitzen. Das hielt niemanden davon ab, sich gegenseitig zu besuchen. Als ich die Klappe am Zelteingang anhob, um hinauszuspähen, sah ich gebückte Gestalten über die verregnete Lichtung eilen. Sie hoben eine Zeltklappe, blieben kaum stehen, um eine Begrüßung zu rufen, und tauchten dann vor dem unfreundlichen Wetter im Zelt ab. Meistens kamen sie in unsere Richtung. Unsere Feuerstelle war immer umringt von Menschen, die ein Wort mit der Mittlerin wechseln wollten. Gewöhnlich mussten sie sich mit dem Rest unserer Familie begnügen, weil Nekané woanders hingegangen war.

Entweder war unser Zelt voller Kinder oder ganz ohne. Die kleine Bande vom Lagerplatz der Beeren blieb beisammen und fand schon bald jede Menge Vettern und Kusinen, die sich ihr anschloss. Ich glaube, sie besuchten jedes Zelt auf dem Lagerplatz der Zusammenkunft und aßen alles weg, wie ein Trupp Ameisen. Ich war sehr froh, als Esti Bakars Hand nahm und ihn mit den anderen fortführte. Mein Junge hat sich nicht einmal umgedreht, er hatte die Milch seiner Mutter bereits vergessen.

Haizea sahen wir selten. Sie kam herein, aß, schlief, aß wieder und ging. Sie hatte kaum ein Wort für jemanden übrig. Zweifelsohne hatten sie ihre eigenen Schutzhütten auf der Hohen Lichtung errichtet. Alaia schimpfte mit ihr, weil sie keine Nahrung brachte.

»Alaia, wir haben *reichlich* zu essen. Als ich jung und frei war, hatte ich bei der Zusammenkunft andere Dinge im Kopf als Nahrung. Ich glaube, du auch!« Es war so ungewöhnlich für Osané, sich in eine Auseinandersetzung einzumischen, dass alle aufblickten.

Amets lag auf dem Schlafplatz hinter Alaia. Seine kleine Tochter Alazne ruhte mit dem Gesicht nach unten auf seiner nackten Brust, den Kopf an seinem Herzen. Amets brüllte vor Lachen, packte Alaia mit der freien Hand, und sie fiel rückwärts neben ihn. »Das stimmt! Hast du gehört, was deine Frau sagt, Kemen? Ich glaube, sie weiß etwas! Ich glaube, unsere Frauen hier erinnern sich an mehr, als sie preisgeben! Wir werden sie beobachten müssen, Kemen. Sie wissen zu viel.«

»Amets! Jetzt habe ich diese Schalentiere überall verstreut! Lass mich wieder hoch.«

»So, so!« Ich schob meine Hand unter Osanés Hirschleder an ihrem warmen Rücken hinauf, sie beugte sich vor und pflückte Bitterklee von den langen Stängeln. »Woran erinnerst du dich denn noch?«

»Au! Deine Hand ist kalt. Hör auf, Kemen!«

»Ich *habe* etwas zu essen mitgebracht.« Haizea schaute in unsere Runde, als wären wir Würmer unter einem umgedrehten Stein. »Alaia, ich habe all die Plattfische gebracht, die dort hängen …«

»Nein, hast du nicht! Du hast vor zwei Tagen Plattfische gebracht. Die haben nicht lange gehalten. Das sind keine …«

»Oh!« Haizea sprang auf. »Ich muss nicht hier essen! Pah!«

Sie packte ihren Mantel, tauchte unter der Zeltklappe hindurch, ließ mit einem Luftwirbel einen Schauer Regentropfen herein und war verschwunden.

Amets und ich gingen am nächsten Morgen vor der Dämmerung hinaus. Der Wind hatte sich gelegt. Wir nahmen unsere Pfeile und Bögen, Netz und Schlingen, krochen aus dem Zelt und ließen unsere Frauen schlafen. Überall auf der Lichtung waren braune Pfützen, doch der Regen hatte aufgehört. Niemand war draußen. Gänse mit rosa Füßen flogen in der Form großer Pfeilspitzen über uns hinweg auf den Himmel der Hochstehenden Sonne zu. Die Luft hatte sich verändert, sie roch nach dem Offenen Meer. Wir schlugen den Weg bergauf ein. Amets wollte mich zum Großen Moor bringen, das hinter den Bergen lag, wo, wie er mir sagte, der Angeschwollene Fluss zwischen einer Bucht und der nächsten verlief. »Das ist die beste Stelle für Enten in der gesamten Umgebung dieses Lagerplatzes. Man braucht weniger als einen halben Morgen, um über den Berg zu kommen. Wir könnten sogar heute Abend wieder zurück sein – aber wozu? Ich glaube, wir richten uns dort unseren eigenen Lagerplatz der Gebratenen Ente ein, Kemen!«

Ich war froh, wegzukommen. Jeden Tag auf Basajaun zu warten fiel schwer. Amets hatte oft – sehr oft – beschrieben, wie sein Hund Enten direkt in eine Falle trieb und das ebenso gut beherrschte wie all die anderen Dinge, die er konnte. Amets hatte sich oft – sehr oft – gewünscht, ich könnte einen Welpen aus demselben Wurf bekommen. Das war unmöglich, weil Edurs Hündin die Mutter war. Ich war zufrieden mit dem Welpen, den ich mir ausgesucht hatte, einen von Sendoa. »Und ich schätze«, hatte ich zu Amets gesagt, »dein Hund hat den hier ohnehin gezeugt. Das kommt auf dasselbe raus.«

»Wenn das so ist«, hatte Amtes gesagt, »kann mein Hund deinen anleiten. Falls er die Enten überhaupt dazu bringt, ihm zu folgen, werden wir wenigstens herausfinden, wer sein Vater ist!«

»Wenn es so leicht wäre, gäbe es viel mehr wütende Männer auf dieser Welt!«

Amets hatte lauthals gelacht. Aber er vergaß nicht, dass mein Hund und ich eine Lektion brauchten. Nun wanderten wir also tief in das Moor hinein, unsere Hunde hüpften hinter uns durch das Wasser. Wir strichen an Rohrkolben und Riedgras vorbei und wateten durch Bäche und knietiefe, offene Wasserstellen. Hier und da kamen wir an kleine Inseln, die mit Birken und Weidengebüsch bewachsen waren – so dicht, dass wir nicht auf das trockene Land kriechen konnten. Das Riedgras dünnte aus, das kahle Sumpfgebiet war rot wie Otterfell, an manchen Stellen glitzerte Wasser. Mit halb geschlossenen Augen schaute ich hin, bis ich allmählich die gerundeten Konturen vieler Enten erblickte, dicht wie Herbstlaub über das ganze Moor verteilt. Die Riedgräser um mich herum flüsterten sich etwas zu, während der Wind sie bewegte.

»Hier entlang!«

Ich folgte Amets. Wir kamen an einen Bach, der sich durch die Ebene schlängelte, bis er sich in einer breiten Wasserfläche verlor. Amets' Hund blieb am Ufer stehen. Er beobachtete Amets mit aufgerichteten Ohren. Mein Hund schaute hierhin und dorthin, auf mich, auf den anderen Hund, auf Amets und wieder auf mich.

Amets zeigte auf die Lücke zwischen den Binsen, durch die der Bach hinausfloss. Er sprach leise, nah an meinem Ohr. »Wir breiten das Netz dort aus, innerhalb der Binsen. Du nimmst dieses Ende. Du bleibst hier, während ich hinüberwate. Dann ziehen wir es hoch.«

»Wie weit?«, flüsterte ich.

»Nicht so weit, weniger als eine Manneslänge. Gerade so, dass die Binsen uns verbergen.«

»Und die Hunde?«

»Ah!« Amets hielt seinen Hund an der Schnauze fest und schaute ihm in die Augen. Er redete leise auf ihn ein. Der Hund stand gelassen vor ihm, die Rute erhoben, und spannte sich an, um loszulaufen.

Ich befahl meinem Hund, ihm zu folgen. Ich sagte ihm – dieser Teil war jedoch ohne Worte –, er solle mich nicht beschämen.

Sobald Amets losließ, trottete sein Hund davon. Mein Hund lief hinter ihm her. Sie folgten nicht dem Bachlauf. Amets' Hund schlug einen weiten Bogen über das Moor, damit er von der Seite her auf die Enten zukam. Ich musste meinen Blick von den Hunden abwenden, um unsere Falle aufzustellen. Amets rollte das Binsennetz ab, und wir breiteten es quer über den Bach aus. Dann hockten wir uns nieder, jeder auf einer Seite. Ich spähte durch die Binsen.

Die Hunde – Amets' Hund vornweg, gefolgt von meinem Hund – kamen in Sicht und trotteten die Uferböschung hinauf auf uns zu. Alle paar Schritte blieb Amets' Hund stehen und legte sich hin. Amets' Hund warf keinen Blick auf die Enten. Mein Hund stand hinter ihm: *Er* ließ die Enten nicht aus den Augen. Ich hörte ihn jaulen. Durch Pfiffe gab ich ihm, so laut ich es wagte, zu verstehen, sich zu legen. Ich zwang ihn kraft meines Willens, mich nicht zu beschämen. Langsam legte sich mein Hund hin. Amets' Hund trottete ein paar Schritte weiter und ließ sich erneut nieder. Zwei Herzschläge darauf tat mein Hund es ihm nach.

Ich sah die Enten. Tatsächlich schwammen sie *hinter* den Hunden *her*. Sie wurden nicht getrieben. Sie waren neugierig – hört, was ich sage, ihr Kinder –, diese Enten wollten einfach nur sehen, was als Nächstes passiert. Und, ist das nicht genauso dumm, wie es manchmal bei euch ist? Einfach hinterherlaufen, weil man wissen will, was dann passiert …

Diese Enten schwammen tatsächlich den Bach hinauf. Sie beobachteten, wie sich die Hunde einen Weg durch die Binsen bahnten. Die Enten wollten sehen, warum. Sie folgten. Sie schwammen in die Binsen. Sie schwammen unter unser Netz. Und dann … Wir zogen es fest! So!

Amets kann nicht mehr behaupten, dass ich nicht darauf höre, was er sagt! Und ich kann nicht leugnen, dass Amets' Hund schlau ist – fast so schlau, wie Amets immer behauptet!

Amets und ich gingen am nächsten Morgen wieder zurück über den Berg, jeder hatte vier fette Enten an der Schulter baumeln, zwei weitere hatten wir im Bauch. Wir nahmen den Weg über den höchsten Berg, sodass Amets mir alle Inseln zeigen konnte. Die Sonne stieg in den Himmel der Hochstehenden Sonne, so hoch es ihr möglich war: Nun, da der Mond der Zusammenkunft angebrochen war, wurde sie allmählich müde. Die Wellen jagten sich noch immer durch den Meeresarm der Zusammenkunft, doch sie hatten ihre weißen Schaumkronen eingebüßt. Nicht weit vom Lagerplatz entfernt erreichten wir das Ufer. Das Wasser stand so niedrig, dass wir den Strand entlanglaufen konnten. Wir bogen um die Felsen und sahen zwei beladene Boote, die auf das Ufer zupaddelten. Sonnenlicht funkelte auf dem Wasser. Schützend legte ich die Hand über die Augen. Die Boote hüpften auf und ab, und ich konnte nichts erkennen.

»Amets, sie müssen von der Insel im Meeresarm kommen!« Meine

Stimme klang heiser und angespannt. »Niemand sonst hätte so bald nach dem Sturm hier sein können.«

»Wo ist dein Verstand geblieben, Kemen? Genauso gut können sie von der Insel der Blutsteine kommen oder von noch weiter her. Sie hätten überall zwischen hier und dem Lagerplatz bei den Feuersteinen Rast machen können, bis der Sturm vorüber war.«

Ich wusste es besser. Ich begann zu rennen, rutschte und glitt über den nassen Fels. Die Boote waren uns weit voraus. Sie erreichten lange vor mir das Ufer. Amets rief mir zu, ich solle warten. Ich konnte nicht.

Vollkommen außer Atem kam ich an. Sie zogen gerade die leeren Boote den Strand hinauf. Ihre Sachen waren bereits aufgestapelt. Die Männer drehten das Boot um und legten es hin. Sie standen auf und wandten sich mir zu. Ich sah meinen Bruder.

»Basajaun!«

Er lief auf mich zu. Ich drückte ihn an mein Herz. Wir standen voreinander, hielten uns an den Ellbogen und sahen uns prüfend an.

Basajaun, mein Bruder!

Er hatte sich nicht verändert. Die Falten von der Nase zur Oberlippe waren härter geworden – was mir vertraut war, nur dass mein Vater so tiefe Furchen hatte, nicht Basajaun. Die Augen meines Bruders waren dieselben, sie hatten die Farbe von Haselsträuchern im Herbst, Grün, das sich in Braun verfärbt. Ich schaute hinein. Ich konnte sein Herz nicht deuten. Er *hatte* sich verändert. Sein Bart war fast bis auf die Haut gestutzt, so wie es im Alkclan üblich ist. Sein Mantel aus Luchsfell war abgetragen und von Meerwasser befleckt – am Kragen war das ganze Fell abgescheuert –, und er trug ihn noch immer nach Art des Luchsclans, an der rechten Schulter mit einer polierten Geweihnadel befestigt. Ein Bild schoss mir durch den Kopf: Die Feuerstelle unserer Mutter auf dem Lagerplatz des Fischfangs, der Geruch nach gebackenen Wurzelkuchen, meine Mutter, die sie mit ihrem Grabstock umdreht und in der Asche vergräbt – und Basajaun, der auf einem hochgestellten Holzklotz sitzt und genau diese Nadel schnitzt und poliert. Und jetzt – jetzt trug ich Hirschleder, von einer Frau des Alkclans genäht, am Hals mit einem Lederband befestigt. Dieselbe Frau hatte meine Kette aufgefädelt, bestehend aus den Zähnen und Klauen des Bären, den ich noch nicht erlegt hatte, als ich meinen Bruder zum letzten Mal sah. Außerdem hatte Osané meine Haare für die Zusammenkunft geflochten – so wie es beim Alkclan üblich ist. Ich betrachtete meinen Bruder und sah, wie ich mich verändert hatte.

Nekané sagte:

Diesmal waren viel mehr Angehörige des Clans zur Zusammenkunft gekommen als sonst, weil sich die Tiere in all unseren Jagdgründen weigerten, sich zu schenken. Die Jagd war infolge des Sturms verschoben worden. Schon bald würde es für so viele auf dem Lagerplatz nicht mehr genug zu essen geben. Alle wussten, dass die Krise kommen würde, wenn die Mittler zu den Tieren über die Jagd sprachen. Entweder würde die Ordnung der Dinge wiederhergestellt, oder die Alkgeister würden die Seiten wechseln und uns vernichten.

Ich bewegte mich am Rand eines Abgrundes. Ich tastete mich langsam vor, Schritt für Schritt. Zwischen jedem Schritt schaute ich in die Tiefe unter mir. Wenn ich fiele, wäre ich für immer verloren. Das war keinem von euch klar. Ihr wusstet, dass ich Risiken einging. Ihr wusstet, dass bei dieser Zusammenkunft entweder alles verloren gehen oder alles wiedergutgemacht werden würde. Ihr hattet eine gewisse Ahnung von der Aufgabe, die vor mir lag. Nur wusstet ihr nicht, dass mein Name selbst in Gefahr war.

Manche dachten, das Unrecht sei geschehen, als ich Mittlerin wurde. Wir wissen alle, das es nur eine Möglichkeit gibt, sich eines Mittlers zu entledigen: Sein Name muss sterben. Ich hatte Männer gesehen – und auch ein paar Frauen –, die Zeichen machten, wenn ich vorüberging. Nicht nur Zeichen, um böse Geister abzuwehren, sondern Zeichen, die mich direkt bedrohten. Kein Geist hatte diese Zeichen beachtet, aber die Wünsche der Menschen haben eine große Macht, und wenn meine Feinde gewusst hätten, was zu tun gewesen wäre, hätten sie leicht einen schwachen Geist verpflichten können, gegen mich zu arbeiten. Jeder weiß – damit verrate ich nichts –, dass selbst ein schwacher Geist die dünne Verbindung zwischen einem wandernden Mittler und seinem schlafenden Körper durchtrennen kann. Wenn das geschieht, kann der Mittler nicht wieder in die Welt zurückkehren. Ich ließ den Gedanken nicht zu. Zum Glück hätte nur ein anderer Mittler gewusst, wie man einen Geist auf diese Weise verpflichten kann, und ich hatte schon bald erkannt, dass die anderen Mittler an meiner Seite mich nicht verraten würden, auch wenn sie mich nicht mochten.

Ich war bereits von Kummer gebeutelt. Auf der Insel im Meeresarm, als Hodei und ich Kemens Vetter dazu gebracht hatten, uns zu zeigen, wohin seine Seele gewandert war, sah ich schließlich, warum mein Delphin auf meinen Ruf gewartet hatte. Ich sah noch nicht, wie das Unrecht geschehen war, aber ich sah, wer es verursacht hatte. Ich sah so viel, dass mein Herz entzweigerissen wurde. Als wir wieder in unsere Körper zurückkehrten, waren Hodei und ich uns einig, dass wir beide recht gehabt hatten. Er hatte meinen Strang der Geschichte aufgegriffen und ich seinen. Jetzt waren wir in der Lage, die beiden Stränge miteinander zu verbinden. Wir prüften das Seil, das wir angefertigt hatten, und ließen es sich aufrichten, damit wir an die Spitze klettern konnten. Es trug unser Gewicht, wir fanden keine schwache Stelle darin. Bis dahin waren wir keine Feinde gewesen – aber auch keine Freunde. Wir hatten uns umkreist wie zwei wachsame Hunde, die aufeinandertreffen, wenn ihre Familien zusammenkommen, nicht wissend – denn Hunde haben nur ein kurzes Gedächtnis –, dass sie vor nicht allzu vielen Monden von derselben Mutter zur Welt gebracht wurden.

Jetzt arbeiteten Hodei und ich zusammen. Trotz meiner Ängste fühlte ich mich stark. Auf dem Lagerplatz der Zusammenkunft hörten sich Zigor und Aitor an, was wir zu sagen hatten. Ich saß bei ihnen. Wir rösteten Geisterpilze auf den heißen Steinen unserer Feuerstellen. Wir warteten, bis alle sich versammelt hatten. Der Tag ging ins Dämmerlicht über. Die Flammen an den Feuerstellen flackerten. Über der Lichtung hing der Essensduft. Der Abendstern leuchtete wie ein weißer Kiesel am dunstigen Himmel.

Ich war Mittlerin, aber mir als Frau war verwehrt, zu den Tieren über die Jagd zu sprechen. Ich wusste, dass manche Männer untereinander tuschelten und sagten, ich könne eigentlich kein Mittler sein, denn wer hatte schon von Mittlern gehört, die nicht zu den Tieren über die Jagd sprachen? Nichts war laut geäußert worden. Aber jetzt hatten wir diese Frage zu beantworten, weil die Antworten auf die anderen Fragen darin verwickelt waren. Deshalb nahm ich, nicht Hodei oder Zigor oder Aitor, als Erste die Trommel zur Hand. Deshalb wendete ich mich an die Frauen.

»Kommt, ihr Frauen!«, rief ich, während ich trommelte. »Steht auf, ihr Frauen! Dieser Tanz ist für euch! In diesem Jahr tanzt ihr Frauen ihn! Kommt, ihr Frauen! Kommt! Kommt! Kommt!«

Rings um den Hügel der Mittler zögerten die Frauen und schauten sich an. An jeder Feuerstelle sahen sich die Frauen zu ihren Männern um. Die Männer schlugen die Augen nieder und schwiegen. So wütend, verwirrt oder ängstlich diese Männer auch waren, was hätten sie sagen sollen? Ich hatte drei starke Mittler im Rücken, die schweigend alles beobachteten, was ich tat.

»Kommt, ihr Frauen! Kommt! Kommt! Kommt!«

Langsam erhob sich meine Schwester Sorné – sie war alt, so wie ich – und schlurfte auf die leere Lichtung vor uns. Haizea sprang an ihre Seite. Ich hätte es wissen sollen: Meine Tochter ist so mutig! Sie klatschten in die Hände und gingen langsam auf den Hügel zu.

Aitor, Zigor und Hodei hatten hinter mir gestanden, vor den Feuerstellen der Mittler. Jetzt traten sie zurück in den Schatten. Vom Fuße des Hügels müssen die Feuer der Mittler breiter als sonst gewirkt haben. Nur die vier Mittler auf dem Hügel konnten sehen, warum: Es waren nicht mehr drei miteinander verbundene Feuerstellen, sondern vier. Vier Feuer loderten auf, genährt von harzigen Kiefernzweigen. Die Menge flüsterte wie Eschen in einer Brise. Nun erkannten sie, was sich verändert hatte. Ihr Seufzen und ihr Murmeln waren wie der Wind, der in einem tiefen Talkessel vor sich hin pfeift.

Zehn Herzschläge vergingen.

Meine Nichte Itsaso rannte von ihrer neuen Familie an einer der abgelegenen Feuerstellen herbei. Hilargi stützte sich auf Sendoa und erhob sich. Sendoa half ihr, als sie über ihren Korb hinweg auf die Lichtung trat. Esti löste sich von ihrer Mutter und lief zu ihrer Tante. Ich war erstaunt, als Zigors Nichte Zorioné von der anderen Seite der Lichtung kam und ihre beiden Schwestern mit sich zog.

Osané stand auf – obwohl ich meine Trommel schlug, spürte ich die Woge des Mutes, die sie vor sich hertrieb – und packte Alaias Hand. Mit der einen Hand den gewölbten Bauch haltend, zog Osané Alaia mit sich. Die Frauen klatschten, während ich trommelte. Der Tanz erfasste den entstehenden Kreis in kleinen Wellen.

Meine Trommel wurde schneller. Sie schlug einen Pfad. Alle Frauen waren auf den Beinen. Meine Trommel ließ ihnen keine Wahl. Ich erhaschte einen Blick auf Arantxas entsetztes Gesicht im flackernden Feuerschein. Meine Trommel gab den Takt vor. Dieser Tanz war schon einmal getanzt worden, aber nicht in dem jetzigen Leben einer der hier Anwesenden. Dieser Tanz war eine Erzählung, die von den Vorfahren weitergegeben wurde, zusammen mit Geschichten über Sorgen, Angst und Not aus einer sehr fernen Vergangenheit, die zerbröckelt ist und nicht mehr Spuren hinterlassen hat als die Knochen der Menschen, die liebevoll auf ihren Podesten zwischen den Bergen zur Ruhe gebettet wurden.

Das Lied aber hat überlebt. Als wir anfingen zu singen, kam meine Stimme als Echo aus vielen Kehlen zurück. Sie nahm zu wie der Wind. Jede Frau des Alkclans kennt das Lied. Wir singen es, sobald ein Mädchen zur Frau wird, damit die Worte nie sterben. Kein Mann bei der Zusammenkunft hatte es seit seiner Kindheit je wieder gehört. Wenn sich einer unter ihnen daran erinnerte, dann nur wie an das Bruchstück eines Traumes.

Wo sich Wolken sammeln
Am Großmutterberg
Entspringt Wasser ihren Brüsten
Entströmt Wasser ihren Höhlen
Wasser fließt zum Meer
Wo sich Wolken sammeln
Bin ich deine Tochter
Großmutterberg
Bin ich deine Tochter
Großmutterberg
Wo sich Wolken sammeln …

In den Feuerstellen der Mittler krachte es. Schwarzer Rauch stieg in dicken Schwaden auf. Hinter mir trommelten die Schritte der Tiere. Sie hatten keinen Tanz in sich. Sie waren herabstürzende Felsen. Sie waren angreifende Auerochsen. Sie waren das Meer, das über die Lande spült. Hinter dem Hügel sprangen vermummte Gestalten hervor und preschten durch die Tanzenden. Die Trommeln schlugen laut, ohne miteinander zu sprechen. Das Lied zerbarst in einzelne Tropfen wie ein Fluss, der über eine Felswand stürzt. Der Tanz geriet ins Stocken. Er blieb tot auf dem zertrampelten Boden liegen. Die Ordnung der Dinge ging zu Bruch.

Die Frauen flohen und ließen vor dem Hügel einen freien Raum zurück. Die Männer eilten nach vorn und blieben dann wie angewurzelt stehen. Sie konnten nicht weitergehen. Der Tanz hatte eine Linie um die Lichtung gezogen. Die Menschen spürten, wo die Grenze war. Sie sammelten sich, Männer und Frauen gemeinsam, und bildeten dahinter einen Ring. Nur die vier Mittler auf dem Hügel standen innerhalb des Kreises. Die vermummten Tiere waren verschwunden. Die vier Mittler standen Seite an Seite – nicht an dem üblichen Platz hinter den Feuerstellen der Mittler, sondern davor. Mondlicht fiel auf die Gesichter der Menschen. Unsere Gesichter waren überschattet. Niemand konnte sich verstecken.

Wir warteten, bis das Schweigen schmerzhaft wurde. Im Feuer hinter uns knackte ein Holzscheit. Dann erhob Aitor seine klagende Stimme:

»Die Ordnung der Dinge ist zu Bruch gegangen! Die Jagd ist gestört! Die Tiere weigern sich, mit uns über die Jagd zu sprechen! Die Tiere hören nicht auf die Jäger. Sie hören auf die Frauen. Die Geister wollen nicht zu den Männern des Alkclans kommen. Ein großes Unrecht ist geschehen, und die Geister weigern sich, zu uns zu kommen.

Wir Männer taugen nichts! Unsere Frauen haben die Geister gebeten zu kommen. Unsere Frauen mussten das tun, weil unsere Männer nichts taugen! Die Geister haben die Frauen erhört. Die Geister sind gekommen! Die Geister hören uns jetzt zu! Unsere Frauen sind besser als wir!

Wir Männer sind beschämt! Können unsere Frauen zu den Tieren über die Jagd sprechen? Nein! Das kann keine Frau! Wir Männer müssen uns mit den Geistern versöhnen! Wir müssen mit ihnen ins Reine kommen, bevor der Mond heute untergeht!«

Mit einem leisen Geräusch, das wie ein Seufzer klang, wandten sich alle dem Mond zu. In zwei Tagen wäre der Mond der Zusammenkunft voll. Er war gerade hinter den Bergen zwischen dem Himmel der Morgensonne und dem Himmel der Hochstehenden Sonne hervorgekommen. Die Sterne wurden blass. Die Dunkelheit floh und verbarg sich unter den Bäumen, während der Mond höher stieg. Auf der Lichtung war es taghell.

»Bevor heute der Mond untergeht, muss das Unrecht wiedergutgemacht werden! Bevor dieser Mond untergeht, müssen eure Mittler zu den Tieren über die Jagd sprechen! Wenn der Alkclan noch ein Jahr leben soll, muss dieses Unrecht wiedergutgemacht werden!«

Jetzt rief Hodei ihnen zu: »Ihr denkt zuerst an eure Familien, wie es bei Menschen üblich ist. Ihr denkt an eure Söhne, eure Väter, eure Brüder, eure Neffen, eure Vettern. Das ist die Ordnung der Dinge, wenn alles beigelegt ist. Jetzt gibt es ein großes Unrecht, das nicht nur eure eigene Familie, sondern den gesamten Alkclan bedroht. Ein großes Unrecht ist unter uns geschehen! Nun müsst ihr an den Alkclan denken, nicht nur an eure eigene Familie! Wenn jemand etwas zu sagen hat, möge er jetzt sprechen!«

Die Geister drangen in die Trommeln ein und peitschten unseren Aufschrei in die Herzen aller hinein: »Wenn jemand etwas zu sagen hat, möge er jetzt sprechen! Jetzt!«

Alle stimmten ein: »Sprecht jetzt! Sprecht jetzt! Sprecht jetzt!«

Drei Männer rannten über die Lichtung. Sie sprangen auf die Stätte der Heilung in halber Höhe des Hügels. Ihre Köpfe waren auf gleicher Höhe mit den vier Feuerstellen. Der Schein des Feuers erhellte ihre Gesichter. Osanés Brüder Koldo, Oroitz und Itzal standen vor uns.

Die Trommeln verstummten. Nur die Herzschläge der Menschen trugen den Rhythmus weiter: *Sprecht jetzt! Sprecht jetzt! Sprecht jetzt!*

Zigor schrie so laut, dass alle es hören konnten: »Koldo! Oroitz! Itzal! Sprecht jetzt!«

Der Älteste ergriff das Wort für alle. Koldo hatte nicht die Stimme eines Mittlers. Er klang mürrisch. Ich konnte ihn kaum verstehen.

»Die Männer des Luchsclans haben das Unrecht mitgebracht. Wir drei wissen es. Der eine hat unsere Schwester gestohlen. Edur hat die anderen beiden zu uns gebracht. Aus allem, was zur Sprache kam, als sie bei uns waren, wissen wir, dass sie großes Unrecht getan haben. Wir sahen es, als die Mittler auf der Insel im Meeresarm zu den Geistern sprachen. Diese Männer waren verdammt, als sie zu uns kamen. Ihr Clan hat großes Unrecht getan, und die Geister haben ihre Lande fortgeschwemmt. Sie haben diese bösen Geister mitgebracht. Diese bösen Geister wollen uns umbringen!«

Wir Mittler wissen, dass es so etwas wie einen bösen Geist nicht gibt. Wir wissen, dass es so etwas wie einen durch und durch guten

Mann auch nicht gibt. Itzal begriff das besser als Koldo. Ich sah, dass er zitterte. Oroitz wich unseren Blicken aus. Nur Koldo war sehr sicher, dass alles, was er sagte, der Wahrheit entsprach. Ich winkte Itzal zu mir. »Komm her, Itzal!«

Itzal schaute seine Brüder an. Langsam stieg er zu uns herauf. Er betrachtete die vier Feuerstellen und riss die Augen weit auf. »Komm her, Itzal!«

Versteckt zwischen den Mänteln der vier Mittler kniete Itzal zu unseren Füßen nieder und zitterte wie ein Blatt, kurz bevor es herabfällt.

Zigor sprach als Erster. »Welches Unrecht hat der Luchsclan getan, Itzal?«

Itzal schluckte. »Kemen hat meine Schwester gestohlen!«

»Hast du es gesehen?«

»Nein, aber …«

»Was weißt du dann darüber?«

»Mein Brüder haben gesehen … mein Vater …«

»Dein Vater und deine Brüder haben dir aufgetragen, gegen diese Männer zu sprechen?«

»Nein!«

»Du warst ein Kind, Itzal. Was wusstest du?«

Itzal schaute auf. Hodei war sein Onkel. Zigor hatte oft freundlich mit ihm gesprochen. Itzal suchte die Gesichter von Freunden: Da waren keine Gesichter. Nur die leeren Umrisse der Mittler schwebten über ihm und verwehrten den Blick auf die Sterne.

»Ich wusste, dass ich Osané liebte!«, platzte es aus Itzal heraus.

»Du hast deine Schwester geliebt.« Die Stimme war trocken wie ein Stein. »Wurde ihr Gewalt angetan, Itzal? Willst du sie deshalb beschützen?«

Weinend kroch er über das Gras zu unseren Füßen.

»Wurde ihr Gewalt angetan?«

»Du warst ein Kind, Itzal. Was wusstest du? Wurde ihr Gewalt angetan?«

»Ich kann es nicht sagen! Nein! Nein! Ja! Nein! Ich kann es nicht sagen!«

»Warum hast du dann gesagt, du könntest sprechen! Fort mit dir!« Zigor versetzte ihm einen heftigen Tritt. Itzal krümmte sich zu einer Kugel zusammen. Hodei trat ihn in den Rücken. Itzal rollte in den Feuerschein. Er wäre aufgesprungen und geflohen, doch Aitor packte ihn am Halsausschnitt seines Hirschleders. »Bleib hier! Du bist in diesen Kreis gekommen! Wir sind noch nicht fertig!«

Die Mittler traten den Wartenden gegenüber.

»Schickt diese Männer aus dem Luchsclan vor!«

Basajaun und sein Vetter wurden über die Lichtung bis zur Stätte der Heilung geschoben.

Einen Herzschlag später trat Kemen vor. Amets und Sendoa versuchten mitzugehen, doch Kemen stieß sie zurück. »Nein! Ihr dürft daran nicht teilnehmen!«

Amets versuchte zu protestieren, doch Kemen nahm ihn am Arm und sprach leise mit ihm. Ich sah, dass Amets die Arme zu den Geistern erhob; ich wusste sehr wohl, worum Kemen ihn gebeten hatte. Das gefiel mir: Wenn Amets versprochen hatte, sich um den kleinen Bakar zu kümmern, war mein Enkel so sicher, wie er nur sein konnte.

Die drei Männer vom Luchsclan standen zu unserer Rechten auf halber Höhe des Hügels, Koldo und Oroitz zu unserer Linken. Basajaun verschränkte die Arme und starrte Arantxas Söhne verächtlich an. Koldo und Oroitz senkten den Blick.

»Oroitz!«

Oroitz fuhr zusammen. Er hatte sich in Sicherheit gewähnt.

»Oroitz! Hast du diesen beiden Männern« – Aitor zeigte auf Basajaun und seinen Vetter – »zu essen gegeben, als sie an eure Feuerstelle auf der Insel im Meeresarm kamen?«

Oroitz zögerte. Er konnte Basajaun nicht ansehen. Aber es gab nur eine Antwort. »J-ja.«

»Du hast ihnen zu essen gegeben. Hast du sie getäuscht, als du das getan hast?«

Auch darauf gab es nur eine Antwort. »J-j-jaa.«

»Du hast die Geister deiner Feuerstelle gezwungen zu lügen?«

Oroitz schwieg. Koldo machte den Mund auf und wollte sprechen.

»Du bist still! Oroitz, wo ist dein Vater?«

Langsam hob Oroitz den Arm und zeigte ins Dunkle, auf Arantxas Zelt.

»Lebt dein Vater, Koldo?«

Koldo starrte ihn an. »Ja!«

»Ist er verrückt?«

»Nein!«

»Ist er krank?«

»Nein!«

»Warum bist du dann ohne ihn hier? Schämt er sich?«

»Nein!«, schrien Koldo und Oroitz wie aus einem Munde.

»Nein? Vielleicht macht er dann nur ein Nickerchen? Vielleicht jagen seine Söhne so gut für ihn, dass er zu viel Fleisch gegessen hat? Vielleicht schläft er ruhig in seinem Zelt? Ja? Nun denn, wir wollen einen alten Mann nicht in seinen Träumen stören. Basajaun!«

Basajaun stand mit verschränkten Armen da. Seinen Mantel aus Luchsfell hatte er nach hinten über die Schulter geworfen. Er schaute zu Aitor mit derselben Verachtung auf, die er Arantxas Söhnen gegenüber gezeigt hatte. Dann senkte er den Blick und ließ die Arme zu beiden Seiten hängen.

Endlich war ich an der Reihe. Basajaun rechnete nicht damit, dass ich sprechen würde, und zuckte überrascht zusammen.

»Basajaun«, sagte ich. Ich war froh, dass meine Stimme trotz allem fest blieb. »Basajaun, der Delphin ist auf dem weißen Sand gestrandet – wem gehörte er?«

Er antwortete nicht. Über seinem Kopf sah ich den Mond, wie er herabschaute. Er warf seinen Schatten und legte Basajauns Kopf Osané zu Füßen, die in der Menge zwischen Sorné und Alaia stand.

»Ich weiß nicht, wovon du sprichst«, sagte Basajaun schließlich.

Er war auf der Hut, wie ein Hirsch, der einen fremden Geruch wahrnimmt, bereit auszuweichen, wenn wir ihn noch weiter verfolgten. Er erschrak, als Aitor und Hodei auf die Stätte der Heilung hinabsprangen und nicht ihn, sondern seinen Vetter packten.

Auch der Clan hatte nicht damit gerechnet. Eine Frau schrie auf. Die Schatten der Bäume verbargen die Menschen. Als ich aufschaute, konnte ich sie nicht sehen, aber ich konnte sie rings um uns herum spüren. Aufmerksam verfolgten sie alles, was wir taten. Sie waren unser Clan. Wir arbeiteten für sie. Sie verliehen uns Kraft.

Wir hielten den Mann zwischen unseren Mänteln am Boden fest. Wir verbargen ihn vor den anderen und dem Licht. Wir rochen seine Angst. Wir nannten ihn beim Namen.

»Du erzählst uns jetzt von dem Delphin«, sagte ich, »sonst werden wir dich töten.«

»Nein, nein! Ich weiß nichts! Ich habe nichts getan! Lasst mich in Ruhe!«

Aitor packte ihn an den Haaren und riss ihm den Kopf nach hinten. Zigors Messer war an der Kehle des Mannes. »Wir könnten dich jetzt töten. Oder – wir könnten dafür sorgen, dass dein Name nie wieder in die Welt zurückkehrt. Das könnten wir tun. Du weißt, wie?«

»Nein! Nein! Nein! Ich habe nichts getan! Ich habe es nicht getan! Fragt Basajaun!«

»Töte ihn jetzt!«

»Nein! Ich habe nichts getan! Nein!«

Zigor zog sein Messer über die Wange des jungen Mannes. Blut rann herab und sickerte in seine Haare. »Dann sprich!«

»Ich habe ihn nicht getötet!«

»Hat er dir seinen Namen genannt?«

»Nein! Ich wusste nicht, wer er war!«

»Aber als er tot war, hast du ihn entkleidet. Du hast gesehen, was auf seinem Rücken geschrieben stand.«

»Ich habe ihn nicht getötet!«

»Was hast du auf seinem Rücken gefunden?«

Der Mann stank nach Angst. Sie lief in kaltem Schweiß an ihm herab. Er war ein gebrochenes Schilfrohr in den Händen der Mittler. Wusste er, dass er sterben musste? Ich wünschte mir, dass er es nicht ahnte. Er musste noch ein wenig Hoffnung behalten, dass er etwas zu verlieren hatte.

Der junge Mann hoffte noch, denn am Ende flüsterte er: »Alk.«

Aitor ließ ihn los. Basajauns Vetter sank nach vorn, die Hände vor die Augen geschlagen. In der Luft ringsum spürte ich ein einziges Ausatmen. Der Clan war vereint und beobachtete uns. Er war ein großes Tier, das uns umschloss wie eine Bergkatze, die sich in ihrer Höhle um ihre Jungen rollt. Wir taten, was getan werden musste, unserem Clan zuliebe. Er verlieh uns Kraft.

Wir kauerten uns über den Mann aus dem Luchsclan. Hodei sagte: »Jetzt wirst du darüber sprechen, warum du an dem Strand warst. Du wirst darüber sprechen, wie es dazu kam, dass du in Landen warst, in denen der Alkclan auf die Jagd geht. Du wirst darüber sprechen, wie du ihm begegnet bist, und du wirst darüber sprechen, was geschah, als dieser Mann aus dem Alkclan starb.«

Er konnte nur flüstern. Wir beugten uns hinab in den Geruch seiner Angst. »Basajaun hat die Frau eines anderen Mannes genommen. Er nahm sie an dem Tag, als Kemen aufbrach, um den Alkclan zu suchen. Er wartete, bis Kemen fort war … Er wusste, Kemen würde nicht … Das ist fünf Jahre her. Der Reiherclan hat uns fortgeschickt. Nicht alle – meinen Bruder nicht, es war nicht seine Schuld, er durfte bleiben.«

Zigors Messer strich über die Kehle des Mannes. Er keuchte. »Wir nahmen ein Boot … Wir paddelten auf den Sonnenlosen Himmel zu … auf Kemen … Kemen … er hatte sich auf die Suche nach dem Alkclan begeben … Wir folgten … Ein günstiger Wind brachte uns … Wir paddelten schnell … Das Jahr wurde allmählich alt … Mond der Gelben Blätter … Wir segelten ins Land des Alkclans … tief hinein in die Lande des Alks … ohne jemandem zu begegnen.«

Er schaute zu uns auf. Er konnte unsere Gesichter nicht sehen. »Ich habe nichts getan ... nichts! Es gibt freundliche Geister ... lasst ihr mich am Leben?«

»Sag, was du zu sagen hast!«

Vielleicht hielt er das für ein Versprechen. Er fuhr fort, und die Wörter sprudelten nur so aus ihm heraus. »Wir gingen an einem weißen Strand an Land. Wir hatten Hunger. Wir kannten das Land nicht. Die Tiere sahen, dass wir Fremde waren. Sie wollten sich uns nicht schenken. Wir hatten Hunger.«

Die Menschen beugten sich vor und bemühten sich, etwas zu verstehen. Ich spürte ihre Nähe. Sie konnten nicht sehen, was wir oben auf dem Hügel taten. Sie konnten nicht hören, was der Mann aus dem Luchsclan sagte. Sie konnten uns auf dieser Reise nicht folgen, aber sie vertrauten uns. Ich spürte ihre Kraft.

»Wir wanderten über den weißen Strand. Wir suchten ... brauchten ... Tierpfade, die uns führten ... nur Marschen ... Wir sahen ... einen Fels auf dem weißen Sand. Wir kamen näher. Kein Fels ... ein Delphin ... gestrandet. Er roch frisch. Unsere Messer ...«

Aitor riss den Kopf des Mannes mit einem Ruck nach hinten. Die Spitze einer Klinge bohrte sich in seine Kehle. »Fahr fort!«

»Wir kamen ... wir fanden ... Fußspuren ... Hund ... ein Mann allein ... Asche im Sand ... angezündet mit Baumpilzen ... Quendelstängel ... ein weißer Stein ... Dieser Delphin ... hatte sich schon geschenkt. Dank war ausgesprochen ... bereits ausgesprochen ...«

»Fahr fort!«

»Wir sahen uns um ... Er hatte die Fettschicht abgetrennt ... Rippen herausgeschnitten ... das Fleisch war weg ... Fußspuren ... ein Pfad ... unter den Bäumen ... Er war weggegangen, um das Fleisch aufzuhängen ... Wir fanden es später ...

Er war fort ... Wir hatten Hunger. Wir nahmen ... Wir hätten es nicht genommen! Nicht alles! Wir hörten den Hund ... Der Hund bellte ... Dieser Hund ... Der Hund ... Basajaun schnitt gerade Fleisch ... Der Hund ...« Die Worte gingen in Schluchzen über.

Er schrak vor Zigors Messer zurück und wimmerte wie ein geschlagener Welpe. »Sprich!« – das war Hodei. »Der Hund?«

»Sein Messer … Basajaun … er schnitt gerade … Der Hund sprang … Sein Messer …«

»Sprich!« Das Messer bewegte sich. Blut tropfte über die Klinge.

»Nein! Nein! Ich werde … Ich bin … Der Hund … Er rannte … ein Mann … Sein Hund lag … im Sand … Sein Hund … Er sah den … Ich hatte Fleisch … Und Basajaun … Sein Messer rot … Er sah den … Sein Hund …«

»Sprich!«

»Das werde ich! Der Hund … schneller … Er war wütend … Er sah … und … und … Basajaun hatte … in seiner Hand … das Blut … Ich war es nicht! Es war Basajaun! Basajaun hat es getan! Ich habe nichts getan! Ich sage euch, ich habe nichts getan!«

»Was habt ihr mit seiner Leiche gemacht?«

Meine Stimme war nicht meine eigene, als ich die Frage stellte. Mein Körper war nicht der meine. Ich war hoch oben und weit entfernt. Ich war eine Mittlerin – nicht ich selbst, nicht Nekané, deren einziger Sohn seit fünf Jahren tot war –, die den Feigling so kalt fragte: »Was habt ihr mit seiner Leiche gemacht?«

Am Ende zwangen wir ihn, mir zu antworten. »Wir versteckten sie in den Marschen.«

Osané sagte:

Ich werde mir die größte Mühe geben, euch das hier zu berichten. Wenn ich nicht kann … wenn ich feststelle, dass ich nicht kann … Ich werde euch so viel wie möglich erzählen.

Wir Frauen tanzten. Die Geister kamen. Ich hatte nie gedacht, dass ich in meinem jetzigen Leben einmal an diesem Tanz vor der Jagd teilnehmen würde. Ich konnte nicht so gut tanzen, weil ich seit acht Monden schwanger war, aber trotzdem packte mich der Tanz.

Ich war immer so leichtfüßig gewesen … doch was spielte das für eine Rolle? Wir klatschten zu den Trommeln der Mittler. Wir sangen das Lied vor den Männern … gerade so, als begäben wir uns wieder an den Anbeginn. An uns lag es, die Jagd zu retten. Die Geister erfüllten uns mit Kraft. Ich dachte, wir könnten alles wenden. Ich dachte, wenn wir tanzten, könnten die Männer die Tiere um die Jagd bitten. Wie hatte ich die Ängste vergessen können, die mein Herz bedrückten? Seit Nekané die Neuigkeiten von der Insel im Meeresarm mitgebracht hatte, war ich so voller Angst gewesen. Ich sah zu viele Möglichkeiten eines Endes, und keine davon war gut. Als ich tanzte, vergaß ich. Als wir tanzten, waren wir am Anbeginn. Alles schien in Ordnung.

Ich kam wieder zurück in diese Welt, als ich meine Brüder auf der Stätte der Heilung vor den Mittlern stehen sah. Alles fiel mir wieder ein. Ich schlug die Hände vor das Gesicht und wagte nicht hinzuschauen. Itzal dort zu sehen brach mir das Herz. Ich hatte ihn gerade wiedergefunden. Ich hatte zuletzt mit ihm gesprochen, als er noch ein Kind war. Erst am Tag zuvor hatten wir uns heimlich im Haselnusshain getroffen. Der Grund dafür war, dass er meinen Mann nicht sehen wollte, und ich wollte meine Eltern nicht sehen. Aber jetzt war zwischen ihm und mir alles im Reinen. Wenn es nur um uns beide gegangen wäre … nun aber hatte unsere Begegnung mich mit größeren Ängsten erfüllt denn je.

Dann fragten die Mittler … Die Mittler sagten … Aitor sagte zu Oroitz: »Wo ist dein Vater?«

Ich habe schon als ganz kleines Kind gelernt zu weinen, ohne ein Geräusch zu machen. Alaia wusste es. Alaia legte mir den Arm um die Schultern. Sorné sah uns. Auch sie legte ihre Arme um mich. Die Kinder – Esti, Bakar – ihr wart auch da. Ihr wart bei uns und standet im mondhellen Kreis um den Hügel der Mittler. Ihr hingt an unseren Mänteln. Oh, Bakar, weißt du noch? Manchmal habe ich so gehofft, dass du es nicht mehr weißt … und trotzdem … jetzt sehe ich ein, dass man sich am Ende doch an alles erinnern muss.

Die Schatten der Menschen verbargen meine Tränen. Im Übrigen beobachtete mich niemand. Hätten Alaia und Sorné mich nicht festgehalten, ich wäre gefallen. Alles, vor dem ich mich so lange gefürchtet hatte … Bitte … es tut mir leid … Nein, nein, lasst … Das alles muss in Erinnerung bleiben. Ich kann es euch jetzt erzählen.

Als ich aufschaute, konnte ich nicht sehen, was vor sich ging. Die Mittler waren verschwunden. Oroitz und Koldo standen auf der Lichtung. Sie wirkten so einsam, dass sie ebenso gut hätten tot sein können. Das Feuer auf dem Hügel war hinter einer Leere verborgen. Mein Blick wurde von dieser Leere angezogen. Ich sah Dunkelheit darin, die sich bewegte und an den Rändern flatterte, wenn das Mondlicht sie erwischte. Die Dunkelheit hatte meinen Bruder geschluckt.

Als die Geister mit Itzal fertig waren, rollte er darunter hervor. Einen Herzschlag lang dachte ich, er sei tot. Er lag reglos da. Er kroch, als wäre er geschlagen worden. Niemand schaute ihn an, außer mir. Ich sah, wie er schwankend auf die Füße kam. Als er zur Stätte der Heilung hinuntertaumelte und sich neben meine älteren Brüder stellte, schauten sie sich nicht einmal nach ihm um. Alle beobachteten die Leere, die das Feuer verbarg.

Zwei weitere Männer waren auf der Stätte der Heilung. Sie standen meinen Brüdern gegenüber. Ich schaute Kemen an. Ich schaute Basajaun an. Sie waren sich zu ähnlich … Ich wünschte, sie hätten sich stärker unterschieden. Mein Mann wäre in größerer Sicherheit gewesen, wenn sie unterschiedlicher ausgesehen hätten. Das Mondlicht wischte Farben aus, entzog sämtliche Wärme, und daher sahen diese beiden Brüder, ihre Gesichter, fast gleich aus, wie sie da standen – der grausame Mond zwang alle, es zu sehen – das, was bei Tageslicht, unter der Oberfläche des Gewöhnlichen, an dem wir einander erkennen, nicht deutlich wurde.

Über ihnen loderten die Feuer der Mittler. Die Mittler waren dort oben und warfen noch mehr Holzscheite hinein. Funken stoben auf und erstarben im Mondlicht. Schatten erhoben sich. Wind rauschte in den Eichen, als die Geister atmeten. Vor den Feuerstellen der Mittler lag ein Bündel. Im schwankenden Licht konnte ich nichts erkennen. Kemen lief den Hügel hinauf und rollte es herum.

»Pa-pa! Das ist mein Pa-pa!«

»Schh!« Ich versuchte meine Hände über Bakars Augen zu legen. Ich wollte nicht, dass er es mit ansah. Er schüttelte mich ab.

»Das ist Pa-pa!«

»Ja, Bakar«, sagte Sorné. »Das da oben ist dein tapferer Vater. Sieh hin und sei stolz!«

Bakar schob meinen Arm von seiner Schulter. Er richtete sich auf. Er beobachtete alles, was geschah. Kurz darauf ließ er sich von Sorné an die Hand nehmen. Aber er schaute mich nicht wieder an.

Die Mittler trommelten. Sie beachteten Kemen nicht, der auf dem Boden kniete. Ich erkannte das Gesicht meines Mannes im Schein des Feuers – die vertrauten Umrisse von Nase und Kinn, die mir jedoch plötzlich fremd waren, jetzt, da ich seinen Bruder in ihm sah. Ich warf einen kurzen Blick auf Basajaun. Er beobachtete Kemen, wandte sich jedoch schon wieder ab, noch während ich hinschaute. Kemens Hände lagen auf dem eigenartigen Bündel. Ich konnte nicht sehen, was er tat.

Die Mittler trommelten. Geister blitzten im Mondlicht auf, rot, gelb und golden. Die Geister wirbelten über unseren Köpfen. Die Wipfel der Eichen beugten sich, als die Geister über sie hinwegstrichen.

Kemen hielt das Bündel in den Armen. Mühsam kam er auf die Füße und zog es mit sich. Das Feuer beleuchtete sie von hinten. Als das Bündel größer wurde, nahm es die Gestalt eines Mannes an. Kemen legte sich den Arm des Mannes um seine Schulter. Er führte seinen Vetter den Hügel hinab und stellte sich mit ihm neben Basajaun. Im Mondlicht war das Gesicht des jungen Mannes, dessen Name aus dieser Welt gegangen ist, schwarz vor Blut.

Die Geister erhoben sich über die Köpfe der trommelnden Mittler. Sie glitten über die Menschen. Sie warfen einen Schauer aus Rot und Gelb herab. Wie Feuerpfeile schossen sie zu den Mittlern zurück und sanken kurz auf die Köpfe meiner Brüder herab. Keiner der Geister näherte sich den Luchsmännern. Die Luft über ihren Köpfen war ein leerer Raum.

Das Trommeln hörte auf, so plötzlich wie ein im Flug getroffener Vogel. Die Geister verschwanden hinter dem Feuer.

Aitor stellte sich vor den Clan. Er sprach zu uns allen.

»Hört alle zu! Die Geister sind gekommen!«

Ich war zu Tode erschrocken und verbarg mein Gesicht.

Rings um mich herum wiederholte die Menge Aitors Worte. »Die Geister sind gekommen!«, flüsterten sie. »Die Geister sind gekommen!«

»Jetzt!«, schrie Aitor. »Die Geister werden uns das Unrecht zeigen, das geschehen ist! Nekanés Helfer haben es ihr vor langer Zeit erzählt, doch erst jetzt ist ihre Botschaft klar.«

Die Trommeln der Mittler raunten hinter der Feuerstelle und gaben jedes seiner Worte als Echo wieder. Ich klammerte mich an Alaia und verbarg mein Gesicht hinter ihrer Schulter. Ich wusste zu viel, ich hatte Angst davor, was die Geister dem Clan sagen könnten. Ich wollte weglaufen und mich verstecken.

»Hört alle her! Vor fünf Jahren brach Nekanés Sohn Bakar allein vom Lagerplatz an der Flussmündung auf. Er nahm seinen jungen Hund mit, er wollte ihn abrichten, Vögel zu jagen. Sie gingen am Ufer der Langen Meerenge entlang auf den Himmel der Hochstehenden Sonne zu.«

Ich hob den Kopf. Ich hörte zu, was Aitor da sagte. Er sprach über Bakar, der Alaias Bruder gewesen war – Bakar, mein kleiner Sohn. Vielleicht hatte ich mich doch geirrt und hätte nicht so ängstlich sein sollen.

»Bakar und sein Hund kamen an den Weißen Strand am Fuß der Marschen. Das Wasser lief ab. Sie fanden einen gestrandeten Delphin. Einen merkwürdigen Delphin, gekrümmt und dünn, mit einem Streifen an der Seite. Der Delphin atmete noch, als Bakar ihn fand. Bakar stieß ihm das Messer ins Atemloch. Der Delphin schenkte sich ihm.«

»Der Delphin!«, begann die Menge zu murmeln. »Der Delphin!«
Ich hörte, wie sie Nekanés Namen flüsterten.

Was hatte der Delphin mit Kemen zu tun, oder mit meinen Brüdern? Ich wusste nichts über einen Delphin. Ich zitterte noch immer, aber ich wagte, durch die Rauchschwaden zu Aitor aufzuschauen. Vielleicht hatte ich einen Fehler gemacht, vielleicht hatte ich doch nichts zu befürchten.

»Bakar legte einen weißen Stein vor den Delphin.« Aitor hielt etwas hoch, das im Mondlicht weiß glänzte. »Diesen Stein! Diesen Stein, den ihr hier seht! Er entfachte ein Feuer mit Baumpilzen und verbrannte Quendel-Sandkraut, weil der Delphin sich ihm ohne eine Jagd geschenkt hatte. Der Delphin atmete den Rauch ein.«

Ich spürte, wie alle um mich herum tief einatmeten, als wären sie ein einziges Tier.

»Der Delphin sog den Rauch ein. Er starb nicht sofort. Er beobachtete, wie Bakar die Fettschicht ablöste und aufrollte. Er beobachtete, wie Bakar durch die Rippen schnitt und Fleisch nahm. Dieser Delphin gab so viel Fleisch, dass man nicht alles auf einmal tragen konnte. Bakar brachte das Fleisch zu einem Birkenwäldchen in der Nähe. Er hängte es außer der Reichweite von Tieren zum Trocknen auf und ging zurück, um mehr zu holen. Sein Hund lief voraus.«

Ein Säugling wimmerte. Dünn wie Mondlicht erhob sich der Schrei aus der schweigenden Menge. Kein Flüstern war mehr zu hören. Die Geschichte wand sich um unsere Herzen. Wir konnten uns nicht rühren oder sprechen. Die Geschichte hatte uns gefangen genommen.

»Bakar hörte den Hund bellen. Er lief los. Er kam aus dem Birkenwald. Der Hund rannte auf den Delphin zu. Bakar sah zwei Männer an seiner Beute. Er preschte über den Sand. Der Hund war schneller.«

»Nein!« »Nein!« »Bakar!« »Bakar!« »Bakar!« »Nein!« Die Schreie hallten rings um den Hügel wider.

»Bakar kam zu dem Delphin«, schrie Aitor über den Lärm hinweg. »Sein Hund lag tot da. Beide Männer hatten Blut an den Händen. Sie hatten Fleisch genommen. Ein Mann hielt ein rotes Messer.«

»Sie haben sein Fleisch genommen!« »Bakar!« »Bakar!« »Bakar!«
»Sie haben sein Fleisch genommen!«

»Sie hatten sein Fleisch gestohlen«, rief Aitor. »Sein Hund lag tot
da. Bakar zog sein Messer.«

Aitor wirbelte herum und sah die Luchsmänner direkt an. »Sollen
wir diese Männer entkleiden? Haben sie Narben an sich? Ich denke
schon! Ich glaube, Bakar aus dem Alkclan hat seine Spuren an ihnen
hinterlassen! Sie waren zu zweit, er war allein. Der Delphin hat den
Kampf gesehen. Dieser Delphin weiß, dass Bakar seine Spuren an
diesen Männern hinterlassen hat!«

Die Menge brauste auf wie eine große Welle an zerklüfteten Felsen. Entsetzt umklammerte ich das Kind in meinem Bauch; ich dachte, die Menschen würden vorwärtsstürmen und uns umstoßen. Der
Lärm fegte über mich hinweg. War ich die Einzige im ganzen Alkclan, die einen Herzschlag lang das Gefühl hatte, diese Woge werde
über *mir* zusammenbrechen? Diese Geschichte hatte nichts mit mir
zu tun – bis auf meinen Sohn … meinen Bakar! Ich wünschte mir
mehr als alles auf der Welt, dass diese Geschichte nichts mit mir zu
tun haben sollte!

»Hört alle zu! Hört zu!«

Die Trommeln dröhnten. »Hört alle zu! Hört her!«

Alle wurden so ruhig, dass ich die Hände von den Ohren nehmen
konnte.

Aitors Stimme klang sanft wie eine Schlange, als das Schweigen
wieder in die Menge kroch. »Dieser Delphin hat sich Bakar aus dem
Alkclan geschenkt! Dieser Delphin konnte noch den Quendel riechen, den Bakar für ihn verbrannt hatte. Dieser Delphin sah, wie diese beiden Männer Bakar umbrachten. Dieser Delphin sah, wie diese
Männer Bakars Leiche in die Marsch warfen. Er sah, wie sie ihr Boot
nahmen und flohen. Diese Männer wussten, dass die Flut alle Spuren
ihrer Tat verwischen würde.«

Schreie und Hohn schwemmten über uns hinweg, während Alaia,
Sorné und ich zur Stätte der Heilung geschoben wurden. Wir hielten

die Kinder fest an der Hand. Keine Haaresbreite lag zwischen den Luchsmännern und dem Tod. »Nein! Nein! Nein!« Das waren meine Schreie. »Nicht Kemen! Nicht mein Mann! Nein! Nein! Nein!«

»Halt!« Die Geister schwirrten um Aitors Kopf. Männer blieben wie angewurzelt stehen. Langsam kehrte Ruhe ein. Ich schaute auf und sah, wie die Eichen hoch oben im Mondlicht von einer sanften Brise geschaukelt wurden, die ich hier unten nicht spürte.

»Hört mir zu!« Alle Gesichter wandten sich Aitor zu. »Ihr seht diesen Mann? Seht ihr ihn? Dieser Mann Basajaun hat dem Reiherclan Unrecht zugefügt. Deshalb hat er die Lande des Reihers verlassen. Nachdem er Bakar umgebracht hatte, wagte er auch nicht, in den Landen des Alks zu bleiben. Er segelte zu einem anderen Lagerplatz des Reiherclans, auf dem ihn niemand kannte. Sein Boot war voll beladen mit Delphinfleisch. Der Reiherclan hatte Hunger. Man stellte keine Fragen.«

Die Menge murmelte und verstummte wieder. Die Geschichte rauschte weiter und nahm uns in ihrem Kielwasser mit.

»Der Delphin wusste, wo Bakars Leiche in den Marschen verborgen war. Hätte der Delphin nicht zugesehen, wäre Bakars Geist noch begraben. Wie konnten die Tiere ihn sehen? Diese Männer − die Männer, die ihr hier stehen seht − hatten seine Leiche vor der klaren Luft verborgen, wo keine Geister sie finden würden. Das war schlimmer, als ihn zu töten! Bakar hatte niemandem unrecht getan! Seht ihr diese Männer? Seht ihr sie? Was für Feiglinge müssen diese Männer sein!«

Die Menge wogte mit riesigem Gebrüll nach vorn. Sie brach sich an den Seiten des Hügels und schwappte zurück.

Aitor hielt einen Arm hoch. Geister schossen wir Blitze aus seiner offenen Hand. »Seid still, ihr alle! Wartet! Diese Geschichte ist fast zu Ende. Behandelt sie mit Respekt, sie wird alt! Wartet noch ein bisschen!

Und jetzt hört: Dieser Delphin sah die Gefahr für Bakar. Aber der Delphin kannte die Marschen nicht − er war dort nie auf Jagd gewesen. Der Schwan kannte sich aus. Der Delphin sprach zum Schwan, und der Schwan hat Bakars Geist von dort geholt, wo er lag, und ist mit ihm von den Marschen weggeflogen. Der Schwan lief über das Wasser, spritzte bei jedem Schritt Wasser zur Seite – der Geist eines Mannes ist schwer und nicht gewohnt zu fliegen – und erhob sich dann in die Luft.

Delphin und Schwan durchsuchten die Lande, in denen der Alkclan auf die Jagd geht. Sie fanden Nekané. Sie halfen ihr. Schließlich kamen diese *Mörder* – diese Männer, die ihr hier seht – zurück, endlich vertrieben vom Reiherclan, wie die Geister es vorhergesehen hatten. Nun endlich können die Geister sprechen. Deshalb wollten die Tiere nicht mit uns über die Jagd sprechen! *Diese* Männer waren es – die, die ihr hier stehen seht! –, sie haben das alles verursacht!«

Inmitten der schreienden, drängelnden Menge klammerte ich mich fest an meinen Sohn. Ich drückte ihn an mein Herz. Entsetzt schaute ich auf meinen Mann und seinen Bruder, die allein dort oben auf der Stätte der Heilung standen. Diese Menge – mein eigener Clan – wollte Kemen umbringen! Was immer ich anfangs befürchtet hatte – das war es nicht!

Kemen schaute nicht in die Menge. Während Aitor seine Geschichte erzählte, hatte Kemen die Hände vor das Gesicht geschlagen. Jetzt streckte er die Arme zu den Geistern empor und stieß einen lauten Schrei aus. »Oh, Basajaun! Basajaun, mein Bruder!« Kemen schlug sich mit den Fäusten auf die Brust. »Oh, mein Vater! Mein Vater! Oh, meine Vorväter vom Luchsclan! Oh, Basajaun, mein Bruder!«

Kemens Schreie verstummten. Er presste die Hände auf das Gesicht.

Basajauns rechte Hand griff nach seinem Messer. Er warf den Kopf zurück und begegnete Aitors Blick. Er war ein ebenso ansehnlicher Mann wie Edur. Edur ist ein großartiger Jäger. Aber Basajaun war kein Jäger mehr. Basajaun war das Tier, das in die Enge getrieben war.

Zigors barsche Stimme durchbrach meine Gedanken. »Diese Männer haben den Geistern des Alkclans unrecht getan! Jetzt müssen sie zurückgeben, was sie genommen haben, oder für immer sterben! Unsere Geister sagen ihnen: ›Entscheidet euch! Entscheidet jetzt!‹«

Er sah auf die drei Männer aus dem Luchsclan herab. »Entscheidet euch jetzt! Entweder gehen eure Namen für immer aus der Welt, oder ihr schenkt euer Leben! Das Meer hat das Land genommen, in dem ihr gejagt habt. Ihr habt eure wütenden Geister mit hierhergebracht. Ihr habt Fleisch gestohlen! Ihr habt gemordet! Dennoch sind die Geister des Alkclans freundlich. Sie lassen euch die Wahl: Wollt ihr euer Leben schenken und das Unrecht wiedergutmachen, das ihr zugefügt habt? Oder werden eure Namen für immer sterben?«

Ich drückte Bakar Sorné in die Arme. Ich schob Alaia und Sorné beiseite. Ich stieß die Kinder vor mir aus dem Weg. Schwerfällig lief ich zur Stätte der Heilung.

»Nein! Nicht Kemen! Kemen hat nichts getan! Kemen ist mein Mann! Kemen gehört zum Alkclan! Er hat kein Unrecht getan!«

Nekané und Zigor liefen den Hügel herab auf mich zu. Sie packten mich bei den Händen und zerrten mich hinauf. Ich konnte nicht so schnell laufen wie sie. Meine Beine gaben unter mir nach. Der Wind trug uns. Mondschein glitzerte auf den Bäumen unterhalb des Hügels. Der Himmel war kalt. Starke Hände hielten mich. Wir flogen so nah zum Mond, dass ich seine Wärme spürte. Ich hatte nicht gewusst, dass Mondschein warm sein kann. Auf der Erde sehen wir ihn nur wie das Feuer eines weit entfernten Lagerplatzes auf einer anderen Insel.

Die Wärme des Mondes war angenehm. Bevor ich meine Mutter hasste, trug sie mich an ihrer Brust. Weil sie mich warm hielt, lebte ich. Erst später …

»Was geschah später, Osané?«

Die Stimme war freundlich. Ich schaute zu Boden. Ich sah die dunklen Umrisse von Inseln in einem unruhigen Meer vor mir, eine Reihe von Inseln. Auf der höchsten lag unser Lagerplatz im Mond des Nestbaus. Im Mondschein konnte ich sehr weit sehen. Viele Eier lagen aufgereiht. Ich sah meine Mutter, die eines nach dem anderen an ihr Ohr hielt und schüttelte. Sie legte die Eier ins Feuer und strich die Asche darüber.

Auf dieser Insel führt ein kleiner Pfad durch das Farnkraut bergauf. Das Farnkraut raschelt, wenn ein Mann hindurchgeht. Das Farnkraut … ich war noch ein Kind.

»Was geschah später, Osané?«

»Das kann ich euch nicht sagen!«

Die Hände lösten sich. Ich dachte, ich würde fallen. Ich hielt den Atem an, als sie mich umdrehten. Der Himmel war kalt. Der Lagerplatz der Zusammenkunft lag weit unten. Der Mond schien auf die Lichtung. Kemens Schrei hing über den Baumwipfeln. »Oh, Basajaun, mein Bruder!«

»Itzal hat gesagt, der Mann habe dir Gewalt angetan. Soll er sterben?«

»Nein! Nein! Er hat kein Unrecht getan!«

»Deine Brüder sagen, der Mann habe dir Gewalt angetan. Muss er sterben?«

»Nein, nein! Nicht mein Mann! Nein!«

»Itzal hat gesagt, der Mann habe dir Gewalt angetan.«

»Nein! Nein! Er war es nicht! Er wusste …«

»Was wusste Kemen, Osané?«

»Er wusste … ich konnte nicht sprechen … ich habe nie ein Wort gesagt …«

»Aber er wusste …?«

»Er wusste, dass ich verletzt worden war.«

»Wer hat dir Gewalt angetan, Osané?«

Farnwedel streiften unsere Beine, als wir flogen. Das Farnkraut raschelt, wenn ein Mann hindurchgeht …

»Da hat es begonnen, Osané. Dann hat er am Ende versucht dich zu töten. Würdest du Kemen für *ihn* sterben lassen?«

Ich fiel ins Farnkraut. Ich war ein Kind. Ich weinte. »Oh, meine Mutter! Oh, meine Brüder! Koldo! Oroitz! Itzal! Warum hat mich keiner von euch gerettet?«

»Wer hat dir Gewalt angetan, Osané?«

Das Farnkraut raschelte. Ich sah, wie Kemens Hände sein Gesicht bedeckten. »Kemen nicht! Kemen war es nicht! Kemen hat mir niemals unrecht getan!«

»Wer war es dann, Osané?«

Ich schrie … ich schrie es heraus … Wie kann ich euch das sagen? Selbst jetzt, wie kann ich … Nein, lass, lass mich in Ruhe … Ich kann sprechen. Das alles muss in Erinnerung bleiben. Jetzt kann ich es euch erzählen.

Ich sprach den Namen meines Vaters aus.

SIEBTE NACHT:
LAGERPLATZ DER ZUSAMMENKUNFT

Esti sagte:

An den Teil kann ich mich erinnern. Du auch, nicht wahr, Bakar? Wir wissen es noch, weil wir Angst hatten. Wir klammerten uns an Alaia. Für Bakar war es schlimmer – das da vorn bei den Mittlern war seine Mutter! Er weinte:»Mamma, Mamma!« Natürlich konnte Osané ihn nicht hören. Niemand scherte sich darum. Bakar verbarg sein Gesicht an der Schulter meiner Mutter. »Alaia! Alaia! Ich will meine Mamma!«

Osané schrie den Namen ihres Vaters heraus.

Wir wussten nicht, was das bedeutete. Viele riefen durcheinander. Sie zerrten Osanés Vater auf die Lichtung. Er hatte sich in seinem Zelt versteckt. Sie schleppten ihn auf die Stätte der Heilung. Sie zwangen ihn, sich den Mittlern zu stellen. Ich fand die Mittler grausam. Ich wusste nicht … Ich dachte, sie seien zu ihm ebenso grausam wie zu Osané. Er war Bakars Großvater. Bakar kannte ihn nicht. Ich hatte *meinen* Großvater gekannt, aber ich erinnerte mich nicht mehr an ihn. Haizea und meine Mutter erzählten mir oft, wie sehr mein Großvater und ich uns gemocht hatten. Ich bin sicher, das stimmt, aber ich erinnere mich nicht mehr daran. Mein Großvater ist noch nicht wieder in diese Welt zurückgekehrt. Ich hoffe, dass ich es noch erleben werde. Ich möchte ihn kennenlernen. Bakars Großvater war noch in der Welt, aber er nützte Bakar nichts. Ich dachte, er hätte genauso gut tot sein können. Später, als ich begriff, wünschte ich, er wäre tot gewesen.

An den Abend damals – o ja, an den Abend erinnere ich mich. Ich erlebte, wie ein Mann für immer fortgeschickt wurde. Die meisten bringen ein ganzes Leben hinter sich, ohne so etwas mit ansehen zu müssen. Ich war seit knapp sieben Jahren wieder auf der Welt. Es ist das Schlimmste, was ich je erlebt habe.

Noch immer träume ich davon. In meinem Traum bin ich allein. Mein Clan hat mich ausgestoßen. Ich kann nirgendwo hin. Ich kann Nahrung finden. Ich kann mir einen Unterstand bauen. Ich kann mir einen Mantel anfertigen. Aber warum sollte ich mich bemühen, in einer leeren Welt zu überleben? Die Tiere sind da. Sie wissen nicht, dass ich ausgestoßen wurde. Die Geister sind da. Ihnen ist gleichgültig, ob ich ausgestoßen wurde oder nicht. Aber ich bin weder Tier noch Geist. Ich gehöre zum Clan. Wenn der Clan mich nicht wieder aufnehmen will, ist die Welt für mich so leer wie vor Anbeginn.

Wenn alles schlecht läuft für mich, habe ich diesen Traum. Nicht sehr oft − normalerweise ist alles gut. Aber wenn ich traurig bin oder wütend oder allein, dann habe ich den Traum. Der Traum begann in der Nacht, als ich erlebte, wie Osanés Vater fortgeschickt wurde. Sein Name ist aus der Welt gegangen. Er wird nicht zurückkehren. Das bedeutet, mein Traum kann nicht verschwinden.

Er war ein großer Mann, größer als mein Vater. Er wehrte sich nicht. Zu viele Männer hielten ihn fest. Vielleicht hätte er ohnehin nicht gekämpft. Es hätte nichts genützt.

Zigors Worte trafen ihn wie ein Speer. Der große Mann schien zu schrumpfen. Er sah aus wie ein Tier, das zu schwer verwundet ist, um zu fliehen.

Zigor schrie: »Sieh dir deine Söhne an! Sieh sie dir an!« Er schritt auf dem Hügel über Arantxas Söhnen auf und ab. Zornige Geisterlichter wirbelten um seinen Kopf. Die jungen Männer duckten sich.

»Sieh Koldo, Oroitz und Itzal an − deine Söhne! Soll der Clan sie ausstoßen?« Ein Schreckenslaut erhob sich aus der Menge. Oroitz und Itzal packten sich entsetzt an den Armen. Zigor schaute sich nicht um. »Du! Du bist ihr Vater! Sollen Koldo, Oroitz und Itzal ausgestoßen werden? Was könnte jemand tun, um das verdient zu haben?«

Zigor stand über Arantxas Mann und schwenkte den Arm herum bis zu der Stelle, an der Arantxas Söhne mit vor Entsetzen geöffneten Mündern standen. »Du willst es nicht sagen? Dann erzähle ich es dir! Hört zu, alle! Hört das: Nur wegen zwei Dingen verdient ein Mann, ausgestoßen zu werden. Nur zwei! Das eine ist, seine Eltern hungern zu lassen!«

Itzal hatte das Gesicht in den Händen vergraben. »Du bist ihnen kein Vater!«, schrie Zigor. »Sie schulden dir nichts. Sie dürfen dir auf dieser Welt nie wieder etwas geben! Nein, auch wenn du verhungerst, dürfen Koldo, Oroitz und Itzal dir nie wieder zu essen geben!«

Er drehte sich um und zeigte direkt auf den kauernden Mann. »Das andere weißt du. Wenn ein Mann seine Tochter nimmt, seine Schwester oder seine Mutter, wird er ausgestoßen! Für immer ausgestoßen! Wenn eine Frau sich aus freien Stücken ihrem Vater hingibt, ihrem Bruder oder ihrem Sohn, wird sie ausgestoßen! Für immer ausgestoßen! Aber sie mit Gewalt zu nehmen, ist das schlimmste Unrecht von allen. Du hast deiner Tochter Gewalt angetan! Einmal wäre Unrecht genug. Du hast es oft getan, wie oft, wollen diese Menschen gar nicht hören, weil sie es nicht ertragen würden. Sie war ein Kind! Osané hat kein Unrecht getan! Du hast ihr Unrecht zugefügt! Nicht nur Osané, sondern jeder Einzelne im Alkclan leidet jetzt unter dem Unrecht, das du begangen hast.«

Zigor nannte den Mann beim Namen.

»Hörst du deinen Namen? Du wirst ihn auf dieser Welt nie wieder ausgesprochen hören. Ich nenne dich beim Namen und befehle dir, uns zu verlassen. Geh! Du gehörst nicht mehr zu uns! Geh, wohin du willst – die Welt ist groß –, aber komm nie wieder in die Nähe des Alkclans. Packt ihn!«

Ich sah nur Männerrücken. Ich hörte nur, wie alle brüllten. Aus ihrer Mitte ertönte ein Aufschrei, der mir bis ins Mark drang. Ich hielt mir die Ohren zu. Auch dadurch hörte es nicht auf. Schreie hallten in meinem Kopf wider, hoch und gebrochen, wie von einem Schwein, das bei lebendigem Leib verzehrt wird.

»Mamma!«, kreischte Bakar. Alaia ließ uns beide los. Wir weinten. Dann war auch Osané da. Bakar klammerte sich an seine Mutter. Er weinte. Ich hielt mich an meiner Mutter fest. Mir gefiel es nicht, dass sie einfach so weggerannt war, auch wenn sie nur Osané geholt hatte. Wir vier klammerten uns aneinander.

Später sah ich den Mann wieder. Er war allein, hockte auf dem Boden und wimmerte. Sein Rücken war verschwunden. Die Stelle, an der er gewesen war, glänzte schwarz. Sein Rücken war in Blut verwandelt worden.

Ich wusste nicht, was das bedeutete.

Später begriff ich es. Sie hatten ihre Messer genommen und die Zeichen weggekratzt, die sagten, wer er war. Jetzt gehörte er nicht mehr zum Alkclan.

Sie schickten ihn fort.

Alle traten zurück, um ihn vorbeizulassen. Niemand wollte ihn berühren. Er taumelte auf uns zu. Er hatte seine Jacke aus Hirschleder aufgehoben und hielt sie in der Hand. Blut rann über seinen nackten Arm und tropfte von seinem Handgelenk. Alaia zog mich aus seinem Weg.

Er sah Osané. Sie drückte Bakars Gesicht an ihre Schulter, damit er nichts sehen konnte. Ich habe etwas gesehen. Dieser Mann schaute Osané an wie ein Tier, das im Sterben liegt. Er bat um nichts. Ich konnte ihr Gesicht nicht sehen. Ich weiß nicht, ob sie etwas zurückgab.

Der Lärm hatte aufgehört. Das Schweigen war entsetzlich. Niemand sprach oder bewegte sich.

Er ging fort. Die Menge teilte sich, um einen Weg für ihn freizumachen. Nur sein Hund wollte ihm folgen. Edur hielt ihn am Nackenfell fest, bis sein Herr außer Sicht war. Niemand sprach, bis Osanés Vater im Dunkel der Wälder verschwunden war.

Nur der Hund jaulte noch. Edur band ihn an einen Eichensprössling. Der Hund heulte noch lange weiter, nachdem die Männer auf die Jagd gegangen waren. Weder von Arantxa noch von ihren Kindern kam auch nur das leiseste Geräusch, aber der Hund heulte für sie alle.

Die ganze Nacht lang heulte der Hund nach seinem verlorenen Herrn. Später lernte ich diesen Hund gut kennen. Nach einer Weile begann er, Itzal überallhin zu folgen, und so wurde Itzal sein Herr. Der Hund kam zur Ruhe, doch jedes Jahr, wenn wir auf dem Lagerplatz der Zusammenkunft eintrafen, sprang er aus dem Boot, noch bevor wir an Land waren, rannte mit hoch erhobener Rute zur Lichtung voraus und bellte vor Erregung. Osanés Vater lebte noch im Herzen des Hundes. Das war der einzige Ort, an dem keine Macht der Welt ihn auslöschen konnte.

Nekané sagte:

Hinter mir vernahm ich die Schritte der Tiere, leise zunächst, dann immer lauter, je näher sie kamen. Jetzt schlugen die drei Trommeln hinter mir die Schritte der Tiere. Meine Trommel vereinte ihre Stimme mit den anderen dreien. Ich lauschte auf die Schritte der Tiere, und ich trommelte, was ich hörte. Keine Frau hatte das getan, so weit auch nur einer aus dem Clan zurückdenken konnte.

Die Schritte trommelten lauter. Sie kamen von den äußersten Rändern der Lichtung. Der Boden bebte in ihrem Rhythmus.

Die drei Männer aus dem Luchsclan standen auf einer Seite der Stätte der Heilung, Arantxas drei Söhne auf der anderen. Alle außer Basajaun hatten den Kopf gesenkt. Itzal hielt sich mit beiden Händen die Ohren zu. Kemen hatte sein Gesicht bedeckt. Nur Basajaun trotzte den Geistern. Die Geister wirbelten um die sechs Männer herum, zeichneten grimmige Muster in die Luft und flochten die Männer mit Seilen aus Blut zusammen. Die Tiere schlossen sich uns an, während wir trommelten. Durch unsere Trommeln schlugen sie auf die pulsierenden Seile ein, die diese Männer zusammenhielten. Ich hob den Kopf und sah, dass die roten Seile bis zum Anbeginn zurückreichten und in den verborgenen Jahren verschwanden, die vor uns lagen.

Aitor schrie auf.

Die Trommeln verstummten.

Die Schritte verklangen. Schwach hallte das Echo ihres Taktes über den Versammelten wider und erstarb dann.

Aitor reckte die Arme zu den Geistern empor. Für uns war er eine schwarze Gestalt, die sich vor dem Feuer abzeichnete. Alle, die auf der anderen Seite der Feuer standen, mussten sich anstrengen, um ihn durch den aufsteigenden Rauch erkennen zu können.

Aitor sprach. »Diese Männer, die hier stehen, sind von den Geistern beschämt worden. Jeder von ihnen hat einen Grund, sich zu schämen. Was wollen wir jetzt mit ihnen machen? Wollen wir, dass Männer, die beschämt wurden, bei uns leben?«

Alle schwiegen viele Herzschläge lang. Dann trat jemand von meiner eigenen Feuerstelle ins Mondlicht. Ich spähte durch den Rauch, doch erst als er sprach, erkannte ich ihn.

Amets schaute zu den Mittlern auf und sagte: »Uns bleibt nichts anderes übrig, Aitor. Zeige mir einen Mann, der behauptet, dass es nichts gibt, wessen er sich schämt, und ich zeige dir einen Lügner. Wir alle schämen uns. Ich kann dir sagen, wessen ich mich schäme.«

»Warum sollten wir das hören wollen?«, fragte Aitor kühl. »Aber sprich, wenn es sein muss.«

Amets sah ihn fest an. »Edur hat mir einmal einen großen Gefallen getan. Er blieb statt meiner auf dem Lagerplatz der Einführung. Deswegen hat er seine Frau verloren. Das war meine Schuld. Ich hatte es nicht beabsichtigt. Aber es war so. Deshalb schäme ich mich.«

»Was ist das in meinen Augen?«, fragte Aitor. »Du hast einen Fehler gemacht. Warum solltest du jetzt darüber jammern?«

»Weil du, Aitor« – Amets klang wütend, zu Recht –, »zwar Mittler sein magst und vieles weißt, was ich nicht weiß. Aber ich weiß, dass jeder Mann hier – und vielleicht auch jede Frau, obwohl ich nicht viel darüber weiß, was sie denken –, den einen oder anderen Grund hat, sich zu schämen. Die Geister zeigen uns, dass all diese verschiedenen Gründe, sich zu schämen, miteinander verbunden sind. Warum sollten wir Arantxas Söhne bestrafen und nicht jeden anderen? Man könnte sagen, was in ihrer Familie geschah, war nicht ihre Schuld. Ich habe meine Eltern vor langer Zeit verlassen, aber eines kann ich dir sagen: Ich bin froh, dass sie nicht wie Arantxa und ihr Mann waren. Koldo, Oroitz und Itzal, ich verstehe, warum ihr euch schämt, doch ich glaube, hier ist niemand, der will, dass ihr diese Schande ewig mit euch herumtragt. Ich bin kein Mittler, aber ich bin ein guter Jäger, ich gehöre zum Alkclan, und ich habe selbst Töchter. Und damit habe ich den einen Teil meiner Gedanken ausgesprochen.«

Rings um die Lichtung riefen die Menschen, stampften mit den Füßen auf den Boden und klatschten. Männer liefen nach vorn und umringten Arantxas Söhne, klopften ihnen auf den Rücken und schüttelten ihre Arme. Als Aitor seine Arme hob, um wieder zu sprechen, zogen sich die Männer an den Rand der Lichtung zurück und nahmen Arantxas Söhne mit, damit sie sich in der Menge verloren. Nur Amets stand noch vor Aitor, die drei Männer aus dem Luchsclan zu seiner Linken.

»Nun«, sagte Aitor, und ein leises Lachen klang in seiner Stimme mit. »Diese Angelegenheit hast du beigelegt, Amets. Es sieht so aus, als würden wir dir alle zustimmen. Und was ist der andere Teil deiner Gedanken?«

Amets sprang auf die Stätte der Heilung, stellte sich vor Kemen und zog ihm die Hände vom Gesicht. »Dieser Mann«, sagte er. »Kemen.« Er drehte Kemen mit dem Gesicht zu den Versammelten und hielt Kemens Hände fest, damit er sein Gesicht nicht verbergen konnte.

»Was ist mit diesem Mann aus dem Luchsclan?«

»Nein!« Amets packte Kemens Jacke im Nacken und zerriss die Schnur, die sie zusammenhielt. Er zog das Hirschleder weg und entblößte Kemen bis auf die Hüfte. Amets drehte Kemen herum, damit alle ihn sehen konnten. »Seht ihn euch an! Seht seinen Rücken! Ist das ein Luchs? Ist das ein Luchs?«

Gemurmel entstand. Jemand rief laut: »Ich sehe einen Luchs, innerhalb des roten Streifens!«

»*Innerhalb!* Und außen« – Amets drehte den widerstandslosen Kemen noch einmal herum, damit alle seinen Rücken sehen konnten – »*Alk!* Und jetzt seht das hier!« Amets zog sich seine Jacke über den Kopf und warf sie beiseite. Er drehte seinen Rücken in die Richtung, aus der die Stimme gekommen war. »Was siehst du? Einen Mann, der im Robbenclan geboren wurde – das könnt ihr sehen, innerhalb des roten Streifens –, und darunter, was? Heißt es da nicht *Alk*? Ich bin vom Alkclan, oder nicht? Ihr alle könnt sehen, was da steht – ich kann es nicht sehen –, was besagt es?«

Amets hatte keine Feinde, außer denen, die ihm seine Verbindung mit meiner Familie eingebracht hatte. Der Clan rief so laut, dass die Saatkrähen in ihren Nestern wach wurden und kreischend aufstiegen. »Alk! Alk! Wir sehen einen Alk!«

Selbst Edur schrie mit den anderen. Als Amets ihnen Kemen wieder zeigte, waren die Rufe beinahe so laut wie vorher: »Alk! Alk! Wir sehen einen Alk!«

Sendoa und seine Brüder liefen vor und umringten Kemen, doch bevor sie ihn wieder mit in die Menge nehmen konnten, hielt Aitor beide Hände hoch. »Wartet!«

Alle erstarrten. Amets und Sendoa hielten Kemen an den Armen fest, jeweils an einer Seite. Entschlossen standen sie vor den Mittlern und machten keine Anstalten, Kemen loszulassen.

Aitor sagte zu Amets: »Vermutlich würdest du sagen, dass – so wie Arantxas Söhne ohne eigene Schuld von ihrer Familie beschämt wurden – auch dieser Mann durch seine Familie beschämt worden ist, obwohl er selbst nichts Unrechtes getan hat?«

»Genau das meine ich.«

Neugierig beobachtete ich Amets. Ich hatte den unbeschwerten Mann meiner Tochter noch nie in einer solchen Stimmung erlebt. Mein eigener Mann hatte immer gesagt, er mache sich zwar nie Sorgen, dass Amets unfreundlich zu Alaia sein könnte, sei sich aber nicht sicher, ob er ihm vertraue, für sie einzustehen. Nicht etwa, dass er schwach war – Amets war ein tapferer Jäger und sehr stark –, vielmehr könnte er eine wichtige Angelegenheit nicht ernst genug nehmen. Ich fragte mich, was mein Mann wohl gesagt hätte, wenn er hätte sehen können, wie Amets sich den Mittlern entgegenstellte und so gefährlich und wild aussah wie ein gerade erwachter Bär.

Kemen versuchte sich loszureißen. »Amets … Sendoa … Ich kann nicht zulassen, dass ihr das tut. Ich bin beschämt worden …«

»Genau das meine ich.« Amets schaute Kemen nicht an. Er hielt den Blick auf Aitor gerichtet, als wäre der Mittler ein Keiler, der kurz davorstand, anzugreifen. »Aitor, Zigor hat uns gerade gesagt, es gebe nur zwei Dinge, deretwegen ein Mann für immer von seinem Clan fortgeschickt werden kann. Kemen gehört zum Alkclan, und er hat beides nicht getan. Er ist beschämt worden, weil sein Bruder und sein Vetter einen Mann vom Alkclan ermordet haben. Aber Kemen *ist* ein Mann des Alkclans, genau wie ich. Sein Sohn Bakar ist der, der ermordet wurde, als er noch hier unter uns weilte! Kemen muss mit seiner Schande leben, so wie wir alle. Wir strafen uns nicht gegenseitig für etwas, das unsere Familien tun. Wie auch? Wir sind von einem Clan: Wir sind alle mit der Schande des anderen verwandt. Ich kann nicht zulassen, dass ihr alle Kemen unrecht tut. Er ist mein Bruder. Wenn ihr ihm unrecht tut, dann fügt ihr es mir zu.«

Aitor sagte: »Du bist ein guter Mann, Amets. Der Clan wird hören, was du sagst. Von jetzt an wird Edur wissen, dass du sein Freund bist. Du hast recht: Kemen ist einer von uns. Aber er kommt auch vom Luchsclan. Die Geister des Luchses, die er mitgebracht hat, haben uns Kummer und Schmerz beschert. Seit er hier ist, wollen sich die Tiere uns nicht schenken. Lag das daran, dass Bakar ermordet wurde? Der Mord war nicht Kemens Schuld. Aber die Lande des Luchsclans sind fortgeschwemmt worden, diese Männer sind zum Himmel der Abendsonne geflohen, und alles, was wir erlitten haben, ist die Folge davon.«

»Halt!«

Schon Amets hatte mich überrascht. Aber dass *Alaia* nach vorn trat und Aitor trotzte, obwohl alle sie beobachteten, erstaunte mich mehr als alles andere.

Alaias Stimme zitterte, doch sie stellte sich Aitor ebenso mutig entgegen wie ihr Mann. »Auch ich gehöre zu Kemens Familie. Bakar war mein Bruder. Obwohl er als Osanés Sohn zu uns zurückgekehrt ist, werde ich den Bruder, den ich einst hatte, immer vermissen – ein Bruder ist es, was Bakar zuerst für mich war. Aber hört zu: Wäre Bakar nicht umgebracht worden, dann wäre meine Mutter keine Mittlerin geworden. Wäre meine Mutter keine Mittlerin geworden, dann wäre Osané gestorben, als ihr Vater über sie herfiel. Dieses Unrecht wäre nie wiedergutgemacht worden. Angenommen, es wäre so gekommen, dann wären die Tiere vielleicht so wütend geworden, dass sie sich uns niemals wieder geschenkt hätten. Wäre Bakar nicht gestorben, wäre genau das eingetreten. Und Osané hätte Kemen nie zum Mann genommen. Aber sie hat es getan, und so ist Bakar zu uns zurückgekehrt. Und Kemen ist Bakars Vater, und Kemen hat Osané glücklich gemacht, und sie ist nicht tot. Gut und Böse sind miteinander verquickt, so wie mit allen anderen auch.«

Jetzt lief Edur nach vorn in den Feuerschein: »Aber was ist mit diesen Mördern? Ihr sprecht alle über Kemen … Kemen hier und Kemen da … Wir haben genug über Kemen gehört. Was ist mit den anderen Männern aus dem Luchsclan, die ich hierhergebracht habe? Was machen wir mit ihnen? Entscheidet darüber, dann werden wir wissen, was wir mit Kemen machen. Kemen hat nicht für sich gesprochen. Wird er zu seinem Bruder halten? Wird er das, was mit Basajaun geschieht, teilen?«

Kemen hob den Kopf. »Ja«, sagte er mit so leiser Stimme, dass die meisten ihn nicht verstanden. Sie fragten sich murmelnd untereinander, was Kemen gesagt hatte. »Ja!«, wiederholte Kemen lauter. »Edur hat recht. Basajaun ist mein Bruder! Basajaun war mein Großvater! Basajaun war der Onkel meines Großvaters und der Vetter meines Vaters und der Sohn seines Vetters. Basajaun war das neugeborene Kind meines entfernten Vetters! Und die Trommeln gerade jetzt: Sie schlagen die Blutlinien, die mich mit dem Luchsclan verbinden. Mein Vater hat mir erzählt, dass mein Großvater ein guter Mann war. Basajaun war mir ein guter Bruder. Als das Meer über uns hereinbrach, hat Basajaun mir das Leben gerettet. Ich kann Basajaun nicht den Rücken kehren. Was ihr ihm auch antun werdet, sein Name wird in meinem Herzen weiterleben. Das kann ich nicht ändern.«

Basajaun wandte den Kopf und sah Kemen an. Keiner der beiden Brüder bewegte sich. Ich glaube – das Mondlicht war trügerisch, und ich kann mir nicht sicher sein –, aber ich glaube, Basajaun lächelte.

»Wenn das so ist«, sagte Aitor, »wird Basajauns Name nicht sterben, solange du lebst.« Aitor wandte sich an Amets. »Du nennst dich Kemens Freund?«

»Ganz gewiss!«

»Dann ergreife ihn!«

Amets war verblüfft.

»Du und Sendoa – und du – und du – ergreift ihn! Fesselt ihn! Tragt ihn zur Schutzhütte der Mittler! Ihr wollt, dass er lebt? Dann packt ihn, sage ich euch! Macht, was ich euch sage!«

Sendoa lief hinauf, bog Kemen den Arm auf den Rücken und zwang ihn, sich vorzubeugen. »Du hörst den Mittler, Amets! Hol Seile! Fessle ihn!«

»Was …?«

»Du Narr!«, schimpfte Sendoa. »Du willst doch nicht, dass er mit seinem Bruder stirbt.« Kemen wand sich, und Sendoa hatte Mühe, ihn im Griff zu halten. »Narr! Amets! Hilf mir! Begreifst du denn nicht, Mann! Nur so können wir ihn heraushalten!«

Amets konnte nicht so schnell denken. Er zögerte. Koldo und Oroitz eilten vor, um Sendoa zu helfen. Viele, einschließlich Alaia – *sie* war nicht dumm –, packten Amets und drängten ihn gewaltsam zurück, bevor er Kemen helfen konnte. Kemen trat Oroitz zwischen die Beine. Seine Faust krachte in Sendoas Gesicht. Sendoa fiel auf die Knie, Blut strömte aus seiner Nase. Kemens Vetter sprang vor, um ihm zu helfen. Schnell wie eine Schlange schlug Basajaun den erhobenen Arm des Mannes herunter. Ich sah die ängstliche Frage in den Augen des Vetters. Basajaun gab sich nicht die Mühe, sie zu beantworten. Er hielt einfach seinen Vetter zurück, ergriff seine Schultern, bis die Männer des Alkclans Kemen überwältigt hatten. Edur band Kemen mit Händen und Füßen an einen großen Birkenast und knotete die Seile mit brutaler Gewalt fest. Ich versteckte mich in den Schatten, als sie Kemen den Hügel hinauftrugen und ihn in die Schutzhütte der Mittler warfen. Sobald sie ihn dort liegen gelassen hatten, schlich ich zurück, um zu sehen, was als Nächstes geschah.

Erst als Aitor sich Basajaun zuwandte, sah ich einen Hauch von Verständnis auf Amets' Gesicht. »Dein Bruder hat damit nichts mehr zu tun, Basajaun. Er wäre kein Mann, wenn er nicht versuchte, dir zu helfen, aber wir haben ihn daran gehindert, etwas zu unternehmen.«

Basajaun nickte. »Dafür danke ich euch«, sagte er so kühl, als wäre er, nicht Aitor, der Mittler.

»Und nun«, fuhr Aitor fort, »sage ich zu euch beiden Männern vom Luchsclan, was Zigor euch vorher gesagt hat: Entscheidet euch jetzt! Entweder gehen eure Namen für immer aus der Welt, oder ihr schenkt euer Leben! Ihr habt gemordet! Dennoch meinen es die Geister des Alkclans gut. Sie lassen euch die Wahl: Wollt ihr euer Leben schenken und das Unrecht wiedergutmachen, das ihr verübt habt? Oder werden eure Namen für immer sterben?«

Basajaun schob das Kinn vor. Er zeigte weder Furcht noch Bedauern. Er schaute Aitor ins Gesicht und forderte ihn heraus: »Mein Name wird niemals sterben!«

Aitor begegnete seinem Blick. »Bist du dir dessen sicher?«

»O ja.« Obwohl er von der Stätte der Heilung aufschauen musste, um dem Blick des Mittlers zu begegnen, wirkte Basajaun wie der Größere der beiden. »Du hast gehört, was die Trommeln gesagt haben. Du weißt sehr wohl, dass mein Name in dieser Welt leben wird, was du auch dagegen unternimmst. Du kannst ihn nicht zwingen zu sterben!«

Ich dachte an meinen Sohn, der durch die Hände dieses Mannes gestorben war, allein an dem weißen Strand neben dem Delphin, der sich ihm geschenkt hatte. Nun hatte Kemen – einer aus meiner Familie, der mit an meiner Feuerstelle saß – allen gesagt, Basajauns Name werde in seinem Herzen lebendig bleiben. Dennoch war Kemen jetzt Bakars Vater. Fünf Jahre zuvor hatte Zigor Kemen schwören lassen, dass Namen des Luchsclans im Alkclan leben würden und nirgendwo sonst. Zigor hatte damals nichts über Basajaun gewusst, aber die Geister hatten die ganze Zeit alles gewusst. Obwohl ich seit fünf Jahren Mittlerin war, stellte ich fest, dass mir die Weisheit fehlte, damit umzugehen.

Niemand bat mich, meine Stimme zu erheben, was auch gut war. Ich war eine Frau und hatte mit dem Folgenden nichts zu tun.

Zigor sagte: »Wir haben versprochen, dass wir vor Monduntergang zu den Tieren über die Jagd sprechen. Das müssen wir jetzt tun, sonst werden die Tiere fortgehen und uns verlassen.« Zigor trat aus dem Rauch und kam um die Feuerstelle der Mittler herum, damit alle ihn sehen konnten. Er hielt etwas in den Händen. Es sah aus wie der Ast eines Baumes. »Jetzt werden wir zu den Tieren über die Jagd sprechen! Männer, tretet vor!« Er entließ Alaia mit einer kurzen Handbewegung. Sie floh und verbarg sich zwischen den Frauen.

Die Tiere regten sich. Leise zog ich mich in den Schatten neben der Schutzhütte zurück.

Männer strömten auf die Lichtung. Ihr Gesang wogte heran wie die neue Flut über das ablaufende Wasser. Die Männer stampften mit den Füßen in dem Takt, den die Schritte der Tiere vorgaben, während die Trommeln der Mittler sie weiterführten.

Bei Beginn des Tanzes hatte ich mich stets von der Schutzhütte der Mittler weggeschlichen und war auf der dunklen Seite des Hügels hinuntergegangen, fort von den Feuern. Ich war über einen kleinen Waldpfad um den Lagerplatz herumgegangen und hatte mich den anderen Frauen an den Feuerstellen angeschlossen. Jetzt blieb ich, wo ich war. Die Männer tanzten die Schritte der Tiere. Sie tanzten Katze, Marder, Keiler und Hirsch. Sie tanzten Auerochse, Wolf und Bär. Sie tanzten Luchs. Unter ihrem Stampfen bebte die Erde. Noch nie war ich der Jagd so nahe gekommen wie jetzt. Der Teil in mir, der Frau war, hatte zu viel Angst, sich zu bewegen – wenn ich kein Jäger war, musste ich gejagt werden. Während jedes Tier vor meinen Augen tanzte, spürte ich das Entsetzen, das vor dem Aufgeben eintritt. Ich hatte nicht das Verlangen, mein Leben zu schenken, konnte aber den Blick nicht abwenden. Vor Schreck hockte ich mich in den Schatten der Schutzhütte.

Ich sah, wie Zigor den Ast hob. Es war kein Ast. Ich erkannte das Geweih. Furchtsam schnappte ich nach Luft, aber ich war jetzt weder Mann noch Frau. Ich war Mittlerin, und die Geister verletzten mich nicht.

Ich sah den Gejagten. Er zuckte kein einziges Mal zusammen. Als sie das Geweih brachten, duckte er sich nicht. Er überragte die meisten anderen, aber er senkte den Kopf nicht, um ihnen zu helfen. Im Gegensatz zu einem Tier begegnete er ihren Blicken. Wie ein Tier wusste er, die einzige Möglichkeit war, sein Leben zu schenken, bevor es genommen wurde.

Edur legte die Geweihkrone um Basajauns Kopf. Er war der Einzige, der groß genug dafür war. Edur zog die Maske über Basajauns Gesicht. Basajauns grüne Augen funkelten durch die Schlitze. Die Schritte der Tiere schlugen dumpf aus dem Herzen der Erde. Die Masse stampfender Männer verbarg den Gejagten vor den Augen aller, abgesehen von den Jägern. Nur mich hatten sie vergessen.

Selbst unter dem Gewicht des Geweihs hielt Basajaun den Kopf hoch erhoben. Den anderen, ein blasser Schatten an seiner Seite, hatte ich fast vergessen. Niemand beachtete ihn. Ich glaube, ihm machte es längst nichts mehr aus, ob sein Name weiterlebte oder starb. Ich schaute ihn an, und einen Herzschlag lang spürte ich eine üble Woge der Angst, die mich aus dem Gleichgewicht brachte. Bei Basajaun spürte ich überhaupt keine Angst.

Edur verknotete den letzten Halteriemen. Die Hände, die Basajaun festhielten, ließen los. Einen Herzschlag lang stand er still, vielleicht, weil er nicht begriff, dass er frei war.

Dann machte er einen Satz nach vorn.

Er lief geradewegs den Hügel der Mittler hinauf, womit er seine Verfolger überraschte. Er sprang über die Feuer und rannte auf die Dunkelheit hinter der Schutzhütte zu. Dort war niemand, der ihn aufhielt. Nur ich. Er prallte gegen mich, stieß mich beiseite und schoss auf der dunklen Seite des Hügels hinab in den Schatten unter den Bäumen.

Kemen sagte:

Meine Arme und Beine waren hinter meinem Rücken an den Ast gefesselt. Ich versuchte, über dem Holz hin und her zu rollen, um den Ast durchzubrechen, aber er war zu dick. Ich zerrte an meinen Fesseln, bis meine Handgelenke und Fußgelenke bluteten, doch Edur hatte dicke Streifen Rohleder verwendet, und er hatte seine Arbeit sorgfältig verrichtet. Außerdem hatten sie mir die Augen verbunden. Ich weiß nicht, warum: Ich hätte mich auch dann nicht befreien können, wenn ich etwas gesehen hätte. Ich wusste, wo ich war. Hier hatte ich schon einmal mit verbundenen Augen gelegen, nur waren damals viele Menschen um mich gewesen. Jetzt nahm ich nur die Enge eingesperrter Luft wahr.

Ich war so voller Kummer und Wut, dass ich das Gefühl hatte, ausbrechen zu müssen oder zu sterben, doch trotz meiner Bemühungen lag ich hilflos da wie ein Säugling, der nicht geboren werden will. Und von ebensolchem Nutzen war ich: Mein Mund war voller Bitterkeit, weil ich wie ein Wildschwein an einen Spieß gebunden dalag, obwohl Basajaun meine Hilfe brauchte wie nie zuvor.

Der Boden unter meinem Rücken bebte im Takt mit den Schritten der Tiere. Ich hörte sie alle: Katze, Marder, Keiler, Hirsch, Auerochse, Wolf, Bär, Luchs … Luchs … und … noch etwas. Die Enge floss um mich herum mit einem Strom, den ich nie zuvor gespürt hatte. Meine Haut kribbelte. Ich roch eigenartige Erregung. Ich roch Angst.

Ich war schon einmal an diesem Ort gewesen. Nicht, als ich vor einer Handvoll Jahren unter Zigors Messer gelegen hatte. Ich ging noch viel weiter zurück. Ich roch den Schweiß kauernder Körper. Vor meinen verbundenen Augen sah ich Streifen von Hasenfleisch über einem Heidefeuer braten, das Funken schlug und zischte, dann auflo- derte und die Gesichter der lauschenden Jungen plötzlich aufblitzen ließ. Ich roch ihre Erregung. Außerdem erhaschte ich einen Strom kalter Angst.

»Ein Mann kann sich auch selber schenken.«

Sogar der mit Schnee beladene Wind, der unser Zelt durchgerüt- telt hatte, schien den Atem anzuhalten und darauf zu warten, was als Nächstes geschah. Auch nach all den Jahren wusste ich noch genau, was unser Lehrer uns gesagt hatte: »Ein Mann ist kein Tier. Er kennt die Geister nicht so wie die Tiere. Aber die Geister kennen ihn. Wenn die Geister ihn kennzeichnen, können sie ihn für sich beanspruchen. Sie können ihn retten, wenn sie ihn zwingen, sein Leben zu schen- ken. Er ist noch Mann, aber für kurze Zeit auch Tier.«

Vor langer Zeit, im hohen Schnee, wo der Luchsclan seinen La- gerplatz der Einführung hat … hatte, hörte ich dieser ruhigen Stim- me zu, die uns erzählte, wie es gemacht wurde. Selbst damals hat die Geschichte mir einen kalten Schauer über den Rücken gejagt. Aber ich war sehr jung: Ich verstand nicht, warum wir noch immer am Anbe- ginn lebten, obwohl die Jahre uns so weit getragen hatten. Wie konnte ich wissen, gefangen auf der Schwelle zwischen Kind und Mann, dass ich eines Tages gefesselt und hilflos daliegen und den Schritten des einen Tieres lauschen würde, das kein Tier ist? Wie konnte ich träu- men, dass der Gejagte mein eigener Bruder sein würde? Ich konnte es nicht: In den Jahren, die danach folgten, erzählten mir meine Träume vieles, aber darauf hatten sie mir nie einen Hinweis gegeben.

Mit weit aufgerissenen Augen, obwohl sie verbunden waren, lag ich da, bis die letzten Schritte verklangen. Ich weiß nicht, ob ich schlief.

Vom Abendhimmel her tat sich ein starker Wind auf. Die Bäume rauschten wie das Meer. Wenn Basajaun sich auf den Weg landeinwärts zu den untergegangenen Landen des Luchsclans machte, käme der Wind von hinten, würde seinen Geruch fortwehen und ihm weiterhelfen. Vielleicht waren die Geister auf seiner Seite. Später jedoch, in der Stille vor der Morgendämmerung, spürte ich keinen Wind mehr. Vielleicht hatte er seinen Zweck bereits erfüllt. Draußen vor der Hütte nahm ich schwache Bewegungen wahr. Die leisen Geräusche gingen im Rascheln der Blätter unter. Ein Hund heulte. Ich roch, wie die zunehmende Morgendämmerung in die Hütte sickerte. Über meinem Kopf sang eine Amsel. Tauben gurrten in den erwachenden Wäldern. Meine Wut und mein Kummer waren verbraucht. Mehr als alles andere auf der Welt wollte ich pinkeln. Wie lange würden sie mich hier liegen lassen? Außerdem hatte ich Durst, aber daran konnte ich nichts ändern.

Es spielte kaum eine Rolle. Basajaun war fort. Die Hunde des Alkclans waren ihm auf der Spur. Männer aus dem Alkclan würden ihn zu Tode hetzen. Hier waren die Jagdgründe des Alkclans, die Männer hatten Hunde und Speere und Pfeile. Basajaun hatte nichts. Er konnte nicht entkommen. Vielleicht war er schon tot. Wohin würde sein Geist jetzt gehen? Er und mein Vetter – sie waren Luchs, nicht Alk. Wie würde Basajauns Geist seinen Weg durch dieses fremde Land finden?

Ich versuchte, an Osané zu denken. Auch sie hatte am Abend zuvor gelitten. Ich dachte an ihr ungeborenes Kind und hoffte – so ich überhaupt hoffen konnte –, dass das Kind keinen Schaden genommen hatte. Ich dachte an meinen kleinen Bakar. Wie viel hatte er von der Schande seiner Eltern gesehen oder begriffen? An einem Abend hatte mein Sohn erlebt, wie der Vater seiner Mutter seines Namens entblößt und für immer ausgestoßen wurde und wie man den Bruder seines Vaters in den Tod schickte. Ich wollte meinen Jungen suchen und ihn in die Arme nehmen und mich vergewissern, dass alles in Ordnung war. Ich wollte Osané trösten. Ich wollte, dass meine Freunde

wirklich meine Freunde waren, nicht meine Todfeinde. Ich wollte die
Leiche meines Bruders dort zur Ruhe betten, wo die Geister sie finden würden, auch wenn ich ihm nicht das Leben retten konnte. Doch
mehr als alles andere wollte ich pinkeln. Aber beschämen würde ich
mich nicht. Ich lag still und wartete.

Der Lagerplatz der Zusammenkunft begann sich zu regen. Schrille
Kinderstimmen vermischten sich mit Vogelgesang. Frischer Rauch
stieg auf. Frauen riefen sich über die Lichtung hinweg etwas zu. Ein
Hund jaulte. Es war weder eine säugende Hündin noch ein Welpe.
Ich wusste, wie dieser Hund sich fühlte. Wir beide waren die einzigen
Jäger, die auf dem Lagerplatz geblieben waren. Wir hatten denselben
Verlust erlitten. Ich fragte mich, wie es wohl wäre, in seiner Haut zu
stecken. Hunde leben auf halbem Weg zwischen Mensch und Tier.
Wir Menschen kennen sie sehr gut, und doch sind sie uns unbekannt.
Wenigstens konnte der Hund pinkeln, wann er wollte, ohne sich et-
was dabei zu denken. Darum beneidete ich ihn und hoffte, dass ihm
jemand Wasser gebracht hatte.

Schließlich kam Zigor. Ich war froh, dass es nicht Nekané war,
und lächelte beinahe, als ich seine Stimme hörte. Er schnitt meine
Fesseln durch – ich hatte so daran gezerrt, dass er Edurs Knoten
nicht mehr lösen konnte. Zigor rieb das Blut wieder in meine Beine,
bis ich stehen konnte. Ich war steif, Schnitte und Prellungen vom
Kampf am Abend zuvor machten mir zu schaffen, und als ich versuchte zu gehen, knickte mein Fußgelenk ein. Zigor ließ mich nach
draußen humpeln, damit ich pinkeln konnte. Ich war außerstande
zu kämpfen oder zu laufen, aber ich hätte es getan, wenn ich nicht
gewusst hätte, dass alles zu spät war. Ich ließ mich von Zigor wieder
in die Hütte zurückführen, und als er mir seinen Wasserschlauch an-
bot, nahm ich einen tiefen Schluck. Zigor beobachtete mich, als wäre
er eine Ente, die auf ihren Eiern sitzt, und ich ein sprungbereiter
Luchs.

»Bin ich am Ende dein Feind?«, fragte ich schwach. »Was glaubst
du, werde ich tun?«

»Dein einziger Feind bist jetzt du selbst«, sagte Zigor. »Du gehörst zu meinem Clan, und es ist meine Aufgabe, dich vor deinen Feinden zu schützen.«

»Vor mir selbst?«

»Genau.« Zigor hatte die Binde aufgehoben, mit der Edur mir die Augen verbunden hatte, und warf sie fort. »Ich glaube, du kannst ohne das jetzt ganz gut sehen.«

»Du weißt, was ich gesehen habe?«

»Dein Bruder hat mir gezeigt, dass der Luchsclan von diesen Dingen ebenso viel versteht wie wir.«

»Das hat man uns auf dem Lagerplatz der Einführung beigebracht.«

»Alle Menschen sind verwandt, wenn man zum Anbeginn zurückgeht.«

»Das weiß ich.«

Eine Weile saßen wir schweigend da. Zigor machte keine Anstalten, mich zu verlassen.

Dann fragte ich ihn: »Geht es Osané gut? Und meinem Sohn? Hast du sie danach gesehen?«

»Bakar geht es sehr gut. Osané weiß, wie man überlebt.« Zigor schaute mich unter seinen schweren Augenbrauen an. »Du auch, Kemen.«

»Sieht so aus, als wäre ich dafür geschaffen zu überleben«, sagte ich grimmig. »Ich habe keine andere Wahl.«

»Oh, die hast du«, sagte Zigor. »Mach dir nichts vor. Du gehörst nicht zu denen, die aufgeben.«

»Du meinst meinen Vetter? Es war nicht anständig ihm gegenüber.« Plötzlich löste sich meine Zunge. Ich hatte nie vorgehabt, mich ausgerechnet Zigor anzuvertrauen, aber die Wörter kamen aus meiner Kehle wie ein Wasserfall. Ich weiß nicht, welche List er anwandte, um mich zum Reden zu bringen. »Mein Vetter ist nicht klug«, sagte ich ihm. »Er hat nie denken gelernt wie wir anderen. Als er noch klein war, hat Basajaun ihn immer beschützt. Er ließ nicht zu, dass die anderen Jungen ihn hänselten. Basajaun war nie freundlich zu jemandem, den er nicht mochte. Und er hat nie jemanden gemocht, den er nicht respektierte. Das war es also nicht. Es lag daran, dass mein Vetter zur Familie gehörte. Er war als Schwächling zur Welt gekommen. Niemand glaubte, dass seine Mutter ihn großziehen könnte. Sie hat ihm seinen Namen gegeben. Es hieß, es sei schade gewesen, dass sie ihn überhaupt erkannt hatte. Er hatte einen guten Namen – ich kannte ausgzeichnete Männer, die diesen Namen trugen, aber sie sind jetzt verschwunden. Das Meer hat sie genommen und ihn zurückgelassen.

Er konnte nichts dafür, dass er schwach war. Er ging in dem Jahr nach mir zum Lagerplatz der Einführung, obwohl er zwei Jahre vor mir zur Welt kam. Er war schwach und einfältig, als er fortging. Viele dachten, er werde nie ein Mann werden. Doch er kam zurück. Er war noch immer schwach und einfältig. Aber etwas anderes war geschehen. Hättest du den Atem eingesogen, den er ausstieß, hätte er deine Lunge wie Eis berührt. Seine Angst war wie der nie schmelzende Schnee in einem zum Sonnenlosen Himmel liegenden Tal. Und doch lebte er. Er fand einen Weg, mit der Angst zu leben.«

Ich hatte mit gekreuzten Beinen dagesessen und in die leere Feuerstelle gestarrt, während ich sprach. Jetzt drehte ich mich ruckartig um und sah Zigor an. »Das alles war nicht gerecht ihm gegenüber. Du glaubst, mein Vetter spielte keine Rolle. Du glaubst, er war schwach und ängstlich. Du hast in ihm kaum einen Mann gesehen! Stimmt das? Stimmt das?«

»Ja«, sagte Zigor leise.

Ich ging nicht darauf ein. »Nun, du hast dich geirrt! Mein Vetter kannte die Angst auf eine Weise, die Männer wie wir nie erfahren. Sie lag erdrückend auf seinem Herzen. Er musste sie mit sich tragen, wohin er auch ging. Er wusste, er war nicht so stark wie wir anderen. Er sah, dass es für uns eine Freude war, am Leben zu sein, aber er hat diese Freude kaum je empfunden. Manchmal ja … ich weiß noch …«

Ich schüttelte den Kopf. »Schon gut. Wir waren nur Jungen, und es ist lange her, in Landen, die verschwunden sind. Aber manchmal war er glücklich, in der Vergangenheit, als wir jung waren.«

»Vergiss das nicht«, sagte Zigor.

Ich verstand nicht – damals nicht –, warum er das sagte. »Du bist Mittler. Ich nicht. Du glaubst, ich sei nur ein dummer Mann, der nichts sieht. Aber ich kannte meinen Vetter, und du nicht. Jetzt hast du ihn getötet. Sein Name ist verschwunden. Basa… der Name meines Bruders wird leben. Du hast das gesagt, du hast zugelassen, dass er sein Leben schenkte. Glaube nicht, dass ich um … meinen Bruder nicht trauern werde. Das werde ich! Immer! Aber wenigstens habt ihr vom Alkclan ihn erkannt. Doch mein Vetter – ihr habt nicht einmal gesehen, wer er war. Nicht einen Gedanken habt ihr daran verschwendet, was mit *ihm* geschehen ist. Von ihm habt ihr nichts übrig gelassen!«

»Das stimmt nicht.«

»Was?«

»Du erinnerst dich an ihn«, sagte Zigor.

Ein Schluchzen erhob sich in meiner Kehle. Ich unterdrückte es, denn Zigor beobachtete mich. Ich wusste, was er sehen konnte. Ich wandte mich ab. Ich konnte nichts tun. Die Jäger waren längst aufgebrochen. In meinem Herzen wusste ich, dass alles bereits passiert war. Ich würde meinen Bruder nie wiedersehen. Ich hatte von meinem Vetter gesprochen, aber ich hatte weder Zigor noch sonst jemandem etwas über meinen Bruder zu sagen. Ich empfand mehr, als mein Herz ertragen konnte. Meine Gedanken wirbelten in meinem Kopf umher, und nichts konnte sie besänftigen.

Basajaun hatte Bakar umgebracht. Bakar lebte als mein Sohn. Hätte der Alkclan Basajaun nicht zur Strecke gebracht, wäre es an mir gewesen – wenn alles seine Richtigkeit gehabt hätte –, für den Tod meines Bruders zu sorgen, den er meinem Sohn schuldete. Was hätte ich dann getan? Aufgrund der Jagd würde ich es nie erfahren. Die Geister hatten es gut gemeint, denn jetzt musste ich niemals daran denken, was ich getan hätte, wenn sie die Angelegenheit mir überlassen hätten. Bis auf die Tatsache, dass mein Herz so müde war, konnte ich an nichts anderes denken.

Amets sagte:

Wir brachen vor der Morgendämmerung auf, Männer und Hunde gemeinsam. Ortzi und ich gingen von unserer Feuerstelle aus. Mit Ortzi an meiner Seite fühlte ich mich stark. Bei mir war ein Mann, der so erwachsen war wie ich. Vor diesem Morgen hatte ich Ortzi noch nie so betrachtet.

Nur Nekané und Sorné waren schon auf den Beinen, als wir aus unseren Zelten krochen, unsere Speere, Bögen und Pfeile nahmen und die Lichtung verließen. Sie schauten in eine andere Richtung. Kein Geräusch drang aus den Zelten, aber eine Wachsamkeit lag in der Luft, die anders war als in den Jahren zuvor. Nachdem Basajaun und sein Vetter in den Wald geflohen waren, hatten die Frauen dem Tanz länger als sonst zugeschaut. Als der Tanz und das Feuer erstarben, wurden die Jungen gepackt und in die Wälder getragen. Wir anderen hatten ein wenig geschlafen. Die Jagd blieb wach. Vom Meer her tat sich ein Wind auf, der Wolken vor die Sterne blies. Ein Mann, der diese Lande nicht kannte, würde vom Wind gebeutelt und nicht sehen oder spüren, wo er war. Wenn er sich einen Weg zwischen den Bäumen hindurch suchte, würde er nur langsam vorankommen und oft fehlgehen. Der Lagerplatz blieb die ganze kurze Nacht über wachsam. Der Wind flaute ab, die Bäume standen so still, dass man einen Zweig hätte knacken hören. Wir wussten, dass die Frauen unseren Aufbruch mitbekamen, aber sie schwiegen weiterhin, so wie wir.

Ich hatte den klügsten Hund. Manche Männer behaupten, ich könne mit Hunden am besten von allen umgehen; dazu sage ich nur, dass ich weiß, wie man die besten Hunde auswählt. Nachdem der Keiler meinen alten Hund getötet hatte, als Bakar und ich zuletzt gemeinsam auf die Jagd gegangen waren, ließ mich Edur aus einem Wurf auswählen, den er mit zur Zusammenkunft gebracht hatte. Der Welpe, den ich mir aussuchte, war nicht der größte, aber ich beobachtete, wie er sich zu den Zitzen seiner Mutter durchdrängte, wenn die anderen nicht mit ihm rechneten. Das war mein Hund. Jetzt war dieser Welpe zu einem Hund in den besten Jahren herangereift – noch immer schnell und stark, aber auch klug. Nie hätte ich gedacht, dass ich den besten Hund ausgewählt hatte, um einen Mann zur Strecke zu bringen! Ich wollte die Jagd auf den Bruder meines Bruders Kemen nicht anführen, aber es bestand kein Zweifel daran, dass ich den besten Hund hatte. Mir blieb nichts anderes übrig.

Basajauns Köcher, Beutel und die glühende Holzkohle lagen an Arantxas Feuerstelle, wo er sie liegen gelassen hatte. Mein Hund schnüffelte an Basajauns Sachen. Ich beobachtete, wie er Witterung aufnahm. Dann, während Basajauns Habseligkeiten den anderen Hunden gezeigt wurden, nahm ich meinen Hund mit an die Stelle, an der Basajaun aus dem Tanz gesprungen und über den Hügel der Mittler gerannt war. Der Wind war in der Nacht stark gewesen: In der Luft würde nicht mehr viel Witterung vorhanden sein. Aber der Boden würde Basajauns Geruch festhalten. Mein Hund suchte hier und da rings um die Schutzhütte der Mittler. Er schnüffelte in zusammengewehten Blättern vom letzten Jahr. Seine Rute stellte sich auf. Er hob die Schnauze und bellte kurz. Er rannte auf der Rückseite des Hügels hinunter und in den Wald.

Die Pfade um den Lagerplatz der Zusammenkunft verlaufen kreuz und quer. Menschen gehen darauf hin und her; während wir dort sind, ziehen sich die Tiere, die diese Pfade im übrigen Jahr offen halten, weiter in den Wald zurück. Der Spur eines Mannes quer über einen großen Lagerplatz zu folgen ist schwer. Dieser Mann wird oft gekommen und gegangen sein, während er seinen alltäglichen Verrichtungen nachging. Viele andere werden denselben Weg genommen haben. Der Geruch nach Menschen hing in der Luft. Wir Menschen legen unseren eigenen Geruch als bloße Anwesenheit aus: Wir können sagen, es sind viele Menschen und Hunde an einem Platz gewesen oder nur wenige. Wenn es noch nicht lange her ist, können wir vermuten, wie lange sie blieben und was sie taten, als sie dort waren. Hunde sind da viel schlauer. Ihre Nasen erzählen ihnen jede Geschichte, die ihren Weg kreuzt, so deutlich, wie ihr jetzt meine Worte vernehmt.

Mein Hund fand bald heraus, dass Basajaun in einem Halbkreis um den Lagerplatz herumgelaufen war, gerade außer Sichtweite unter den Bäumen. Dann hatte er sich genauso verhalten, wie ich es an seiner Stelle getan hätte: Er war flussabwärts gegangen zu der sumpfigen Stelle, an der Männer ihre Notdurft verrichten. Er war durch die Exkremente gestapft, war an den klebrigsten Stellen auf und ab gelaufen und hatte sich platschend einen Weg durch schlammige Tümpel gesucht. Die Hunde waren verwirrt. Die Luft selbst sagte nichts: Sie roch nach dem Meer, von dem sie gerade kam, und hatte keine andere Geschichte zu erzählen. Selbst mein guter Hund konnte nicht sagen, wo Basajaun in den Fluss gesprungen war. Allerdings wussten wir, was er getan hatte – so hätte jeder gehandelt.

Der Fluss wird schon weit oberhalb des Lagerplatzes der Zusammenkunft breit und gefährlich. Noch mehr Grund für Basajaun, ihn zu überqueren, sobald er konnte. Wir betrachteten das dahineilende braune Wasser, es war gerade so flach, dass ein starker Mann hindurchwaten konnte – wenn er verzweifelt war. Ich sprang hinein. Mein Hund folgte mir, genau wie Edur und Arantxas Söhne. Die anderen Männer blieben zurück – wir mussten nicht alle die Spur verwischen, bevor die Hunde sie fanden.

Edur und ich blieben triefend nass am gegenüberliegenden Ufer stehen. Arantxas Söhne warteten auf unser Zeichen. Mir kam die Idee, dass Basajaun flussaufwärts laufen würde, weil das der schwierigere Weg war – in seinen Augen mussten wir damit rechnen, dass er den leichteren Weg nahm. Edur war sich nicht so sicher. Er meinte, Basajaun würde möglichst schnell zu den Booten kommen wollen. Basajaun könne ja nicht wissen, wandte Edur ein, dass unsere Hunde die Boote bereits bewachten, zusammen mit alten Männern und Jungen, schon vor Beginn des Tanzes. Basajaun wüsste ja nicht, dass eine Handvoll Männer zu ihnen gelaufen war, sobald der Gejagte den Tanz verlassen hatte. Ich aber hielt Basajaun für so schlau, selbst darauf zu kommen.

Tatsächlich haben die Männer, die bei den Booten Wache hielten – Sendoa und seine Brüder –, Basajauns Vetter getötet. Er hatte sich davongeschlichen, noch bevor Basajaun seinen großen Sprung aus dem Tanz gemacht hatte. Der Vetter wusste, dass niemand auf ihn achten würde, und so war er ungeschoren davongekommen und hinunter ans Ufer geschlichen. Er war nicht so schlau wie Basajaun. Er glaubte ein unbewachtes Boot gefunden zu haben. Er drehte es um und tastete gerade nach dem Paddel – da war natürlich keines –, als sie ihn ergriffen. Sendoa sagte, sie hätten nicht damit gerechnet, dass er sich lange zur Wehr setzen würde. Aber er kämpfte wie ein Luchs, mit Händen und Füßen und Zähnen und Fingernägeln – sie hätten ihn auch sein Messer ziehen lassen, doch dazu kam es nicht. Sendoa schlitzte ihm die Kehle auf, und das war das Ende.

Das Blut des Sterbenden spritzte auf Sendoas Brust. Sendoa ließ den Toten fallen, warf seine Kleidung ab und lief ins Meer. Kopfüber stürzte er sich in die Wellen und wusch sich von allen Seiten. Mit den Fäusten bearbeitete er sein Hirschleder im Salzwasser, bis alle Blutflecken verschwunden waren. Unterdessen rollten seine Brüder die Leiche des Luchsmannes auf eine Tierhaut und warfen sie auf ein provisorisches Podest über dem Ufer. Sie achteten darauf, nichts zu berühren, das dem Toten gehörte. Sobald sie damit fertig waren, zogen sich alle aus und wuschen sich im Meer, bis sie sicher waren, dass kein Blutstropfen mehr an ihnen haftete. Niemand wollte, dass die Geister, die über Kemens Vetter gewacht hatten, nun die Mörder verfolgten. Diese Geister würden üble Feinde abgeben. Der Alkclan würde sie außerdem nie loswerden, weil der Clan dieses Luchsmannes ausgestorben und sein Name für immer aus der Welt gegangen war.

Das alles geschah, bevor die Jagd begann. Es spielte keine Rolle: Der Mann würde nie Teil der Jagd sein. Er war dein Vetter, Kemen –

ich weiß, es gefällt dir nicht, wenn ich es sage –, aber der Mann war ein Niemand, auch während er seinen Namen trug. Er spielte keine Rolle. Jedenfalls gehörte er schon nicht mehr zur Jagd, bevor sie begann. Ich hatte recht: Basajaun hatte nicht nach einem Boot gesucht. Er war ein starker Mann. Er kämpfte sich flussaufwärts direkt durch die Stromschnellen, bis er oberhalb der Wasserstelle war. Vielleicht waren einige von euch Kleinen noch nicht dort oben: Bevor der Fluss die Wasserstelle des Lagerplatzes der Zusammenkunft erreicht, windet er sich durch Auen und kleine Teiche. Die höher gelegenen Teiche wurden zu Anbeginn erschaffen – das sieht man an den schräg abfallenden, felsigen Ufern –, aber die beiden unteren Teiche wurden von Bibern angelegt. Das Land ist offen: Nachdem die Biber die Sümpfe trockengelegt hatten, um ihre Teiche zu bauen, haben wir Menschen die weiten Wiesen angelegt, als wir die Birkenschösslinge und das Weidengebüsch alle paar Jahre abflämmten. Jetzt suchen Auerochsen und Hirsche das offene Gelände auf, und das spart den Jägern so manche lange Wanderung bis zu den höher gelegenen Weideplätzen.

Die Hunde und ich folgten jeder Flusswindung und suchten nach einer Witterung. Eine kleine Auerochsenherde mit Kühen und Kälbern graste zwei Handvoll Zehnerschritte entfernt. Die Kuh, die Wache hielt, beäugte uns, als wir näher kamen. Die Kühe, die gelegen hatten, kamen auf die Füße. Mütter muhten ihren Kälbern zu. Die Herde behielt uns im Blick, bis wir vorbeigegangen waren, und gab sich gar nicht erst die Mühe, sich zu entfernen. Die Tiere wussten, dass kein Auerochse eingewilligt hatte, sich uns an diesem Tag zu schenken.

Bevor der Fluss die Biberwiesen erreicht, stürzt er von der Wasserscheide zwischen Adlerfelsen und Gezacktem Gipfel herab. Schäumende Wasserfälle erzwingen sich ihren Weg durch zerbrochene Felswände und verstreute Felsbrocken, um sich dann in hochgelegenen Teichen zu verlieren. Wir schickten die Hunde an beiden Seiten voraus – Basajaun hätte kehrtmachen und schließlich auf der Seite der Hochstehenden Sonne ans Ufer kommen können. Er hätte sich an jedem der vielen Nebenflüsse, die vom Bergkamm herabstürzten, den Berg hinauf begeben können. Ein paar Männer hielten sich ans gegenüberliegende Ufer, einige überquerten den Fluss und folgten mir. Die Hunde suchten hier und dort auf dem felsigen Grund, schnüffelten zwischen fahlen Weiden, Blaubeeren und Myrten. Ich war besorgt, dass den Hunden etwas entgangen sein könnte, aber wie hätte Basajaun Hunde wie unsere auf offenem Weideland täuschen sollen? Dort gab es keine Bäume, auf die man klettern konnte, keine Möglichkeit, seinen Geruch zu verbergen.

Am gegenüberliegenden Ufer bellte Zerus Hund warnend. Ehe wir uns versahen, kläffte die Hälfte der Hunde dort drüben. Die Hunde auf unserer Seite verharrten, die Ohren gespitzt. Ich warf einen Blick auf meinen Hund. Er schnüffelte. Er kratzte sich am Ohr. Er trottete den Berg hinauf. Die anderen Hunde drehten die Köpfe hin und her. Mein Hund bellte scharf. Zögernd folgten die anderen.

Zeru und sein Bruder liefen bergab hinter ihren Hunden her. Sendoas Hund hatte sich nicht bewegt. Sendoa gab mir ein Zeichen: »Nichts!«

Männer und Hunde verschwanden unter den Bäumen. Wir hörten Hunde bellen, dann trat plötzlich Stille ein.

Am anderen Flussufer deutete Sendoa mit den Händen ein schwimmendes Tier an: »Otter!«

Koldo und ich schauten uns an. »Zerus Hund hat so viel Verstand wie ein leerer Korb!«

»Die meisten Hunde können nur geradeaus denken«, sagte ich. »Wann haben wir vorher jemals von ihnen verlangt, einen Mann zu jagen?«

»Verloren gegangene Kinder?«

»Ah, aber dann suchen sie jemanden, den sie kennen.« Noch einmal warf ich einen Blick in die Bergschlucht hinunter, bevor ich mich umdrehte und Koldo folgte. Itzal war uns schon weit voraus und rannte leichtfüßig wie eine Katze bergauf. »Da ist Edur! Da kommen seine Hunde!«

Oroitz war dicht hinter den Hunden. »Wir waren bei den Booten«, keuchte er. »Wir konnten keine Spuren aufnehmen.«

Edur kam als Nächster herauf und wirkte niedergeschlagen. Basajaun konnte uns doch nicht so einfach überlistet haben! Die Hunde trabten weiter, schnüffelten hier und dort am Ufer, das jetzt zu der Klamm anstieg, die sich von der Wasserscheide herab eingeschnitten hat. Ich schaute auf das schäumende Wasser – an dieser Stelle war der Fluss so schmal, dass ein Mann hinüberspringen konnte – und auf die steilen Wände, an denen sich Ebereschen zwischen die Felsen klammerten. Ein starker Mann *könnte* sich durch die Wasserfälle hinaufkämpfen – der Fluss führte nicht viel Wasser –, aber er würde sein Leben aufs Spiel setzen. Ein Gejagter geht größere Risiken ein, als ein paar Wasserfälle zu überwinden, doch wenn Basajaun sich noch immer mühsam den Fluss hinauf bewegte, musste er an dem langen Wasserfall unterhalb des Bergkamms herausgekommen sein. Da oben ist der glatte Fels mit glitschigem Moos bewachsen. Selbst die Fälle, an denen wir bereits vorbeigekommen waren, wären schwer zu erklimmen. Das Wasser würde ihm ins Gesicht spritzen, und der Fels war rutschig. Er würde sich durch herabschießendes Wasser nur blind vortasten können. Dabei würde er seinen Vorsprung einbüßen.

Dennoch ergab dieser Plan einen Sinn. Kurz nach seinem Sprung aus dem Tanz war der Mond untergegangen. Die Sterne waren verborgen: Er war im Dunkeln gewandert. Der Wind hätte ihn vom Kurs abgebracht, auch wenn er die Pfade durch den Wald so gut gekannt hätte wie wir. Es gab nur einen sicheren Pfad, der vom Lagerplatz der Zusammenkunft wegführte, auf dem sich ein Mann den Weg durch unvertrautes Gelände suchen könnte, auch wenn es noch so dunkel war, und auf dem sein Geruch weggespült würde. Der Wind hatte Regen mitgebracht – aber vom Meer her, nicht von den Bergen. Hochwasser wäre ein Risiko, allerdings sehr unwahrscheinlich. Ja, dieser Plan ergab einen Sinn.

Hinter mir hörte ich Hunde. Sendoa und seine Brüder kamen von den Biberteichen heraufgerannt, um uns einzuholen. Bald hatten

Edurs Hunde die Männer überholt und gesellten sich zu meinen, sie schnüffelten an den hohen Ufern und verharrten am Rand der Klamm. Ich wartete auf Edur. Während ich dort stand, kam die Sonne hinter dem Berg hervor und berührte mich mit ihrem Finger. Der Morgen schritt rasch voran. Der Gejagte hatte das Tageslicht länger auf seiner Seite gehabt, als ich zu denken gewagt hatte. Das hier waren die Lande der Alke, nicht der Luchse. Er war noch nie im Leben hier gewesen. Er hatte keinen Hund und keine Waffe. Der Alkclan wäre für immer beschämt – wir würden nie wieder aufblühen –, wenn er uns jetzt besiegen würde.

Mein Hund bellte ein Mal scharf.

Dieses Bellen sprach zu der Stille. Das Bellen war der Beginn der Jagd.

Die Hunde vereinten sich und liefen los. Ich ließ mir zwei Herzschläge lang Zeit, warf einen Blick hinab in die Klamm und sah, wo Basajaun heraufgeklettert war. Ja – es war möglich. Aber er musste Licht gehabt haben, damit er sehen konnte, wohin er trat. Als er hier gestanden hatte, war der Tag wohl schon angebrochen. Letztlich waren wir doch nicht so weit hinter ihm.

»Er will zur Wasserscheide.«

»Ja.« Schützend legte ich die Hand über die Augen, damit ich die Hunde sehen konnte, die direkt in die Morgensonne hineinliefen. »Dann würde er den Schwarzen See von oben sehen«, sagte ich. »Entweder bleibt er auf der Seite der Hochstehenden Sonne und geht bergauf …«

»Oder er begibt sich auf die Sonnenlose Seite«, sagte Edur, »und folgt dem Wasser abwärts. Oder er könnte von dort bergauf dem Sonnenlosen Himmel zustreben.«

Wir pfiffen den widerstrebenden Hunden, auf uns zu warten, und begannen zu laufen. Alle Männer ließen sich zu Boden fallen, bevor sie den Pass erreichten, und schoben sich auf dem Bauch weiter, die Hunde krochen an ihrer Seite, bis wir über dem Kamm waren. Erst dann hoben wir vorsichtig den Kopf und schauten hinab.

Die beiden Tauchvögel, die damals am Schwarzen See überwinterten, waren nicht in Sicht. Schon möglich, dass Basajaun sie aufgescheucht hatte … vielleicht auch nicht. Eine Handvoll Hirschkühe graste direkt unterhalb des Gezackten Gipfels – die Entfernung war zu groß, um sie deutlich zu erkennen, aber es gab keinerlei Anzeichen von Furcht. Hoch über uns kreisten die Adler. Sie würden uns beobachten – vielleicht konnten sie auch Basajaun sehen. Das Junge war noch in seinem Nest auf den Adlerfelsen, doch die Adler blieben hoch oben am Himmel. Sie wussten, dass sich an dem Tag kein Adler schenken würde.

Wir ließen die Hunde vor uns bergab kriechen. Kurz darauf schnüffelten sie an den Ufern des Schwarzen Sees entlang – natürlich hatte Basajaun die Gelegenheit genutzt, seine Spur zu verwischen. Aus der Beschaffenheit des Geländes dürfte er zuvor geschlossen haben, dass dort unten Wasser sein würde, aber sein erster Blick auf den Schwarzen See muss wie ein Geschenk gewesen sein. Aber er musste in Eile gewesen sein … bestimmt würden die Hunde auf der Seite des Teichs unter der Hochstehenden Sonne, unterhalb der Adlerfelsen, seine Spur sehr schnell aufnehmen. Ich beobachtete, wie mein Hund über das Geröll zur Schwarzen Schlucht vorauslief. Durch einen Pfiff gab ich ihm zu verstehen, dass er warten sollte. Die Hunde sammelten sich am Fuße der Geröllhalde, die Ohren wachsam aufgerichtet. Vielleicht fragen sie sich zuweilen, warum wir nicht auf alle viere fallen und richtig laufen – das Leben mit Männern muss ihnen vorkommen wie eine einzige Warterei. Die Jagd nach einem Menschen war für sie besser als sonst – sie sind gewohnt, uns bis zur letzten Hatz auf den Fersen zu bleiben.

»Das ist unser Mann«, hauchte ich Edur ins Ohr – aus Gewohnheit, denn ein Mann kann weder so hören wie ein Hirsch, noch so wittern wie ein Hund. »Ich *wusste*, dass er den schwierigeren Weg nehmen würde, einen, den wir nicht als naheliegend betrachten würden.«

»Das ist sein Fehler«, flüsterte Edur kaum hörbar. »Denn wenn er auf den Adlerfelsen ist, haben wir ihn. Er ist in seine eigene Falle geklettert.«

»Falls wir schnell genug sind. Er wird bereits auf der anderen Seite hinabsteigen ...«

Edur glitt über die Heide den Berghang hinunter. Unterhalb der Grenzlinie zwischen Himmel und Erde teilten wir uns rasch in drei Gruppen auf. Die schnellsten Läufer und ihre Hunde gingen mit Sendoa. Sie mussten über die Felswände gelangen, die dem Himmel der Abendsonne zugewandt sind, und auf der anderen Seite der Adlerfelsen ausschwärmen, bevor Basajaun hinabsteigen konnte. Edur führte mit seinen Hunden die nächste Gruppe an. Sie liefen am Ende des Schwarzen Sees entlang, um die Adlerfelsen auf ihrer Morgenseite zu umrunden. Ich nahm Arantxas Söhne mit – sie können schnell klettern –, und wir stiegen hinter unseren Hunden her, die Basajauns Fährte über die Geröllhalde verfolgten. Hin und wieder verloren sie die Spur – trotz des gefährlichen Abhangs war Basajaun so weit wie möglich von einem Felsbrocken zum anderen gesprungen – viel weiter, als die meisten Männer es können –, aber das spielte keine Rolle. Jetzt wussten wir, was unsere Beute tat.

Wäre er noch auf dem Gipfel, könnte er jede unserer Bewegungen in dem offenen Gelände verfolgen. Sendoa und Edur hatten eine dürftige Deckung unter Birken und Weidengestrüpp, aber sie waren zu schnell, um unbemerkt zu bleiben. Zwei Raben erhoben sich von den Felswänden über Edur und kündigten krächzend an, dass Menschen vorbeikamen. Zwei junge Hirsche und ein alter traten zwischen den Birken hinter Sendoa hervor und wanderten gemächlich über den Hang. Sie beeilten sich ebenso wenig wie die Auerochsen. Sie wussten, dass kein Hirsch zugestimmt hatte, sich uns an diesem Tag zu schenken.

Falls Basajaun uns beobachtete, würde er sehen, wie die Falle rings um die Adlerfelsen zuschnappte. Sollte er noch dort oben feststecken, würde es ihm leidtun, sich für den schwierigeren Weg entschieden zu haben. Schon möglich, dass er jetzt hinabbrannte – die der Hochstehenden Sonne zugewandte Seite der Adlerfelsen war eine Falle –, er würde die Felswände nicht von oben einsehen können, er wäre in Eile, würde über die Geröllhalden rutschen, könnte leicht über einen Felshang in den Tod stürzen – ein Hirsch, der in eine Falle lief –, doch wenn es ihm gelang, wenn er ausbrach, bevor Sendoa und Edur zusammentrafen, müsste er schnell rennen – und die Hatz wäre wieder im Gange.

Wenn das geschah – das alles überdachte ich, während ich zwischen den Felsbrocken bergauf hastete –, selbst wenn er unseren schnellsten Männern ebenbürtig wäre, würde er lange vor den Hunden ermüden. Noch im Klettern hoffte ich, dass es nicht dazu kommen würde. Die Hunde würden ihn zu Boden ziehen und in Stücke reißen – und doch – wenn die Geister es wollten … War Bakars Hund nicht vor seinem Herrn getötet und neben Bakars Leiche in die Marsch geworfen worden? Mir fiel ein, dass Bakar und ich ein Podest für meinen alten Hund errichtet hatten, nachdem der Keiler ihn getötet hatte, dass wir ihn dort hinlegten, als wäre er ein Mann. Wenn Basajaun gezwungen sein sollte, sich am Ende Hunden des Alkclans zu schenken, wüsste er bestimmt, warum.

Arantxas drahtige Söhne kletterten schneller als ich. Sie waren mir um zwei Manneslängen voraus. Die Hunde waren vor ihnen und scharrten auf blankem Fels. Hunde können nicht wie Männer klettern: Oroitz und Itzal waren ihnen dicht auf den Fersen. Ich folgte ihnen, so schnell ich konnte, und schwang mich mit Hilfe kleiner Birken hoch, die auf Inselchen festen Bodens zwischen dem Geröll wuchsen. Auf dem lockeren Fels weiter oben wuchs nichts. Ich wischte mir den Schweiß aus den Augen und schaute hinauf. Zwei Raben flogen auf, als die Hunde näher kamen. Sie kreisten über uns und warteten ab, was wir als Nächstes tun würden.

Ein Felsbrocken polterte den Berg herunter.

Bevor ich rufen konnte, prallte der Fels auf. Oroitz' Hund wurde darunter zermalmt. Oroitz stürzte. Ich erreichte ihn als Erster. Sein Bein war unter ihm abgeknickt. Ein weiterer Felsbrocken kam krachend über das Geröll herab. Ich duckte mich und legte die Hände über den Kopf. Der Brocken verpasste uns um einige Längen.

»Er ist da oben!«

»Zerstreut euch!« Ich pfiff den Hunden. Sie schwärmten über das Geröll aus und wurden zu einer Handvoll kleiner, beweglicher Ziele. Die Männer folgten ihnen, bis auf Koldo und Itzal, die sich über ihren Bruder beugten.

Ein Felsbrocken in der Größe meines Kopfes stürzte zwischen mich und Arantxas Söhne. »Auseinander!«

»Wir können ihn hier nicht liegen lassen!«

»Das ist sicherer für ihn!«

Mit zusammengebissenen Zähnen sagte Oroitz: »Amets hat recht. Entfernt euch von mir!«

»Aber …«

Ich zog Itzal fort. »Weg da, du Narr! Den Verwundeten wird er in Ruhe lassen, uns anderen muss er Einhalt gebieten. Geh da entlang, nimm den Wasserlauf, wenn du kannst!«

Unter dem Felsvorsprung war ich außer Sicht. Ein weiterer Felsbrocken krachte hinter mir herunter. Ich drückte mich flach an das Gestein. Er würde wissen, dass ich dort unten war. Er kam nicht an mich heran. Mein Hund jaulte an meinen Fersen. Für einen Hund war es zu steil, aber ich wusste, wo ich klettern konnte. Ich hatte es zu eilig, um meinen Hund mit hinaufzuhieven, und ich brauchte beide Hände. Ich legte Bogen und Köcher neben den Hund und schlang mir meinen Speer über den Rücken, damit er aus dem Weg war. Ich sagte meinem Hund, er solle warten. Er ließ die Rute hängen. Ich hörte sein Jaulen, während ich weiter hinaufstieg. Von Itzal und Koldo sah ich nichts. Ich konnte nicht so gut klettern wie sie, aber wenn sie Basajaun vor mir erreichten, hatten sie nicht die Kraft … Wenn jemand es mit Basajaun aufnehmen musste, solange er in die Enge getrieben war, dann sollte besser ich es sein.

Ich kam an das gefährlichste Stück. Ich schob meinen Körper über den hängenden Fels. Der Wind von der Nacht zuvor war hier oben noch stark – er versuchte, mich aus dem Gleichgewicht zu bringen. Ich klammerte mich an den Felsen. Basajaun würde mich von oben sehen, wenn er die Mulde im Grat gefunden hatte. Ich flehte die Geister an, ihn die Stelle nicht finden zu lassen. Von dort konnte er keinen Felsbrocken herabstoßen, aber er könnte Steine werfen … Meine linke Hand tastete nach einem Halt. Ich wusste, dass da einer war. Ich war schon einmal hier gewesen. Aber damals hatte ich es nicht eilig gehabt, und es hatte kein Wind geweht. Mein Kopf wurde zur anderen Seite gedrückt, ich konnte nichts sehen. Ich reichte an nichts heran – ich hatte vergessen, meinen rechten Fuß nachzuziehen, in einen kleinen Riss im gegenüberliegenden Fels. Ich glitt zurück und versuchte die Stelle zu finden. Meine Zehen tasteten sich voran, behindert durch meinen Schuh aus Robbenfell. Ich fand den Halt – ich dachte, es sei die richtige Stelle, aber ich klebte an der Felswand und konnte nicht nach unten sehen. Wenn mein Fuß ausrutschte … doch ich musste mich beeilen. Ich verlagerte mein Gewicht. Meine Zehen packten den Rand eines Risses. Ich stieß mich hoch und griff nach dem Halt zur Linken. Nein … nein … Ja! Da war er. Meine Finger griffen nach einem kleinen, steinigen Rand. Ich fasste Halt. Mein rechter Fuß rutschte ab und trat ins Leere. Mit dem linken Fuß schob ich mich hinauf und warf mich über die Kante.

Ich wäre schneller gewesen, wenn ich den einfachen Weg genommen hätte. Ich zog mich über den Rand und rannte das letzte Stück Geröllhalde hinauf auf den Grat. Der Wind fegte vom Meer herein und erstickte alle anderen Geräusche. Ich fand das Ende der Wasserrinne, in der ich Itzal hatte hinaufsteigen sehen. Die Mulde bot ein wenig Schutz. Er war nicht da.

Der Bergkamm über der Wasserrinne hat kaum die Länge eines Mannes. Ich schaute zum Himmel der Abendsonne und zum Himmel der Morgensonne und wieder zurück. Auf beiden Seiten war der Grat leer. Ich sah, von wo Basajaun die Felsbrocken hinabgeworfen hatte. Entweder war er zurück zum Gipfel gerannt, als er Itzal und Koldo erblickte, oder – er würde wissen, dass er dort in der Falle säße – er hatte die Steilhänge auf der Abendseite gesehen: Er hätte über die Hänge zur Hochstehenden Sonne hinablaufen können, um fortzukommen. Hatte er Arantxas Söhne angegriffen? Hatte er die Männer gesehen, die sich um den Berg herum aufreihten, um ihm den Weg abzuschneiden? Wo waren Itzal und Koldo?

Innerhalb eines Herzschlags war mein Entschluss gefasst. Ich rannte zum Gipfel, gegen den Wind. Von dort würde ich etwas sehen können. Ich sprang den letzten Felsvorsprung hoch, stellte mich an den Rand und schaute auf die Seite des Berges hinab, die der Hochstehenden Sonne zugewandt ist.

Da war Basajaun.

Das Herz schlug mir bis zum Hals. Er war hier! Er rannte über das Geröll, wobei Felsbrocken ins Rutschen gerieten und ihn hinabzogen. Genau wie ich gedacht hatte, saß er in der Falle, denn er konnte nicht hinunterschauen. Dann sah ich Koldo. Er lief oberhalb von Basajaun so leichtfüßig über den schrägen Fels, als wäre er auf ebenem Gelände ohne einen jähen Abgrund. Itzal musste unterhalb von mir sein, verborgen durch den Felsvorsprung, auf dem ich stand. Deshalb lief Basajaun vor mir fort. Er konnte Koldo nicht sehen, der ihn abfangen würde. Gegen den Wind würde er keinen von uns hören.

An einer Stelle konnte er noch immer hinuntergelangen – über die Geröllrutsche, die wir Hundepfad nennen. Sie ist sehr schmal – er würde sie von oben niemals sehen –, der Spalt im Fels könnte ihn veranlassen, das Risiko einzugehen. Wenn das geschah … Ich warf einen prüfenden Blick zum Fuß der Adlerfelsen unter mir. Von Männern und Hunden nichts zu sehen. Eine Schar Stare hatte sich aus den Birken unterhalb der Abendseite der Felsen erhoben. Bis dorthin war Edur bestimmt gekommen. Ich spähte in die Sonne nach einem Hinweis, wo Sendoa sein könnte, sah aber nichts.

Ich lief wieder am Grat entlang zurück und glitt geräuschvoll über das Geröll hinunter. Ich wollte, dass Basajaun mich hörte, trotz des Windes. Es gelang. Er schaute zurück, zögerte, kletterte über das Geröll herauf, bis er auf einer Höhe mit mir war, zehn Manneslängen entfernt. Dann sprang er auf den oberen Rand des Grates zu. Er blieb stehen. Er beobachtete, wie ich ihn über das Geröll verfolgte.

Noch nie hatte ich einem Mann gegenübergestanden, der in die Enge getrieben war. Er hatte die Höhe gewählt, so wie ich es getan hätte. Er hatte festen Fels unter den Füßen. Ich stand auf Geröll. Insofern war er im Vorteil. Auf drei Seiten war er ungedeckt, ein heftiger Wind brachte ihn aus dem Gleichgewicht, und ihm blieb kein anderer Ausweg, als sich mir zu stellen. Ich hatte meinen Speer in der Hand und mein Messer an meinem Gürtel. Der Wind kam von hinten. Basajaun hatte – das sah ich, als er dort stand – eine frische Haselrute. Ich hatte Koldo, der von der einen Seite auf mich zukam, und Itzal ohne Zweifel von der anderen. Insofern war ich im Vorteil.

Ich näherte mich Basajaun bis auf eine Manneslänge und blieb stehen. Koldo sprang leichtfüßig an meine Seite. Ich löste meinen Speer und machte mich zum Wurf bereit. Itzal kam rutschend zwischen polternden Steinen auf meiner anderen Seite zum Stehen.

Basajaun stand oben auf seinem Felsgrat und beobachtete uns. Die beiden Raben kreisten hinter ihm und warteten. Basajaun bog die Haselrute in den Händen. Er hatte keine Gelegenheit gehabt, sich daraus eine Waffe zu fertigen, aber sie konnte einen Mann in den Tod fegen, wenn sie ihn unverhofft traf. Seine Füße wippten auf dem Grat. In einem Herzschlag würde er springen.

Itzal und Koldo rechts und links von mir spannten Pfeile in ihre Bögen. Basajaun war zwei Manneslängen von ihnen entfernt. Er konnte nirgendwohin. Ich sah, wie er sie beobachtete. Seine Augen zeigten keinerlei Regung.

Ich zielte mit meinem Speer auf seine Brust. Das wäre die leichteste Tötung gewesen, die ich je vorgenommen hatte. Ein hartnäckiger Geist hielt meinen Arm zurück. Alles, wozu sich Basajaun entschieden hatte, war genau das, was ich auch getan hätte, und doch war er gescheitert. Er war seiner eigenen Schlauheit in die Falle gegangen, als er sich so deutlich *anders* verhalten hatte als ein Tier.

Er begegnete meinem Blick. Kein Mann tut das mit einem anderen, es sei denn, sie sind ebenbürtig und enge Freunde oder Brüder. Der Wolf ist das einzige Tier, das einem Mann so in die Augen schaut. Ich ließ meinen Speer sinken. Ich konnte nicht anders. Die Geister verwehrten mir, einen Mann zu töten, der mich ansah, als wäre ich sein Bruder.

Nur die Geister wissen, was passiert wäre, wenn ich Basajaun allein gegenübergestanden hätte. Aber kein Mann kann drei Männer zugleich mit einem Blick aus der Fassung bringen. Nichts, was ich sah, berührte Itzal oder Koldo.

Ich schaute Basajaun noch immer an. Ich sah den Pfeil in seiner Kehle.

Ich sah den zweiten Pfeil in seiner Brust zittern. Ich sah die Raben aufsteigen. Ich hörte sie krächzen.

Ich sah, wie er fiel.

Itzal sagte:

Koldo und ich hatten keine Ahnung, was Amets durch den Kopf ging. Wir sahen, wie er seinen Speer hob, zum Wurf bereit. Wir sahen Basajaun, der kurz davorstand zu springen. Amets war nach dem Lauf außer Atem. Ich dachte, das sei es gewesen, was ihn einen Herzschlag zu langsam machte. Die Beute gehörte uns.

Wir rutschten über den Hundepfad hinab und trafen die anderen. Unsere eigenen Hunde waren um den Berg herumgelaufen und hatten sich dem Rudel angeschlossen. Wir erzählten den anderen Männern, dass Oroitz gestürzt sei. Zeru und sein Bruder brachen auf, um Oroitz vom Berg zu holen. Ich wäre auch gegangen, aber Edur und Amets sagten, ich müsse bleiben, weil ich … weil ich …

Das habe ich dir noch nie erzählt, Kemen. Sechs Jahre lang haben wir als Brüder zusammengelebt, und ich habe es dir nie gesagt. Jetzt, da wir alles berichten, was geschehen ist, muss ich es sagen: Ich war es, der zuerst getroffen hat. Die Beute gehörte mir.

Die Hunde fanden Basajauns Leiche am Fuß der Felswand.

Ich schaute auf ihn hinab. Sein Kopf baumelte an seinem Körper.

Der Stumpf meines Pfeils steckte in seiner Kehle fest. Er lag da mit durchgebogenem Rücken, der auf dem zerklüfteten Geröll gebrochen war. Der Pfeil meines Bruders heftete Basajauns zerfetzte Jacke in einem großen Blutfleck an seine Brust. Seine Rechte umklammerte noch immer die unzerbrochene Haselrute. Die Steine ringsum leuchteten scharlachrot und flimmerten in der Morgensonne. Ich hatte nie mit Basajaun gesprochen, als er noch lebte, aber wir hatten uns am Abend zuvor auf der Lichtung gegenübergestanden, während der Mond langsam über dem Meeresarm sank. Wir waren vor dem Clan zusammen geprüft worden, er und ich. Schande hatte uns beide berührt. Jetzt lebte ich, und er lag tot da.

Ich schaute auf. Unsere größten Jäger – Edur, Amets, Sendoa –, sie alle warteten auf mich. Die Beute gehörte mir.

Ich zog den Stumpf meines Pfeils aus Basajauns Kehle. Ich steckte meine Finger in die Wunde. Mit hohlen Händen trank ich sein Blut. Koldo machte es mir nach. Mein Bruder und ich schmierten uns gegenseitig mit dem Blut ein, das Basajauns Kraft enthielt. Wir nahmen sie für uns in Anspruch.

Mit meinem Messer schlitzte ich seine Haut entlang der Bauchlinie auf. Ich öffnete seine Leiche unterhalb der Rippen und trennte seine Leber heraus. Mein Bruder nahm glühende Holzkohle aus seinem Beutel und machte ein Feuer. Wir brieten seine in Streifen geschnittene Leber. Für alle Männer war genug zu essen da. Basajauns Kraft strömte in uns. Wir streckten die Arme empor und bedankten uns bei den Geistern des Luchsclans, die uns Basajaun geschenkt hatten, damit der Alkclan überleben konnte. Basajauns Blut war unser Blut. Unsere Herzen waren sein Herz.

Alle warteten darauf, dass ich sprach. Einen Herzschlag lang überlegte ich. Ich entschied. »Die Beute gehört mir. Niemand bekommt noch mehr Fleisch. Er war ein Mann: Wir müssen seinen Körper den Geistern zurückgeben, als wäre er einer aus unserem Clan. Da er nichts, was ihm gehörte, weggegeben hat, bleibt alles, was er trägt, an ihm, damit die Geister es finden.«

Ich betrachtete Basajauns ausgestreckten Körper und die blutige Öffnung, aus der ich seine Leber genommen hatte. Ich dachte daran, wie er versucht hatte, von uns fortzukommen. Er war schnell gewesen, verschlagen und kräftig, und er hatte all das eingesetzt. Hätte er die Lande so gekannt, wie wir sie kennen, wäre er davongekommen. Männer und Tiere sind gleich: Sie gehören zu ihren eigenen Jagdgründen und sonst nirgendwohin. Wäre Basajaun für die Geister des Alkclans kein Fremder gewesen, wären sie nicht seine Feinde geworden. Er hat nicht einmal versucht, sie dazu zu bewegen, die Seiten zu wechseln. Aber das wäre nicht seine Art gewesen. Nach einem Herzschlag wusste ich, was ich als Nächstes sagen sollte.

»Wir müssen ihn einen langen Weg tragen, doch wir sind so viele und können es schaffen. Wir errichten sein Podest neben der Luchshöhle auf dem Katzenberg. Das verlangen die Luchsgeister von uns. Als wir gestern Abend den Luchs tanzten, haben sie uns gehört. Luchse gehören in unsere Jagdgründe wie jedes andere Tier auch. Jetzt werden wir ihn den Luchsen zurückgeben.«

Edur schlug mir so fest auf die Schulter, dass ich auf den lockeren Steinen strauchelte und beinahe auf Basajauns Leiche gefallen wäre. »Ganz richtig, Itzal! Und wenn ich es recht bedenke, dann ist in dir und deinen Brüdern auch eine Menge Luchs. Ihr habt nicht viel Masse, aber so wie ihr heute gerannt und geklettert seid … ich glaube, ihr habt diese Luchsgeister dazu gebracht, irgendwann die Seiten zu wechseln!«

Ich war mir nicht sicher, ob ich wollte, dass jemand nach allem, was passiert war, Luchs in mir sah. Aber natürlich freute ich mich über Edurs Lob. Ich werde niemals vergessen, was er mir auf dem Lagerplatz der Einführung beigebracht hat, nachdem Amets gegangen war. Um ehrlich zu sein, tat es mir leid, dass Osané ihn nicht zum Mann genommen hatte. Ich hätte Edur gern in meiner Familie gehabt. Aber das alles liegt in der Vergangenheit – ich bin glücklich, wo ich bin.

Wir holten Haselruten aus den Wäldern und bauten eine Trage. Das Gewicht war nichts im Vergleich zu einem ausgewachsenen

Auerochsen, Hirsch oder Bär. Im Wald an der Wasserscheide schnitten wir noch mehr Birke und Haselnuss. Wir überquerten die Wasserscheide und stiegen die Hänge des Katzenbergs hinauf, bis die Bäume sich lichteten. Wir schoben uns weiter bergauf durch altes Farnkraut, Heide und Myrte, über Felsrücken, die mit Flechten in flammenden Farben überzogen waren, bis hoch hinauf zu den mit Moos bewachsenen Hängen unterhalb der Luchshöhle.

Wir stellten Basajauns Podest etwa drei Manneslängen unterhalb der Höhle auf. Dort gab es keinen Boden, in den man Pfähle einschlagen konnte, daher klemmten wir sie zwischen Steinhaufen ein.

Ich schaute zum dunklen Eingang der Luchshöhle hinauf und sprach zu den Geistern darin.

»Ihr Luchsgeister habt uns diese Beute geschenkt. Wäre er ein Tier gewesen, hätte der Alkclan in eurem Namen ein Festmahl zubereitet. Wir hätten seinen Schädel über unserem Lagerplatz angebracht, damit er über uns wacht. Aber ich habe heute kein Tier zur Strecke gebracht. Es war ein Mann, ein Mann aus dem Luchsclan. Er gehört zu euch, solange sein Name aus der Welt ist. Wir geben ihn euch zurück. Wir wollen euch Luchsgeister auf unserer Seite haben. Wir wollen, dass ihr Tiere euch uns wieder schenkt. Wir haben nur seine Leber genommen, obwohl wir den ganzen Tag auf der Jagd waren und großen Hunger haben. Er war ein Mann, kein Tier. Selbst sein Herz gehört euch. Ich spreche zu euch, Luchse, die ihr da oben in der Höhle zuhört: Ihr könnt herauskommen, wenn wir fort sind, und euch nehmen, was ihr wollt. Dieser Mann gehört euch!«

Wir hatten einen Kreis um das Podest gebildet, auf dem der Tote lag. Wir alle standen mit dem Gesicht zur Luchshöhle und hoben unsere Arme zu den Geistern empor. In der Höhle regte sich nichts. Die Geister hingen in der Luft über uns. Sie beugten sich so tief herab, dass sie beinahe unsere ausgestreckten Hände berührten.

Und so starb Basajaun.

Was das Geweih betrifft: Wir fanden es am nächsten Tag, eingeklemmt zwischen zwei Felsen in den Stromschnellen. Entweder hatte er es dort absichtlich hingesteckt, damit es nicht weggeschwemmt wurde, oder die Geister des Wassers hielten es für uns sicher fest, bis wir es wieder einforderten.

Zeru und sein Bruder schienten Oroitz' Bein und holten ihn vom Berg. Sie haben meiner Familie an dem Tag einen großen Dienst erwiesen. Wäre ihr Geschick nicht gewesen, hätte mein Bruder Oroitz vielleicht nie wieder laufen können. Tatsächlich humpelt er kaum, obwohl das Bein ihm im Winter manchmal zu schaffen macht. Andererseits hat mein Bruder Oroitz einige Jahre mehr gesehen als ich: Vielleicht wird er bereits alt!

Ich glaube nicht, dass ich der Geschichte noch etwas hinzuzufügen habe. Ihr alle wisst, dass ich Haizea zur Frau nahm – oder vielleicht hat Haizea mich zum Mann genommen – kichert nicht so, ihr drei! Wartet ab, bis *ihr* soweit seid, dass ihr zur Hohen Lichtung gehen könnt! Ihr seid nicht ewig Kinder, müsst ihr wissen! Jedenfalls, als alle in dem Jahr die Zusammenkunft verließen, gingen Haizea und ich zusammen fort. Wir richteten uns unseren Lagerplatz der Liebenden in den Bergen oberhalb der Baumgrenze ein, mit Blick auf den Himmel der Abendsonne. Von unserem Zelteingang aus beobachteten wir jeden Abend, wie die rote Sonne den Himmel entflammte, bis sie so niedrig stand, dass die Wellen, die sich am Rand der Welt brechen, sie packten und ihr Feuer löschten. Seit Anbeginn hat kein Mensch diese fernen Ufer betreten, aber im Herbst jenes Jahres war mir, als rückten die fernen Ränder der Welt näher. Dort oben allein mit Haizea kam ich dem Anbeginn so nah wie nie, jedenfalls in diesem Leben.

Der Mond der Hirschjagd nahm zu und ab. Hagel prasselte auf das Zelt und bedeckte die Häute mit Reif, dick wie meine Hand – so dick! Haizea und ich kratzten jeden Morgen den Schnee von unserer Feuerstelle und weckten unser schlafendes Feuer. Wir fingen Hasen und Schneehühner und Schneeammern in Fallen, doch die Tiere zogen sich in die Kälte zurück und wollten sich uns nicht schenken. Das Jahr trug uns auf, wieder zu unserem Clan zurückzukehren. Daher ging ich mit Haizea an die Flussmündung, und wir gesellten uns zu ihrer

Familie. Das war mein erster Winter auf dem Lagerplatz an der Flussmündung.

Ich war glücklich. Ich hatte etwas Großes erbeutet. Ich war von den besten Jägern des Alkclans mit Ehre überhäuft worden. Jetzt würde ich das ganze Jahr über mit Amets auf Jagd gehen! Und mit Kemen – schon bald stellte ich fest, wie viel ich von Kemen lernen konnte. Meine Brüder fehlten mir, aber wir drei waren bereit gewesen, uns eine Frau zu suchen und damit neue Familien. Jetzt hatte ich Haizea zur Frau. Welcher Mann unter uns würde mich nicht darum beneiden! Haizea und ich lebten nun mit ihrer Schwester und Amets und meiner Schwester Osané und Kemen zusammen – meine Schwester, die fünf Jahre lang aus meinem Leben verschwunden war. Ich hatte meine Schwester wieder, und ich hatte einen Neffen – ja, dich, Bakar!

Ich war ein glücklicher Mann. Der erste Winter, den ich mit Haizea verbracht habe, wird ein Leben lang in meinem Herzen wohnen.

ACHTE NACHT:
LAGERPLATZ AN DER FLUSSMÜNDUNG

Haizea sagte:

Der Mond der Hirschjagd war in die Finsternis übergegangen, als Itzal und ich zum Lagerplatz an der Flussmündung zurückkehrten. Unterwegs machten wir auf Zerus Lagerplatz am Ufer der Morgensonne an der Langen Meerenge Halt. Zeru lieh uns sein altes Boot, weil er sich selbst ein größeres baute. Itzal sagte, wenn das Meer uns so spät im Jahr nicht die Lange Meerenge überqueren ließe, könnten wir den Winter auf Zigors Lagerplatz verbringen. Ich sah Itzal an, dass ihm der Gedanke gefiel. Keiner von uns schlug vor, zu Itzals Familie zurückzukehren. Ich wollte ganz und gar nicht in Zigors Winterlager bleiben. Nach allem, was Itzal bei der Zusammenkunft durchgemacht hatte, sollte man meinen, er hätte mehr Angst vor Zigor als ich. Aber ganz im Gegenteil: Itzal glaubte anscheinend, Zigor sei jetzt sein bester Freund. Männer sind sehr eigenartig!

Während wir auf einen günstigen Wind warteten, rief ich die Geister an, sooft ich es wagte – ich wollte nicht, dass sie meiner überdrüssig wurden –, und flehte sie an, uns die Überfahrt zu ermöglichen. Ich wollte Itzal zu meiner Familie bringen. Ich wollte nicht woanders hin. Die Geister quälten mich vier Tage lang. Dann, an einem frühen Morgen, als gerade Ebbe war, ließ der Wind nach, und die See beruhigte sich. Wir überquerten die Lange Meerenge, so schnell wir paddeln konnten, zwischen einem Sturm und dem nächsten. Oh, war ich glücklich, den Fuß auf die Insel des Mutterbergs setzen zu können! So lange war ich noch nie fort gewesen. Wir ließen Zerus Boot in der Bucht der Schützenden Insel – es war viel zu spät im Jahr, um an den wilden Klippen des Sonnenlosen Ufers vorbei zur Flussmündung zu

paddeln. Wir gingen Hand in Hand über den Berg zu unserem Lagerplatz, sobald der Pfad uns erlaubte, nebeneinander zu gehen. Ich
zeigte Itzal, wo der Mutterberg sich hinter den Bergen an der Flussmündung erhob, weit entfernt unter dem Himmel der Hochstehenden Sonne.

Endlich blieben wir stehen und schauten hinab über die Wipfel
der windgepeitschten Birken auf meinen geliebten Fluss. Gelbe Blätter wirbelten auf, als Windstöße vom Himmel der Abendsonne her
über die Insel des Mutterbergs fegten. Von Flechten bedeckte Bäume
schimmerten hellgrün durch die Dämmerung. Scharen von Gänsen
und Schwänen grasten zerstreuten Schneeflocken gleich auf den roten Salzwiesen der Flussmündung. Weit hinter den Inseln versank die
Sonne in loderndem Rosa und Orange im Meer. Zwielicht kroch
über das vom Wind gebeutelte Land unter uns und vermischte sich
mit …

»Itzal, siehst du den Rauch? Da unten, schau! Das ist der Lagerplatz an der Flussmündung. Sieh nur, sieh! Wir sind fast da. Siehst du
den Rauch?«

Itzal spuckte die Hülse eines Liliensamens aus. »Hmmm.«

Ich warf ihm einen kurzen Blick zu. Von Tag zu Tag lernte ich ihn
besser kennen. Mir dämmerte, dass er nicht aus Zorn mürrisch war,
sondern weil er Angst hatte. Seine Familie war nicht gerade mit meiner Familie befreundet gewesen. Bevor ich ihm sagen konnte, dass es
nichts zu befürchten gab, hatte ich plötzlich das Bild meiner Schwester Alaia vor Augen. Alaia würde Amets *nie* sagen, er brauche sich
nicht zu fürchten. Ich beobachtete Itzal und biss mir auf die Zunge.
Mit finsterer Miene schaute er in den Wind, seine Mütze aus Wolfsfell
fest über die Ohren gezogen. Was würde Alaia an meiner Stelle tun?

»Sie erwarten uns schon seit Tagen«, sagte ich, als hätte ich nichts
bemerkt. »Besonders Osané. Osané wird am meisten nach uns Ausschau halten. Und vielleicht …« Ich hielt inne. Sollte Osanés Kind
noch immer darauf warten, auf die Welt zu kommen, würde kein böser Geist von mir etwas davon erfahren.

Itzal machte ein Gesicht, das ein Lächeln hätte sein können. »Vielleicht.«

»Komm weiter! Hier entlang!«

Über die Feuerstelle im Freien waren Grassoden geschichtet, als wir auf den Lagerplatz an der Flussmündung kamen, aber aus dem Dach unserer Winterhütte stieg Rauch auf. Die Wände waren mit frischen Soden ausgebessert worden. Auch als der Wind den Rauch verwehte, stieg mir der Geruch von Eichenscheiten in die Nase. Ich zog die Zeltbahn am Eingang beiseite.

»Alaia! Osané! Esti! Bist du das, mein Bakar? Mutter! Ich wusste nicht, dass du hier bist!«

Ich umarmte alle, während ich ihren Namen aussprach. Osanés Bauch war dicker denn je. Amets und Kemen betrachteten uns mit breitem Grinsen. Als ich Itzals Hand nahm und ihn hinter mir her in die Winterhütte zog, sprang Amets auf. Er nahm beide Hände meines Mannes und schüttelte sie kräftig. Er versetzte Itzal einen deftigen Schlag auf die Schulter. »Willkommen auf dem Lagerplatz an der Flussmündung, Itzal! Willkommen in dieser Familie!«

Kemen zögerte einen Herzschlag lang, dann erhob er sich und nahm Itzals Hand in seine. »Willkommen in unserer Familie, Itzal«, sagte er leise.

Ich wusste, wie schwer es Kemen fiel, das zu Itzal zu sagen. Aber jetzt umarmte Osané ihren Bruder, die Kinder umklammerten meine Beine und kreischten vor Vergnügen, und Alaia sagte zu dem Säugling: »Das ist deine Tante Haizea, Alazne. Gib deiner Tante Haizea einen Kuss! Das ist Haizea!«

Amets übertönte den Lärm: »Da siehst du, wie unsere Frauen sind, Itzal. Wir können sie nicht ruhig halten. Ich weiß nicht, was wir falsch gemacht haben, aber sie schenken uns keinerlei Beachtung. Ich hoffe, du wirst uns zeigen, wie man sie besser im Griff hat.«

Sie alle hatten gerade Schalentiere gegessen, während sie auf die Enten und das Aalfleisch warteten, das in der Glut briet. Nach unserer langen Wanderung rochen die Enten sehr gut. Sobald Alaia und

Nekané sie zerteilt und das Fleisch auf die Steine der Feuerstelle gelegt hatten, beugten sich alle darüber und nahmen sich ihren Anteil. Kemen wählte eine Entenkeule und warf sie Osané zu. Unwillkürlich fragte ich mich, ob Itzal das wohl jemals für mich tun würde. Ob ich je schwanger würde? Es erschien mir unmöglich damals!

Die Gesichter meiner Familie leuchteten im Schein des Feuers. Licht flackerte auf den Fellen, die hinter ihnen hingen – weiches Wolfsfell, rötlicher Otterpelz, hellbraunes Hirschfell, gescheckes Robbenfell –, Winterfelle, die uns bis zum Frühjahr wärmen sollten. Die Felle schaukelten im Windzug, der zwischen dem Eingang und der Rauchöffnung wirbelte. Eichenrauch kräuselte sich über unseren Köpfen und durchbohrte mein Herz mit seinem Geruch nach früheren Wintern. Gesichter, die ich nie wieder an dieser Feuerstelle sehen würde, zogen an meinem inneren Auge vorbei. Sie erfüllten mein Herz mit Tränen. Einen Herzschlag lang war Bakar wieder der Bruder, den ich verloren hatte; ich sah meinen kleinen Neffen Bakar durch einen Tränenschleier, als wäre er weit weg. Viel näher sah ich meinen Vater, wie er war, als er noch unter uns weilte. Ich sah, wie meine Nichte Alazne sich in den Arm ihres Vaters kuschelte, halb schlafend, und einen kurzen Moment lang war ich Alazne, aber auch ich selbst – Haizea –, wie ich früher einmal war.

Im vorletzten Jahr, auf dem Lagerplatz des Lachsfangs, waren Alaia und ich zur Ruhestätte meines Vaters hinaufgestiegen. Von seinem Podest waren nur noch Stämme von Schösslingen vorhanden, die halb vom hohen Gras verborgen im Boden verfaulten, und eine grüne Grasfläche, übersät mit Augentrost und Blutwurz. Als wir zwischen den Blumen den Boden abtasteten, fanden wir Knochenstücke, die vor langer Zeit aufgebrochen und vom Mark befreit worden waren. Teile vom Schädel, grün und faulig, waren mit neuem Gras überwuchert. Vögel und andere Tiere waren vor so vielen Monden gekommen, dass jede Spur ihres Werks verschwunden war. Wir durchkämmten das weiche Gras mit den Fingern und kratzten über die Erde darunter. Wir fanden Knöchel, die noch beieinanderlagen, und verstreute Fingerknochen. Wir streckten die Arme zu den Geistern empor, die über die Ruhestätte meines Vaters wachten, und teilten ihnen unsere Absicht mit. Wir sammelten die kleinen Knochen ein und wickelten sie in einen Beutel aus Grasgeflecht.

Zwei dieser Knochen ließen wir unter der Feuerstelle auf dem Lagerplatz des Lachsfangs liegen, dem Geburtsort meines Vaters, und sechs weitere trugen wir auf unseren Lagerplatz an der Flussmündung. Zwei dieser Knochen sind inzwischen auf dem Lagerplatz am Weißen Strand – das hatte ich so gewollt. Jetzt, da ich hier an der Feuerstelle saß, Itzal an meiner Seite, strebte mein Herz zu den Knochen meines Vaters, die unter den Steinen der Feuerstelle lagen. Ich schaute zu dem Wolfspelz auf, der gegen die Wand schaukelte. Einen Herzschlag lang schwebte das Gesicht meines Vaters zwischen dem hellen Fell und dem rötlichen Schein des Feuers. Bevor mir klar wurde, was ich gesehen hatte, war mein Vater verschwunden.

Osané beugte sich in mein Blickfeld, um ein weiteres Scheit ins Feuer zu legen. Mit ihrem dicken Bauch bewegte sie sich schwerfällig. Wilde Hoffnung erfüllte mein Herz: Mein Vater war an dem Abend spürbar gegenwärtig. Ich dachte, die Geister sagten mir … sie *haben* mir gesagt … Ich bin keine Mittlerin: Die Geister haben mir nichts Falsches gesagt, nur meine Deutung war falsch. Ein Teil dieser Geschichte wartet noch darauf, Wirklichkeit zu werden. Sie wird hier und jetzt nicht erzählt werden, vielleicht für lange Zeit nicht. Je älter ich werde, desto weniger Sorgen mache ich mir deswegen. Alles, was geschehen muss, wird geschehen. Das hat mein Vater immer gesagt.

Lange saßen wir da und starrten ins Feuer. Niemand sprach. Wir waren glücklich, wieder zusammen zu sein. Die Flammen züngelten an den Eichenscheiten. Kleine blaue vermischten sich mit langen, orangefarbenen Flammen, die wie ein Wasserfall über das Holz liefen. Ein Stück Rinde fing Feuer, knisterte und flackerte auf wie ein plötzlicher Ausbruch des Sommers.

Amets rührte sich und legte Alazne auf das Bärenfell hinter sich. Er schüttelte seinen Arm, der eingeschlafen war, weil er sie so lange gehalten hatte. Er schaute über die Feuerstelle zu meinem Mann und sagte: »Kemen und ich gehen morgen an die Robbenbucht, Itzal. Wir haben schon viele Jungtiere geholt, aber diese Frauen sagen, sie wollen mehr Robbenfett. Sie liegen uns in den Ohren, dass die Kinder es brauchen, wenn die kalten Tage kommen. Sie betonen immer wieder, dass dieses Hirschfleisch nichts taugt – sie brauchen Fett! Ich glaube, unsere Frauen haben vor, das beste Fett selbst zu essen, bis sie rund und dick sind, damit wir öfter mit ihnen schlafen wollen. So oder so, sie werden uns lange vor dem Mond der Napfschnecke zermürbt haben. Kommst du mit an die Robbenbucht, Itzal? Gut. Und du kannst auch deine Frau mitnehmen, wenn du willst. Je mehr wir sind, desto besser.«

Männer sind immer froh, wenn wir ihnen bei der Robbenjagd helfen. Vermutlich finden sie nicht so viel Gefallen daran wie an der echten Jagd, oder vielleicht haben sie im Mond der Hirschjagd so viel gejagt, dass sie zu schwach und erschöpft sind, um ohne uns auszukommen. Ich wollte gern zum Lagerplatz der Robbenjagd. Ich wollte auch auf dem Lagerplatz an der Flussmündung sein, wenn Osané niederkam. Soweit ich wusste, würde das Kind ohnehin so lange warten, bis wir von der Robbenjagd zurückkamen. Laut sagte ich: »Itzal, du kannst deinem Freund sagen, dass deine Frau gern mitkommt und euch Männern zeigt, wie man die eine oder andere Robbe fängt.«

Unser Lagerplatz der Robbenjagd ist knapp eine halbe Tageswanderung von der Flussmündung entfernt. Er liegt an einer langgestreckten Sandbucht, die dem Himmel der Abendsonne zugewandt ist. Als wir über den Berg kamen, toste das Meer in unseren Ohren. Wir betrachteten das Auf und Ab der Schaumkronen in der Bucht unter uns. Große Wellen jagten hintereinander her und brachen sich dann donnernd auf dem weißen Sand. Jetzt wehte kein Wind. Diese Wellen waren die Erinnerung an einen Sturm draußen auf dem Offenen Meer, weiter weg als Menschen im Winter je mit einem Boot fahren könnten. Solche Wellen würden gegen die Insel des Weißen Strandes prallen und Gischtwolken über die Insel schicken. Ich dachte an diese

Insel – meinen Geburtsort –, verborgen da draußen im Offenen Meer, auf der nun weder Alke noch Menschen wären. Niemand konnte jetzt dorthin gelangen. Nur die Geister konnten ziemlich sicher sein, dass es dort still war. Der Gedanke war so eigenartig, dass ich mich unwillkürlich darüber wunderte und daher nicht zuhörte, was die Männer sagten.

Im Mond der Hirschjagd ziehen einige Robben landeinwärts über die Dünen, wenn der Strand zu voll wird. Kemen kannte die Robben hier besser als wir alle, auch wenn er erst fünf Jahre in unserer Familie war, denn Kemen und Osané waren in jedem Mond der Hirschjagd, wenn wir anderen bei der Zusammenkunft waren, auf Robbenjagd gegangen. Immer wenn wir anderen zur Flussmündung zurückgekehrt waren, hatten wir jede Menge Robbenfleisch unter den Schutzdächern vorgefunden, und Robbenfelle waren bereits zum Trocknen aufgespannt. In diesem Jahr war es natürlich nicht so gewesen.

Kemen und Osané hatten sich eine Winterhütte auf dem Lagerplatz der Robbenjagd eingerichtet, hoch über den Geburtsplätzen, um die Robben nicht zu stören, aber nah genug, um sie im Auge zu behalten. In ihrer Grassodenhütte hatten wir zu viert kaum Platz zum Liegen. Holz war schon an der Feuerstelle gestapelt. Ich zündete das Feuer mit meiner Glut an. Wir aßen und dösten bis zur Ebbe kurz vor der Dämmerung. Wir würden im letzten Tageslicht jagen, an dem Abend würde der Mond nicht da sein.

Als die Sonne zum Meer hinabtauchte, brachen wir mit Speeren und Messern auf. Wir nahmen keine Hunde mit. Ein scharfer Wind kam uns zwischen dem Himmel der Abendsonne und dem Himmel der Morgensonne entgegen, daher wählten wir den Dünenkamm auf der Sonnenlosen Seite der Bucht und blieben auf der dem Horizont abgewandten Seite, außer Sichtweite der Robben. Wir schlichen neben dem Bach durch die Rinne hinunter und kamen am Strand heraus. Wir suchten uns große Steine und steckten sie in unsere Gürtel. Die Wölbung aus nassem Sand schimmerte wie ein herabgestürzter Mond im letzten Licht. Weit unten – das Wasser war auf dem niedrigsten Stand – leuchteten die heranrollenden und sich brechenden Wellen wie weiße Flammen in der Dämmerung. Der Wind trug die Kälte der Nacht zwischen den Zähnen. Der Sand war von Robben übersät. Von hier aus wirkten sie wie glänzende Felsen.

Itzal und ich sahen zu, wie Kemen und Amets hinunter auf den Strand krochen. Die Dünen verbargen sie vor dem Land. Sie liefen an der Flutlinie entlang, über festen Sand. Die Robben dort bewegten sich und grunzten. Sie hoppelten auf die Wellen zu. Bald schwammen alle. Ihre dunklen Köpfe tauchten aus den Wellen auf und beobachteten die Männer, die über den von Robben aufgescharrten Sand liefen.

Kemen war vorn. Weder Amets noch Kemen rannten so schnell, wie Itzal und ich es gekonnt hätten. Aber Itzal war ein Fremder, und ich war eine Frau. Wir hielten uns an unsere Anweisungen. Amets und Kemen liefen zwei Mal zehn Manneslängen und blieben stehen. Noch weiter, und der Wind hätte den Robben an Land hinter den Dünen gesagt, dass Männer zwischen ihnen und dem sicheren Meer waren.

Itzal und ich eilten drei Manneslängen über den Sand. Wir krochen über die Dünen nach oben. Ich lief voraus – ich war eine Frau, aber Itzal hatte hier noch nie gejagt. Überall in den Dünen waren die Spuren vieler Robben, die sich vom Strand heraufgezogen hatten. Danach hatte ein großer Otter ihre Spuren in Richtung des Sonnenlosen Himmels gekreuzt. Der Wind hatte aus dem weichen Sand Grate mit scharfen Rändern geschnitten. Das Meer war durch die Sandtäler gefegt und hatte nasse Sandwellen hinterlassen. Kleine Inseln aus Quecken hingen zwischen den Kanälen an dünnen Wülsten aneinander. Wo der Wind die Gräser hatte tanzen lassen, waren Kreise in den Sand gezeichnet. Itzal und ich krochen die letzte Düneninsel hinauf und legten uns flach auf den Bauch, die Gesichter hinter dem stacheligen Gras verborgen.

Die Dämmerung kam schnell. Das grüne Land war viel dunkler als der weiße Sand. Ich musste eine Weile hinschauen, bis ich etwas erkennen konnte. Robben waren auf dem sumpfigen Gras verteilt, dichter als Sterne am Himmel. So viele Robben! Aber schon bald würden sich uns mindestens zwei dieser Robben schenken, falls unsere Familie überhaupt etwas taugte.

Die Robben waren schon eine Zeitlang aus dem Wasser. Ihr Fell war so trocken, dass sie alle unterschiedliche Farben hatten: Grau, Schwarz, Braun, manche waren gescheckt. Ein paar erkannte ich vom letzten Jahr wieder. Ich konnte sie nicht einzeln unterscheiden, so wie Kemen. Sie schnaubten und schnieften sich gegenseitig an. Halbwüchsige Junge lagen nah bei ihren Müttern. Junge Bullen schoben sich gegenseitig herum. Ein paar kamen den Weibchen zu nahe, die sich hinter einen großen braunen Bullen drängten. Der Bulle bleckte warnend die Zähne.

Itzal stieß mich an. Er bewegte seine Hand kaum, aber ich folgte seinem Zeigefinger. Dann malte er den Umriss einer großen, buckligen Robbe in den Sand und kennzeichnete die anderen ringsum, also wusste ich, welche er meinte. Es war der große braune Bulle, der direkt neben seinen Weibchen lag. Ich schluckte. Der Bulle würde stark sein! Man kann am Biss einer Robbe sterben, es ist der gefährlichste Biss überhaupt. Das sind die Geister, die dafür sorgen, dass es nicht zu einfach für uns ist, Robben an Land zu jagen, auch wenn die Jagdgründe der Robben im Meer sind.

Ich wusste, warum Itzal den Bullen ausgesucht hatte. Dies war seine erste Jagd mit meiner Familie. Er musste zeigen, was er konnte. Ich musste mir Mühe geben, ihm zu helfen. Mir wäre lieber gewesen, wenn er ein Tier ausgewählt hätte, das eher meiner Größe entsprach, aber ich schwieg.

Es wurde dunkler. Itzal und ich duckten uns, die Speere wurfbereit.

Eine Eule schrie. Amets!

Itzal und ich liefen auf die Robben zu. Ich sah Kemen und Amets aus ihrem Versteck springen. Ich rannte hinter Itzal her. Sogleich hoppelten die Robben über den Schlamm, glitten die Dünen hinab – Bullen, Kühe, Halbwüchsige –, alle schwanden in Windeseile dahin.

Mit einem Satz waren wir zwischen den braunen Bullen und das Meer gesprungen. Er wich Itzal aus. Ich stellte mich ihm in den Weg. Er bleckte die Zähne. Ich schaute in seinen roten Rachen. Er bäumte sich auf, höher als ich es war und viel, viel schwerer. Ich zielte mit meinem Speer. Itzal drehte sich ruckartig um. Ich wollte in den Hals des Bullen stoßen, gerade als er sich Itzal zuwandte. Mein Speer prallte von seiner Schulter ab. Itzals Speer saß in seinem Nacken. Der Bulle setzte sich zur Wehr. Er versuchte zu beißen. Die Widerhaken hielten den Speer in der Wunde fest. Blut floss. Ich stieß meinen Speer, so fest ich konnte, in seinen Nacken. Der Bulle wand sich. Wieder versuchte er zu beißen. Ich schob, so fest ich konnte. Der Bulle war stärker. Trotz seiner Wunden kämpfte dieser Robbenbulle noch immer darum, ins Meer zu kommen.

Ich ließ meinen Speer los. Ich packte den Bullen oberhalb seiner Flossen. Seine Haut war warm. Das harte Fell war glitschig. Ich bekam seine Flossen zu fassen und warf mich mit meinem ganzen Gewicht nach hinten. Der Robbenbulle schleifte mich mit. Ich bohrte die Fersen in den Sand. Ich hielt fest.

Itzal ließ seinen Speer los. Mit einem Stein versetzte er dem Bullen einen harten Schlag auf die Schnauze. Itzals Hände waren nass vor Blut. Er schlug noch einmal zu. Ich hielt die Flossen, so fest ich konnte. Ich hatte Angst, der Bulle würde sich umdrehen und mich beißen.

Schließlich schenkte sich uns dieser große Robbenbulle. Er lag tot da. Itzal zog seinen Speer heraus.

Itzals Haare hatten sich gelöst. Er schob sie aus den Augen und beschmierte sich das Gesicht mit Blut. Er streckte die Arme hoch und sprach zu den Robbengeistern. Dann drehte er sich um und grinste mich an. »Ist der gut genug für deine Familie, Haizea? Ob sie mich jetzt haben wollen?«

Ich saß im Morast, in den ich gefallen war. Noch immer klammerte ich mich an die Hinterflossen des Bullen. Über seinen blutigen Körper hinweg erwiderte ich Itzals Grinsen. Ich nickte.

Osanés zweiter Sohn kam viel leichter in diese Welt als sein Bruder Bakar. So ist es oft beim zweiten Kind: Das erste erleichtert ihm den Weg. Eine Geburt ist nur der Anfang, die Geister meinen es mit jüngeren Kindern eigentlich immer gut. Für meine Alazne ist das Leben einfacher, weil ihre Schwester Esti da ist, um ihr den Weg zu ebnen. Ich weiß, was es heißt, Esti zu sein – bei mir war es dasselbe, als ich auf meine Schwester Haizea aufpassen musste. Jedenfalls, dieser Junge von Osané – ja, der da drüben –, seht ihn euch jetzt an! Er kann mich ruhig auslachen! Er bekommt alles, was er will, und er weiß es! Er hat immer Glück gehabt!

Dieser Junge da – der zwischen Bakar und Alazne sitzt –, dieser Junge schlüpfte vor sechs Jahren in diese Welt, gerade als die Sonne am ersten Abend des Mondes der Gelben Blätter ins Meer tauchte. Ich habe den Jungen aufgefangen, nass und glitschig wie ein Fisch, und ihn in den Händen gehalten. Esti hat die Nabelschnur durchtrennt und dabei ein stumpfes Messer benutzt, um die Blutung zu stillen. Nekané hielt die Nabelschnur für sie fest. Esti hat sehr vorsichtig geschnitten und das Messer mit beiden Händen festgehalten, während Alazne am Daumen lutschte und mit großen Augen zusah. Dann legte ich euren Jungen in die Arme seiner Mutter.

Ich stand auf, ganz steif vom langen Hocken. Ich zog die Tierhaut vom Eingang. Die Winterbäume streckten ihre kahlen Arme gen Himmel. Über ihren Wipfeln sah ich ein kleines Stück vom Mond der Gelben Blätter, schmal wie der Halbmond eines Fingernagels, der über ihren klammernden Händen aufstieg. Zu meiner Rechten versank die pralle Sonne im Meer und färbte das Wasser scharlachrot. Zu meiner Linken erhob sich die schmale Mondsichel kühl wie ein Fisch in die zunehmende Dunkelheit. Neben dem Mond sang der Abendstern sein Begrüßungslied für Osanés verborgenen Jungen.

Die Winterhütte schützte unseren Namenlosen, doch obwohl sie ihn nicht sehen konnten, sangen ihm die Sterne, die nach und nach aufleuchteten, ihr Willkommenslied. Ich streckte meine Arme zu den freundlichen Geistern empor. Ich bin nicht meine Mutter: Für gewöhnlich höre ich nicht, was die Geister sagen, zumindest nicht deutlich, nicht wie Worte, die mir ins Ohr geflüstert werden – so sprechen sie zu Nekané. Aber an dem Abend – das einzige Mal in meinem Leben – sangen die Geister zu mir, als wäre auch ich eine Mittlerin. Sie erzählten mir, noch bevor einer von uns wusste, wer er war, dass dieser Junge sein Leben lang im Alkclan glücklich sein würde.

Am nächsten Tag kamen die Männer und Haizea schwer beladen mit Robbenfleisch zurück, das sie an Stangen gebunden hatten. Sobald die Hunde sie begrüßten, liefen wir zu ihnen, um sie willkommen zu heißen. Ich trug Alazne. Esti und Bakar rannten schneller als ich. Ich rief ihnen nach: »Sprecht nicht vor den Geistern! Denkt daran, wer uns zuhört!«

Als ich die Kinder einholte, hatten Amets und Kemen die Robbe abgesetzt. Esti sprang ihrem Vater in die Arme. Kemen fing Bakar ein und schwenkte ihn hoch über dem Kopf. Bakar kreischte vor Vergnügen.

Itzal und Haizea legten gerade ihre Last ab, als ich sie erreichte.

Esti rief: »Papa! Papa! Sag es ihm – sag es Bakars Papa! Er hat einen …«

»Amets!«, unterbrach ich sie. »Hör nicht auf das Kind! Aber dein Freund fragt vielleicht, warum seine Frau nicht hier draußen ist, um euch willkommen zu heißen!«

Kemen sah mein Lächeln. Er setzte Bakar ab. Wie der Wind lief er zur Winterhütte. Die Kinder drängten sich wie eine Schar Welpen hinter ihn.

»Osané …?«, stieß Haizea keuchend hervor.

Ich strahlte Itzal und Haizea an. »Osané geht es sehr gut. Kommt herein und seht sie euch an! Und vielleicht wird einer von euch … mehr kann ich nicht sagen. Aber einer von euch weiß vielleicht …«

Haizea drehte sich um und rannte wie ein Hase in die Winterhütte.

Als ich eintrat, stand Nekané an der Feuerstelle und wies alle an, nicht so zu drängeln. Osané drückte ihren Säugling an die Brust. Sie wirkte verängstigt. Wie sollte eine Mutter auch keine Angst haben? Die ganze Familie war hier. Sollte niemand ihren Jungen jetzt erkennen, würde er ausgestoßen.

»Zeig ihn, damit alle ihn sehen!« In der Stimme meiner Mutter lag kein Mitleid. Das ist nie so bei solchen Gelegenheiten. Andererseits, was nützt Mitleid schon? Die Geister regeln alles, wie es ihnen gefällt.

Osanés Sohn war in ein Otterfell gehüllt, das mit Eiderdaunen und Torfmoos gefüttert war. Osané wickelte ihn aus, wischte seine Haut ab und legte ihn nackt in ihren Schoß, damit alle ihn ansehen konnten.

»Ein Junge!« Haizea beugte sich vor, um in sein Gesicht zu schauen.

Rot und runzlig wie ein gehäutetes Robbenjunges, strampelte das von seinem Fell befreite Kind mit den Beinen und fuchtelte mit den Armen. Nichts fehlte ihm. Ich hörte, wie Kemen tief Luft holte. Er konnte den Blick nicht von seinem neugeborenen Sohn abwenden.

Haizea fing die zappelnden Fersen des Säuglings ein. »Er ist stark!« Stirnrunzelnd starrte sie in die Augen des Kindes. Ich sah keinen Hauch des Erkennens in ihrem Blick. Viele Herzschläge vergingen. Haizea biss sich auf die Lippen und hockte sich wieder auf die Fersen.

Ich fing den Blick meiner Mutter auf. Wir schauten in die anderen Gesichter. Amets und Itzal betrachteten den Säugling, Kemen und wieder das Kind. Amets zeigte keine Regung, Itzal war verwirrt. Haizeas Gesicht verriet eine Mischung aus Enttäuschung und Hoffnung. Die Kinder sahen alle in der Runde an und fragten sich, was wohl als Nächstes passieren würde. Nur Kemen hatte sein Gesicht hinter der Hand verborgen.

Mir fiel ein, dass die Sterne gesungen hatten, um Osanés Jungen willkommen zu heißen. Ich betrachtete seinen kleinen, zappelnden Körper, kräftig und makellos. Bestimmt waren die Geister nicht so grausam gewesen, uns einen Fremden zu schicken! Bestimmt gab es doch wenigstens einen hier in dieser Familie, der Osanés Jungen erkennen würde!

Osané machte ein langes Gesicht. Sie hob ihren Sohn hoch und drückte ihn ans Herz. »Nein, nein, nein!« Sie wiegte sich hin und her und klammerte sich an ihren Säugling. Sie begann zu weinen. »Nein! Nein! Nein!«

»Nein!« Kemen hatte den Arm um sie gelegt. »Nein, Osané, hör mir zu! Es ist nicht so … Es ist nicht …«

»Kemen!« Die Stimme meiner Mutter war rau wie die eines Raben. »Du erkennst deinen Sohn! Was denkst du dir eigentlich? Würdest du sein Leben aufs Spiel setzen, du Narr?«

Bakar begann zu weinen. Er kletterte auf das Schlafpodest und klammerte sich an seine Mutter.

»Schhh! Ruhe, ihr alle!« Meine Mutter wandte sich an Kemen. »Du kennst ihn! Du kennst ihn! Du *musst* sprechen! Würdest du sein Leben aufs Spiel setzen – *noch einmal?*«

Kemen nahm seinen Sohn aus Osanés Arm. Er hielt ihn in beiden Händen. Er schaute in das runzlige Gesicht des Säuglings.

»Basajaun«, flüsterte er. »O Basajaun, mein Bruder!«

Nekané sagte:

Jetzt nähern wir uns dem Ende dieser Geschichte. Ihr habt gehört, wie Basajaun wieder einer vom Alkclan wurde. Ihr Kinder dürft die Worte, die wir gesprochen haben, nie vergessen. *Niemals!* Bakar und Basajaun – vor allem ihr müsst sie im Gedächtnis behalten. Ich habe euch oft erzählt, dass es so etwas wie einen bösen Geist nicht gibt. Alle Geister sind gut, aber manchmal muss man sie dazu bewegen, die Seiten zu wechseln. Ihr beide – Bakar und Basajaun –, seid nach allem, was vor langer Zeit zwischen euch geschehen ist, hier als Brüder. Als Brüder müsst ihr ein Leben lang zueinander stehen. Je nachdem, wie oder wo ihr euch wieder begegnet, müsst ihr immer daran denken, dass ihr einst Brüder wart. Deshalb müsst ihr alle vom Alk-clan, die ihr uns heute Abend zuhört, die Geschichte in Erinnerung behalten, die wir euch erzählt haben. Denn wenn diese beiden Brüder jemals wieder gegeneinander kämpfen, werden die Geister uns direkt zu der Tötung zurückführen, die vor langer Zeit geschehen ist. Sollte das eintreten – dass Bruder sich gegen Bruder wendet –, muss der Alkclan so lange leiden, wie wir auf dieser Welt bleiben.

Aber die Geschichte des Luchsclans in den Landen des Alks ist noch nicht ganz beendet. Es wird spät, doch es gibt noch ein bisschen zu erzählen.

Kemen sagte:

Als ich meinen Sohn erkannte, wollte ich euch nicht sagen, wer er war, weil ich dachte, ihr würdet ihn töten. Gedanken wirbelten durch meinen Kopf. Er war schon älter als einen Tag. Sollte ich zwei weitere Tage schweigen, wäre es zu spät, ihn auszustoßen. Wenn er vier Tage lebte, wäre es für die Geister Mord, wenn jemand versuchte, ihn seiner Mutter wegzunehmen. Ich hatte den wilden Gedanken, seinen Namen erst im letzten Herzschlag auszusprechen, bevor es zu spät war, ihn zu erkennen, aber auch schon zu spät, ihn zu töten. Denn sobald ich in sein Gesicht geschaut hatte, liebte ich ihn. Ich wollte, dass er lebte!

Ich hörte Osanés Aufschrei. Aus Mitleid musste ich sprechen. Ich sprach Basajauns Namen aus.

Viele Herzschläge lang sagte niemand ein Wort.

Alaia nahm mir meinen Sohn ab. Sie schaute in seine Augen. »Basajaun, wir heißen dich im Alkclan willkommen. Du wirst hier immer etwas zu essen finden.«

Ein Atemhauch strich sanft über meine Stirn, als hätte die Winterhütte selbst vor Erleichterung aufgeatmet. In meinem Herzen legten die Geister des Luchsclans ihre Waffen nieder. In all den Jahren waren diese Geister bereit gewesen, um mich zu verteidigen. Bis dahin hatte ich es nicht einmal gewusst.

Osané sagte:

Als Kemen mein Kind erkannte, brach ich in Tränen der Erleichterung aus. Ich hatte Angst gehabt, niemand würde ihn kennen. Ich hatte mir solche Mühe gegeben, ihn selbst zu erkennen, aber sein Gesicht war mir verschlossen. Außerdem hatte ich allen Grund, mich vor der Wahrheit zu fürchten. Jetzt sah es so aus, als wäre meine Angst endgültig überwunden.

Während das Jahr in die Dunkelheit überging, gedieh Basajaun. Der Schnee kam früh, aber wir hatten genügend Fleisch unter den Schutzdächern hängen, Vorräte aus gerösteten Nüssen und abgelagertes Holz, das bis zum Dunklen Mond reichen würde. Amets baute einen Schlitten, und wir holten noch viel mehr Holz, ohne es tragen zu müssen – nun, da ich ein weiteres Kind auf dem Rücken trug, dankte ich den Geistern dafür! Bald mussten wir einen zusätzlichen Unterstand bauen, so viel Holzvorräte hatten wir.

Bakar konnte sich seine Nahrung inzwischen selber suchen. Er war kein kleines Kind mehr. Fast jeden Tag ging er mit Esti zusammen hinaus. Seit sie laufen konnten, hatten sie Körbe voll Schalentieren nach Hause gebracht. Sie wussten, wie man Plattfische aufspießte und wie man von den Felsen herab Seelachs mit Schnüren angelte. In dem Winter damals, als die Fische die seichten Stellen verließen, machten sich die Kinder eifrig auf Vogeljagd. Rotkehlchen, Meisen, Amseln, Finken … all die kleinen Wintervögel, die nah an Lagerplätze herankommen und nach Resten suchen. Esti und Bakar benutzten ihre Schleudern und Kieselsteine, Netze und Schlingen verschmähten sie. Kemen erwischte sie dabei, wie sie genau nachrechneten. Sie hatten jede Handvoll in einen Birkenstamm geritzt. Amets und Kemen waren so wütend! Ich bin sicher, dass weder Bakar noch Esti sich je wieder gerühmt haben, Nahrung zu finden, nach allem, was sie von ihren Vätern zu hören bekamen! Aber insgeheim war ich froh, denn sie hatten noch nicht auf die harte Art gelernt, dass es nicht unsere Schlauheit ist, die uns ernährt, und wir nur den Geistern von ganzem Herzen für alles danken können, was sie uns schenken.

In jenem Winter waren die Geister jedoch zufrieden mit uns, endlich war die Ordnung der Dinge wiederhergestellt. Während wir in der langen Dunkelheit an der inneren Feuerstelle saßen, sangen wir fröhliche Lieder, denn es war gut, am Leben zu sein. Wir erzählten Geschichten von Vögeln und Tieren und Menschen. Wir erzählten, wie zu Anbeginn alles entstand und wie es dem Alkclan seither ergangen war. Als die Sonne im Mond des Schwans wiederkam, hießen wir sie mit ausgestreckten Armen willkommen, während wir im Schnee standen. Unser Feuer flackerte, so hoch es konnte, um die Sonne zu begrüßen. Die schräg einfallenden Strahlen der Morgensonne drangen durch die kahlen Bäume und berührten unser Feuer mit einer so hellen Flamme, wie es kein Feuer der Erde zustande bringt.

Nach einer Weile fiel mir auf, dass mein Mann nicht so glücklich war wie alle anderen. Eines Tages, kurz nachdem die Sonne zurückgekehrt war, ließ ich Basajaun bei Nekané und ging mit Kemen, um die Aalreusen zu leeren. Wir wanderten am Fluss entlang, der sich durch die Salzmarschen windet. Auf dem Flusspfad war der Schnee zu Eis zertrampelt, deshalb gingen wir nebenher und hinterließen zwei neue Reihen Fußspuren im blauweißen Schnee. Ich hatte unsere Stiefel aus Robbenfell mit getrocknetem Moos ausgestopft. Wir gingen schnell, bis meine Finger und Zehen vor Wärme prickelten.

Jetzt konnten wir den ganzen, weiten Himmel sehen. Eiskalter Wind wehte von den Bergen herab. Wir rochen mehr Schnee. Drei Reusen waren leer, aber in der letzten befanden sich zwei Aale. Wir kippten sie in den Korb und banden den Deckel fest zu. Kemen schwang sich den Korb auf den Rücken. Ich stellte die Reuse wieder in ihren Kanal. Eisiges Wasser floss über meine Handgelenke. Ich beschwerte die lange Reuse mit Steinen. Wir klatschten uns in die vor

Kälte starren Hände und schwenkten die Arme vor und zurück. Meine Hände waren so kalt, dass ich mir kaum die Handschuhe wieder anziehen konnte. Der Wind kam von hinten, und ich drückte mir das weiche Hasenfell an die kalten Wangen.

»Komm«, sagte Kemen, »lass uns zurückgehen, bevor es wieder schneit.«

Seite an Seite über die von Schnee bedeckten Salzwiesen zu gehen war leicht. Das war die Gelegenheit, auf die ich gewartet hatte. »Was bedrückt dich, Kemen?«

Er blieb stehen. »Was soll das heißen, Osané? Was sollte mich bedrücken?«

»Das weiß ich ja gerade nicht. Deshalb frage ich.«

»Ich weiß nicht, wovon du sprichst.«

Als Mann musste er das natürlich sagen. Ich ließ mich nicht abschrecken. »Ich glaube doch. Was es auch ist, es geht nicht fort, wenn du nichts unternimmst. Ich glaube, du sagst es mir besser.«

»Da gibt es nichts zu sagen.«

Er versuchte weiterzugehen, aber ich stellte mich ihm in den Weg. Als er mich beiseiteschob, packte ich seinen Arm. »Geht es um Basajaun?«

Ich dachte, er würde mich schlagen. Ich duckte mich. Den anderen Arm hielt ich mir vor das Gesicht. Aber ich ließ nicht locker.

»Osané! Tu das nicht!« Er riss meinen Arm weg. Ich hatte ihn richtig zornig gemacht. »Habe ich dich je geschlagen? *Jemals?*«

»Nein. Aber ich war …« Ich zögerte: Das wollte ich nicht sagen. »Aber ich habe dich nie gebeten … Ich habe noch nie versucht, dich zum Sprechen zu bringen, wenn du es nicht wolltest. Doch wenn es um meinen Sohn geht, musst du es mir sagen!«

Am Ende brachte ich ihn doch zum Reden. Er erzählte mir alles. Ich hatte nicht so viel Angst davor wie er. Zuerst jedenfalls. Aber während der Mond des Schwans seinen Lauf nahm, hatte ich zu viele Gelegenheiten, über Kemens Worte nachzudenken. Allmählich wuchs die Sorge in mir. Ich hatte Kemen gesagt, ich wolle es überdenken. Nun lag die Entscheidung darüber, was wir tun sollten, anscheinend bei mir. Doch ich hatte keine Antwort darauf, ebenso wenig wie er.

Bevor der Mond des Tauwetters aus der Finsternis aufstieg, stellte sich die Antwort von selbst ein.

Mein Onkel Hodei kam in der Abenddämmerung auf den Lagerplatz an der Flussmündung. Kein Wind wehte, der Himmel war klar. Wir saßen in dem Jahr zum ersten Mal abends an der Feuerstelle im Freien. Es tat gut, den offenen Himmel wieder über uns zu haben, kein rauchiges Dach. Kemen hatte an dem Morgen von seinem Boot aus einen Schwan erlegt, und wir brieten ihn an einem Spieß.

Itzal war der Erste, der Hodei erblickte. Er sprang auf. »Onkel!« Er lief zu Hodei und ergriff seine Hände. »Was … Wie …?« Itzal gelang es, seine Verwunderung zu verbergen. Hodei war schließlich Mittler. Itzal stammelte die richtige Begrüßung. »Sei willkommen an unserer Feuerstelle, Hodei. Hier wirst du immer etwas zu essen finden!«

Nur Nekané zeigte sich nicht überrascht. Wir anderen waren ebenso verblüfft wie Itzal. Niemand überquerte im Winter die Lange Meerenge! Hodeis Winterlager lag weit entfernt am Fuße der Berge, die den Meeresarm der Zusammenkunft säumten. Aber Mittler können wandern, wo und wann es ihnen gefällt, weil ihre Helfer zu den Geistern sprechen und die verschlossenen Wege für sie öffnen. Selbst das Meer macht, was sie wollen, wenn die Geister es wünschen.

Hodei ergriff meine Ellbogen und schaute mir in die Augen. »Geht es dir gut, Osané? Deine Mutter lässt dich grüßen. Der Winter ist hart für sie.«

Darauf antwortete ich nicht. Kühn erwiderte ich den Blick meines Onkels und sagte nur: »Mir geht es gut. Mein Sohn wurde am ersten Abend des Mondes der Gelben Blätter geboren. Sein Vater hat ihn erkannt.«

»Ja«, sagte Hodei.

Noch während ich sprach, wurde mir klar, dass Hodei schon wusste, was ich sagen würde. »Er ist Basajaun.«

»Ja«, sagte Hodei. »Wenn wir uns ans Feuer setzen, kannst du diesen neuen Kleinen vielleicht seinem alten Onkel zeigen?«

Ich ließ mich durch diese Art von Gerede nicht zum Narren halten, aber ich führte meinen Onkel an die Feuerstelle, als wäre er ein alter Mann und brauchte meinen Arm als Hilfe – diesen Mittler, der gerade im Mond des Schwans die Lange Meerenge überquert und den Weg über die Insel des Mutterbergs zu unserem Lagerplatz gefunden hatte, wo er, soweit ich wusste, noch nie gewesen war! Jedenfalls nicht leibhaftig. Ich half ihm, sich auf die dem Wind abgewandte Seite des Rauchs zu setzen. Nekané rückte, um ihm Platz zu machen. »Sie gegrüßt, Hodei!«, sagte sie. »Vielleicht werden dir meine Töchter ein Stück von diesem Schwan geben, der hier brät. Du siehst, wie ärmlich wir leben, wenn wir allein sind! Ich hätte meinen Töchtern beibringen sollen, wie man diese Familie besser ernährt. Jetzt, da ich niemandem mehr von Nutzen bin – ich bin nur eine arme alte Frau, wie du weißt –, müssen wir uns auf diese Jüngeren hier verlassen. Daher müssen wir vielleicht zusammen verhungern, du und ich.«

Während Nekané sprach, nahm Alaia den Schwan vom Spieß. Kurz darauf wurde das Fleisch auf die Steine an der Feuerstelle gehäuft. Alaia reichte Hodei ein besonders gutes Stück, und dann beugten sich alle vor und nahmen ihren Teil.

Wir alle wollten wissen, warum Hodei gekommen war, doch selbst die Kinder hüteten sich, einem Gast Fragen zu stellen, bevor er sich nicht satt gegessen hatte. Und dieser Gast war Mittler – man kann einem Mittler ohnehin keine Fragen stellen. Hodei war anscheinend zufrieden mit uns allen, daher sah es nicht so aus, als müsste sich einer von uns Sorgen machen. Er hatte freundlich über meinen kleinen Sohn gesprochen, noch bevor er sich hingesetzt hatte – das hätte er nicht getan, wenn er wegen Basajaun gekommen wäre. Ich hatte keine Angst. Ich schaute zum Himmel auf, mein Herz füllte sich mit Dank, während ich das Fleisch von meinem Schwanenknochen nagte. Die Nacht war klar wie Quellwasser, die Sterne waren quer über den Himmel aufgereiht wie Tautropfen auf riesigen Spinnweben. Sternenweben hingen an stacheligen Ästen. Unter dem Sonnenlosen Himmel hoben und senkten sich grüne Geisterlichter wie Schösslinge, die sich in einem fernen Wind bewegen. Die Nacht roch nach feuchter Erde, auf der Schnee gelegen hatte. Niemand sagte etwas, solange wir aßen. Hinter dem Knistern des Feuers sang der angeschwollene Fluss von Schnee, der in den Bergen schmolz. Amets warf noch mehr Holz ins Feuer. Flammen züngelten hungrig empor. Licht strömte über die Baumstämme, die aufleuchteten, als wären sie die Schatten der Geisterlichter über uns.

Hodei war da. Er war Mittler, aber er war auch mein Onkel, und der Grund seines Kommens war freundlich. An dem Abend waren sogar die weit entfernten Sterne freundlich. Unwillkürlich fiel mir Kemens geheime Furcht ein. Ich dachte über die eigenartige Ankunft meines Onkels nach. Ich betrachtete diese beiden Dinge nebeneinander im klaren Licht der Sterne, und ich wusste, was ich zu tun hatte.

Hodei sagte:

Ich hatte mich im tiefsten Winter auf den Weg gemacht, um mit Nekané zu sprechen. Die Nachricht, die ich brachte, war kein Geheimnis, und nachdem ihre Familie mir zu essen gegeben hatte, erzählte ich ihnen alles, was geschehen war. Ich sagte ihnen nicht, warum ich sofort zur Insel des Mutterbergs aufgebrochen war. Niemand fragte danach.

Als ich gegessen hatte, schaute ich zu den winterlichen Sternen auf. Ich sagte: »Wie nah die Sterne heute sind! Seht nur, wie sie sich um unser Feuer drängen! Diese Sterne wissen, warum ich hier bin und was ich euch zu sagen habe. Die Geister des Himmels sind fröhlich, weil einer der Ihren wieder zu ihnen zurückgekehrt ist. Jedenfalls haben sie ihn für kurze Zeit wieder bei sich.

Nekané, du weißt, was ich jetzt sagen werde. Als er im Sterben lag, sah ich deine Helfer, die aus dem Rauch unter dem Dach zusahen. Ich sah den Schwanenflügel, der über ihm ausgebreitet war, um ihn zu beschützen. Ein Sonnenstrahl drang durch die Rauchöffnung. Er zeigte mir die Rückenrundung des Delphins im kräuselnden Rauch.« Nekané sagte:»Zuerst hatte ich mehr Angst vor ihm, als ich sie jemals vor dir oder Aitor hatte. Am Ende mochte ich ihn gern. Er hat mich den Umgang mit den Geistern gelehrt. Er redete barsch, aber in seinem Herzen war er freundlich. Er hielt nichts zurück. Was die Geister ihm auch schenkten, er hat es bereitwillig weitergegeben.«

»Er hat sich hergegeben«, sagte ich.»Immer wieder hat er sich für den Alkclan geschenkt.«

Meine Nichte wusste, worüber wir sprachen.»Ist er tot?« Ein Schluchzen verfing sich in ihrer Kehle.»Er hat mir das Leben gerettet, als er vor langer Zeit Nekané zu mir holte. Du willst doch damit nicht sagen, dass er tot ist?«

Esti flüsterte ihrer Mutter etwas zu. Ich hob meine Stimme zum Klagelied, bevor Alaia zurückflüstern konnte.»Einer der Mittler des Alkclans ist mit dem Jahr gestorben, das vergangen ist. Er starb, als der Mond des Schwans ins Dunkle ging. Der größte unter unseren Mittlern ist von uns gegangen!«

Einer nach dem anderen stimmte in meinen Gesang ein. Wir sangen für ihn, so wie wir in seinem Winterlager oberhalb des Meeresarms der Zusammenkunft für ihn gesungen hatten. Die Sterne schwebten über den kahlen Bäumen. Die Geisterlichter vernahmen unseren Gesang. Sie füllten den Himmel mit weißgrünen Flüssen. Sie strömten vom Sonnenlosen Himmel zum Milchfluss. Hoch oben über unseren Köpfen stimmten sie ihren eigenen Gesang aus Farben an. Rotes Geisterfeuer flammte über unserem kleinen Menschenfeuer auf. Die Geisterlichter nahmen unsere Klage auf und erfüllten den Himmel mit unserem Gesang. Die Sterne erinnerten sich an ihn. Sein Name war unter ihnen. Sie hielten seinen Namen lebendig, während er aufhörte, beim Alkclan zu leben.

Schließlich war unser Gesang zu Ende. Amets holte ein Bärenfell aus der Winterhütte und deckte es über die schlafenden Kinder neben dem Feuer. Die Frauen legten noch weitere Holzscheite nach.

»Hodei«, sagte Amets, als er sich wieder setzte. »Nekané mag ja alles wissen, aber du hast in dieser Familie auch mit schlichten Männern wie mir zu tun. Sag uns, was geschehen ist! Wie ist er gestorben?« Das war eine Frage, die ich beantworten konnte. Ich erzählte ihnen, dass Zigor fortgegangen war, um Gänse zu jagen. Er war vor der Morgendämmerung aufgebrochen und bei Ebbe hinausgeschlichen. Er hatte sich in einem gefrorenen Kanal in der Marsch versteckt und auf die Gänse gewartet, die zum Grasen kommen würden, sobald die Flut sie hereintrieb. Lange hatte er so in dem gefrorenen Bach gelegen. Das ist nichts Neues, aber Zigor war ein alter Mann. Älter vielleicht, als er dachte. Als er wieder in sein Winterlager zurückkam, war er nass bis auf die Haut und durchgefroren. Ein Mittler hat nicht nur Helfer, sondern auch Feinde. Ein grimmiger Fiebergeist ergriff die Gelegenheit, in ihn einzudringen, als er schwach war. Er brannte in seinen Adern. Zigor war alt, aber er war stark. Vier Tage lang kämpfte er gegen den Geist an. Er sprach laut mit dem Geist, damit alle es hören konnten. Am zweiten Tag bekam Zorioné eine solche Angst vor dem Geisterkampf, der in ihrer Hütte ausgefochten wurde, dass sie ihren Mann fortschickte, um mich aus meinem Winterlager jenseits des Meeresarms der Zusammenkunft zu holen. Am vierten Tag traf ich ein. Ich sah, wie Zigors Kraft mit der Ebbe nachließ.

Ich folgte Zigor in die Geisterwelt. Er war sich meiner Anwesenheit bewusst und sprach mit mir. Ich erzählte der Familie auf dem Lagerplatz an der Flussmündung nicht, was er gesagt hatte. Ich berichtete ihnen: »Ich konnte diesen großen Mittler ein kurzes Stück auf seiner Wanderung aus der Welt begleiten. Ich ging mit ihm, so weit ich konnte. Ich sprach seinen Namen aus. Dann verließ ich ihn und kam wieder zurück in diese Welt. Langsam schwand seine Seele aus dem Körper. Seine Haut spannte sich über seinen Schädel, so dünn, dass die Knochen in seinem Gesicht schon entblößt schienen. Raue Atemzüge erfüllten die Winterhütte. Zorioné nahm seine Hand, sobald ich sie losließ. Sie weinte still. Die Kinder schluchzten laut. Als die Nacht hereinbrach, hörten die rauen Atemzüge schließlich auf.

Ich schaute hinauf durch die Rauchöffnung. Ich sah, dass sich die Helfer dieses großen Mittlers hinabbeugten. Ich sah, wie sie seine Seele nahmen. Ich sah, wie seine Seele sich durch die Rauchöffnung erhob und in die Dunkelheit flog.«

Ich war nicht der Einzige, der an dem Abend auf dem Lagerplatz an der Flussmündung um Zigor weinte. Wir sangen viele Lieder für ihn.

Am nächsten Morgen bat mich meine Nichte, allein mit mir sprechen zu dürfen. Sie führte mich auf den Aussichtshügel hinter dem Lagerplatz. Als ich ihr folgte, spürte ich, wie sich die Geister der Flussmündung um mich drängten. Ich sprach ohne Worte zu ihnen. Sie hießen mich willkommen, obwohl ich zuvor noch nie auf dem Aussichtshügel gestanden hatte. Mich interessierte, wie die Lande des Alks von diesem neuen Aussichtspunkt aussehen würden. Basajaun schlief unter Osanés Jacke aus Wolfsfell, angeschmiegt an ihren warmen Rücken. Osané blickte über die Salzwiesen zur Sandinsel. Ich folgte ihrem Blick. Menschen finden es oft leichter zu sprechen, ohne sich anzuschauen. Ich wartete, bis sie bereit war.

»Onkel, ich brauche deinen Rat. Vielleicht auch deine Hilfe.«

In der Vergangenheit hatte ich dabei versagt, Osané zu helfen. Ich dachte, sie könnte mich dafür hassen. Ich war froh, als ich feststellte, dass sie mir noch immer vertraute. »Es geht um Basajaun«, verkündete ich.

»Ja. Nein. Ich glaube.«

Ich wartete.

»Ich war so erleichtert, als Kemen Basajaun den Namen gab.« Osané schaute auf das Meer hinaus. Der Wind wehte ihr das Haar ins Gesicht, und sie strich es sich aus den Augen. »Ich habe ihn nicht erkannt. Niemand. Kemen war nicht da. Sie waren auf der Robbenjagd. Dann kam er zurück. Er erkannte Basajaun.« Osané sah mich aus den Augenwinkeln an und schaute wieder weg. »Ich war froh, denn das bedeutete, dass mein Sohn leben konnte. Erst später …«

»Später?«

»Kemen machte sich Sorgen.« Osané strich sich erneut die Haare aus den Augen und drehte ihr Gesicht in den Wind. »Ich sah es ihm an. Ich wusste, es ging um Basajaun. Ich habe Kemen dazu gebracht, mir zu erzählen …«

»Ja?«

»Er hat versprochen … Ich wusste es nicht … Kemen hat Zi…, dem, der von uns gegangen ist, etwas versprochen. Als sie Alk auf seinen Rücken schrieben, sagte er – der Mittler, der von uns gegangen ist –, er sagte zu ihm … er sagte: ›Die Namen des Luchsclans werden im Alkclan leben. Und nirgendwo sonst.‹« Osané warf mir wieder einen kurzen Blick zu. »Kemen hatte mir das vorher nicht erzählt. Aber das hat er dem Mittler versprochen: ›*nirgendwo sonst*‹.«

Osané wusste also bereits, warum ich gekommen war. Ich hatte noch nicht einmal mit Nekané darüber gesprochen. »Soll das heißen, Kemen hat das Versprechen nicht gehalten, Osané?«, fragte ich laut.

»Ich weiß es nicht! Verstehst du denn nicht, Onkel, genau darum geht es! Wie kann ich es wissen? Wie kann Kemen es wissen? Er hat nicht daran gedacht, als Zi…, als der Mittler mit ihm sprach. Er konnte nicht! Erst später … und dann hat er es vergessen. Ich glaube, er wollte es vergessen. Aber dann kam Basajaun, und damit fing seine Sorge darüber wieder an.«

»Sorge *worüber*, Osané?«

»Über den anderen Vetter.« Osané begegnete meinem Blick und hielt ihn fest. »Sag mir nicht, du hättest nie daran gedacht, Hodei. Vier von ihnen kamen vom Himmel der Morgensonne her. Ein Vetter ist beim Reiherclan geblieben. Er hat sich dort noch am Abend ihrer Ankunft eine Frau genommen. Sieben Jahre sind seither vergangen. Wer weiß, ob Luchsnamen jetzt beim Reiherclan leben?

Kemen hat dem Mittler etwas versprochen, das er nicht halten konnte. Deshalb denkt er, die Geister des Alkclans seien wütend auf ihn. Er hat Angst, dass sie ihn bestrafen. Er hat Angst, dass sie uns unseren Sohn nehmen. Deshalb wollte er zurück zum Reiherclan, um es herauszufinden.

Ich sagte … da unten auf den Salzwiesen sagte ich zu ihm: ›Kemen, du bist verrückt. Angenommen, dein Vetter hat Kinder mit Luchsnamen, was willst du dagegen tun? Sie umbringen? Sie stehlen und Alke aus ihnen machen? Weglaufen? Wenn du auch nur eine dieser feigen Taten begehst, würdest du die Geister viel zorniger auf dich machen, als sie es jetzt sein können. Die Geister wissen, dass du gezwungen warst, etwas zu versprechen, das kein Mann halten kann. Mag sein, dass sie dir das verzeihen. Sie würden dir nicht verzeihen, wenn du tötest oder deine eigenen Verwandten bestiehlst!‹

Kemen sagte: ›Natürlich werde ich weder töten noch stehlen! Aber wenn ich meinen Vetter finde, würde ich wenigstens die Wahrheit erfahren!‹ ›Du würdest gar nichts erfahren‹, sagte ich ihm, ›denn du kannst nicht wissen, ob heute vielleicht viele Luchsnamen leben, die in Landen jagen, von denen du nie etwas gehört hast. Dieser Gedanke sollte dich froh machen! Nur weil du ein Versprechen hast abgeben müssen, das niemand halten könnte, hoffst du, dass deine Verwandtschaft für immer tot ist! Kann das richtig sein? Natürlich nicht! So ein Wunsch würde keinen guten Geist freundlich stimmen! Das Versprechen, das du gegeben hast, war schlecht. Das alles zu vergessen ist das Beste, was du tun kannst. Alle anderen haben es längst vergessen!‹

›Einschließlich all der Geister, die zugehört haben, als ich es versprach?‹, war alles, was Kemen dazu zu sagen hatte.

›Die Geister konnten nicht von dir verlangen, ein so dummes Versprechen zu halten!‹, protestierte ich.

›Nein, aber du verstehst es nicht! Du siehst keine Bedeutung darin und ich auch nicht. Doch es muss eine geben! Der Mittler hat es gesagt – er muss einen guten Grund gehabt haben, auch wenn wir ihn nicht sehen können.‹

Er kann es nicht vergessen, Onkel. Und jetzt mache auch ich mir Sorgen. Sind die Geister am Ende doch zornig auf uns? Hat der Mittler, der von uns gegangen ist, etwas Bedeutsames gemeint, das wir nicht verstehen? Hodei, wirst du uns helfen? Bitte, Onkel, könntest du die Geister bitten, Basajaun nichts anzutun?«

»Hast du mit Nekané darüber gesprochen?«, fragte ich sie.

»Ich musste Kemen versprechen, es nicht zu tun.«

»Aber du hast nicht versprochen, nicht mit mir zu sprechen? Richtig?«

Sie erwiderte mein Lächeln, strahlend wie die Sonne, die hinter einer dunklen Wolke hervorkommt. »Kannst du es richten, Onkel? Du kannst es!«

Ich legte ihr die Hand auf die Schulter. »Alles, was ich für dich tun kann, Osané, werde ich tun. Ich schulde dir mehr als alles, worum du jemals bitten kannst.«

Amets sagte:

Nekané und Hodei wollten an dem Abend zu den Geistern sprechen. Ich war wütend. Nach allem, was wir durchgemacht hatten, nach allem, was wir unternommen hatten, um die Ordnung der Dinge wiederherzustellen, mussten wir diese alte Geschichte wieder aufrollen und zum Leben erwecken. Ich bin kein Mittler, aber ich bin lange genug auf die Jagd gegangen und weiß, wann die Geister zufrieden sind und alles ruhen lassen. Das habe ich auch gesagt. Ich erzählte Hodei: »Als Alaias Vater starb, bat er mich, für seine Familie zu sorgen. Das habe ich seither getan. Ich heiße alle Gäste willkommen, die sich die Mühe machen, zum Lagerplatz an der Flussmündung zu kommen. Doch ich erwarte von ihnen, daran zu denken, dass sie in *meinen* Jagdgründen sind, ob Mittler oder nicht.«

Hodei öffnete den Mund, um zu antworten. Ich war noch nicht fertig und fuhr fort: »Wir haben das alles schon einmal durchgemacht. Kemen gehört ebenso zum Alkclan wie ich. Seine Verwandten – so sie noch leben – gehören zum Luchsclan. Meine Verwandten sind vom Robbenclan. Wir beide haben dem Alkclan gutes Blut gebracht. Menschen werden mit neuem Blut immer besser. Junge Männer werden wandern. Die Geister haben es zu Anbeginn so eingerichtet. Niemand hat jemals zu mir gesagt: ›Amets, ich glaube, du solltest lieber zurück unter den Sonnenlosen Himmel gehen und dich vergewissern, dass all deine Vettern im Robbenclan für immer tot sind.‹ Niemand hat *mir* nahegelegt, dass das eine gute Idee wäre! Das würde niemand wagen! Ich hätte ihnen den Kopf abgeschlagen, wenn sie so etwas Gemeines auch nur geflüstert hätten. Wenn du böse Geister zu uns bringen *willst*, kann ich mir keine bessere Möglichkeit vorstellen, als einen Mann zu bestrafen, weil sein Clan starkes Blut und viele Kinder hat. Wenn wir vom Alkclan diese Welt von Menschen befreien wollen, können wir auch kurzen Prozess machen und uns die Schwänze abschneiden!«

»Amets!«, brüllte Hodei mich an. »Hör auf zu schreien! Würdest du mir vielleicht einen Herzschlag lang *zuhören*!«

»Ich habe lange genug zugehört! Und ich habe nie gehört …«

»Amets!«, rief Alaia. »Hör auf! Das meint er doch gar nicht! *Hör zu!*«

»Und was dich betrifft, Frau …«

»Amets! Amets!«

Selbst der junge Itzal stimmte in das Geschrei ein. Er, Kemen und Alaia hielten mich zurück. »Amets! Hör dem Mittler zu! Amets! Das meint er doch gar nicht!«

Am Ende brachte mich Alaznes Schluchzen wieder zur Besinnung. Ich kehrte ihnen allen den Rücken zu und hob sie hoch. »Ist schon gut, kleine Tochter. Du musst nicht weinen. Ich bin jetzt nicht wütend – jedenfalls nicht auf dich.«

Kemen sagte: »Amets – Bruder – niemand könnte besser zu mir halten als du. Das weiß ich. Aber hör bitte zu. Ich *möchte*, dass Hodei und Nekané zu den Geistern sprechen. Ich *möchte* zur Ruhe kommen. Bitte, hör zu, was Hodei uns zu sagen hat. Er ist auf unserer Seite. Die Geister sind auf unserer Seite! Bitte, hör zu, was er sagt!«

Ich ließ Hodei noch einmal seine Geschichte erzählen. Finster schaute ich ins Feuer, während er sprach. Ich gab mir nicht den Anschein, als hörte ich zu. Natürlich habe ich zugehört. Ich habe alles mitbekommen, was er gesagt hat.

»Das habe ich euch gestern Abend nicht erzählt, aber ich bin hierhergekommen, um mit Nekané genau darüber zu sprechen«, sagte Hodei. »Die Geister haben mir auf dem Lagerplatz der Zusammenkunft gesagt, dass das Kind in Osanés Bauch ein Fremder ist. Der Mittler, der von uns gegangen ist, wusste es auch. Wir waren nicht beunruhigt. Der andere Mittler erinnerte mich daran, dass die Geister Kemen versprochen hatten, Luchsnamen würden im Alkclan leben. Wir waren uns einig, dass ein Fremder aus dem Luchsclan uns ebenso willkommen wäre wie … wie unsere kleine Esti hier.« Hodei lächelte meiner älteren Tochter zu. »Schau nicht so ängstlich, Esti! Du bist als eine Fremde zu uns gekommen. Dein Vater hat dich erkannt. Jetzt lebt dein Name unter uns.«

Esti meldete sich zu Wort. *Sie* hatte doch keine Angst vor einem Mittler! »Er lebt auch im Robbenclan! Papa hat das gesagt! Esti gehörte zu seiner Familie, als er im Robbenclan zur Welt kam. Sie war die Mutter seiner Mutter. Und jetzt ist sie ich!«

»Und du gehörst zum Alkclan«, stimmte Hodei ihr zu. »Und so geht unser aller Leben weiter, gefangen zwischen Anbeginn und Ende.

Ich ging in mein Winterlager«, fuhr Hodei fort. »Ich war glücklich. Ich dachte, die Ordnung der Dinge sei bei der Zusammenkunft wiederhergestellt worden. Die Tiere schenkten sich uns wieder. Der Winter war freundlich. Dann kam die Botschaft von Zorioné, dass einer der anderen Mittler im Sterben liege und mich sehen wolle.

Als ich auf den Himmel der Hochstehenden Sonne zueilte, sprachen die Geister zu mir. Sie erkannten meinen Kummer an, zeigten mir aber, dass die Aufgabe dieses Mittlers beendet war. Durch ihn war, mehr als durch jeden anderen, die Ordnung der Dinge wiederhergestellt worden. Warum sollte er in einem alternden Körper verweilen, wenn alles, wofür er sich eingesetzt hatte, erfüllt war? Ich weinte, während ich ging, aber ich war nicht besorgt.

Erst als ich an seiner Seite kniete, wurde mir klar, dass noch etwas nicht in Ordnung war. Als Osané gestern mit mir sprach, wusste ich bereits, was sie sagen würde. Ich hatte es schon gehört – aus dem Mund eines Sterbenden, der beunruhigt war. Er erinnerte mich an Kemens Versprechen: ›Luchsnamen sollen im Alkclan leben. *Und nirgendwo sonst!*‹

›Ich hielt mich für klug‹, flüsterte der Sterbende. ›Das machte mich blind. Der Geist, der mir eingab, diese Worte auszusprechen, war klüger als ich.‹ Mühsam holte er Luft. Er zupfte mit ruhelosen Fingern an meinem Ärmel. ›Hodei!‹

›Ich bin da‹, sagte ich.

›So etwas wie einen bösen Geist gibt es nicht. So etwas nicht … Hodei!‹

›Ich bin hier.‹

›Du musst sie veranlassen, die Seiten zu wechseln … Hodei!‹

›Ich bin hier.‹

Er griff nach meiner Hand. Ich wartete, bis er die Kraft gefunden hatte zu sprechen. ›Hodei, du musst … Ich habe einen Fehler gemacht.‹«

Hodei schaute uns der Reihe nach an. Unsere Gesichter leuchteten im Feuerschein. Ich hatte vergessen, so zu tun, als hörte ich nicht zu. Hodeis nächste Worte gaben meine Gedanken wieder.

»Ihr seht, was für ein großer Mann er war, der Mittler, der von uns gegangen ist. Das waren die letzten Worte, die er in seinem Leben aussprach: ›*Ich habe einen Fehler gemacht.*‹ Nur der größte Mann bringt es über sich, das zu sagen.«

Eine Weile hingen wir alle unseren Gedanken nach. Dann sagte ich: »Dem stimme ich zu. Aber wie ich schon sagte, ich bin nur ein Jäger. Ich bin kein Mittler. Was war sein Fehler? War es ein Fehler, Kemen ein Versprechen abzuverlangen, dass er unmöglich halten konnte? Hat der Mittler das sagen wollen?«

Hodei schaute mir in die Augen. Dies war meine Feuerstelle, nicht seine. Der Blick des Mittlers durchbohrte mich. Ich glaube, er durchsuchte meine Seele und sah alles darin. Aber dies war meine Feuerstelle, nicht seine. Ich hielt seinem Blick stand.

»Amets«, sagte Hodei schließlich. »Du verbirgst nichts, und du möchtest nicht, dass etwas verborgen wird. Wärst du Mittler, fändest du es viel schwerer, alles ans Tageslicht zu bringen, als du dir vorstellen kannst. Wie sollte ich die Worte eines Sterbenden besser verstehen als du?«

»Weil du Mittler bist«, knurrte ich. »Wir geben dir genug zu essen!«

»Amets!« Ich beachtete Alaias erschrockenes Flüstern nicht, so wie ich Nekanés spöttisches Gelächter überhörte.

Auch Hodei nahm keinerlei Notiz von den Frauen. Das hier ging nur ihn und mich an. »Amets«, sagte er. »Du willst von mir hören: ›Der Mittler hat einen Fehler gemacht, als er Kemen versprechen ließ ›und nirgendwo sonst‹. Du willst, dass daran kein Zweifel besteht. Nun, das würde ich auch gern! Aber wie kann ich das sagen? Der Fehler kann ebenso gut darin bestanden haben, Kemen in den Alkclan aufzunehmen. Ebenso gut kann der Fehler darin bestanden haben, einen Mann aus dem Luchsclan überhaupt am Leben zu lassen!«

Ich sprang auf. Ich war nicht der Einzige. Alle schrien durcheinander. Nur Kemen und Nekané blieben sitzen und sagten kein Wort.

»Hört auf!«, schrie Alaia. »Hört alle auf! Ihr jagt den Kindern Angst ein. Ihr beide – ihr nennt euch Männer, vermute ich! Dann hört auf, uns zu ängstigen! Ihr sollt euch um uns kümmern und uns nicht zu Tode erschrecken!«

Was konnte ich zu einem Gast sagen, nachdem meine Frau so mit ihm gesprochen hatte? Ich musste lachen. Ich schüttelte Hodeis Hand und klopfte ihm auf die Schulter. »Hodei, auf was für einen Lagerplatz bist du nur gekommen? Wir überlassen unseren Frauen hier das letzte Wort, wie du siehst. Du hast geglaubt, wir seien Jäger, bis du das hier erlebt hast! Na ja, vielleicht machen wir alle manchmal Fehler.«

»Das stimmt.« Hodeis kalter Blick ging wie ein Speer durch mich hindurch. Er durchsuchte meine Seele. Ich ließ es zu. Im Grunde meines Herzens musste ich noch immer kichern, als ich an unsere aufsässigen Frauen dachte. Wie Hodei selbst sagte, ich hatte nichts zu verbergen. Schließlich ergriff Hodei das Wort: »Amets, dies hier ist deine Feuerstelle. Wir Mittler wollen zu den Geistern sprechen, hier und jetzt. Die Geister werden deine Fragen besser beantworten, als ich es kann. Dann können wir die Angelegenheit ein für alle Mal beilegen. Ich möchte das – wir alle wollen es – genauso wie du. Würdest du Nekané und mich von dieser Feuerstelle aus zu den Geistern sprechen lassen?«

Ich sah mich in meiner Familie um. Alle Gesichter waren mir zugewandt. Ich schaute jedes einzelne prüfend an. Es war sehr deutlich, was alle wollten. »Ja«, sagte ich zu Hodei und blickte ihm in die Augen. »Ihr könnt eure Reise von meiner Feuerstelle aus machen, wenn ihr meint, dass damit die Dinge endlich ins Reine gebracht werden.«

Nekané sagte:

Die Nacht brach an. Der Mond des Tauwetters war eine kleine Welle über den Baumwipfeln, blasser als der Abendstern. Die Sterne am Himmel der Abendsonne waren hinter Wolken verborgen, der salzige Wind roch nach Regen. Wir nährten das Feuer mit trockenen Blättern und Kiefernästen, bis es knisterte und rauchte. Die Dunkelheit kroch zwischen uns und wand sich um die Feuerstelle. Die Kinder rieben sich die brennenden Augen. Bakar fing an zu weinen. Die Menschen waren verwischte Gestalten, die sich durch Schatten bewegten. Ich holte meine Trommel von ihrem Schlafplatz. Ich kam wieder an die Feuerstelle und nahm Basajaun aus den Armen seiner Mutter.

Osané krallte sich in meinen Arm, als ich ihren Sohn nahm. »Du wirst nicht zulassen, dass die Geister ihm etwas antun!«

»Er ist bei mir so sicher wie bei dir, Osané.«

Die Menschen hören, was sie hören wollen. Meine Worte trösteten sie. Sie überließ mir den Jungen. Ich band seinen Tragegurt unter meinen Mantel, damit ich beide Hände frei hatte. Hodei und ich standen auf der dem Wind abgewandten Seite des Feuers. Hinter dem Rauch spürten wir, wie sich die Augen der anderen auf uns richteten, obwohl sie nichts sehen konnten.

Ich weckte meine Trommel. Sobald sie zu schlagen begann, ertönte Hodeis Trommel als Echo.

Wir trommelten die Herzschläge der Erde. Unsere Helfer kamen. Der Fuchs keckerte aus dem Wald hinter uns. Ein Schwanenflügel schimmerte durch einen Rauchschwaden. Der honigsüße Geruch nach Heide ging durch die Luft wie ein Lichtstrahl in eine dunkle Höhle: *pi-witt, pi-witt* rief es aus fernen Sommermooren zu uns herüber. Gerade als mein Delphin durch das unsichtbare Meer sprang, sah ich aus den Augenwinkeln den Schatten einer Schlange, die zwischen den Steinen an der Feuerstelle hindurchglitt. Sie schlängelte sich einmal um meine Füße und verschwand. Ein Hauch kalter Luft seufzte an meiner Wange. Diese Schlange hatte mich auf vielen Wanderungen geführt; ich wusste, ich würde auf dieser Erde nie wieder so etwas wie sie sehen.

Meine Trommel versagte nie. Für Basajaun war es das vertraute Schlagen des Herzens seiner Mutter. Zu jung, um sich vor den Geistern zu fürchten – zu jung, um vergessen zu haben –, schlief er fest ein.

Sterne umgaben uns wie glitzernde Fische, wenn der Delphin in tiefes Wasser abtauchte. Immer weiter flogen wir, hinein in die hohe Dunkelheit. Wir trieben zwischen den Sternen. Die Sterne reichen so weit wie der Himmel selbst: Kein Erdgeist erreicht jemals die fernen Tiefen des Himmels hinter dem Mond. Endlich drehten wir uns um und sahen aus der Ferne unsere Erde, die Tier und Mensch zu Anbeginn von den Geistern geschenkt wurde. Wir sahen durch das Netz aus Sternen, das uns trug. Die freundliche Erde erstreckte sich von Meer zu Meer. Wir sahen Ufer und Wälder, Flüsse und Seen. Die Berge trennten einen Teil der Erde vom anderen, die Wasser flossen von den Bergen hinab in viele verschiedene Jagdgründe. Alle Tiere lebten fröhlich auf der Erde unter uns. Sie sprachen mit den Geistern, und die Geister kannten jedes einzelne. Die Menschen auf der Erde lebten zwischen den Tieren. Die Geister beobachteten sie, auch wenn die Menschen vergessen hatten, wie man zu den Geistern spricht – so wie es zu Anbeginn war.

Ich blickte weit hinaus zu den untergegangenen Landen des Luchsclans unter dem Himmel der Morgensonne. Ich sah weiße Strände, an denen sich die Wellen brachen. Ich konnte nicht sehen, wer über die Erde zog. Als ich versuchte, in die Dunkelheit zu spähen, blendeten mich die Sterne. Ich schaute zum Sonnenlosen Himmel. Ich sah Felseninseln, die sich aus dem Offenen Meer erhoben. Das waren die Jagdgründe des Robbenclans. Noch während ich hinschaute, zog jedoch eine Wolke auf und verbarg die Inseln vor mir, wie eine Tierhaut über einem Eingang. Ich drehte mich zum Himmel der Hochstehenden Sonne um. Ich sah den scharfen Bergkamm des Großmutterbergs, der sich vor den Sternen abzeichnete. Er würde mich nicht an sich vorbeischauen lassen. Die Jagdgründe des Reiherclans waren mir verschlossen. Aber als ich hinab auf die Jagdgründe des Alkclans schaute, sah ich mit den Augen des Schwans, der vom Sonnenlosen Himmel aus hierher fliegt. Ich sah die weiß gesäumte Küste und die lockenden Salzwiesen und Wasser, das in den Felsspalten glitzerte. Von vielen Feuerstellen stieg Rauch auf. Jede dieser Feuerstellen stand mir offen. Es gab keine Namen unter ihnen, die ich nicht kannte.

»Überhaupt, warum sollten wir nicht?« Eine schrille Stimme brach in meinen Geist ein wie ein Schauer gefrierenden Regens. Die Stimme klang eindeutig streitlustig. »Ich dachte, wir seien ohnehin alle miteinander verwandt. Zuerst kamen zwei Schwestern vom Großmutterberg. Und *mein* Name kommt aus dem Robbenclan. Das hast du mir gesagt. Also ist ohnehin jeder mit uns verwandt. Warum können wir denn nicht Vettern und Kusinen haben, wo wir wollen?«

Neben meinem Ohr hörte ich Hodeis spöttisches Lachen. »Ich glaube, wir haben unsere Antwort, Nekané!«

Esti sagte:

Die Geschichte habe ich so oft gehört. Ich kann mich eigentlich nicht daran erinnern, diese Worte ausgesprochen zu haben. Aber die anderen haben es alle behauptet. Mein Vater sagt, wir saßen an einem kalten Feuer, weil die Mittler es mit feuchtem Laub erstickt hatten. Ich beklagte mich – sagt er. Er versuchte mir zu erklären, was die Mittler taten und warum Nekané den kleinen Basajaun mitgenommen hatte. Mein Vater behauptet auch, ich sei schon streitlustig in die Welt gekommen. Und das zeigt doch wohl, dass er nicht immer die Wahrheit spricht! Ich kann euch jetzt nur sagen, dass ich mich nicht mehr erinnere.

Diese Geschichte ist jetzt fast zu Ende. Meine Großmutter – Nekané – sagt, die Geschichte habe mit meiner Geburt angefangen, und ich solle diejenige sein, die sie zu Ende bringt. Ihr alle habt geduldig zugehört. Heute ist die letzte Nacht der Zusammenkunft. Morgen wird meine Familie zurück zum Lagerplatz an der Flussmündung ziehen. Dort bin ich in die Welt gekommen. Vier Knochen meines Großvaters liegen dort unter den Steinen der Feuerstelle. Ich kann mich an meinen Großvater nicht erinnern, aber alle in meiner Familie sagen mir, dass ich ihn liebte. Und er liebte mich.

Die Mittler baten uns, diese Geschichte zu erzählen, weil Edur im letzten Winter auf ein paar Angehörige des Reiherclans traf, die im Mond der Stürmischen Winde auf den Hängen des Großmutterbergs jagten. Einer der Jäger des Reiherclans war gerade eingeführt worden – vor genau einem Jahr jetzt. Sein Name war Basajaun. Sein Vater war Ekaitz, Kemens Vetter vom Luchsclan, der sich eine Frau aus dem Reiherclan nahm. Dieser junge Jäger, den Edur getroffen hat, trägt denselben Namen wie mein Vetter, der da drüben sitzt, kichert, seinen Bruder ärgert und wie üblich Unsinn macht. Wahrscheinlich ist dieser andere Basajaun vom Reiherclan ein bisschen vernünftiger. Jedenfalls hat der andere Basajaun jetzt Reiher auf seinem Rücken stehen.

Das hat Edur uns allen erzählt, als wir zum Lagerplatz der Zusammenkunft kamen, und deshalb haben uns die Mittler gebeten, euch diese Geschichte zu erzählen.

Sie ist jetzt zu Ende. In der Geschichte habe ich das letzte Wort. Vielleicht ist es ungerecht, weil ich nicht die Hauptperson darin bin. Aber die Geschichte fing mit mir an, und meine Großmutter sagt, sie müsse mit mir enden. Etwas, das Haizea sagte, als sie an der Reihe war, bringt mich auf den Gedanken, dass die Geschichte noch nicht vorbei ist. Haizea behauptet, es kann kein richtiges Ende für eine Geschichte geben. Jede Geschichte hat eigentlich zu Anbeginn angefangen – ganz gleich, wo man beginnt, sie zu erzählen –, und sie kann nicht richtig beendet werden, bevor wir am Ende sind.

Meine Großmutter sagt, vor dem Ende gebe es noch viele weitere Leben zu leben.

Das Mesolithikum in Schottland wird meist mit ohrenbetäubendem Schweigen übergangen. Sechstausend Jahre menschlicher Besiedelung – von der ausgehenden Eiszeit bis zur Entstehung der Landwirtschaft etwa um 4000 v. Chr. – werden in Geschichte und Vorgeschichte für gewöhnlich auf höchstens ein bis zwei Seiten über Schottlands Jäger und Sammler dargestellt, mit dem Kommentar, wie wenig wir über sie wissen. Mein Interesse an den frühen Bewohnern meines Landes wurde zum Teil deshalb geweckt, weil sie, anders als wir, so wenige Spuren ihrer langen Präsenz hinterließen. Sie lebten, lange bevor Agrarvölker Steinkreise wie Callanish oder Siedlungen wie Skara Brae errichteten. Meine anfängliche Unkenntnis war groß, doch ich stellte schon bald fest, dass die weit verbreiteten falschen Vorstellungen noch umfangreicher waren. Oft wurde ich gefragt: »Konnten diese Menschen sprechen?«, »Hatten sie Feuer?« oder »Haben sie Kunstwerke erschaffen?« Ich wollte zeigen, dass sieben- oder achttausend Jahre bezogen auf die Evolution fast nichts bedeuten. In anderen Teilen der Welt betrieben die Menschen bereits Ackerbau und Viehzucht. Diese Menschen besaßen dieselben Gene wie wir, nur war die Welt, die sie bewohnten, anders. Zuweilen erscheint sie so weit weg und in so ferner Vergangenheit, dass es einem vorkommt, als schaue man durch das falsche Ende eines Fernrohrs.

Meine Suche nach diesen frühen Völkern führte mich über verschiedene Pfade. Ich begann, die vertrauten Landschaften der Hebriden und der schottischen Westküste mit anderen Augen zu sehen. Ich zog alles in Betracht, was ich über Inuit, die Ureinwohner Amerikas und die Traditionen der Sami gesehen und gelesen hatte. Ich las über Völker in Gegenden, in denen ich noch nie war, wie zum Beispiel die Mongolei, Australien und Südafrika. Diese Parallelen halfen mir, mein eigenes Land mit den Augen von Menschen zu betrachten, die ihrem Land in einer Weise verbunden waren, wie es mir nie möglich sein wird. Die Menschen des Mesolithikums hätten kein eigenes Wort für »Natur« gebraucht: Alle – Menschen, Säugetiere, Vögel, Fische, Berge, Flüsse, Seen – existierten nebeneinander in derselben, ganzheitlichen Welt.

Auch war das Leben im Mesolithikum nicht so »schäbig, primitiv und kurz«, wie uns die Hobbes'sche Theorie weismachen will. Das Klischee von grunzenden, Keulen schwingenden Höhlenmenschen bleibt bestehen, obwohl Jäger und Sammler neuerer Zeit ein reiches Leben in Randgebieten geführt haben, in denen womöglich niemand Landwirtschaft betreiben könnte. Die Ressourcen müssen unerschöpflich erschienen sein, bevor die Argrarwirtschaft das ursprüngliche Land vollständig einnahm. Das mesolithische Schottland hat die Menschen anscheinend im Überfluss versorgt, ebenso wie es zum Beispiel den Ureinwohnern Amerikas an der Nordwestküste erging, bevor ihre Lebensweise für immer zerstört wurde. Die Menschen in Schottland teilten ihr Land im Mesolithikum mit Hirschen und Rehen, Wildschweinen, wilden Rindern, Wölfen, Bären, Bibern, Ottern, Füchsen und vielleicht Eichhörnchen. In den Flüssen gab es reichlich Lachse und Forellen. Alle möglichen Vogelarten bewohnten das Meer, die Klippen, Moore und Wälder. Die Küsten boten Schalentiere in Hülle und Fülle. Das Meer wimmelte von Fisch. Ray Mears und Gordon Hillman haben in ihrer Fernsehsendung über das Überleben auf die geschmackliche Vielfalt von Pflanzen hingewiesen, die zum Sammeln zur Verfügung stehen, auch während der langen Winter. Ich will damit nicht sagen, dass Schottland im Mesolithikum ein Rousseau'sches Paradies voll edler Wilder war, doch alle Beweise deuten darauf hin, dass menschliches Leben viel mehr war als bloßes Überleben. Die Menschen konnten Entscheidungen über ihr Leben treffen, so wie wir, basierend auf sozialen und spirituellen Überlegungen, und nicht nur auf den materiellen Notwendigkeiten, wo und wie die nächste Mahlzeit zu finden war. Von den Jägern und Sammlern im mesolithischen Schottland existieren nur wenige materielle Beweise. Die Muschelhaufen von Oronsay, Höhlen in der Nähe von Oban und auf Ulva, Fundorte auf Islay, Jura, Mull, Coll, Rum und Risga sind die wichtigsten Stätten an der Westküste. Mikrolithen – winzige Klingen und Spitzen aus Stein – weisen auf menschliche Präsenz im Mesolithikum hin. Essensreste und Werkzeuge aus Knochen, Muscheln und Geweih, sowie ein paar Löcher, in die einst Zeltstangen eingerammt worden waren, sind eigentlich alles, was übriggeblieben ist. Die einzigen menschlichen Überreste sind gelegentlich in Muschelhaufen gefundene Fingerknochen. In Schottland gibt es nichts Vergleichbares mit den Fischfallen, Siedlungen oder Friedhöfen in Südskandinavien. In einem dänischen Grab aus dem Mesolithikum wurde ein Neugeborenes gefunden, das auf einem Schwanenflügel ruhte. In Starr Carr in Yorkshire gruben Archäologen ein an einer Maske angebrachtes Hirschgeweih aus. Sinn und Zweck desselben bleiben ein Rätsel; ich habe es in meine fiktive Erzählung aufgenommen. Hinweise auf spirituelles oder symbolisches Leben gibt es in Schottland nicht. Das könnte entweder daran liegen, dass die Bodenbeschaffenheit zu säurehaltig ist oder dass Bestattungspraktiken anders waren. Als Erzählerin gehe ich davon aus, dass es überall, wo Menschen existieren, Emotionen, Rituale, Metaphern, Geschichten, Kunst gibt … mit anderen Worten, eine konstante Sinnsuche.

Kulturen von Jägern und Sammlern auf der ganzen Welt haben bemerkenswert ähnliche spirituelle Praktiken gemeinsam, die eine tiefe Affinität mit dem Land zum Ausdruck bringen, zu dem sie gehören. Schamanische Religionen sind eng mit dem Jagdwesen verbunden. Die spirituelle Praxis meiner Mittler basiert auf meiner Lektüre über schamanische Spiritualität in vielen verschiedenen Teilen der Welt. Mittler zu sein heißt eher, eine Rolle anzunehmen, als einer Klasse anzugehören. Mittler besitzen eine eigene Art der Macht, die jedoch durch die natürliche Welt funktioniert, innerhalb einer egalitären Gesellschaft. Formen sozialer Kontrolle in Gesellschaften von Jägern und Sammlern verblüffen mich manchmal, da sie erstaunlich zivilisiert und wirkungsvoll sind. Wäre ich allerdings vor achttausend Jahren geboren, hätte ich mit Sicherheit weniger Jahre zur Verfügung gehabt, in denen ich die gebotenen kulturellen Vorteile hätte genießen können.

Aus der langen Zeit des Mesolithikums in Schottland ist uns nur ein historisches Ereignis definitiv bekannt – der Tsunami, der die Ostküste infolge eines Abbruchs vom Kontinentalabhang vor Norwegen etwa um 6150 v. Chr. traf. Diesen Tsunami habe ich als Katalysator für die Handlung des Romans verwendet und Berichte von Augenzeugen des Tsunamis am zweiten Weihnachtstag 2004 als Grundlage für Kemens Geschichte genommen.

Ich verwende baskische Namen für meine Figuren, denn obwohl niemand eine Ahnung hat, welche Sprachen im Schottland des Mesolithikums gesprochen wurden, hält man Baskisch für die einzige noch vorhandene Sprache prä-indoeuropäischen Ursprungs – das heißt, vor Entstehung der Landwirtschaft – an der Westküste Europas.

Die meisten meiner Romane enthalten Landkarten. In diesem Buch befindet sich keine, zum Teil, weil sich der Meeresspiegel auf komplizierte Weise verändert hat: Land um das schottische Eiskap hob sich, nachdem das enorme Eisgewicht schmolz, während sich der Meeresspiegel überall ebenfalls anhob. Doch ich habe vor allem auf eine Landkarte verzichtet, weil sich meine Figuren ihr Land auf andere Art und Weise vorstellten.

Menschen im Mesolithikum, so wie Jäger und Sammler heutzutage, erlangten ein Maß an Umweltbewusstsein und praktischen Fähigkeiten, die weit über unsere eigene Kultur hinausgehen. Bei dem Versuch, mir ein Leben im Mesolithikum vorzustellen, forschte ich nach Fertigkeiten von Jägern und Sammlern, die noch heute praktiziert werden, und probierte sie auch gelegentlich aus. Ich bin Peter Faulkner aus Shropshire dankbar, der mir half, mein eigenes Coracle aus Haselnussruten, Weiden und Häuten herzustellen. Enid Brown von Scotlandwell erklärte mir, wie man wilden Honig erntet, und Eric Begbie aus Clackmannan arbeitete meine Strategien für die Vogeljagd aus. Mark Lazzeri aus Assynt, Douglas Murray aus Aboyne und John Love aus Uist trugen Wissenswertes zur Hirschjagd bei, und Callan Duck aus St. Andrews zur Robbenjagd. Maurizio Bastianoni in Umbrien bin ich zu Dank verpflichtet, weil er mich an seiner Fachkenntnis über Keilerjagd teilhaben ließ. Bill Richie aus Assynt beriet mich im Fischfang und Tess Darwin, Mandy Haggith, Linda Henderson, Pete Kinnear und Agnes Walker trugen ihre Sammlerfähigkeiten und ihr ökologisches Wissen bei. Jonathan Sawday unternahm die ursprüngliche Überfahrt durch den Sound of Mull und Loch Sunart, und er und Martin Montgomery lieferten die Anweisungen für Bootsfahrten im gesamten Buch. Diese Menschen halfen mir nicht nur, diesen Roman zu schreiben, sie halfen mir auch, meine Wahrnehmung von Land und Meer permanent zu verändern und zu sehen, wie man von ihnen und mit ihnen lebt.

Rasch entdeckte ich, dass es für das mesolithische Schottland eine Reihe engagierter Experten gibt, obwohl dieses Gebiet für die meisten von uns ein Buch mit sieben Siegeln ist. Sowohl Caroline Wickham Jones von den Orkney-Inseln und Steven Mithen von der Universität Reading hießen eine Schriftstellerin bei ihren Ausgrabungen auf Orkney und Coll willkommen. Das kleine Stück Haselnussschale, das ich bei der Ausgrabung in Long Howe fand, und seine Bedeutung für die Frühgeschichte von Orkney gehörten zu den aufregendsten Teilen dieser Reise. Ich bin gewohnt, Romane zu schreiben, und diese Nussschale war im Gegensatz dazu so *real*. Archäologen und Geographen, die mir auf meinem Weg geholfen haben, sind unter anderem auch Sue Dawson über den Tsunami, Kevin Edwards über die Umwelt im Mesolithikum und Karen Hardy über Technologien. Clive Gamble von der Universität Reading war so freundlich, einen Teil des Manuskripts zu lesen.

Eine Assistentin von der Civitella Ranieri Foundation in Umbrien sorgte zu Beginn des Projekts für wesentliche, ungestörte Zeit zum

Schreiben. Ich beendete den Roman in der idealen Umgebung, die mir ein Stipendium von der Rockefeller Foundation Bellagio Center am Comer See in Italien zur Verfügung stellte.

Ich danke all diesen Menschen, die mir geholfen haben, mir eine Welt im Mesolithikum vor Augen zu führen. Caroline Wickham Jones beantwortete Fragen und las mit nicht nachlassender Begeisterung Entwürfe. Außerdem stellte sie wochenlang Bett, Tisch und Bibliothek zur Verfügung. Und wie stets geht mein Dank an Mike Brown für seine Unterstützung bei allem, angefangen vom Bau eines Coracles bis hin zum Lektorat.